中国法学会法治研究基地·中国人民大学法治评估研究中心研究成果

中国法学会立法学研究会 2017年年会论文集

主　　编　朱景文　沈国明
执行主编　冯玉军

ZHONGGUO FAXUEHUI LIFAXUE YANJIUHUI
2017NIAN NIANHUI LUNWENJI

法律出版社
LAW PRESS·CHINA

目录

第一编　人大主导立法与立法体制创新

第二编　科学立法与民主立法

第三编　法律体系的完善

第四编　改革问题与新兴问题的立法探索

第五编　立法理论与立法方法

第一编　人大主导立法与立法体制创新

人大主导立法的几个重要问题

刘松山*

摘　要：人大主导立法有利于促进民主立法，提高立法质量，但主导具有行政权的特点，与人大行使权力的规律不甚相符。人大主导立法需要处理好与党领导立法以及其他主体依法参与立法的关系。在克服部门利益和发挥引领推动作用中，如何把握人大主导的内涵与界限，需要慎重研究。不宜将委员长会议、专门委员会和常委会工作机构在立法中发挥作用等同于人大主导立法，这些主体行使职权的边界，需要研究规范。在立法活动中，人大固然是人民意志的代表机关，但“一府两院”等立法参与主体也从不同侧面代表了人民意志，不能将人大设想成人民意志的唯一代表机关，进而不适当地强调人大主导立法。

关键词：人大主导　基本范畴　部门利益　委员长会议　专门委员会　工作机构　组织协调起草

党的十八届四中全会提出，健全有立法权的人大主导立法工作的体制机制，发挥人大及其常委会在立法中的主导作用。不仅如此，修改后的《立法法》还明确规定，全国人大及其常委会应加强对立法工作的组织协调，发挥在立法工作中的主导作用。这就把四中全会《中共中央关于全面推进依法治国若干重大问题的决定》（以下简称《决定》）的内容法律化了。《决定》和《立法法》的相关规定，不仅是立法工作中的一个新命题，也是人民代表大会制度政治体制中的一个新命题，需要全面准确地理解和执行。几年来，理论实践中对人大主导立法问题展

---

* 刘松山，华东政法大学法律学院教授。

开了热烈讨论,见仁见智,但其中不少关键性问题并未引起足够注意并达成共识。而对这些问题在认识和执行中一旦发生分歧和偏差,不仅会对立法工作带来损害,也会对我国根本政治制度造成损害。

一、如何理解“主导”的基本范畴和法律定位

在人民代表大会制度体制下,依照宪法法律规定,人大及其常委会在立法体制中处于核心地位,全国人大及其常委会行使国家立法权,有立法权的地方人大及其常委会行使地方立法权,人大及其常委会对法律法规的草案进行审议表决,委员长会议、主任会议、专门委员会和常委会工作机构,在立法过程中依法行使职权。可以说,在党的领导下,人大及其常委会以及委员长会议、主任会议、专门委员会和常委会工作机构等主体在立法中发挥着极其重要的作用,这是毋庸置疑的。但是,能否说这些主体在立法中发挥作用就是人大主导立法?人大能否主导立法?如果能,又如何科学理解这一提法的含义?

查阅资料可以发现,从改革开放到2011年有关方面宣布法律体系形成的三十多年中,党和国家机关的各类权威文件以及领导人讲话中,并没有出现人大及其常委会在立法中发挥主导作用这一提法。据笔者所见,这一说法是近五六年才提出来的。较早以权威身份公开提出这一说法的是全国人大常委会副委员长李建国。2011年11月,他在第十七次全国地方立法研讨会上的讲话中,专门用了一个标题,叫《充分发挥人大及其常委会在立法中的主导作用》,并用一个段落的内容对这一问题做阐述。① 同年12月,全国人大常委会委员长会议通过的2012年常委会工作要点中,出现了发挥人大主导作用的提法,②但2013年4月全国人大常委会委员长会议通过的2013年常委会工作要点中,又没有出现这一提法。③ 2013年10月,张德江委员长在全国人大常委会立法工作会议上,④以

① 参见李建国:《加强和改进地方立法工作 不断完善中国特色社会主义法律体系》,载《中国人大》2011年第22期。

② 参见窦树华主编:《全国人民代表大会年鉴2012年卷》,中国民主法制出版社2013年版,第195~196页。

③ 参见窦树华主编:《全国人民代表大会年鉴2013年卷》,中国民主法制出版社2013年版,第139页。

④ 参见窦树华主编:《全国人民代表大会年鉴2012年卷》,中国民主法制出版社2013年版,第195~196页。

及 11 月，王晨副委员长兼秘书长在全国地方立法研讨会上，先后提出了人大及其常委会主导立法问题，且王晨还做了系统阐述。⑤ 2014 年 9 月，在第二十次全国地方立法研讨会上的讲话中，王晨再次强调了人大及其常委会在立法中的主导作用。⑥ 此后的 2014 年 10 月和 2015 年 3 月，人大主导立法先后被写进了《决定》和《立法法》修正案。

与上述内容相关，还有一个信息值得注意：在 2011 年的地方立法研讨会上，李建国说，"我们要按照中央要求，思考如何更好地发挥人大及其常委会在立法工作中的主导作用"。⑦ 李建国的这句话透出三个含义：一是人大主导立法的说法，是中央的要求也即党中央首先提出的（中央在什么情况下，以什么形式提出的，笔者尚未见到公开的资料）；二是人大及其常委会实际已经在发挥主导作用，现在需要的是更好地发挥这一主导作用；三是如何更好地发挥人大的主导作用，是一个新课题，需要各方面共同思考。

从上面的叙述可以发现，人大主导立法提出的时间不算长，但党中央和全国人大常委会对这一问题十分重视，并将它写进《决定》和《立法法》。这样，发挥人大在立法中的主导作用就成为新的历史时期加强立法工作的一个新的重要举措，对做好立法工作至关重要。但是，理论和实践中需要研究回答几个重要问题。

（一）如何把握"主导"的几个基本范畴

如何把握"主导"的几个基本范畴，不仅是实践问题，还是重要的理论问题。按照新版现代汉语词典的解释，所谓"主导"，可以在动词和名词两种意义上使用。作为动词的"主导"，是指"决定并引导事物向某方面发展"，而作为名词的主导，是指"起主导作用的事物"。⑧ 但无论是动词还是名词意义上的主导，都有

⑤ 参见窦树华主编：《全国人民代表大会年鉴 2013 年卷》，中国民主法制出版社 2013 年版，第 212 页。

⑥ 参见王晨：《在新起点上切实加强和改进立法工作》，载《中国人大》2014 年第 19 期。

⑦ 参见李建国：《加强和改进地方工作　不断完善中国特色社会主义法律体系》，载《中国人大》2011 年第 22 期。

⑧ 中国社会科学院语言学研究所词典编辑室编：《现代汉语词典》（第 6 版），商务印书馆 2012 年版，第 1699 页。

以下几个特点:第一,在事物发展的结果出来之前,主导者对结果已经有了结论性的认知。第二,在事物发展的过程中,主导者推动和引导其他参与事物发展的主体去实现自己的认知结论,其他主体是被主导者。第三,主导行为的性质具有行政性、执行性,有发号施令的特点,在行为过程中会采取措施要求甚至迫使其他主体服从它,否则它就无法发挥主导作用,无法实现对事物发展的预期目标。第四,主导是与效率联系在一起的,而效率又与权力的集中统一行使联系在一起,没有效率和很大程度上的集权,就难以保证主导作用的实现。第五,在很多情况下,主导的主体只能是个人或者有限的少数人,因为通常只有个人才能独立思考问题,形成预先结论,引导其他主体向他的方向靠拢,以保证主导作用的实现;有限少数人也基本可以保证一定程度的独立思考,较容易达成共识,但如果很多人同时对一个问题进行思考,就很难保证得出相同的结论,也就很难有一个共同的主导方向了。所以,我们习惯说行政主导,并将行政主导与首长负责制联系起来(比如,在特别行政区实行行政主导)。

从以上几个特点可以看出,如果把主导的语言含义用到国家机关行使公权力的过程中,除军事机关外,能够起主导作用的首先应当是行政机关,因为法律制定后,法律的规定就是行政活动的目标,行政机关的任务是引导和推动参与行政活动的各个主体向这一目标行进,在整个行政权的行使过程中发挥主导作用。也正是为了保证这一主导作用的实现,需要在行政机关内部实行首长负责制,并在上下级之间建立领导关系的体制。但与行政机关不同,作为审判机关的人民法院就不能实现院长、庭长或者审判委员会等主体的主导,因为案件的审理应当把公正而不能把效率放在第一位,而公正的结论既不是在审理之前就能得出的,也不是靠院长、庭长、审判委员会集中行使权力就可以得出的,只有经过法定的庭审程序才能查清事实,并在此基础上适用法律,得出裁判结论。所以,法院不能在案件审理之前就由院长、庭长或者审判委员会等主体预先形成裁判的结果,并由这些主体实行审判主导。

那么,人大及其常委会在立法中能否实行主导?根据上述现代汉语词典对“主导”一词的解释,如果将“主导”用到立法中,就意味着立法中的某个或者某些主体,决定并引导立法的内容向某个方向发展,在立法活动中起主导作用。进一步地说,就是在立法表决之前,立法的主导者对立法的必要性、可行性以及法律规范草案的具体内容包括表决的结果，都已经有了结论性的甚至具体准确的认知了，即它已经预知立法的结果。在这种情况下，立法活动中的主导者实际就类似一部影视剧的导演，其任务是组织、协调、引导、推动参与立法活动的各方，去实现主导者预期的目标。导演是一个具有很强的行政色彩又时常缺乏必要约束的角色，所以，在影视艺术领域就容易出现各种“潜规则”。稍作对比即可发现，如果以“主导”的应有之义来理解人大在立法中发挥主导作用，那么，人大主导立法不就类似于一名导演在导演影视剧吗？如果这样，很大程度上的集权和效率，必将成为人大在立法中的重要特征。这是否符合我国人民代表大会制度的基本特点和应有之义，以及立法工作的基本规律？

假设以上问题得到有说服力的回答，得出人大应当也能够主导立法的结论，那么紧接着，还有几个关于主导的基本范畴需要讨论：

一是主导的主体是谁？基于本文结构安排的考虑，这个问题将在后文逐步展开论述。

二是主导的方式是什么？人大应当采取何种方式主导各类立法参与主体？比如，它能不能以及在多大程度上可以对被主导者进行组织协调、监督执行甚至代替它们的工作？法理依据是什么？这个问题也将在后文分别展开。

三是主导的具体环节是什么？每个环节主导的主体又是谁？笼统地讲人大主导立法，似乎没有问题，因为人大是民意代表机关，人大主导立法，从理论上讲就是人民主导立法，让法反映人民意志。但问题是，制定一件法律法规，不是人大及其常委会在一个环节、一次性就能表决通过的，更不是由人大及其常委会的一个人或者少数人就能说了算的，而是要经过提案、审议和表决三个基本的法定程序，而且在这三个程序之外，就我国的具体情况而言，还要经过了解民意、制订立法规划计划、起草、论证、修改、协调等多个辅助性程序。可以说，制定一部法律法规，要经过复杂的、环环相因、逐步递进、既开放又封闭的系统性程序，而在这一复杂程序中，参与立法活动的主体众多，每个程序的参与主体又具有不确定性，无论如何远不止人大和它的常委会这两个主体。那么，在这个程序链中，谁能代表人大？在哪些环节代表人大？人大是否要在每一个环节中都起主导作用？如果要，又如何起主导作用？能否笼统地要求人大起主导作用？

这实在是一个有意思的问题。来自全国人大常委会的有关领导人、工作机构负责人的讲话和委员长会议的文件最有说服力，让我们来看看几份来自立法机关的讲话文件的表述。

材料一：在前述 2011 年的地方立法研讨会上，李建国在说到人大主导立法时，先总体强调人大及其常委会要加强立法组织协调，积极推动立法规划和立法工作计划的落实。然后他说了两个具体的主导措施：一个是在起草环节，人大有关专门委员会和常委会工作机构要积极主动介入；另一个是完善代表参与立法的工作机制，发挥代表作用。⑨

材料二：在前述 2014 年的地方立法研讨会上，王晨在论述人大主导立法时，先有一个总概括，说立法要“历经立项、起草、审议、修改等式各个环节”，因此要“发挥人大及其常委会在立法中的主导作用，切实加强立法工作的组织协调”。这给人的感觉是，人大要在立项、起草、审议和修改的各个环节都以加强组织协调的方式，发挥主导作用，与前述李建国的说法大体相似。但接着，他又说了三个具体的主导内容：一是要把握立法决策主导，主要是抓好项目论证，避免久议不决，妥善解决重点难点问题；二是要把握立法起草主导；三是要发挥人大代表作用。⑩

材料三：由委员长会议通过的全国人大常委会 2016 年工作要点所说的人大主导包括：健全专门委员会和常委会工作机构起草重要法律草案机制；督促有关方面及时起草法律草案；加强立法审议；做好法律案提请大会审议的相关工作。⑪

材料四：在 2016 年地方人大立法研讨会上，时任法工委主任李适时对地方人大的主导作用给予充分肯定：各地“不断加强立法工作中的组织协调，积极发挥人大在立法工作中的主导作用”。随后，他以生动的语言介绍了地方人大主导立法的几个经验：其一，有的地方不断完善立项、起草、审议、表决、报批、公布、备案等不同环节的工作机制，为发挥主导作用提供保障；其二，有的地方通过主导年度立法计划编制，变“等米下锅”为“点菜上桌”，把握立项和

---

⑨ 参见李建国：《加强和改进地方立法工作　不断完善中国特色社会主义法律体系》，载《中国人大》2011 年第 22 期。

⑩ 参见王晨：《在新起点上切实加强和改进立法工作》，载《中国人大》2014 年第 19 期。

⑪ 参见《全国人大常委会 2016 年工作要点》，载《中国人大》2016 年第 9 期。

起草主导;其三,有的地方建立"立项通知书"机制,向起草部门明确起草重点和要求;其四,有的地方建立立法联席会议制度,对立法工作实施全程"领跑";其五,有的地方发挥代表作用,把完善常委会会议制度、审议制度与创新工作机制结合起来;等等。⑫

材料五:委员长会议通过的全国人大常委会2017年立法工作计划,在强调加强人大及其常委会立法工作组织协调后,要求把好立项关,科学合理安排立法进度,在起草、论证、协调、审议过程中,防止部门利益法律化和争权诿责现象,专门委员会和有关工作委员会要督促有关单位和地方制定配套法规,尊重代表主体地位,发挥代表作用。⑬

材料六:在2017年地方立法工作座谈会上,全国人大常委会法工委主任沈春耀说,立法工作主要有三个环节:一是规划立项;二是组织起草;三是人大审议。人大的主导作用,在这三个环节上,都是不可或缺的。⑭

分析上面六份材料中的提法,可以形成以下几个初步印象,并引出一些问题:

第一,无论全国人大及其常委会还是地方人大及其常委会,都把组织协调作为主导立法的重要抓手,但是,组织协调的主体又被笼统地说成人大及其常委会,而人大及其常委会作为一个合议机关能否组织协调,在哪些环节组织协调,如何组织协调,似乎未交代清楚。

第二,从立法的环节上看,人大的主导已然是全过程主导,一部法从规划立项到起草再到审议,几乎都由人大主导。如果把立法比作拍一部影视剧的话,人大真是一位名副其实的导演了。但仔细分析又可发现,除明确专门委员会和常委会工作机构在法律法规草案起草中的主导作用外,对于其他各类立法环节中谁是主导主体,以上材料均未作清晰表述,或者干脆略去主导的主体。实际上,所谓"人大"或者"人大及其常委会",很多时候是一个虚拟的、模糊的泛谓,作为合议机关,它不可能在立法程序的每一个环节都采取集体行动,主导立法进程。

---

⑫ 参见李适时:《不断加强和改进地方立法工作》,载《中国人大》2016年第18期。

⑬ 参见《全国人大常委会2017年立法工作计划》,载《中国人大》2017年第8期。

⑭ 参见沈春耀:《适应全面依法治国新形势,进一步加强和改进立法工作》,载《法制日报》2017年9月12日,第9版。

如果说立法有一个主导的话,那么,在不同的环节中,这个主导的主体很可能会有所不同。所以,作为合议机关的"人大"或"人大常委会"能不能在立法活动中扮演总导演,或者干脆在很大程度上扮演一个自编、自导、自演的角色,恐怕是值得商榷的。

第三,几份材料中表述人大主导的逻辑层次不甚清晰,按理应当是先对人大主导做总的表述,紧接着表述具体的主导环节、主导主体、主导事项和主导程序,条理清楚,层次分明,但这些逻辑特点在上述材料中不甚明显。其中,几份材料在按立法过程表述立法主导的同时,又提出发挥代表作用问题,给人逻辑不顺的感觉。这可能会让人认为,在立法机关那里,关于主导环节、主导主体、主导事项和主导程序的细化问题和法理问题,没有得到足够重视和研究,缺乏清晰的思路。

第四,关于地方人大主导经验的一些做法和提法,是否符合人民代表大会制度的要求和立法规律,容易引人怀疑。李适时在2014年地方立法研讨会上的讲话强调,发挥人大主导作用,"在制度上,要符合坚持和完善人民代表大会制度的要求","在法理上,要符合立法规律,也就是要坚守法治底线"。⑮ 但他2016年在地方立法研讨会上介绍和肯定的一些地方主导经验,是否符合自己前一年讲话的要求,可能就会引起议论。比如,有的地方人大在立法中采取的"点菜上桌"行为,建立的"立法通知书"机制,甚至是对立法进行全程"领跑"的立法联席会议制度等,有没有干预和代替有关提案主体法定职权的嫌疑呢?再如,实施这些主导行为的主体又是谁,是否为人大及其常委会?其主导行为的法律依据和法理基础是什么?如果人大对立法实行全程"领跑"和全程主导,甚至对立法程序的每一个环节都实行包揽或者干预代替,那人大与行政机关又有什么区别?人大主导不就容易变成行政主导吗?

建议有关方面结合理论实践中提出的问题,对人大主导立法的基本范畴做研究回应。

---

⑮ 李适时:《发挥人大在立法中的主导作用》,载《中国人大》2014年第20期。

（二）如何准确理解人大主导立法的法律定位

人大主导立法是统揽性和纲举目张式的提法。单从这个表述看，如果要制定一件法律规定，人大的主导作用应当在以下三个层次进行法律定位，才能显示出其重要性：第一个层次是，属于立法活动的指导思想或者基本原则的重要内容，写在《立法法》第一章的“总则”中，放到立法应当坚持四项基本原则之后，依照法定权限程序和民主立法、科学立法等内容之前。第二个层次是，属于立法体制中的重要内容。比如，《立法法》第二章第一节的“立法权限”，在规定全国人大及其常委会制定法律的权限以及相关授权立法的同时，加上发挥人大及其常委会主导作用，作为划分立法权限的基本原则。第三个层次是，在立法程序中作出规定。比如，在《立法法》第二章的第二节和第三节有关全国人大和它的常委会的立法程序中，分别规定全国人大和它的常委会发挥主导作用的内容，在第四章关于地方性法规的一节中，规定地方人大及其常委会在立法中的主导作用。这样，人大及其常委会的主导作用，就成为立法程序的基本原则，在法律和地方性法规的制定程序中居于重要地位。

但是，2015 年修改的《立法法》，并没有在以上三层次和篇章结构中规定人大及其常委会在立法中的主导作用，而是将全国人大及其常委会的主导作用写在第二章“法律”的最后一节即第五节的“其他规定”中。什么叫“其他规定”？目前，由立法机关编写的各类立法法释义和讲话，均未对“其他规定”作出解释。总结法律中“其他规定”所规定的内容，可以发现，所谓“其他规定”，一般是指不宜规定在法律主要章节条文中的技术性、例外性、附带性、补充性、说明性、参考性的内容，从法理逻辑和立法技术上都不适宜进入法律的正文，或者属于可写可不写的内容。现在，《立法法》将发挥全国人大及其常委会在立法工作中的主导作用写入“其他规定”中，实际就是在法律中对这一内容给了一个“其他性”的法律定位。如果单纯对法律文本进行分析，应当说，这个定位是不高的，甚至是很低、很不重要的。这表明发挥全国人大及其常委会的主导作用，不是制定法律的基本原则，不是划分立法权限的基本原则，也不是法律制定程序中必须遵循的基本原则。

但问题是，脱离了具体法律文本，单纯强调发挥人大在立法工作中的主导作用,在认识和实践中,就很容易对这一提法做拔高理解、扩大理解,不适当地强调人大的主导作用,进而影响人大及其常委会在立法活动中依法、科学地处理与其他国家机关之间的关系。自《决定》和《立法法》修改中提出发挥人大主导作用后,在各方的热议推进中,这种拔高和扩大理解的苗头已经显露。提法很高,法律定位却不高,又很难要求人们在法律文本的整体结构中去认识理解人大主导的实际定位,这是应当引起注意的问题。

(三)如何科学界定人大与其他立法参与主体之间的关系

这个问题实际是前两个问题的应有之义,由于其特殊重要性,这里将它单独列出来讨论。

如前所述,“人大”很多时候是个泛称。在立法活动中,它的内部还有不少参与主体,对于其内部参与主体的主导问题,本文将在第三部分集中讨论。这里着重提出的是,在与外部立法参与主体的关系中,如何对人大主导立法进行定位?这些关系中,关键的恐怕有两类:第一类是人大主导立法与党领导立法的关系;第二类是人大主导立法与“一府两院”等主体在立法活动中行使职权之间的关系。

如何处理人大主导立法与党领导立法的关系,涉及我国立法制度乃至政治体制的根本。但从现有权威文件的相关表述看,这个问题的答案似乎不甚清晰。《决定》在连续两个段落中对这个关系做了表述。第一个段落提出,“加强党对立法工作的领导,完善党对立法工作中重大问题决策的程序”,“凡立法涉及重大体制和重大政策调整的,必须报党中央讨论决定”,“法律制定和修改的重大问题由全国人大常委会党组向党中央报告”。这些表述给人的基本判断是,在立法工作中真正起主导作用的是党,这是坚定不移和毫无疑问的,因为所有立法工作中的重大问题都是由党决定的。如果按照前述“主导”的基本语言含义,理论和实践中就容易产生一种认识:人大是不能主导、也主导不了的。不仅如此,与四中全会相响呼应和比之更进一步的是,2016年中共中央《关于加强党领导立法工作的若干意见》又明确提出,“把党的领导贯彻到立法工作全过程”。如果说《决定》的表述旨在强调党对立法事项的领导的话,那么,中共中央《关于加强党领导立法工作的若干意见》强调的则是党对立法过程的领导,也即立法全过程都要坚持党的领导。总结这两个文件，很可能有人会提出，既然立法中的所有重大事项、立法的全过程都要贯彻党的领导，人大又如何主导？

但是，《决定》在紧接上述段落之后的一个段落又明确提出，“健全有立法权的人大主导立法工作的体制机制，发挥人大及其常委会在立法工作中的主导作用”。这就可能使人产生不解：立法工作中究竟是党的领导说了算，还是人大主导说了算？既然有了党的领导，为什么还要人大主导？既然强调人大主导，为什么要强调党的领导？两者究竟是什么关系？如果沿此深究下去，就涉及对两个基本概念的理解问题：“领导”和“主导”是什么关系？是“领导”为大还是“主导”为大？无论对这两个用语进行多么特殊的解释，从汉语语言的基本内涵和语法要求看，《决定》的这些表述，都不可避免地会让人产生理解上的偏差困惑。

当然，从中国政治运行的实际力量对比出发，一般人都会得出常识性结论：在党的领导与人大主导之间，无疑是党的领导为大，人大主导是在坚持党的领导前提之下的主导。但既然中央文件明确提出了人大主导立法，又容易让人产生遐想：党与人大的关系是不是有什么重大的体制变化？似乎对这些容易产生的认识偏差早有预料，全国人大常委会的一些文件或者一些领导人、工作机构负责人的讲话，在阐述人大主导立法时，几乎无一例外地首先要强调坚持党的领导。其中，李适时在2014年地方立法研讨会上的讲话概括得最为典型：“人大在立法中的主导作用，是在党的领导和支持下的主导作用，越是坚持党的领导，就越能有效地发挥人大的主导作用。”⑯这些文件讲话在强调坚持党的领导后，都是从正面列举一些党的领导下人大主导立法的具体办法。比如，全国人大常委会委员长会议通过的2017年立法工作计划就提出，在党中央的集中统一领导下，全国人大及其常委会以及专门委员会、工作委员会要加强立法工作组织协调，安排好立法进度，防止部门利益，做好法律提案等。⑰

全国人大常委会有关文件和领导人、工作机构负责人讲话中关于党领导立法和人大主导立法关系的论述，总体上是从正面进行阐述的，比较宏观、抽象、原则，也多为常规提法。但理论和实践中经常会出现一些尖锐的问题。比如，为什

---

⑯ 李适时：《发挥人大在立法中的主导作用》，载《中国人大》2014年第20期。

⑰ 参见《全国人大常委会2017年立法工作计划》，载《中国人大》2017年第8期。

么说越是坚持党的领导，就越能发挥人大的主导作用？比如，当人大及其常委会的意志与党委意志不一致甚至发生冲突时，怎么办？又如，重大立法问题由党委直至党中央决定，与四中全会同时提出的党要善于通过法定程序将自己的主张上升为国家意志是什么关系？再如，将党的领导贯彻到立法全过程，与人大依照法定程序审议通过法律法规，是什么关系？建议有关方面对人大主导立法与党领导立法的关系，在理论上进行系统的有说服力的阐述，对党委领导与人大主导的原则、事项、程序，特别是遇到冲突时的解决办法，做出清晰的、可操作的规范，以消除认识偏差，在党的领导下把人大主导立法落到实处。

除了与党的领导的关系之外，强调人大主导立法，还不可避免地涉及与"一府两院"等其他立法参与主体的关系。单纯强调人大主导立法，不仅在认识上容易形成偏差，在实践中也可能影响其他立法参与主体作用的发挥，甚至可能使人大与其他立法参与主体之间的关系变得微妙紧张起来。阅读沈春耀在2017年地方立法工作座谈会上的讲话即可发现，与以往有关领导人和负责人讲话的一个很大不同是，他在讲发挥人大立法主导作用的同时，特别提出要发挥"政府在立法工作中的重要作用"，并对政府重要作用与人大主导作用的关系作了专门阐述。⑱ 这个表述对科学界定人大与其他立法主体特别是政府的关系，是很有必要的。

事实的确如此。即使在看上去完全由人大说了算的立法审议环节，对人大主导立法的认识也不宜绝对化。比如，在常委会审议法律案的过程中，常委会组成人员对草案中的某个重大问题有集体性认识偏差，而该问题牵涉立法的全局和方向，如不加以说明纠正，很可能会做出错误的表决。这时候，受人大之外有关部门指派，来听取意见、介绍情况和回答询问的部门工作人员，对该问题作出颠覆常委会组成人员认识的说明解释，改变了立法表决的方向。这种情况下，该工作人员称，他和他所在的部门在这部法律的审议过程中，发挥了主导作用，说他也主导了一次立法，又有什么错呢？

界定人大与其他立法参与主体的关系，关键是要充分尊重其他立法参与主

---

⑱ 参见沈春耀：《适应全面依法治国新形势，进一步加强和改进立法工作》，载《法制日报》2017年9月12日，第9版。

体在不同立法环节中参与立法的职权。比如,宪法法律规定了“一府两院”和中央军委的立法提案权,但人大主导立法中的制订立法规划计划、起草法律草案、组织协调等方式,显然与它们的立法提案权发生了关联,而一旦人大的主导与这些国家机关依法行使提案权发生冲突,怎么办?这就需要我们回答:制定法律的提案权能否成为一项独立的职权?如果是一项独立的职权,它应当有什么样的内容?人大主导立法与提案主体依法行使提案权是什么关系?宪法法律对人大之外有关机关、组织参与立法的职权,以及职权之外应当受到必要尊重的话语权,有的规定比较零碎,有的没有明确规定,也不适宜规定,但从人大及其常委会与其他机关、组织的关系看,人大是权力机关,也应当遵循彭真当年所说的“既不失职,也不越权”的原则,给自己的权力确定科学的边界。

二、人大主导立法的背景和针对性是什么

研究“人大主导立法的背景和针对性是什么”这一问题,对于准确理解和针对性地发挥人大在立法中的主导作用,至关重要。

在前述2011年全国地方立法研讨会上的讲话中,李建国说,“法律体系形成以后,当前迫切需要修改或者新制定的法律法规,大多综合性较强,往往涉及诸多方面的利益关系,涉及多个部门的工作和体制机制,立法工作难度会越来越大”,“面对新情况新问题”,要思考如何更好地发挥人大的主导作用。[19] 从李建国的这个阐述可以看出,发挥人大主导作用的背景是,在法律体系形成之后,多数立法综合性强,涉及多方利益关系以及多部门的工作和体制机制。应当说,李建国对这一背景的阐述是中性的,没有明确的批评性的负面指向。

到了2014年,王晨在前述第二十次全国地方立法研讨会上的讲话中,对发挥人大主导作用的背景则有两个方面的阐述。一个是,“立法是一项综合性很强的工作……需要各相关方面共同配合,也不可避免地会受到各方利益的影响”。[20] 这与前面李建国所述的背景大体相同。而王晨所阐述的第二个背景,与发挥立法的引领推动作用发生了关联。他先对着力发挥立法引领推动作用作了

---

[19] 参见李建国:《加强和改进地方立法工作　不断完善中国特色社会主义法律体系》,载《中国人大》2011年第22期。

[20] 王晨:《在新起点上切实加强和改进立法工作》,载《中国人大》2014年第19期。

相当篇幅的阐述，在随后说到人大主导作用时则强调，“充分发挥立法的引领推动作用，必然要求在党的领导下发挥好人大及其常委会在立法中的主导作用”。[21] 这样，发挥立法引领推动作用，就成为发挥人大主导作用的重要背景和原因。

也是在这次会议上，李适时在讲话中先是提出发挥人大主导作用“也是充分发挥立法引领和推动作用的必然要求”，紧接着以地方立法中存在的问题为例，阐述了发挥人大主导作用的背景和具体做法：“针对部门利益影响甚至阻碍地方立法进程，或者滥用地方立法资源等实践中存在的突出问题，各地努力从制度上加以规制，推出了不少好的做法。”[22]如果说此前李建国所说立法“涉及诸多方面的利益关系”，王晨所说“不可避免地受到各方利益的影响”，还没有点明部门利益的话，那么，李适时则不仅明确挑出了部门利益，而且强调发挥地方人大主导作用的重要指向，是立法中存在的严重部门利益。除部门利益外，李适时还提出，“滥用地方立法资源等”现象，也是需要发挥人大主导作用的重要原因。什么叫滥用地方立法资源？李适时没有正面作出解释，但他所举地方的一些针对性做法似乎也给出了解释。比如，“有的加强立项主导，努力改变部门提什么人大就审什么的模式，由被动‘等米下锅’转变为‘点菜上桌’。”“有的强化立法前评估，加强立项论证，坚持‘四个不立’，即不是经济社会发展急需的不立，立法条件不具备的不立，能有党纪、政策、规章、道德解决的不立，立法针对性不强、效果不理想的不立。”此外，李适时还在讲话中提出，发挥人大主导作用，可以有效防止立法中的地方保护问题。[23]

王晨和李适时发表讲话一个月后，十八届四中全会召开。全会在《决定》中明确指出“立法工作中部门化倾向、争权诿责现象较为突出”的问题，并针对性地提出要发挥人大及其常委会在立法工作中的主导作用。针对立法中部门存在的这些问题，习近平总书记在对四中全会《决定》所作的说明中进一步说，“有的立法实际成了一种利益博弈，不是久拖不决，就是制定的法律法规不大管用，一些地方利用法规实行地方保护主义”，因此，为“明确立法权力边界，从体制机制

㉑ 王晨：《在新起点上切实加强和改进立法工作》，载《中国人大》2014年第19期。

㉒ 参见李适时：《发挥人大在立法中的主导作用》，载《中国人大》2014年第20期。

㉓ 同上。

和工作程序上有效防止部门利益和地方保护主义法律化”，全会决定采取的一个重要措施就是，“健全有立法权的人大主导立法工作的体制机制，发挥人大及其常委会在立法工作中的主导作用”。㉔ 从四中全会《决定》和习近平的说明可以看出，发挥人大主导作用有几个目的：一是要防止立法中的部门争利益；二是要明确立法中的权力边界，解决部门争权诿责问题；三是要解决立法的久拖不决问题；四是要防止地方保护主义法律化。

党的十八届四中全会后，修改立法法很快提上议事日程，其中一个重要内容，就是加上人大在立法中发挥主导作用。2014 年年底的全国人大常委会会议在审议立法法修正案草案时，委员们对发挥人大主导作用也做了专门讨论。从委员们的发言看，发挥人大主导作用，目的还是防止部门利益。对这一审议内容，《法制日报》报道的标题就叫《全国人大常委会委员建议防止部门争权诿责部门利益法定化，充分发挥人大立法主导作用》。㉕

《立法法》通过后，全国人大常委会法工委国家法室编写的《立法法》释义，仍然将发挥全国人大及其常委会主导作用的背景和针对性指向部门：“目前，许多法律草案由政府有关部门起草，部门主导立法的问题普遍存在，要么导致各相关部门因利益冲突而相互扯皮、推诿塞责，使得该立的法迟迟立不起来；要么由于部门主导而致使部门利益法律化。”㉖不仅如此，释义还对四中全会《决定》进行了解读，说发挥人大主导作用就是“针对这一状况”提出的。㉗ 但细加分析即可发现，这本释义提出一个“部门主导立法的问题”，并将部门扯皮推诿、立法效率不高以及部门利益法律化当作部门主导立法的结果。如果较真起来，这些表述与四中全会《决定》和习近平总书记对《决定》的说明，在侧重点和具体的含义方面，可能还不完全一致。

总结以上这些叙述可以发现，提出人大主导立法的背景和针对性有两个特点：一是这个问题是在 2010 年年底法律体系形成后提出的。在这个背景下，有

㉔ 习近平：《关于四中全会决定的说明》，载新华社，2014 年 10 月 29 日。

㉕ 陈丽平：《全国人大常委会委员建议防止部门争权诿责部门利益法定化，充分发挥人大立法主导作用》，载《法制日报》2015 年 2 月 12 日。

㉖ 全国人大常委会法工委国家法室编著：《中华人民共和国立法法释义》，法律出版社 2015 年版，第 160 页。

㉗ 同上。

关方面认为立法中出现了新情况新问题，立法难度加大，需要发挥人大的主导作用。二是从全国人大常委会副委员长到法工委负责人，再到党中央文件以及总书记的说明，包括常委会组成人员审议的情况，以及法工委国家法室编写的立法法释义，对提出人大发挥立法主导作用的具体背景和针对性，前后的表述并不完全一致。总体上看，有以下一些背景和针对性，而这些背景和针对性也向我们提出一些值得注意和研究解决的问题。

（一）立法的综合性很强，需要人大主导

立法的综合性很强，需要人大主导是上述李建国和王晨讲话强调人大主导立法的一个重要原因。为此，2015 年修改的《立法法》第 53 条规定，全国人大及其常委会在法律制定中，“综合性、全局性、基础性”的重要法律草案，可以由有关的专门委员会或者常务委员会工作机构组织起草。为证明人大在这方面发挥主导作用的必要性和已经取得的成功经验，全国人大机关的《中国人大》杂志，在《立法法》通过后还专门登载了一篇文章，将全国人大常委会法工委牵头组织起草民法总则，作为人大主导立法的成功案例加以宣传报道。[28] 对于人大及其常委会的工作机构能否主导立法，本文将在后面再予述及，这里提出几个问题：

第一，“综合性、全局性、基础性”的判断标准是什么？几乎每一部法律都可以说是综合性的，涉及很多部门，也几乎每一部法律都可以说涉及某一方面的全局性和基础性。所以，综合性、全局性、基础性的标准很难说清楚。即使说清楚了，还要回答：为什么要由专门委员会和常委会工作机构组织起草？比如，民法总则当然可以说是综合性、全局性、基础性的重要法律，但离这个法律规范内容最近的实际是从事民事审判工作的人民法院，为什么不可以说人民法院组织起草这部法律最合适呢？

第二，什么叫“可以由”？我们注意到，《立法法》第 53 条的规定是，上述重要法律草案，“可以由”有关工作机构组织起草。但“可以由”的表述实际是否定了人大的主导，它的语法含义应当是，这些法律的草案主要还是由或者本来应当由其他国家机关组织起草，但也“可以由”专门委员会和常委会工作机构组织起

[28] 参见陈甦：《人大充分发挥立法主导作用的生动典范》，载《中国人大》2016 年第 14 期。

草。而实践中，这类重要法律草案主要就是由其他国家机关组织起草的，宪法法律也没有禁止人大及其常委会的工作机构组织起草，为什么《立法法》修改要多此一举，加上“可以由”呢？

第三，“综合性、全局性、基础性的重要法律”与《宪法》第62条和《立法法》第7条中的“基本法律”是什么关系？按照《宪法》的规定，基本法律应当由全国人大制定，综合性、全局性、基础性的重要法律能否等同于基本法律？如果把这些法律都视为基本法律，又强调它们的草案由专门委员会和常委会工作机构组织起草，是否合适，法理依据是什么？

（二）立法引领推动改革，需要人大主导

党的十八届四中全会提出“必须坚持立法先行，发挥立法的引领和推动作用”。这是一个新命题。立法要引领推动什么？结合四中全会提出的立法与改革决策相衔接和重大改革于法有据的要求，特别是这几年全国人大及其常委会的立法实践，可以发现，但凡用立法引领推动的基本都是改革，特别是那些重大的改革，而且范围很大。那么，人大在引领推动改革的立法中能否发挥主导作用？如果能，又如何发挥主导作用？

由于改革本身具有很大的探索性、不确定性，既可能成功，也可能失败，而立法是十分严肃的，对于不确定的社会关系一般不能作出规定，对于可能陷于失败的改革更不能鼓励，即使对改革成果有科学预见和成功把握的那些社会关系，立法也应当慎之又慎，这是维护法制统一和权威的需要，也是维护立法机关权威和尊重人民主体地位的需要。如果人大主导制定了引领推动改革的法律，但改革最终以失败告终，人大就会使自己陷于被动。所以，在引领推动改革的立法中，如何正确认识人大主导的内涵，至关重要。对审议过程中达成广泛共识的改革举措，及时立法推动，是一种主导。但是，对引领推动改革的主张、提案进行冷静思考，为改革把一道关，为维护法制统一和权威把一道关，也是一种主导，甚至是更重要的主导。现在，改革在大面积铺开，热衷以立法方式推动改革的冲动和苗头已经显露出来，而在这种背景下，强调人大这种把关式的主导，具有特别重要的意义。

第一，在把党的主张上升为国家意志的过程中，人大要把好“法定程序”这一关，在法定程序中起主导作用。改革事业是在党的领导下奋力前行的，很多改革主张，特别是那些重大改革的主张，都是由党中央提出的，如果说要把这些改革主张上升为国家法律，实际的主导者是党中央。那么，在党中央提出重大改革主张，并建议上升为国家法律的过程中，人大应当做什么？现在有一种倾向性观点，认为党中央提出什么，人大就赞成表决什么，党中央要改革，人大就迅速跟进，制定相关法律。在这种观点看来，人大的任务就是把党的主张及时地、不折不扣地上升为国家法律，或者叫确保将党的主张上升为国家法律；这样做，就是坚持党的领导的最好体现，就是以人大主导立法的方式，引领推动改革。这种认识在政治站位上无疑是正确必要的，但处理不好又容易自觉不自觉地把人大当成党的下级机关和执行机关了，不符合十八届四中全会精神，不利于党对改革事业实行正确的领导。

十八届四中全会提出的“四善于”，其中十分重要的一条，就是党要“善于”通过法定程序将自己的主张上升为国家意志。如何“善于”，是由党来回答的重大问题。但在人大方面，党提出了改革主张，对于这种主张能不能上升为法律，在多大程度上以及什么时候上升为法律，人大的职权是，依照法定程序展开广泛的调查研究，最大限度地集中民意民智，并在这个基础上进行审议，提出各种意见，包括赞成的意见、修改的意见，也包括不赞成甚至反对的意见，最终在少数服从多数的基础上形成人大的主导性意见。这个意见既可能主导进，也可能主导停和退。党领导的人大，就应当是这样一个依照法定程序行使职权的人大，而不是一个等因奉此、不问是非地执行党的命令的人大。党可以对人大常委会的党组下命令，但不能也不会对人大这个权力机关下命令。经过了法定程序，人大形成的主导性意见可能与党的主张完全一致，这样就可以顺利制定法律。但人大的主导性意见也可能与党的主张不一致或者不完全一致，这时候，党就会很重视人大的意见，并可能研究吸收不同的意见，不断修正和完善自己的改革主张，进一步向人大提出关于改革的立法建议，人大再依法进行认真审议，如此循环，最终在改革事项的立法中，达到党的领导、人民当家作主和依法治国的有机统一。对于引领推动改革，人大在立法中发挥主导作用的着力点应当在这里。

第二，人大要为各类提案主体所提的改革议案把关。为落实四中全会关于立法引领推动和重大改革于法有据的精神，要改革，先立法，受到前所未有的重视。但各类提案主体提出的有关改革的立法议案,不可避免地存在问题。对于这些议案,人大不能随声附和、一哄而上,而应当与提案者做适当切割,为提案把关。提案者可以有冲动,甚至可以犯错误,但人大不能冲动,不能犯错误,它要着眼于党和国家各项事业发展的全局长远,对人民负责。对符合民意的改革要主导助推立法,对不符合民意的改革,要主导过滤纠正。

第三,对于重大的改革性立法,人大的委员长会议、主任会议和专门委员会等内部组织,应当尽量减少和避免提出立法议案。现在,一提到人大主导立法,引领推动改革,有的观点很容易认为,人大内部的有关组织主动提出议案,就是主导立法的好方式。恐怕不能这样认为。有几个理由:其一,人大之外的国家机关一般走在相关领域改革实践的前沿,对改革最敏锐,容易先发现问题、研究问题,并找到改革的路径,通过立法推动改革的动力强、积极性高,由它们提出立法议案更为合适。其二,人大方面主动提改革性立法议案,如果处在实践第一线的立法参与主体的主导性意见与人大不一致,是听人大的还是听其他主体的?比如,委员长会议向全国人大常委会提出的授权进行监察体制改革试点的议案,如果与改革关系十分密切的检察机关实际上并不赞成,怎么办?再如,对于由全国人大内务司法委员会向常委会提出的修改法院组织法和检察院组织法的议案,假如审判机关和检察机关实际上也不赞成,怎么办?其三,委员长会议、主任会议、专门委员会是人大内部的组织机构,由它们提出改革性立法议案,立了法,最后一旦改革遇到纷争甚至陷于失败,人家就会说:人大自己提的议案,自己审议,最后失败了,怎么办?谁来负责任?最终损害的很可能是人大的权威。当然,人大的代表团或者代表和常委会委员联名提出改革的立法议案,一般不存在这个问题,因为他们的提案往往是分散的、自发的。

第四,人大在引领推动改革的立法中,要主导形成共识,而不能引起社会纷争。改革是一项大事业。有改革就必然有反对改革的不同意见,也不可避免地有因盲动而产生的改革动议。面对这样的情况,人大对于引领推动改革的立法动议,应当十分慎重,准确把握改革的脉搏,寻找改革的最大共识,对于可能存在严重问题的改革动议,不付诸立法。人大的改革性立法,应当凝聚和代表社会共识,是多数真实意见形成的定论,而不能是严重裂痕和分歧的产物,或者为虚假多数意见所掩盖的裂痕和分歧的产物,更不能因缺乏科学预见而引起事后的纷争乃至分裂。这是人大主导改革性立法的一条十分重要的原则。从这几年的情况看,人大通过的一些改革性立法,在理论和实践中遇到不少纷争,这是需要高度警惕的。

第五,人大在引领推动改革的立法中,特别要主导坚守宪法和人民代表大会制度的底线。实践中,有些改革的设想和议案,有明显违反宪法和人民代表大会制度基本要求的内容,对于这些内容,在宪法没有修改之前,人大不能以立法方式肯定下来,并引领推动相关改革。这几年,一些重大改革的授权立法,在理论和实践中已经引起是否违宪、是否损害人民代表大会制度的争议,这是应当引起高度警惕的问题。坚守宪法和人民代表大会制度是人大主导的不可动摇的底线。

总之,在引领推动性立法中,人大被动一些比过于主动要好,不能无原则地迎合主张者、动议者,甚至为实现某一目标,在缺乏动议者的情况下,主动去寻找动议者,或者干脆自己既当动议者,又当审议和表决者。人大引领推动改革的任何立法,都应当凝聚反映改革共识,守住宪法和根本政治制度的底线。这些都是人大主导改革性立法的精神所系,根本所在。

(三)为解决部门问题,需要人大主导

立法中的部门问题是一个老生常谈的问题。从四中全会《决定》和《立法法》修改的意图看,强调人大主导立法,根本的指向实际就是部门在立法中存在的各种问题。2011年李建国的表述是立法"涉及诸多方面的利益关系,涉及多个部门的工作和体制机制"。其中,"诸多方面的利益关系",恐怕主要是指各个部门的利益关系;"多个部门的工作和体制机制",恐怕在很大程度上是指立法中不少部门之间存在各自为政的情况,在体制机制上又无法让部门之间自觉有效协调。2014年王晨对部门问题的表述是,"需要各相关方面共同配合,也不可避免地会受到各方利益的影响"。其中,"需要各相关方面共同配合",实际暗指各相关方面(当然主要指的就是部门)难以配合或者不配合;"不可避免地受到各方利益的影响",实际主要暗指的也是部门利益的影响。李建国和王晨的讲话主要着眼于全局,也许是碍于中央一级部门的面子,没有直接点明法律制定中的部门利益和部门难以配合协调的问题,而前述2014年李适时的讲话主要是针对地方立法的，所以，他不留情面地批评了地方立法中“部门利益影响甚至阻碍地方立法进程”的问题。

对于立法中的部门问题，《决定》的表述是“部门化倾向、争权诿责现象较为突出”，习近平总书记的说明则是“利益博弈”，“明确立法权力边界，从体制机制和工作程序上有效防止部门利益”。《决定》中的“部门化倾向”既包括了部门争利益，也包括了部门不配合或者难以配合的问题。更值得注意的是，《决定》明确提出了部门争权现象、诿责现象，习近平总书记明确提出了部门利益问题和部门权力边界不清问题。而法工委国家法室编著的立法法释义则提出了部门起草法律草案、部门主导立法和部门利益冲突、互相扯皮和推诿塞责等问题。

以上关于立法中部门问题的这些表述不尽一致，侧重点各有不同，但主要表现为部门争利益、争权、诿责、权力边界不清、难以配合协调，核心问题实际还是部门利益问题。为克服这些问题，需要发挥人大主导作用，但这仍然有一些问题需要研究。

1. 如何看待部门利益？

几十年来，我们总在批评和设法克服立法中的部门利益，但效果似乎并不明显，到了法律体系形成之后，部门利益好像还越发严重了。法律体系形成的过程中，人大在立法中能够起主导作用并已经起了主导作用，仍未能解决部门利益问题，但在法律体系形成后更好地发挥人大的主导作用，果真能解决部门利益问题吗？

对于立法中的部门利益，有以下几个问题值得关注和讨论：

第一，应当承认，只要有部门就有部门利益。只是部门利益有不正当的利益，也有正当的利益，立法应当克服的是部门不正当的利益。

第二，一部法的条文是否有不正当的部门利益，在法的起草审议甚至表决过程中，有时很难看得出来，常常只有在实践中才会逐步显现。在立法中，为了避免部门利益，用一个部门来制约和替代另一个部门的工作，当然有其必要性和合理性，但过于依赖人大的主导作用，特别是依赖专门委员会和常委会工作机构发挥主导作用，在法理依据、体制依据和实际效果等方面，就值得研究了。而一部法的草案，部门还没有起草，有一方就先入为主地认为它有部门利益，因而要专门委员会和常委会工作机构来组织起草,从道理上讲不通。

第三,人大本身也是部门,它的专门委员会和常委会工作机构更是具体的部门,也有它的部门利益,甚至可以说,在立法中也难免有不正当的利益,而其他部门为争取自己的不正当利益,也可以向人大渗透,通过人大的部门对立法施加影响。

第四,对于已经制定的法律法规,人大不宜过于指摘它的部门利益,因为如果这样,被指摘的部门可能就会提出,这个法律不是你人大审议通过的吗,人大为什么在审议修改时不消除部门利益,却在表决通过后批评部门利益?

第五,如果不能通过改革的手段,从体制上遏制消除滋生部门不正当利益的土壤,光靠人大在立法中发挥主导作用这一体制机制,恐怕是治标不治本,未必能解决问题。

2. 如何看待部门争权诿责现象?

部门在立法过程中所争之权,所诿之责,是科学还是不科学,必要还是不必要,应当由谁来判断取舍?人大的专门委员会和常委会工作机构能够作判断的主体吗?部门的不少权和责边界不清,有立法之前宪法法律已有规定不清晰的问题,也有部门之间政治道德建设的问题,还有实践中一时难以看清和回答的问题,更有需要在改革过程中逐步解决的问题。针对这种情况,通过人大主导立法能否科学地、根本地解决问题?在克服部门争权诿责的同时,又如何避免人大过度介入应当由部门行使的职权?

3. 如何看待部门起草和部门主导立法?

这里的关键问题是,部门起草法律法规草案是否必然导致部门利益?恐怕未必,因为部门起草的草案还要经过提出议案、审议和表决等阶段,其中的每一个阶段和环节,都有足够的时间空间对不正当的部门利益进行过滤和削减。以全国人大常委会制定法律为例,仅在审议阶段,就不仅有常委会会议一般至少三次的审议,还有法律委员会的统一审议以及专门委员会的参与,还要向各方面反复征求意见,解决不正当部门利益的余地很大。

上述法工委国家法室的法律释义中还有一个说法,就是将部门起草法律草案与部门主导立法联系起来了,这容易让人觉得部门起草就导致了部门主导。实际上,部门起草法律草案与部门主导立法远不是一回事,无论中央还是地方的立法中，部门起草的内容被否定或者弃之不用的情况都不少见，而部门主导立法的提法是否适当，倒是值得讨论的。在立法的审议和表决中，如果人大及其常委会能充分发扬民主，把审议修改表决的各个环节做实，部门是不可能主导立法的，但如果在立法的各个阶段，常委会会议以及人大及其常委会工作机构不充分了解情况，或者不能切实使用法定职权，一味听命于部门，被部门牵着鼻子走，当然就真是部门主导立法了。现在，为克服部门利益，就削弱甚或取消部门起草或者组织起草一些重要法律法规草案的职权，其依据需要充分论证。

4. 如何看待前述立法的综合性强以及由此涉及的多部门工作和体制机制？

所谓综合性强，在立法中实际是很难判断的问题，如前所述，几乎所有的法律法规都可以说综合性强，都会涉及多部门的工作和体制机制，针对这一情况，就要发挥人大的主导作用，那么，人大主导的面可能就会很宽、很不确定了。

（四）为提高立法效率、节约立法资源，需要人大主导

在提高立法效率、节约立法资源方面，强调人大主导立法有两个相反的重要理由：其一，部门在立法中存在利益博弈、争权诿责等问题，使该立的法立不起来，因而需要人大主导，推动应该立法的事项尽快立法；其二，一些部门对不该立法的事项总想立法，滥用立法资源，因而需要人大主导，及时制止随意立法的现象。由人大发挥主导作用，提高立法效率，节约立法资源，克服这两种消极现象，无疑是必要的，但存在的问题是：立法动议主体提出议案的法定职权可能会被削弱；前述人大改变“等米下锅”做法，实行“点菜上桌”，点菜上桌的法律和理论依据似乎不充分；人大审议或者表决一部法的草案之前，对于这部法该不该立、何时立，应当由谁来评估和决定，在什么时候评估和决定，法理依据是什么，需要深入研究。

（五）为防止地方保护主义，需要人大主导

地方保护主义是立法中的老话题，主要指向是地方立法。发挥地方人大在立法中的主导作用，克服地方保护主义法律化，是必要的。但需要注意的是，一些损害市场统一、破坏有序竞争、保护地方利益的地方性法规，正是由地方人大及其常委会制定的，通过立法实行地方保护，不仅地方政府及其部门有冲动，地

方人大及其常委会作为本行政区域的权力机关,也不可避免地有这一冲动和倾向。在这种情况下,又如何让人大发挥主导作用、战胜自我、克服地方保护主义呢?

三、人大内部哪些主体以什么方式主导立法

笼统地强调人大主导立法,似乎理所当然,但具体到人大内部谁才能主导立法,以什么方式主导立法,恐怕就有不少问题值得讨论。

(一)主导立法各类主体的提法存在问题

仔细查看各类文件的表述,就会发现对于主导立法的主体究竟是什么,需要进一步统一认识。四中全会《决定》在同一个段落中,先是有这样的表述:"健全有立法权的人大主导立法工作的体制机制,发挥人大及其常委会在立法工作中的主导作用。"这就涉及两个用语,即"人大主导"和"人大及其常委会"主导,而"人大"主导和"人大及其常委会"主导所包含的主体范围是有很大差别的。接着,对具体主导主体的表述又包括全国人大的专门委员会、全国人大常委会法制工作委员会、常委会委员,甚至延伸到立法专家顾问。李建国在2015年向全国人大会议所做立法法修正案草案的说明中所说的主体,不仅包括人大、全国人大及其常委会、全国人大的专门委员会、常委会工作机构,还特别强调要发挥全国人大代表在立法中的作用。㉙ 而修改后的立法法在全国人大及其常委会主导立法的表述中,又增加了委员长会议这个主体。可见,这些权威文件甚至立法性文件对人大内部主导的主体,表述并不一致。而在日常的学术论文、研讨会讨论、工作交流中,对主导立法的主体究竟是谁,更是存在随意用语、似是而非甚至比较混乱的现象。

从口头表述或者广泛的意义上,人们容易形成一种认识习惯,认为人大主导、人大及其常委会主导、委员长会议主导、专门委员会主导、常委会工作机构主导,甚至代表和常委会委员主导,都可以说是人大主导,也即但凡人大内部的各类组织或者成员的主导,都是人大主导。但稍一推敲即可发现,这些认识显然存

㉙ 参见《中华人民共和国立法法》,法律出版社2015年版,第56~57页。

在问题。如果将人大主导和人大及其常委会主导等同起来表述，大体还能站得住脚，因为两者都是权力机关，常委会又是代表大会的常设机关，经常可以交换合并表述。但是，如果把委员长会议和地方人大常委会的主任会议、专门委员会、常委会工作机构甚至代表和常委会委员在立法中发挥的作用，都叫作人大主导，无论从宪法体制还是理论认识上看，恐怕都站不住脚，因为这实际是把这些主体与人大及其常委会等同起来了，如果用之于实践，就会产生不少负面影响。对此下文将会述及。

（二）人大及其常委会主导立法的障碍

人大主导立法，从根本上说当然是人大和它的常委会两个主体主导立法。但如果这两个主体可以主导立法，就会出现以下几个关键问题：

第一，在立法表决的结果出来之前，人大及其常委会如何预知表决结果，并将立法活动向这一结果加以引导推动？按照宪法和法律规定，立法活动至少由提出议案、审议和表决三个关键性程序组成，在这三个程序中，提出议案的主体众多，人大及其常委会的组成人员又分散于各个方面，代表委员们的观点意见在审议过程中可能各不相同，即使到了表决阶段，很多时候也各不相同，那么，在如此复杂的情况下，由个体代表委员组成的人大及其常委会，又如何预知立法结果并从一开始就对立法活动进行主导呢？

第二，按照人民代表大会制度的基本要求，人民代表大会是一个合议机关，它的常务委员会也是合议机关，两者行使职权的共同特点是，集体有权，个人无权，也即集体行使职权，一人一票，委员长或者人大常委会主任也只有一票表决权。而人大及其常委会是国家权力机关，除了由它们的组成人员进行表决形成意志之外，依照宪法法律规定，又没有任何一个组织和个人可以将自己的意志强加于它们，那么，在这样的合议机关中，如果没有进行表决，所谓立法的主导意见又从何而来？而没有主导意见，合议机关又谈何主导立法呢？

第三，人大及其常委会在立法的哪些环节能发挥主导作用？2015 年 9 月上旬，张德江委员长在广东调研强调发挥人大立法主导作用时，要求人大及其常委会“把握立项、起草、审议等关键环节”，“形成立法工作合力”，[30]也即人大及其常委会要在立法的关键环节发挥主导作用，强调的是关键环节。从前面所述全国人大常委会有关副委员长和工作机构负责人的讲话看，他们对人大及其常委会应当在哪些具体环节发挥主导作用，表述并不清晰一致。再看法工委国家法室编写的《立法法》释义，它说，“人大及其常委会的主导作用应当体现在法律法规的立项、起草、审议、修改、表决等各个环节”，[31]即要在各个环节发挥主导作用。这比上述张德江委员长所说关键环节的面还要宽，可以说是要主导立法的全过程了。

问题是，除了人大常委会可以用向人大提出立法议案的形式，在立法动议环节发挥主导作用外，人大和它的常委会在立法中行使职权的方式，只有审议和表决两项，这样，它有什么办法在各个环节发挥主导作用呢？难道人大及其常委会还可以在立法议案提出之前先审议和表决要不要制定一部法，以及这部法应当规定什么内容，或者集体起草一部法的草案？这里笔者想说的是，以会议形式集体行使职权的特点，决定了人大及其常委会实际很难或者不可能在立法的各个环节发挥主导作用。如果一定要强调主导作用的话，这个主导作用主要还是审议和表决。这个问题下文还将述及。

第四，人大及其常委会能否对立法工作进行组织协调？《立法法》第51条的表述是这样的：“全国人民代表大会及其常务委员会加强对立法工作的组织协调，发挥在立法工作中的主导作用。”这个规定的意思很明确，即全国人大和它的常委会通过组织协调的方式发挥主导作用。但是，什么叫组织协调？组织协调的法理依据、性质和具体方式是什么？组织协调与主导是什么关系？人大及其常委会作为集体行使职权的审议表决机构，又如何去组织协调其他的立法参与主体？它们能以会议的形式现场办公进行组织协调吗？

所谓组织协调，更多是指中国共产党对别的党派和国家机关以及其他各类组织的领导方式，即通常所说的总览全局、协调各方。比如，在司法领域，有些重大复杂疑难案件，光靠公检法机关各自行使职权，容易出现扯皮、诿责、争权等消

[30] 张德江：《发挥人大立法主导作用，加强形成完备的法律规范体系》，载《中国人大》2015年第18期。

[31] 全国人大常委会法工委国家法室编著：《中华人民共和国立法法释义》，法律出版社2015年版，第162页。

极现象,就需要党委通过它的政法委员会对公检法机关进行组织协调,但即使政法委员会组织协调公检法机关,也是组织协调它们查清案件事实,更好地适用法律,而绝不是从实体和程序上干预公检法机关办案,把自己的意见强加于公检法机关。所以,组织协调更多应当是超脱性的、非干预性的,不能代替、命令或者变相命令被组织协调者,不能把组织协调变成发号施令。也正因如此,我们强调司法工作要坚持党的领导,但不能说党要在司法工作中发挥主导作用。但如果在立法工作中,人大及其常委会组织协调又不等同于发号施令,不能拍板定调,能说是发挥主导作用吗?具体到人大及其常委会发挥主导作用,遇到的问题是,它们在立法过程中要去组织协调哪些主体?它们与被组织协调者之间是什么关系?组织协调行为是什么性质,有什么法律效力?如果被组织协调者不执行人大及其常委会的意志,怎么办?这些问题恐怕应当从法理和我国政治制度的层面谨慎研究回答。

第五,人大常委会能否通过立法规划计划主导立法工作?现在,立法规划计划被视为人大常委会主导立法的重要抓手,但立法规划计划性是行政性的,无论人大还是它的常委会都不适宜事先审议通过一个规划或者计划,然后用来约束要求各个立法参与主体。这个问题笔者已有过论述,这里不再重复。[32] 但修改后的《立法法》加上了全国人大常委会通过立法规划计划主导立法工作的相关内容,这很可能会引起一系列弊端和问题。对此下文将予阐述。

(三)委员长会议或者主任会议主导立法需要研究的问题

委员长会议和地方人大常委会的主任会议是人大常委会的一个非常特殊的机构,对这个机构的性质、地位和职权,理论和实践中有不少需要重视和研究的问题,主导立法就是其中之一。这里着重以委员长会议为例讨论这一问题。

关于人大主导立法的主体的表述,一般文件都没有包括委员长会议,但在人大及其常委会的具体主导工作中,委员长会议的权力实际是很大的,有时甚至让人难以搞清究竟是常委会还是委员长会议在真正地主导立法。

这里主要以立法规划计划为例进行讨论。修改后的《立法法》规定,全国人

---

[32] 参见刘松山:《立法规划之淡化与反思》,载《政治与法律》2014 年第 12 期。

大常委会“通过立法规划、年度立法计划等形式,加强对立法工作的统筹安排”,即在立法中发挥主导作用。按理说,常委会要通过立法规划计划安排立法工作,这个规划计划就应当由常委会审议通过。但《立法法》没有规定常委会审议通过,却规定“立法规划和年度立法计划由委员长会议通过”。这是否容易给人一种错觉:真正以规划计划主导立法的是委员长会议而不是常委会?而《立法法》赋予委员长会议这一职权是否合适,恐怕需要讨论。

《全国人民代表大会组织法》是一部对委员长会议组织与职权作出系统规定的重要基本法律。其第 25 条规定,委员长会议的职权是处理常委会的“重要日常工作”,并明确列举了四项职权:一是决定常委会会议的会期,拟定会议议程草案;二是将向常委会提出的议案和质询案,决定交有关专门委员会审议或者提请常委会审议(当然,《立法法》对如何决定立法的议案还作了具体限制);三是指导和协调专门委员会的日常工作;四是处理常委会其他重要日常工作。这里有两个问题:

第一个问题是,委员长会议通过立法规划计划,是否符合《全国人民代表大会组织法》的这一规定?显然,《全国人民代表大会组织法》规定的委员长会议的职权中,没有通过立法规划计划这一项。那么,能否对这四项职权进行扩充理解,推导出有制订立法规划计划的含义呢?恐怕也很困难。比如,第一项职权中的会期显然不包括规划计划,而拟定会议议程草案,也是在法定主体提出议案之后对议案做日程安排,不包括对谁提出以及何时提出法律案进行规划计划。比如,第二项职权中对有关主体提出的议案决定交专门委员会审议或者提请常委会审议的内容,主要还是程序安排性质的,可能带有一定的规划计划的性质,但这个规划计划仍然是被动的、“等米下锅”的、难以预测的,甚至不能说是规划计划,因为议案的动议权在提案主体手里,委员长会议不能对它进行规划计划。再如,第三项指导协调专门委员会日常工作的职权,范围也局限于专门委员会,由于是指导协调,也就不能对专门委员会发号施令,要求其提不提、何时提议案,所以也谈不上对专门委员会进行规划计划。总体上看,委员长会议所处理的“重要日常工作”,具有明显的程序性、超脱性、协助性、被动性、临时性、服务性特点,并局限于常委会内部和专门委员会之间,显然不包括立法规划计划这样统筹立法全局的重大事项。

那么，能否将通过立法规划计划归为“其他”的重要日常工作呢？恐怕也不能，因为“其他”的事项在重要性方面肯定比不上前三项日常工作，而立法规划计划实际是立法的总开关，对是不是要立一部法律、何时审议通过一部法律，甚至由谁起草和提出法律案等事项，都要进行统筹安排，这是比《全国人民代表大会组织法》规定的上述重要日常工作还重要得多的工作。应当说，委员长会议通过立法规划计划，明显不符合《全国人民代表大会组织法》的相关规定。

第二个问题是，《立法法》能否作出违背《全国人民代表大会组织法》精神的规定？《全国人民代表大会组织法》是关于全国人大及其常委会包括委员长会议的组织和职权的重要基本法律，从立法精神原意上看，委员长会议不能通过立法规划计划这一统管立法全局的重大事项，也即不能通过立法规划计划的方式主导立法，但《立法法》是关于立法制度方面的基本法律，全国人大在修改这部法律的过程中又规定，委员长会议有权通过立法规划计划。两部法律都是全国人大会议通过的，如何看待其中相关规定的关系？建议有关方面慎重研究回答。

但无论《立法法》如何规定，由委员长会议通过立法规划计划（哪怕这个规划计划也在常委会会议上会知审议一下），都存在不少障碍：

其一，人大及其常委会都是权力机关，委员长会议不适宜通过一个约束权力机关的立法规划计划，因为这不符合我国的政治体制。

其二，委员长会议也不适宜通过一个规划计划，去约束要求其他提出法律案的主体，因为是否提案、何时提案，是宪法法律赋予提案主体的职权，委员长会议不适宜去干预。

其三，委员长会议不是立法机关，也不是法定的执法机关，它通过的立法规划计划并没有法律效力，别的主体不执行也不会产生法律后果。

其四，委员长会议“通过”的方式是什么，并不明确，法律既没有规定委员长会议以审议和表决方式集体行使职权，也没有规定委员长会议实行其他的工作体制机制，但无论是集体行使职权还是以其他方式行使职权，委员长会议组成人员都是常委会组成人员的很少一部分，在一个投票完全平等的合议机关中，少数成员以缺乏法律规定的方式通过一项立法规划计划，再让绝大多数成员去执行，法理和制度依据是什么，就值得研究了。

其五，立法规划计划所包括的内容已经远不只常委会的“重要日常工作”

了，它还包括代表大会是否要立法的职权，包括其他国家机关以及人大主席团、专门委员会提出法律案的职权等，这已远超委员长会议的职权范围。

委员长会议通过立法规划计划后还有一个执行问题，即把这个规划计划布置安排下去，要求各类主体付诸实施。这项工作由谁来做？《立法法》第52条的规定很有意思，即全国人大常委会通过规划计划等形式，加强对立法工作的统筹安排。据此，统筹安排的主体就是常委会了。但实践中，常委会似乎从来没有对某一立法规划计划如何落实，作出过具体决议决定。比如，要求某一主体何时提出某一法律案，或者某个法律必须在哪个时间段内审议通过。那么，实际在对规划计划进行统筹安排的是谁？委员长会议恐怕是重要主体。但如果委员长会议可以统筹安排规划计划，它就不仅是规划计划的制订者，也是统筹安排的落实者了，委员长会议这样行使职权是否合适？能等同于全国人大常委会行使职权吗？

现在，我们习惯于把委员长会议通过的立法规划计划，当作常委会的立法规划计划，把委员长会议通过立法规划计划发挥主导作用说成是常委会在发挥主导作用，这些似是而非的看法、说法、做法，可能不仅仅是一个不准确的问题，还涉及一个常委会和委员长会议实际上的地位高低和职权大小的问题，应当引起有关方面的高度重视。

我们不否认委员长会议在立法中的重要作用，甚至在某些环节的主导作用。比如，依照法律规定，委员长会议有权提出法律案，这个提案权是一项独立的法定职权，在提案这一环节，它实际就发挥了立法的主导作用。但是，委员长会议是否适宜制订并实施立法规划计划，并以此发挥立法主导作用，而且将这一作用视为全国人大常委会的立法主导作用，就值得讨论了。委员长会议处理的常委会重要日常工作中，有不少立法工作的内容，但这些内容在多大程度上、多大范围上可以叫作主导立法的工作，恐怕也是值得讨论的。比如，很多针对议案的管控措施能不能叫作主导立法？再如，委员长会议在多大程度上能代表常委会？

委员长会议的示范作用十分重要。地方人大常委会还有一个主任会议问题，委员长会议怎么做，主任会议就会参照效仿，如果做得不好，可能就成为主任主导立法了。

（四）专门委员会、常委会工作机构、人大代表等主导立法的问题

按照修改后《立法法》的规定，在法律的制定中，发挥人大主导作用，还有几个重要内容：专门委员会、常委会工作机构提前参与法律草案起草；涉及综合性、全局性、基础性等事项的重要法律草案，可以由专门委员会和常委会工作机构组织起草；充分发挥代表作用，以及专家学者在法律起草中的作用等。但这仍然有一些问题需要研究：

1. 能否将发挥专门委员会和常委会工作机构在立法中的作用，等同于人大主导立法？

恐怕不能。第一，人大及其常委会是合议机关，在人大及其常委会审议表决之前，无论专门委员会还是常委会工作机构，都并不知道表决结果，因此，它们在立法中所做的工作，都不能代表人大及其常委会。第二，专门委员会和常委会工作机构所做的具体立法工作，包括起草的法律草案和提出的立法意见等，在立法过程中本身还要接受常委会的审议、辨别和取舍，未必就会被人大及其常委会会议所接受，所以，在表决之前它们所发挥的作用无论多大，恐怕都不能说是人大及其常委会的主导作用。第三，专门委员会依照法律规定有提出法律案的职权，这可以说是在立法的一个环节起一定的主导作用，但这个主导仍然是专门委员会的主导，而不是人大及其常委会的主导，因为它提出的法律案还要经过委员长会议的过滤，并经过人大及其常委会的审议和表决，并不代表人大及其常委会的意志。

当然，如果获得人大及其常委会的授权，专门委员会和常委会工作机构在立法工作中可以代表人大及其常委会发挥授权范围内的主导作用。比如，《立法法》规定，常委会工作机构按照常委会的要求，督促立法规划计划的落实。这种情况下，如果说常委会工作机构按照常委会要求督促立法规划计划的落实是一种主导的话，这种主导可以说是常委会的主导。

专门委员会和常委会工作机构是人大及其常委会的工作机构，它们与国务院的部门不同，部门是国务院的组成部分，部门依法行使职权就是国务院在行使职权，但专门委员会不是人大的组成部分，常委会工作机构也不是常委会的组成部分，它们只是人大及其常委会的参谋助手，为人大及其常委会行使职权提供工

作服务,它们行使职权不等于人大及其常委会行使职权,除非获得专门的授权。而就获得授权来说,国务院实行首长负责制,部门获得总理的同意即可代表国务院,也比较容易做到,但人大及其常委会是合议机关,专门委员会和常委会工作机构要获得合议机关的授权同意并非易事,所以要代表合议机关也并非易事。

建立健全体制机制,充分发挥专门委员会和常委会工作机构在立法中的积极作用,为人大主导立法创造条件,是必要的,但应当避免将这种积极作用的发挥等同于人大主导立法。

2. 如何看待专门委员会在一定意义上的主导作用?

专门委员会的组成人员虽然是人大代表,但专门委员会的性质仍然是人大的工作机构,也是常委会的工作机构。对于专门委员会的职责,制定 1982 年《宪法》时,胡乔木曾专门有一个说明。他说,专门委员会"大体上应该做些什么事?我们设想,应该主要的是进行调查研究,征求各方面的意见,便于人大和人大常委会制定法律或者其他的决议"。"这是它的主要的作用。这些专门委员会不是任何形式的权力机关,它只是人大和人大常委会的助手。"㉝从这里可以看出,按照立宪的初衷,专门委员会主要应当做调查研究,全面收集各方面意见,为人大及其常委会决策提供参考。即使提出自己的意见,也应当以收集的意见为基础,而不是脱离各方面意见,以主导为己任,偏重于表述专门委员会的倾向性意见,也只有这样,它才能为人大及其常委会提供全面的决策参考。宪法规定专门委员会在全国人大及其常委会的领导下,研究、审议和拟定议案,宗旨在这里。

有意思的是,1982 年《宪法》并没有规定全国人大的专门委员会可以提出议案,只是同时通过的《全国人民代表大会组织法》规定了专门委员会可以提出议案,而《宪法》却明确规定,全国人大代表和常委会委员有权提出议案。要知道,提出法律的议案是主导立法的重要环节,相比之下似乎可以发现,通过提出议案主导立法的倒更应当是人大及其常委会的组成人员,而不是专门委员会,但实践中的情况正好相反,建议有关方面对专门委员会在立法中的职责做进一步研究。比如,专门委员会提出法律案的道理是什么?专门委员会在调查研究、收集意见和提出法律议案之间,更应当把工作重点放在哪里?比如,某专门委员会拟定一

㉝ 《胡乔木文集》(第 2 卷),人民出版社 1993 年版,第 514 页。

项议案,是否意味着此议案就一定要由该专门委员会提出?拟定议案和提出议案是什么关系?再如,专门委员会提出的议案是否应当有所侧重?结合专门委员会设立的初衷,它主要应当提出立法议案还是监督方面的议案?

3.如何看待专门委员会和常委会工作机构组织起草或者直接起草法律草案?

为克服部门利益,设想由专门委员会或者常委会工作机构组织起草或者直接起草法律草案,认为这就是人大主导立法或者有利于人大主导立法,初衷是好的,但会遇到一些问题:

第一,如果把组织起草或者直接起草就视为人大主导立法或者认为这样做有利于人大主导立法,那么,起草的这个草案在常委会会议上一旦被否定,怎么办?这种情况下,有人说,你不是人大主导立法吗,怎么你牵头起草(或者直接起草)的法律草案被人大自己否定了?为加强人大主导,现在有一种既强调专门委员会和常委会工作机构组织起草,又强调它们直接起草的倾向,特别是强调综合性、全局性、基础性的重要法律草案,由这两类机构组织起草。但组织起草(包括直接起草)是一把"双刃剑",对它所面临的复杂问题,应当有足够估计。实践中,为突出人大主导,有的地方人大的专门委员会,对由政府部门起草更为合适的本区域综合性、全局性、基础性的法规草案,主动牵头组织起草,数易其稿,但草案在征求意见和常委会审议的过程中,因饱受非议而迟迟不能出台,最后非但未能起到主导作用,反倒影响了专门委员会的权威。

第二,如前所述,不宜将起草法律草案与部门利益、部门主导等同起来,只要是起草者,都有可能被利益所渗透,专门委员会和常委会工作机构也不是天衣无缝,而且,专门委员会组成人员很多就是从部门转岗过来的,与部门有千丝万缕的联系。又如前述,专门委员会和常委会工作机构也是一个部门,也不可避免地有自己在立法中的利益。不要说专门委员会和工作机构,即使是专家参与起草,也不可避免地会带有复杂的自身利益和部门利益倾向。为克服部门利益就把起草权从部门那里拿过来,能否从根子上解决问题,恐怕需要研究。

第三,起草法律草案与该法律案的提案权是什么关系?此问题前面已提出。从道理上讲,谁提案、谁起草,应当站得住脚,可以说,起草本身就是提案主体的一项职权。当然,提案主体可以委托其他主体起草法律草案。但如果提案主体坚持自己起草法律草案,而专门委员会和常委会工作机构认为这样会导致部门利益,从部门那里争来起草权,自己组织起草或者直接起草,最终出来的草案与部门的意图不相符,相关提案主体不予提案,或者消极抵制提案,怎么办?建议有关方面对法律草案的起草与提案权之间的关系加强研究。

第四,应当重视专门委员会和常委会工作机构的起草力量。任何一部法律所涉及的面都有很强的特殊性、专业性,但专门委员会的力量是有限的,常委会工作机构比如法制工作委员会,其工作人员长期主要学习、研究法律,其他方面的专业力量也有很大局限,又缺乏实践经验,能否适应起草诸多法律草案的需要?

第五,为防止克服部门利益,专门委员会和法制工作委员会除了在起草这一环节参与外,其他还有哪些环节可以发挥作用?是否广泛征求意见,加强调研,为人大及其常委会审议法律草案提供全方位的意见,可能更有利于发挥人大主导作用?组织起草或者直接起草法律草案是否为专门委员会和法工委的初衷?

4. 人大代表应当以什么方式主导立法?

为体现全国人大代表在立法中的主体地位,《立法法》修改时增加了有关规定。比如,规定常委会工作机构编制立法规划计划时认真研究代表议案和建议,常委会审议法律案要邀请代表列席,征求代表意见并向代表反馈情况,专门委员会和常委会工作机构立法调研时要邀请代表参加。但仔细分析这些规定,总让人不自觉地产生疑虑:代表究竟是权力机关的主体还是客体?代表本身是权力机关组成人员,常委会工作机构是为代表服务的,但编制立法规划计划时,代表提出的议案建议却要交工作机构"认真研究",即这个议案建议行不行,判断权还是在工作机构那里;常委会是由代表大会选举产生的,但它审议法律案时,代表只能受邀列席,提出的意见只能得到反馈的份儿;专门委员会和工作机构本身是为代表服务的,但它们立法调研时,被邀请参加似乎成了代表的待遇。这些规定,初衷当然是发挥代表主体作用,但是不是又容易给人一种感觉:在立法工作中,代表实际成了常委会、专门委员会和常委会工作机构的行政相对人甚至下级人员?或者比一般社会公众稍有特权的人?

以上所述实际向我们提出一个问题:在立法中发挥代表主导作用的关键点是什么?这恐怕还要回到宪法的规定。代表大会开会时,全体代表的权力是清楚的，就是审议和表决，但部分代表的作用如何体现？如前所述，宪法没有规定专门委员会的提案权，却专门规定了代表提出议案的权力，这当然包括了提出法律案的权力。在立法程序中，提案权是一项独立的、主动的职权，代表通过提案推动立法，就是在主导立法。但《立法法》修改的内容，实际将代表放在一个被动的位置，一个仅限于向常委会、专门委员会和常委会工作机构提出意见的位置，这个位置更多的恐怕是客体而非主体的位置，很难说是在独立地主导立法。在代表大会闭会期间，对于立法，代表当然可以广泛参与，表达意见，但其主要任务似乎是应当为提出法律案做精心准备，专门委员会和常委会工作机构既然有服务于代表的职责，有能力组织起草或者直接起草法律草案，为什么就不能帮助或者协助代表起草法律草案，推动部分代表在会议上提出一个优质的法律议案并进入审议和表决程序以实现立法主导呢？

不仅是代表，常委会委员也有这个问题。代表委员通过提出法律案主导立法，是宪法赋予的重要职权，专门委员会和常委会工作机构在立法中适当转变工作理念和服务重心，将协助代表委员起草法律案作为重要职责，起草后再由代表委员在代表大会和常委会会议上提出法律案，很可能是创新人大主导立法工作体制机制的新抓手和新亮点，也有利于专门委员会和常委会工作机构依照宪法法律的规定进行自我定位。

四、小结与建议

从上面的分析可以看出，人大主导立法是一个新提法，对促进民主立法具有重要意义。但是，如何科学理解把握这个提法，还有不少问题需要研究。对“主导”这一用语的含义和相关范畴作什么样的理解，直接关系到人大在立法中如何进行自我定位。按照我国的政治体制，特别是《宪法》《立法法》等法律确立的立法体制和立法程序的要求，强调人大主导立法是必要的，但要妥善处理人大主导立法与党领导立法的关系，以及人大主导立法与其他主体依法参与立法的关系，不宜将委员长会议、主任会议、专门委员会和常委会工作机构等主体在立法中发挥应有作用与人大主导立法等同起来。理解人大主导立法，需要考察这一提法出现的背景和针对性，研究针对不同事项的主导应当把握什么样的界限。总之，发挥人大在立法中的主导作用，需要找准人大主导的宪法法律定位，加强相关研究，避免对人大主导立法的各种误识和分歧。为此，本文提出一些建议：

第一，建议对各类立法参与主体发挥作用的提法进行规范清理。现在，对各类立法参与主体在立法中的地位作用表述比较多，内容含义又不甚清晰，容易产生理解执行的偏差。比如，“坚持党对立法工作的领导”“发挥人大在立法中的主导作用”“发挥人大的决定性作用”“发挥代表和常委会委员的主体作用”“发挥政府在立法中的重要作用”“发挥政府在立法中的基础作用”等，不一而足。这些地位作用的提法，本身含义很难说有清晰的界限，看上去、听上去都很重要、很关键，在不同的环境中又被不断变化使用，不要说社会公众和各级人大及其常委会组成人员，即使是长期从事立法理论研究和实际工作的专业人士，恐怕也未必能把这些说法的区别搞清楚。建议有关方面在公文中对这类提法删繁就简，统一规范。

第二，建议将“主导”这一用语与汉语语言的基本含义和语法要求尽量对接起来。政治法律方面的官方用语，应当十分严谨准确，符合汉语的常规要求。立法语言有一些特殊性，但也只有在找不到更合适的语言表述的情况下，才可以适当脱离语言常规，赋予法律语言一些特殊的含义。“主导”一词的汉语内涵与人大行使职权的特点明显不相符，建议有关方面要么对这一用语做适当界定，要么逐渐减少使用，要么在适当时候更换用语。

第三，建议对党领导立法与人大主导立法中可能遇到和已经遇到的各类问题进行研究规范。在提人大主导立法的同时，不宜只笼统地强调坚持党的领导是前提，而要直面问题。实践中，这方面的问题不少，处理不好，既影响党领导立法，也不利于人大主导立法。

第四，建议科学认识各个立法参与主体在立法中与民意的关系。现在，强调人大主导立法，实际有一个重要的理论假设和制度假设，认为人大是民意机关，代表人民意志，所以它应当主导立法。但不能忘记，依照宪法的规定，政府、法院、检察院这些重要的立法参与主体名称中也有“人民”二字，它们在不同的侧面也代表了人民的意志，在立法活动中它们也是代表民意的。强调人大代表民意无可厚非，但不能把人大想成民意的独占机关和垄断机关。人大也是一个国家机关，基于制度设计的考虑，让它在立法中代表民意行使审议和表决的职权，并不等于它就是民意的唯一代表机关，其他的立法参与主体在不同的立法环节中，也从不同的侧面代表和反映民意。这是一个应当引起重视的认识问题。

第五，建议将人大主导立法的关键放在审议和表决两个环节上。除了人大常委会向代表大会提出立法案之外，人大及其常委会在立法中真正能够集体行使职权的实际只有审议和表决两个环节。作为合议机关的人大主导，只能是这两个环节的主导。把审议民主和表决民主发挥好了，人大的主导作用就实现了。所以，人大能否主导立法，主导立法的质量如何，从根本上说，取决于审议和表决的质量。建立健全人大审议民主和表决民主的体制机制，是保证人大主导立法的根本手段。

第六，建议对委员长会议和主任会议在立法中的性质、地位和职权，做研究和规范。这个问题涉及委员长会议和主任会议整体性职权的行使。实践中，委员长会议和主任会议行使的权力似乎已远超《全国人民代表大会组织法》等法律的规定，如何看待这个问题？是否应该修改《全国人民代表大会组织法》等相关法律，建议研究考虑。而在立法中，除应当对委员长会议、主任会议加强研究外，还有副委员长兼秘书长、副主任兼秘书长这一人大常委会的重要职务，也需要加以研究规范，因为他们的权力也很大，又缺乏法律的明确规定。

第七，专门委员会、常委会工作机构在人大主导立法中当有何为？似乎还是应当围绕参谋和助手的法律定位，充分发挥作用，比如加强调研，采取多种方式了解各方意见，向人大及其常委会提出研究意见建议，而不宜强化提出立法议案和组织起草法律法规草案的职权，因为这可能带来许多弊端。如果有组织起草法律法规草案的条件资源，就转过来帮助代表委员起草，由代表委员依法行使提案权，不就很好吗？

论人大非立法性规范性文件的功能与效力

黄建武*

在实践中，人大及常委会的规范性文件，除了立法性的以外，还存在非立法性的文件。后者是人大及其常委会职能发挥的一个重要工具，它承载着规范国家机构和社会活动的功能，为法律体系作用的发挥提供着重要支持。2015 年我国《立法法》的修改，在地方立法层面：一方面扩大了立法主体的范围，另一方面将设区的市的立法权限制在城乡建设与管理、环境保护、历史文化保护三个领域。这对于新获得立法权的设区的市的人大及其常委会来说，在这三个领域外诸多事项的规范性管理，仍需要像以往一样运用非立法性规范性文件来实现；对于立法权被缩限了的较大的市来说，则需要考虑如何有效地运用非立法性规范性文件的功能，来填补立法权变更后的空间。对于全国人大及其常委会，以及省、自治区和直辖市的人大及其常委会的职能发挥来说，非立法性规范性文件仍是不可缺少的形式。因此，非立法性规范性文件的功能、效力及其与立法性规范性文件在适用领域的划分，应当得到我们足够的重视。

一、立法性与非立法性规范性文件的含义及形式区别

规范性文件指其所表达的内容为行为规范的文件。由于文件内容是对某类行为提出许可、要求或禁止，设定奖励（鼓励）和责任，因此，它具有可反复适用的特点。这种文件不同于对某一事项作一次性安排并一次有效的非规范性文件，如判决书和委任书。

---

* 黄建武，中山大学法学院教授，中国立法学研究会副会长。

国家机关和社会组织均可制定规范性文件，比如国家立法机关制定法律，企业制定劳动纪律文件，但它们的效力不一样。如果规范性文件具有法律效力，文件可称为规范性法律文件。国家机关在法定职权范围内为实现其职能依法发布的规范性文件，一般都是规范性法律文件。但是，规范性法律文件并不都是立法文件。只有拥有立法权的机关运用立法权制定的规范性文件，才是立法文件，或称立法性规范性文件。同样，并非有立法权的国家机关发布的所有规范性文件都是立法文件，如果不是行使立法权，而是运用其他决策权制定规范性文件，其文件则可称为非立法性规范性文件。

我们以全国人大的文件为例，来区分立法性规范性文件和非立法性规范性文件。如《物权法》《全国人民代表大会关于修改〈中华人民共和国立法法〉的决定》《全国人民代表大会常务委员会关于惩治违反公司法的犯罪的决定》《全国人民代表大会常务委员会关于加强网络信息保护的决定》《全国人民代表大会常务委员会关于完善人民陪审员制度的决定》《全国人民代表大会常务委员会关于实行宪法宣誓制度的决定》，对于这些文件，我们通常根据标题判断其是否为法律，因为在实践中法律通常冠以“法”的标题，比如《物权法》，当然是法律，属于全国人大的立法性规范性文件。又如《刑法》《刑事诉讼法》等文件，根据标题中的“法”可以断定为法律。但是，在“法”这一标题下的文件有基本法律和基本法律以外的其他法律，对于这两者的区分我们通常要通过题注所注明的立法主体来判断，全国人大制定的是基本法律，全国人大常委会制定的是其他法律。

但是要判断“决定”（类似标题还有“规定”“办法”等）是立法性规范性文件或非立法性规范性文件，仅以标题为据就非常困难。如上例《关于完善人民陪审员制度的决定》《关于实行宪法宣誓制度的决定》《关于修改〈中华人民共和国立法法〉的决定》《关于惩治违反公司法的犯罪的决定》，这些文件标题都是“决定”，何者为立法性决定，何者为非立法性决定，我们需要根据其是否由国家主席以主席令方式公布来判断。因为根据宪法和立法法的规定，全国人大及其常委会通过的法律由国家主席签署主席令予以公布，同时，在实践上，全国人大或全国人大常委会通过的其他“决定”（或采用其他标题的非立法性规范性文件），都在全国人大常委会公报上刊出公开，如不注意“主席令”这一标识，则很难区别两种文件的性质。由此，前述文件中《关于修改〈中华人民共和国立法法〉的决定》《关于惩治违反公司法的犯罪的决定》，因其由国家主席以主席令公布，可以断定为立法性规范性文件，而《关于加强网络信息保护的决定》①《关于完善陪审员制度的决定》②《关于实行宪法宣誓制度的决定》③等文件，因无主席令公布则属于非立法性规范性文件。

在地方层面，人大及其常委会制定的规范性文件标题一般采用“条例”“决定”“规定”“办法”等。“条例”基本都作为地方性法规的名称使用，这比较好判断，但采用其他标题的文件，则通常根据有无公告文来判断。按照《立法法》第78 条的规定，省、自治区、直辖市一级人大通过的地方法规由主席团发布公告公布，其常委会通过的地方性法规由常委会发布公告公布，设区市的人大及其常委会通过的地方性法规报经批准后由常委会发布公告公布。地方法规在该级人大常委会公报中公布并为标准文本。因此，区别地方人大立法性和非立法性规范性文件，通常可以据其有无主席团或常委会公布的公告文为标识。这里所说通常，实是不能排除有例外的情况。因为《立法法》要求地方法规应当由主席团或常委会发布公告公布，但不存在对人大常委会以公告形式公布其非立法性规范性文件的排除性规定。而在实践中，前述各级地方人大及其常委会通过的非立法性规范性文件，也在人大常委会公报中刊布，但其中有的是以常委会公告的形式公布，有的是以常委会办公机构的公文发布，有的是直接刊布而没有公告或公布文的。在设区市（包括原较大市）法规文件公布的公告中，会有“本（法规）文件经省、自治区人大常委会批准”类似字样的说明，而非法规文件则无此项说明。这些文字算是加强了设区的市（包括较大的市）的文件性质的辨识性。但是，省、自治区、直辖市人大及其常委会通过的法规文件无需批准只需备案，其公布文件的公告的格式为某文件已由人大常委会某次会议通过，予以公布，何时开始实施，此外再无其他文，故无法区别其为立法性或非立法性规范性文件。因此，以常委会的公告形式难以作为判断文件性质的一个规范性标准。

---

① 参见《全国人大常委会公报》2013 年第 1 期，载全国人大网：http://www.npc.gov.cn/wxzl/gongbao/2013-04/16/content 1811077.htm，最后访问日期：2016 年 6 月 10 日。

② 参见《全国人大常委会公报》2004 年第 6 期，载全国人大网：http://www.npc.gov.cn/wxzl/gongbao/2004-10/20/content_5334604.htm，最后访问日期：2016 年 6 月 10 日。

③ 参见《全国人大常委会公报》2015 年第 4 期，载全国人大网：http://www.npc.gov.cn/wxzl/gongbao/2015-08/27/content_1945962.htm，最后访问日期：2016 年 6 月 10 日。

再者，公布全国人大及其常委会法律的“主席令”和公布地方法规的“公告”都是独立的文件，不在法律法规的正文或题注中。由于一些法律法规汇编的工作者或机构并不重视公布的意义，因此“主席令”和“公告”这个部分在一些汇编的文件中被有意无意省略而没有出现（正式出版发行的纸本、一些国家机构的官网以及一些数据库都存在这种情况）。这使得区分两者极为不易，有时还造成混淆（比如，将两种文件都当作法律法规汇编在一起），给文件适用造成困难。

谈到上述文件的区分，这里就出现了一个问题，即在国家和社会事务的管理中有必要区分这两种文件吗？作这种区分真有实际意义吗？回答是肯定的。因为依法治国需要科学立法，也需要严格执法，更需要国家机关（包括各级人大）依法并高效地行使职权以实现其职能。这两种文件在我国的国家权力运行体制中，功能和效力都是有所区别的，而这些功能和效力都与国家机关依法行使职权密切相关。

二、非立法性规范性文件的功能

采用非立法性规范性文件来表达管理要求，是人大行使职权的一种形式，这在现实中不乏实例。如果从涉及领域来看，现有的这些非立法性规范性文件涉及国家机构的完善和社会事务的管理两大方面。涉及国家机构完善的非立法性规范性文件，有全国人大常委会的《关于实行宪法宣誓制度的决定》(2015)、《关于在北京、上海、广州设立知识产权法院的决定》(2014)、《关于完善人民陪审员制度的决定》(2004)、《关于加强经济工作监督的决定》(2000)等。涉及社会事务管理方面的非立法性规范性文件，有全国人大常委会的《关于加强网络信息保护的决定》(2012)、《关于司法鉴定管理问题的决定》(2005)、《关于维护互联网安全的决定》(2000)、《关于取缔邪教组织、防范和惩治邪教活动的决定》(1999)等。地方人大的非立法性规范性文件也有相同的功能，如《金华市人大常委会监督司法机关工作办法》(2014)、《岳阳市人民代表大会常务委员会关于加强司法监督的决定》(2009)、《东莞市人民代表大会常务委员会讨论决定重大事项听证工作制度》(2005)、《广州市人民代表大会关于保障代表执行职务的若干规定》(2014)、《广州市人民代表大会常务委员会监督地方性法规实施办法》(2016)、《乐山市人民代表大会常务委员会关于加强经济工作监督的决定》

(2002)等,都是关于国家机关及其工作程序完善的非立法性规范性文件。又如,《邵阳市人民代表大会常务委员会关于统一规范管理司法鉴定工作的决定》(2006)、广东省东莞市人大常委会制定的《东莞市在建违法建筑处理办法》(2008)、《东莞市禁止在市区销售燃放烟花爆竹的规定》(2003)、《东莞市旅游管理规定》(2003)等,都是地方人大对社会事务进行管理的非立法性规范性文件。

从文件与人大及其常委会的职权关联来说,立法性规范性文件关联和体现着人大的立法权,而非立法性规范性文件关联和体现着人大的重大事项决定权。后者的内容也表达了人大对重大事项管理的规范性安排,但其借助的是重大事项决定权而不是立法权(因主体或对有关事项无立法权,或因不必运用立法权)。

在学理上,我们通常将全国人大及常委会的职权归为以下几个大项:立法权、重大事项决定权、组织国家机关及人事选举任免权、监督权等。县级以上地方各级人大及常委会的职权的大类为:执行权(在本行政区域内,保证宪法、法律、行政法规和上级人大及其常务委员会决议的遵守和执行,保证国家计划和国家预算的执行)、地方立法权(含地方法规、自治条例、单行条例制定权,主体为省、自治区、直辖市、设区的市、自治州、自治县的人大及其常委会)、本行政区域内的重大事项决定权、组织国家机关及人事选举任免权、监督权等。

全国人大及其常委会的重大事项决定权的范围非常广泛,因为全国人大是全国最高权力机关,其常委会是其常设机构,《宪法》第62条和第67条分别对两者的职权作了列举。在职权列举以外,第62条第15项对全国人大职权还作了一项概括性规定:"应当由最高国家权力机关行使的其他职权。"对于全国人大常委会的职权,第六十七条除列举外还在其第(二十一)项中规定了"全国人民代表大会授予的其他职权"。根据《宪法》关于全国人大及其常委会的地位和相关职权规定,可以知晓,其可决定的重大事项包括国家和社会生活的各个领域。

县级以上地方各级人大对于重大事项决定权覆盖的范围,根据《宪法》第99、104条的规定,以及《地方各级人民代表大会和地方各级人民政府组织法》第8、44条的规定,其核心是"讨论、决定本行政区域内的政治、经济、教育、科学、文化、卫生、环境和资源保护、民政、民族等工作的重大事项",以及维护社会秩序和保障公民、社会组织的各种权利。

在全国人大及其常委会和县级以上地方各级人大及其常委会重大事项决定权所覆盖的领域,人大及其常委会可以采用非立法性规范性文件的形式来对有关事项作出决定和安排。对于有立法权的人大及其常委会来说(如全国人大及其常委会、省、直辖市、自治区、设区的市的人大及其常委会),在其立法权所覆盖的领域(如设区的市在城乡建设与管理、环境保护、历史文化保护领域),其可以根据需要选择采用立法性或是非立法性规范性文件来对事项管理作出要求和安排。但是,对于没有立法权或在立法权不能覆盖的领域,相关的人大及其常委会面对需要规范管理的事项,则只能采用非立法性规范性文件的形式进行管理。由此可以说,非立法性规范性文件对于各级人大实现其职能来说,仍是非常重要的或是不可或缺的载体。以宪法宣誓的规定为例,可以看到非立法性规范性文件在重大事项管理中与职权和实际需要的关联。比如,全国人大常委会的《关于实行宪法宣誓制度的决定》(2015)是非立法性规范性文件,但一些省市的宣誓规定则采用地方法规来规定,④如《北京市国家工作人员宪法宣誓组织办法》(2016)、《广东省实施宪法宣誓制度办法》(2016)、《江苏省实施宪法宣誓制度办法》(2016)。一些没有地方立法权的人大常委会,只有采用非立法性规范性文件的方式来规定,如河南省《上蔡县人大常委会关于国家工作人员实行宪法宣誓制度的决定》(2016)、四川省《开江县人民代表大会常务委员会关于实施宪法宣誓制度的决定》(2016)。这种选择的区别,在人大议事规则、人大决策听证程序的规定中也有体现。

从目前非立法性规范性文件的实际运用和学理来看,这种文件所承接和体现的是人大重大事项决定权的功能,它适应于不必采用立法形式而又需要进行规范性管理的事项,能够在广泛的领域发挥作用。

从目前数据库检索到的资料来看,非立法性规范性文件制定的主体较多地关联到两极机构,一级是全国人大常委会,另一级则是没有地方立法权的市、县

---

④ 省、自治区、直辖市人大常委会通过及公布的规范性文件,是立法性或非立法性文件不易判断,但立法法规定其立法性规范性文件(地方性法规)必须备案,故备案是判断其为立法性规范性文件的一个标识。这里是根据备案情况来确定其为立法性规范性文件的,因为全国人大常委会《关于实行宪法宣誓制度的决定》第9条规定,由省、自治区直辖市人大常委会制定宣誓的具体组织办法并向全国人大常委会备案。

一级人大常委会。有地方立法权的省、直辖市、自治区以及较大的市的人大及常委会则较少采用这种形式。设区的市在2015年《立法法》修改后才有地方立法权,此前的规范性文件都是非立法性规范性文件。

2015年《立法法》的修改,使地方立法的主体和权限发生了两个重大变化:一是许多原来没有地方立法权的设区的市的人大及其常委会被授予了三个方面的立法权,即按《立法法》第72条的规定,“在不同宪法、法律、行政法规和本省、自治区的地方性法规相抵触的前提下,可以对城乡建设与管理、环境保护、历史文化保护等方面的事项制定地方性法规”;二是原来拥有地方立法权的较大的市的人大及其常委会,原来立法权覆盖的领域较为广泛,现在被缩限在《立法法》第72条所规定的三个领域。因此,对于职能发挥来说,新获得了地方立法权的设区的市,除需要熟悉运用立法实现其职能以外,还需要考虑在这三个领域外如何继续发挥好非立法性规范性文件的功能;对于原较大的市来说,则需要考虑如何运用好非立法性规范性文件来实现对立法权被缩限了的领域的管理;对于没有地方立法权的市、县人大及其常委会,仍需要继续用好非立法性规范性文件来实现自己的职能。

三、非立法性规范性文件的效力

法律文件的效力通常被界定为文件的约束力和保护力所及的范围,包括时间、空间和对人的效力。

在国家的立法体制或管理体制中,法律文件效力的基础是文件制定者的法定职权。依据法定职权制定的法律文件,具有法律效力;依据不同的职权制定的法律文件具有不同的法律效力。人大及其常委会运用其拥有的立法权制定的文件,属于法律和地方性法规,各自可以按其职权设定国家机关的构成、职权和工作程序,特别是可以设定社会组织和公民的法律权利、义务及违法责任,其强制力明显,可以直接由国家的专门机关强制实施。人大及其常委会运用重大事项决定权制定的非立法性规范性文件,则不得规定由立法性规范性文件专享规定的内容,否则无效。比如,《立法法》第8条关于中央立法权保留的11项内容(如国家主权的事项、犯罪和刑罚、民事基本制度等),就只能由全国人大或全国人大常委会的立法性规范性文件规定,而不能由非立法性规范性文件规定。又如,依据《行政处罚法》的规定,地方人大或其常委会的非立法性规范性文件就不能规定行政处罚,地方人大及其常委会只有在地方性法规中可以设定除限制人身自由、吊销企业营业执照以外的行政处罚。从法律和地方性法规专门内容的保留,我们可以看到非立法性规范性文件被排除在许多重要职权、权利、义务和责任的设置之外,由此,其强制力不同于也不如立法性规范性文件。

但是,强制力不同于立法性规范性文件,并不意味着无法律上的约束力,非立法性规范性文件的约束力可以根据法律规定的相关机关的职权而发生。比如,《宪法》以及《地方各级人民代表大会和地方各级人民政府组织法》规定了各级人大及其常委会可以对其管辖的行政区域内的重大事项作出决定,这其中既包含规范性决定,也包含着非规范性决定。同时,《宪法》及《地方各级人民代表大会和地方各级人民政府组织法》规定了政府对同级人大及其常委会决定的执行责任,规定了下级人大保证上级人大决定的执行的责任,那么人大及其常委会决定的效力就可由此发生。

确定非立法性规范性文件在时间和空间上效力相对简单一些。关于时间效力,文件可以自行规定,只要不违背法律规定的关于溯及力的原则,文件规定的效力就能成立。文件的空间效力,决定于作为文件制定者的人大及其常委会职权所管辖的区域范围,从职权上说,各级人大及其常委会的文件(决定),在其辖区内有效。在对人(主体)的效力方面,根据宪法和法律的规定有以下情况:

1. 人大及其常委会的非立法性规范性文件对本级政府、下级人大及其常委会以及下级政府的约束力

我国《宪法》第85条规定:“中华人民共和国国务院,即中央人民政府,是最高国家权力机关的执行机关,是最高国家行政机关。”《地方各级人民代表大会和地方各级人民政府组织法》第54条规定:“地方各级人民政府是地方各级人民代表大会的执行机关,是地方各级国家行政机关。”从执行机关的法律属性来说,对权力机关的决定和要求必然要执行。《宪法》第89条列举了国务院的职权,最后特别有一项为“全国人民代表大会和全国人民代表大会常务委员会授予的其他职权。”《地方各级人民代表大会和地方各级人民政府组织法》第59条对县级以上的地方各级人民政府职权的规定,第1项就是“执行本级人民代表大会及其常务委员会的决议,以及上级国家行政机关的决定和命令,规定行政措施,发布决定和命令”。由于法律规定的政府系统垂直领导的结构,上级人大的

决定,也可通过政府的垂直领导关系实现对下级政府的约束。

在人大的职权方面,《地方各级人民代表大会和地方各级人民政府组织法》第8条和第44条规定了地方人大及其常委会的职权,包括"在本行政区域内,保证宪法、法律、行政法规和上级人民代表大会及其常务委员会决议的遵守和执行"。法律确定了上级人大及其常委会的决定对下级人大及其常委会的约束力,这种约束也可通过人大对政府的关系转化为对下级政府的要求。全国人大常委会《关于实行宪法宣誓制度的决定》(2015)在各级人大及政府中的贯彻,就是这种约束力实现的极好例子。

2. 人大及其常委会的非立法性规范性文件对自身的约束力

在人大与其常委会的关系上,依《宪法》第69条和《地方各级人民代表大会和地方各级人民政府组织法》第40条的规定,全国人大常委会和地方各级人大常委会都是本级人大的常设机关,对本级人大负责并报告工作。由此,人大的非立法性规范性文件对其常委会具有约束力是当然的。而人大及其常委会的非立法性规范性文件对自己的组成人员及工作机构也当然具有约束力。比如,人大及其常委会为自己制定的议事规则,对代表、代表团、委员、常设机构具有约束力,而人大及其常委会的活动过程也会自行遵守这些规则。

3. 人大及其常委会非立法性规范性文件对司法机关的约束力

从法治的要求来说,司法机关应当依法办案。具体而言,我国司法机关对不同案件的审判所依之法是不同的。关于人大及其常委会的非立法性规范性文件对司法机关的约束力,我国的法律制度并无专门规定,学理上也鲜有讨论。这种情况大概源于人大及其常委会非立法性规范性文件在权力层级、内容多样、强制要求程度不同等方面的复杂性。因此,其在司法中的约束力也要具体分析。

我国《行政诉讼法》第63条第1款规定:"人民法院审理行政案件,以法律和行政法规、地方性法规为依据……"我国的法源理论也是将法律、行政法规、地方性法规列为法源的。这种理论上的归类也与立法法所规范的范围相符。

但是,我国民事诉讼法的规定则与行政诉讼法不同,《民事诉讼法》第7条只规定了"人民法院审理民事案件,必须以事实为根据,以法律为准绳"。另外,作为确定犯罪与刑罚的实体法《刑法》对罪刑法定作了严格的规定,其第3条规定:"法律明文规定为犯罪行为的,依照法律定罪处刑;法律没有明文规定为犯罪行为的，不得定罪处刑。”这里所说的法律，指全国人大及其常委会运用立法权制定的规范性文件，因为根据《立法法》第8条的规定，关于犯罪与刑罚的规定是最高国家权力机关的立法保留事项。从原则上说，这排除了各级人大及其常委会非立法性规范性文件在刑事案件中的法源地位。但这并非意味着在刑事案件审理中法院不受全国人大及其常委会非立法性规范性文件的约束，因为刑法中有一些罪是由刑法所指向的“国家规定”来确定的。比如，《刑法》第286条第1款规定：“违反国家规定，对计算机信息系统功能进行删除、修改、增加、干扰，造成计算机信息系统不能正常运行，后果严重的，处五年以下有期徒刑或者拘役；后果特别严重的，处五年以上有期徒刑。”而关于何为“国家规定”，《刑法》第96条的界定是：“本法所称违反国家规定，是指违反全国人民代表大会及其常务委员会制定的法律和决定，国务院制定的行政法规、规定的行政措施、发布的决定和命令。”虽然，全国人大及其常委会关于犯罪与刑罚的“决定”都作为立法性规范性文件以主席令的形式公布，但也有一些非立法性规范性文件会作出补充。比如《全国人民代表大会常务委员会关于维护互联网安全的决定》(2000)第3条作了这样的规定，“为了维护社会主义市场经济秩序和社会管理秩序，对有下列行为之一，构成犯罪的，依照刑法有关规定追究刑事责任”，其中的第5项为“在互联网上建立淫秽网站、网页，提供淫秽站点链接服务，或者传播淫秽书刊、影片、音像、图片”。这样的规定明显对法院是有约束力的。

在民事领域，《民法总则》第8条规定：“民事主体从事民事活动，不得违反法律，不得违背公序良俗。”第10条规定：“处理民事纠纷，应当依照法律；法律没有规定的，可以适用习惯，但是不得违背公序良俗。”对于公共秩序(公序)的构成来说，有时人大及其常委会(特别是全国人大及其常委会和省、自治区、直辖市人大及其常委会)制定的非立法性规范性文件中的要求是重要的构成因素，由此，民事活动以及法院审理相关案件，就不能不遵守这些要求。比如，《全国人民代表大会常务委员会关于加强网络信息保护的决定》(2012)关于公民个人信息收集、保存以及禁止出售的规定，公民、社会组织在从事相关行为以及法院在审理相关案件时，就是必须遵循的规则。

在这方面我们还可以比照一下司法惯例。《最高人民法院关于裁判文书引用法律、法规等规范性法律文件的规定》(2009)给我们提供了根据。该文件的

第3、4、5条分别规定了裁判刑事、民事、行政案件所应当引用的不同文件,⑤从法律到行政规章,但都没有提及全国人大及其常委会和地方人大及其常委会的非立法性规范性文件。但其第6条规定:“对于本规定第三条、第四条、第五条规定之外的规范性文件,根据审理案件的需要,经审查认定为合法有效的,可以作为裁判说理的依据。”这一条规定表明在司法实践中人大及其常委会的非立法性规范性文件有一个进入司法的通道,而文件的效力至少可作裁判说理的依据。但实际上,我们可以断定,全国人大及其常委会的非立法性规范性文件的效力不会仅限于此。

4.人大及其常委会非立法性规范性文件对公民和社会组织的约束力

对于涉及公民和社会组织行为的文件来说,全国人大层面和地方人大层面的约束力是有区别的。如果说义务与责任最能体现法律的强制性约束,那么,从这一方面我们可以看到前述两个层面的文件的差别。我国立法权保留(特别是《立法法》第8条关于中央立法权保留)的规定,并没有排除全国人大及其常委会的非立法性规范性文件在犯罪以及刑罚、政治权利的剥夺、限制人身自由、税种和税率、财产的征收、征用等项以外设立义务与责任的权能,由此,在现行制度中,全国人大及其常委会是可以设置立法保留以外的一般义务和责任的,因此,这一类的非立法性规范性文件对公民和社会组织有明确的约束力。比如前面提到的《全国人民代表大会常务委员会关于维护互联网安全的决定》(2000)、《全国人民代表大会常务委员会关于加强网络信息保护的决定》(2012)都有义务设定和违规后责任的规定,⑥这些义务和责任都是可以由国家机关强制实施的,故约束力明确。

---

⑤ 《最高人民法院关于裁判文书引用法律、法规等规范性法律文件的规定》(2009)第3条规定:“刑事裁判文书应当引用法律、法律解释或者司法解释。”第4条规定:“民事裁判文书应当引用法律、法律解释或者司法解释。对于应当适用的行政法规、地方性法规或者自治条例和单行条例,可以直接引用”。第5条规定:“行政裁判文书应当引用法律、法律解释、行政法规或者司法解释。对于应当适用的地方性法规、自治条例和单行条例、国务院或者国务院授权的部门公布的行政法规解释或者行政规章,可以直接引用。”

⑥ 比如,《全国人民代表大会常务委员会关于加强网络信息保护的决定》第11条规定:“对有违反本决定行为的,依法给予警告、罚款、没收违法所得、吊销许可证或者取消备案、关闭网站、禁止有关责任人员从事网络服务业务等处罚,记入社会信用档案并予以公布;构成违反治安管理行为的,依法给予治安管理处罚。构成犯罪的,依法追究刑事责任。侵害他人民事权益的,依法承担民事责任。”这里有三类(层)责任的规定:违反本规定的专设责任;违反本规定构成违反治安管理行为的责任(指向治安管理法);违反本规定构成犯罪行为的刑事责任(指向刑法)。

在地方层面，我国法律规定虽然规定了一定级别的地方人大及其常委会有地方性法规的制定权，但是为了保障公民和社会组织的权利、维护法治的统一，法律同时规定地方性法规不得违背宪法、法律和行政法规，即由此，地方性法规对宪法、法律、行政法规中公民和社会组织的既有权利不得克减，这是对地方性法规设置义务的限制。而且，地方人大及其常委会对处罚的设置须由地方性法规按法定范围、种类、程度设置。经这些权限的排除后，可以看到，地方人大的非立法性规范性文件难以对公民和社会组织设置强制性义务，更不能设置违规的处罚责任。因此，地方人大及其常委会的非立法性规范性文件对公民和社会组织的约束力、强制力都很弱。

但是，从效力中的保护力这一因素来看，对公民、社会组织的约束力弱并不意味其保护力也弱。如果地方人大及其常委会在职权范围内以非立法性规范性文件安排公民的福利、安排社会组织一定的社会活动权利，而义务方是政府，文件的效力就表现为对公民、社会组织的权利和利益的保护力，以及对政府行为的约束力。比如，对公立文体设施的建设和提供公民使用的安排，对社会组织从事公益活动的鼓励性安排，公民和社会组织可以依据人大及常委会的这些文件规定向政府提出要求，而政府当依规定履行职责，如果不履行职责，政府及工作人员会被依相关法律追责，而这些责任无须在非立法性规范性文件中再作规定，因为政府违规会受到人大依法问责，政府工作人员不履职会承担公务员法规定的责任。全国人大及其常委会的非立法性规范性文件在公民和社会组织的利益设定与保护方面，其效力情形也是这样。

四、需要进一步解决的几个问题

与立法性规范性文件相比较，非立法性规范性文件的制定在条文格式上可以更灵活，不必按立法文件结构要求划分编、章、节、条、款、项、目，也不需要考虑表达出法律规范完整的逻辑结构。其程序也可更加简单，比如不必经过立法的三读要求，地方性文件也不必报批和备案，能有效地节约立法资源。由此，对于需要一定程度规范性管理而又不必利用立法管理的事项来说，或者对于没有地方立法权的地方人大或没有地方立法权管理的事项来说，利用非立法性规范性文件实行管理，都是职权行使的必要形式，都是有实际意义的。但是，对于这种形式的运用,大概有以下几个问题还需要进一步厘清。

(一)运用非立法性规范性文件是否与法治要求相悖

法治通常说是法律之治,强调法治当然会强调立法,建立完备的法律体系并依法办事。那么,在中国强调法治的背景下主张适当运用非立法性规范性文件实现人大的职能,是否与法治的要求相悖呢?

强调法治并非要求一切规范都成为严格意义的法律规范(没有任何一个法治国家有这一特点),而且一切规范都成为严格意义的法律规范也并非等同于法治。法治所要解决的核心问题是权力与权利的关系问题,现代法治的核心要求是既限制国家权力的滥用,又要保障国家权力的有效运用,最后归于对公民权利的保护。因此,法治有一系列的内在原则,比如,国家权力依法行使,法律面前人人平等,对于公民行为法不禁止即不得追究,对公民增设责任和负担的法律不溯及既往(政府给予福利或减免责任者除外),独立公正的司法救济,正当程序,等等。按法治的要求,这些原则应当是法律制度构成的支柱,法律规范应体现这些原则的要求,是这些原则的具体化,并且,在应当由法律调整的领域有相关法律覆盖。在国家管理的领域,这些原则也应当体现在非立法性规范性文件当中,支配这些文件所表达的规范,全面支配着国家权力的运用,实现着保障公民权利的作用。

由此,在需要运用非立法性规范性文件管理的领域运用这种文件表达管理规范,并非必然与法治的要求相悖,重要的是这些文件必须体现法治原则的要求,共同实现法治的目标。

(二)完善两种文件的表达形式

人大及其常委会的立法性规范性文件和非立法性规范性文件所依托的权力的性质是不同的,其效力也是有区别的,因此,两种文件在表达形式上当有所区别。这一点对保证文件的正确适用、保证国家法律规范体系和非法律的规范体系的秩序来说,是非常重要的。

在文章的第一部分我们谈到了对这两种文件的区分存在一定困难。除了以“法”和“条例”为名的文件,我们结合题注中的制定者可以断定为国家法律和地方法规以外，对于以“决定”“规定”“办法”，以及有时还以“决议”为标题的规范性文件，则难以区分其是立法性或非立法性文件。这时通常还需要找公布文件作为判断的依据。由国家主席以主席令公布的是法律，由省、自治区、直辖市的人大大会主席团发布公告公布的，以及由有地方立法权的人大常委会发布公告公布的是地方性法规。但如前所说，国家主席令、人大主席团公告和人大常委会公告，从法律上说都是另外一份法律文件，而不是本文件的内容或信息。也就是说，仅从人大及其常委会的文件本身是看不出文件的性质来的，只有依据另一份法律文件才能判断文件的性质，这就使得文件的判断与选择非常不易。而且，有的地方人大常委会的非立法性规范性文件也是由常委会以公告公布（法律没有规定唯有立法性文件才能由常委会以公告公布），还有，省、自治区和直辖市的公告文件无需说明文件是否经备案这一是否为法规的重要区别因素，这就进一步造成了判断的困难。在今天的这些情况下，即使是专业人士，要准确区分出文件的性质也是相当不易的。

为了便于区分，建议对于立法性规范性文件在题注中注明本文件按立法程序审议通过，非立法性规范性文件在题注中无此注释，以便相互区别。比如，立法性规范性文件的表达：标题为“某省（市）人大常委会关于某事决定”，题注：[某年某月某日某省（市）第某届人民代表大会常务委员会第某次会议按立法程序审议通过]。非立法性规范性文件的题注则为（某年某月某日某省（市）第某届人民代表大会常务委员会第某次会议通过），题注中无“按立法程序审议”文字。由此，人们从文件本身即可看出文件的性质。即使在数据库、文件汇编没有收录公告文（这是很普遍的现象）的情况下，人们也不会弄错文件的性质。

文件公布的主体，是区别文件性质的一项重要信息，也是现代法治国家文件公布制度的一项重要内容。我国《立法法》规定了法律和地方法规公布的主体，但没有法律规定非立法性规范性文件当由谁公布。故地方的非立法性规范性文件有的由人大常委会公布，有的由人大常委会办公机构公布，有的虽刊载于公报或报纸但无公布的机构。从国家活动的严谨性要求来说，这一事项有必要由法律统一规定，并且，作为以重大事项决定权而非立法权制定的规范性文件，以确定由人大常委会办公机构公布为宜。

（三）两类文件的制定程序选择

在文件的实施中我们有必要判断什么文件是否为立法性文件，但文件或出自立法权或出自重大事项决定权，对应立法的科学性和严谨性要求来说，在制度的安排上应当基本可以确定什么事项必须适用立法程序议定而以立法性规范性文件表达，什么事项可以通过一般议事程序议定而以非立法性规范性文件表达。

立法程序的特别设置，其意义在于保障科学立法和民主立法，有效地规范国家权力，保障公民的权利。故立法程序要严于一般议事决策程序。由此，确定一定的文件制定必须适用立法程序，可以保证文件内容审议特别要求的严谨和慎重。

按我国《立法法》及有关法律的规定，凡涉及《立法法》第 8 条中央立法权保留的事项，只能由全国人大或及常委会经过立法程序以立法性文件规定。对于地方人大及其常委会管理的事项，凡法律规定只能由地方法规规定的事项（如行政许可、行政处罚），地方人大及其常委会只能经过立法程序以立法性文件规定。

在《立法法》第 8 条排除以外的领域，全国人大及其常委会的规定如涉及对公民、社会组织重要法律权利作出限制或增设重要义务的，也应当采用立法程序审议并以立法性文件规定。比如，《全国人民代表大会常务委员会关于维护互联网安全的决定》（2001）中的一些禁止性行为的责任已经指向了刑法，这样的文件以按立法性文件的程序和形式处理更为适宜。在有地方立法权的人大及其常委会管理的事项中，凡涉及公民、社会组织义务和法律责任安排的文件，应当采用立法程序并以立法性文件规定。对于政府机关组成及活动过程的规定，无论在全国层面或是地方层面，凡涉及基本制度要求和正当程序要求的，应当采用立法程序以立法性文件规定。

法治所要防止的问题的重点，是国家权力随意或不当地给公民、社会组织设定义务和法律处罚（责任）。因此，在前述事项之外，人大及其常委会对其职权所覆盖之事项，可以采用一般议事程序并以非立法性规范性文件规定。比如，没有增设公民、社会组织新的义务而仅对其既有法定义务的履行和权利享用的具体过程作出规定,对公民和社会组织的行为作鼓励倡导,不涉及基本制度和正当程序要求的仅关于政府组织内部分工和工作过程安排的规定(如人大或政府的具体议事方法和过程、宣誓过程),对政府在公共事业建设方面提出要求和安排等,这些事项可以采用一般议事程序审议并以非立法性规范性文件规定。

(四)非立法性规范性文件的监督

在我国的法律制度中,立法性规范性文件有一定监督制度保证,特别是对于地方立法,有相关的备案制度和批准制度。为保证非立法性规范性文件内容不越权,需要完善相关监督制度和机制,其内容可从三方面考虑:第一,利用现行的人大监督体系,即通过现有的人大及其常委会议事提案权的机制提起审查议案。第二,司法机关在法律适用中发现明显违反现行法律规定的非立法性规范性文件,向制定文件的人大常委会和上一级人大常委会的法律工作机构提出意见。第三,权利被克减、义务被增加的公民或社会组织,有权向制定文件的上一级人大常委会的法律工作机构建议提起文件审查申请。

关于我国立法体制发展创新的若干思考

陈　俊*

摘　要：我国现行立法体制，整体上适应改革开放以来我国经济社会发展的需求，同时需随时代发展而发展。2014年党的十八届四中全会通过的《中共中央关于全面推进依法治国若干重大问题的决定》，对现行立法体制的完善作了部署。2015年3月15日通过的《全国人民代表大会关于修改〈中华人民共和国立法法〉的决定》，贯彻落实四中全会精神，对我国立法体制作出了一些创新性规定。由此展望，我国立法体制理论与实践的创新发展，都将展现新面貌、呈现新气象。据此，本文以点见面地尝试对我国立法体制的发展创新作若干理论结合实际的完善化思考：坚持和完善党领导立法的体制；积极发挥人大主导立法作用；改进政府立法；推进设区的市立法；加强立法监督；等等。

关键词：立法体制　立法法　发展　创新

引　言

"立法体制（legislative regime）是关于立法权、立法权运行和立法权载体诸方面的体系和制度所构成的有机整体，其核心是有关立法权限的体系和制度。立法体制是一国立法制度的最重要的组成部分。"①改革开放以来，在党的领导下，在各方面共同努力下，我国立法体制在实践探索中，逐渐形成了"中央统一领导和一定程度分权的，多级并存、多类结合的立法权限划分体制。最高国家权

---

* 陈俊，华东师范大学立法与法治战略研究中心主任，教授，博士生导师。

① 周旺生、朱苏力主编：《北京大学法学百科全书》（法理学·立法学·法律社会学），北京大学出版社2010年版，第616～617页。

力机关及其常设机关统一领导，国务院行使相当大的权力，地方行使一定权力，是其突出的特征”。② 这一立法体制，总体上是适应改革开放 30 多年来我国经济社会发展整体需要的。

与此同时，“立法体制同其他客观事物一样，它是随着国家政治、经济、文化和社会生活的发展变化而发展变化的”。③ 2014 年党的十八届四中全会通过的《中共中央关于全面推进依法治国若干重大问题的决定》，对我国现行立法体制作出战略部署，推动了我国立法体制的创新发展，包括：党领导立法、人大主导立法、改进政府立法、赋予设区的市立法权、明确立法权力边界，等等。这些创新发展，在 2015 年 3 月 15 日通过的《全国人民代表大会关于修改〈中华人民共和国立法法〉的决定》中，得到了充分体现并为《立法法》相关内容所提升入法。在此背景下，下文对我国立法体制的发展创新作几点思考探讨。

一、党领导立法的发展创新

改革开放以来，在党的领导下，我国立法体制的发展稳中求进，不断得到完善。《中共中央关于全面推进依法治国若干重大问题的决定》总结提出：“加强党对立法工作的领导，完善党对立法工作中重大问题决策的程序。”④这一总结，在理论上鲜明阐明了立场：既要加强党对我国立法工作的领导，又要完善党对立法的领导包括决策程序上的完善。

《中共中央关于全面推进依法治国若干重大问题的决定》还具体对修宪程序作出了创新提炼：“党中央向全国人大提出宪法修改建议，依照宪法规定的程序进行宪法修改。”⑤这一总结，是对改革开放以来党领导修宪实践探索的经验总结，将对今后修宪程序起到积极的指导作用。

从历史上回顾党对我国立宪修宪的领导历程，整体上看，我国的立宪修宪过程体现了党的主张和人民意志的统一，党审时度势地在不同历史时期通过制定大政方针，提出立法建议，正确地领导了我国修宪。

---

② 张文显主编：《法理学》，高等教育出版社、北京大学出版社 2011 年版，第 193 页。

③ 李培传：《论立法》，中国法制出版社 2013 年版，第 163 页。

④ 《中共中央关于全面推进依法治国若干重大问题的决定》，人民出版社 2014 年版，第 9 页。

⑤ 同上。

1954年《宪法》是在党的领导下我国立法建设的一个里程碑，是党的政策主张在第一部社会主义类型的宪法中的成功体现，是党领导立法建设的重大成果，引领了我国经济社会的发展进步。

此后，由于党在“文化大革命”时期在指导思想上犯了“左倾”错误，社会主义民主与法制建设跌入了低谷。在以阶级斗争为纲的大政方针影响下于1975年1月通过的宪法不可避免地存在缺陷。在结束“文化大革命”后由五届人大一次会议于1978年通过的1978年《宪法》，“左倾”影响仍旧明显。比如，1978年宪法的序言写明，“第一次无产阶级文化大革命的胜利结束，使我国社会主义革命和社会主义建设进入了新的发展时期。根据中国共产党在整个社会主义历史阶段的基本路线，全国人民在新时期的总任务是：坚持无产阶专政下的继续革命”。

1978年12月召开的党的十一届三中全会作出了把全党、全国的工作重点转移到社会主义现代化建设上来的战略决策，确定了健全社会主义民主和加强社会主义法制的基本方针，指出，“从现在起，应当把立法工作摆到全国人民代表大会及其常务委员会的重要议程上来”。在三中全会的方针政策指引下，党重视和加强了对立法工作的领导，首先是对深受“文化大革命”“左倾”错误影响的宪法加以修改完善。

为此，中共中央向五届人大三次会议主席团提交了修宪建议，指出，“现行宪法，由于当时历史条件的限制和从那时以来情况的巨大变化，许多地方已经很不适应当前政治经济生活和人民对于建设现代化国家的需要。因此，需要对宪法作比较系统的修改”。1980年9月召开的五届全国人大三次会议通过了《关于修改〈中华人民共和国宪法〉第四十五条的决议》，取消了公民“有运用‘大鸣、大放、大字报、大辩论’的权利”的规定。

1981年6月，党的十一届六中全会一致通过《关于建国以来党的若干历史问题的决议》，全面总结了1949年以来社会主义革命和社会主义建设的经验教训，对许多重大历史问题作出了正确的结论。1982年9月，党的第十二次全国代表大会确定了全面开创社会主义现代化建设新局面的战略决策和一系列方针政策。这都为宪法的修改及时指明了方向。

1982年11月26日，彭真在五届全国人大五次会议上所作的《关于中华人民共和国宪法修改草案的报告》指出:“中国共产党去年召开的十一届六中全会通过的《关于建国以来党的若干历史问题的决议》和今年召开的第十二次全国代表大会的文件,得到全国人民的拥护,为宪法修改提供了重要的依据。”而且,中国共产党对此次宪法修改工作相当重视,中共中央政治局和书记处专门讨论过八次。随后,宪法修改委员会第五次会议决定提请五届全国人大五次会议审议最后修改的《中华人民共和国宪法修改草案》。1982 年 12 月 4 日,五届全国人大五次会议表决通过了《宪法》。1982 年《宪法》是 1949 年以来最好的一部宪法,它肯定了党的十一届三中全会以来所取得的重大胜利成果,是党在新时期总路线、总政策、总任务的法律化,指引和保障了我国经济、政治、社会、文化等各方面的发展。

1988 年 4 月 12 日,七届全国人大一次会议讨论了中共中央关于修改 1982 年宪法个别条款的建议,通过了《宪法修正案》。之后,国家政治经济生活又发生了很大变化,党的十四大做出了建立社会主义市场经济体制的决策,中共中央又向全国人大提出了修宪建议。1993 年 3 月 14 日中共中央《关于修改宪法部分内容的建议的说明》明确指出:“这次修改宪法是以党的十四大精神为指导,突出了建设有中国特色社会主义的理论和党的基本路线。”1993 年 3 月 29 日,八届全国人大一次会议通过了充分反映党的政策精神的八条宪法修正案。

党的十五大之后,在接受社会各界修宪建议的基础上,中共中央成立了宪法修改小组。1999 年 1 月 22 日,中共中央向全国人大常委会提出了关于修改中华人民共和国宪法部分内容的建议。九届全国人大常委会第七次会议讨论了中共中央的建议,依照《宪法》第 64 条的规定,提出《关于中华人民共和国宪法修正案(草案)》,提请九届全国人大二次会议审议。1999 年 3 月 15 日,九届全国人大二次会议表决通过了《宪法修正案》。1999 年《宪法修正案》,与时俱进地将“依法治国、建设社会主义法治国家”这一治国方略载入了宪法,为新世纪的法治建设提供了根本大法保障。

党的十六届三中全会于 2003 年 10 月 14 日通过《中共中央关于修改宪法部分内容的建议》之后,依照惯例,该建议也向最高国家权力机关提出。2004 年 3 月 14 日,第十届全国人民代表大会第二次会议表决通过了《宪法修正案》。此次修宪的重要内容包括:将《宪法》序言第七自然段中“在马克思列宁主义、毛泽东思想、邓小平理论指引下”修改为“在马克思列宁主义、毛泽东思想、邓小平理论和‘三个代表’重要思想指引下”，“沿着建设有中国特色社会主义的道路”修改为“沿着中国特色社会主义道路”，“逐步实现工业、农业、国防和科学技术的现代化”之后增加“推动物质文明、政治文明和精神文明协调发展”。例如，将“社会主义事业的建设者”纳入爱国统一战线的表述之中。又如，规定国家为了公共利益的需要，可以对土地进行征收或者征用并给予补偿。再如，规定对非公有制经济实行鼓励、支持和引导，“公民的合法的私有财产不受侵犯”，“国家为了公共利益的需要，可以依照法律规定对公民的私有财产实行征收或者征用，并给予补偿”。复如，明确“国家尊重和保障人权”，人权首次入宪。还如，将我国地方各级人民代表大会的任期修改为“地方各级人民代表大会每届任期五年”。

综上所述，党的全国代表大会后提出修宪问题，几成惯例，且中共中央的修宪建议都会为此后召开的全国人民代表大会会议采纳并表决通过。这也因为，我国处于改革开放和社会转型时期，每次党的代表大会，往往会提出一些新的改革开放的理论和方针政策。而《宪法》要及时反映国家的指导思想、目标、任务和经济、社会制度等方面的内容，因此每次党的代表大会后对《宪法》的修改就成为一个各方共识和共同任务。

回顾改革开放以来党对修宪的领导历程，尽管有“文化大革命”时期的曲折，但是党的正确领导是至关重要和起着决定性作用的。从整体和全局上看，我国的修宪过程充分体现了党的主张和人民意志的统一，党审时度势地在不同历史时期通过制定大政方针，提出立法建议，正确地领导了我国《宪法》的修改和完善。

由此展望，十八届四中全会决定对修宪程序作出的“党中央向全国人大提出宪法修改建议，依照宪法规定的程序进行宪法修改”这一总结提升，是在理论上对改革开放以来党领导修宪实践成功经验的创新总结，将对今后我国修宪包括程序的完善，起到积极的方向引领和指导作用。

再从党领导立法制度成果的发展创新看，2016年出台的《中共中央关于加强党领导立法工作的意见》指出，党对立法工作的领导，包括党中央领导全国立法工作、研究决定国家立法工作中的重大问题，有立法权地方的党委按照中央大政方针领导本地区立法工作。这些要求，是在总结过去党领导立法可行做法和有益经验基础上的制度提炼，需要坚持这些制度创新，继续坚持党的领导，继续坚持党中央对立法的集中统一领导。

由此展望，《中共中央关于加强党领导立法工作的意见》所提出的制度保障，加上四中全会决定对立法程序等作出的创新性部署，将对坚持和完善党领导立法工作的体制，在制度成果方面提供指导依据，并将对今后我国立法体制沿着正确的方向发展，产生积极的指导作用。

二、人大主导立法的发展创新

发挥人大及其常委会在立法中的主导作用，是十八届四中全会提出的理论创新成果之一。此后修改的《立法法》，将“人大主导立法”由政策提升入法，这是我国在基本法律层面对立法体制创新改革成果的制度肯定。

从发展创新看，人大主导立法是对长期以来“政府部门主导立法”惯例做法及其弊端的改革。长期以来，我国立法中的“实然”状况是：实际上是政府部门主导立法，立法中的行政色彩浓厚。基于此，十八届四中全会明确提出：“健全有立法权的人大主导立法工作的体制机制，发挥人大及其常委会在立法工作中的主导作用。”⑥2015 年修改《立法法》时，全国人大常委会副委员长李建国在关于《中华人民共和国立法法修正案（草案）》的说明中指出，修改立法法的指导思想之一就是“发挥人大及其常委会在立法工作中的主导作用”。⑦

人大主导立法的提出，是一发展创新。同时，人大主导立法又是一系统工程，需要用科学的创新思维去处理好人大主导立法所涉若干重要关系，包括党的领导与人大主导立法、人大立法与政府立法、人大立法与其常委会立法、人大立法与“两高”司法解释的关系。

（一）党领导立法与人大主导立法的关系

在十八届四中全会提出人大主导立法之后，关于党领导立法与人大主导立法关系的研究，观点纷呈，可分几种主张：有的主张认为强调人大主导立法将会

---

⑥ 《中共中央关于全面推进依法治国若干重大问题的决定》，人民出版社 2014 年版，第 10 页。

⑦ 《中华人民共和国立法法》，法律出版社 2015 年版，第 50 页。

冲击党的领导，主张少提人大主导；有的主张则认为党的领导在其他领域可强调，但在人大专属立法领域，提法应淡化；还有的观点认为两者不是一种并列关系，人大主导立法应和政府主导立法作出关系比较，如此等等。

对此，还应从我国立法体制发展创新的角度去思考、去把握：首先，党领导立法与人大主导立法都是需要坚持的，但两者并不是矛盾的关系，更不是相互对立和冲突的关系；其次，两者关系的定位可创新性地概括为“党领导下的人大主导立法”。也就是说，应该旗帜鲜明地讲党领导立法，这是政治方向和站位问题；同时，党的领导是大政方针、方向的领导并尊重人大依法依程序开展立法活动，从而保障人大主导立法。

（二）人大主导立法与政府主导立法的关系

“为什么应该是人大来主导立法”而不是政府来主导立法，以及“人大为什么要主导立法”，是推进人大主导立法需要作出创新思考和回答的问题。对两者关系的理解，可从以下几点依据上作出阐释。

一是立法权的人民主权属性使之然。在立法权的属性问题上，因为我国是人民民主专政的社会主义国家，立法权属于人民。也因为立法权作为一种定分止争的公共权力，关系到公权力的设置及分配，关系到公共权力和私人权利的界限及划分，关系到各种社会关系主体的权利和义务的界定，由整体意义上的人民所拥有，进而由作为民意代表机构的人大来行使，最能与立法权的人民主权属性相一致。我国是人民民主专政的社会主义国家，国家的一切权力属于人民，人民行使国家权力的机关是全国人民代表大会和地方各级人民代表大会。因此，立法权作为人民享有的最重要的权力，由民意机构人民代表大会及其常设机构掌握和主导行使，有其内在必然性。

二是我国人大的性质和地位使之然。与西方国家三权分立、议会受制于行政机关和司法机关的权力运行模式不同，我国的人民代表大会是人民行使国家权力的机关，地位居于同级政府和司法机关之上，“一府两院”要向人大及其常设机关报告工作，要接受其监督，对其负责。因此，由人大来主导立法，符合我国人大和“一府两院”相互之间的关系定位及各自的性质和地位。

三是我国人大主导立法有法律依据保障。2015年修改后的《立法法》第51

条规定："全国人民代表大会及其常务委员会加强对立法工作的组织协调，发挥在立法工作中的主导作用。"⑧据此，"人大主导立法"已经从此前的政策主张上升为法定要求，需要在立法实践中体现出来。

（三）人大与其常委会之间主导立法的关系

人大主导立法是一简称，常见的多数说法是人大常委会主导立法。从主体的全面性完整性角度看，人大主导立法的主体应包括人民代表大会与其常委会主导立法，两者既有分工，不能替代，又相辅相成。下文对两者主导立法的关系作一探讨。

一是人大主导立法并不等于是人大常委会主导立法。

人大主导立法是一简称，主体上应包括人民代表大会主导立法，不能把长期以来我国省级以上人大常委会主导立法的事实状况视为理所当然，视为人大主导立法的既定模式。这一既定模式的产生，与长期以来具有立法权的人大常委会在立法上形成的垄断性优势直接相关，给社会公众的印象就是人大常委会一直在立法，而同级人民代表大会只是每年第一季短时间地履行一下程序而已。

就全国人大与其常委会之间的立法数量比较而言，除了每年一度召开的全国人民代表大会在近些年通过的修改后的新《立法法》、《民法总则》等数量有限的基本法律以外，绝大多数法律（其中不少法律都可以归类为基本法律）是由全国人大常委会来制定或修改的。由于受全国人民代表大会每年召开一次且会期只有十几天的条件制约，全国人大常委会事实上成为主导法律制定的立法主体。在全国人民代表大会闭会期间，全国人大常委会事实上也成为制定和修改基本法律的主体。再就地方省级人大与其常委会之间的立法数量比较而言，绝大多数地方性法规是由地方人大常委会制定的，只有为数很少的地方性法规是由同级人民代表大会制定的。

因此，在我国省级以上地方权力机关及其常设机构立法权行使明显失衡的情况下，在理论和实践上创新地倡导省级以上权力机关立法，呼吁有立法权的人民代表大会主导立法，也应是人大主导立法的题中应有之义。

---

⑧ 《中华人民共和国立法法》，法律出版社 2015 年版，第 30 页。

二是应加强省级以上人民代表大会对立法工作的主导。

我国省级以上人民代表大会主导立法的应有地位和积极作用,在相当长的时期内,在理论上和实践中并未受到重视。长期以来,我国省级以上的人大常委会,除了在自身立法权限方面积极行使立法权,事实上也代行了本应由同级人民代表大会行使的立法权,一定程度上消解了人民代表大会的立法主导权。

值得关注的是,近几年,我国一些地方的人民代表大会积极行使自身的立法权,初步改变了长期以来省级以上人民代表大会立法稀缺、立法主导权旁落的状况。比如,近几年北京、上海、天津等地的地方立法实践探索,为人民代表大会主导立法提供了先行先试的有益样本。

例如,2014年1月16日召开的北京市十四届人大二次会议较之过去的一个创新做法是增加3项地方性法规审议的议程,这是时隔13年后北京市人民代表大会再度行使立法权。在北京市十四届人大二次会议上,安排《北京市大气污染防治条例(草案)》《北京市实施〈中华人民共和国全国人民代表大会和地方各级人民代表大会代表法〉办法(草案)》《北京市人民代表大会代表建议、批评和意见办理条例(草案)》3项地方性法规的审议,它们经表决后获得通过。⑨

从立法权的人民主权性质和民意代表性看,人民代表大会和人大常委会的立法所体现的民主程度是不一样的。以省级地方人大为例,通常一个省级地方人大常委会是60多人讨论审议地方性法规,而省级人民代表大会有700多名到800多名省级人大代表参与讨论,更能广泛汇集和表达民意,更能集思广益和凝聚社会共识,增强地方性法规实施的全社会认同程度。因此,在人大主导立法的理论说理和实践运作中,强调加强省级以上人民代表大会对立法工作的主导,其创新价值是很积极和凸显的。

(四)人大主导立法与最高人民法院和最高人民检察院司法解释的关系

倡导"人大主导立法",除了主要包括人大制定和修改法律的主导,人大解释法律也不应排除在人大主导立法范畴之外。长期以来,在人大立法之外,最高人民法院和最高人民检察院(以下简称"两高")出台了大量的司法解释,甚至地

⑨ 参见王斌:《北京人代会时隔13年再次行使立法权》,载《法制日报》2014年1月22日,第3版。

方上的法院和检察院也出台了诸多司法工作方面的解释。这些形形色色的司法解释起到了“准立法”的作用，作为调整权利义务关系的依据，实际上代替或是代行了人大立法，从而影响到了法制统一。如此一来，倡导人大主导立法，还需要对人大主导立法与“两高”司法解释的关系作一思考探讨，以便明确各自定位、维护法制统一、保证公正司法、推进科学立法，进而推进立法体制的创新发展。

在中国特色社会主义法律体系形成之前，我国的立法相对滞后于改革开放和经济社会发展的需要，很多领域都存在立法短缺甚至立法空白的情形。因此，“两高”出台了大量指导具体应用法律的司法解释，一定程度上弥补了人大立法的不足和空白，起到了积极作用。

截至2010年年底，一个立足中国国情和实际、适应改革开放和社会主义现代化建设需要、集中体现党和人民意志，以宪法为统帅，以宪法相关法、民法商法等多个法律部门的法律为主干，由法律、行政法规、地方性法规等多个层次法律规范构成的中国特色社会主义法律体系已经形成，国家经济、政治、文化、社会以及生态文明建设的各个方面实现了有法可依。

但是，法律总是相对滞后于经济社会发展的。因此，即便是中国特色社会主义法律体系已经形成，我国日新月异的经济社会发展，还会使得我国现行立法捉襟见肘，暴露出不足乃至空白，这一挑战也将长期存在。从这个角度看待我国的司法解释，就不难理解为什么改革开放以来“两高”要出台大量的司法解释用以指导司法实践，以便解决司法中无法可依或依据不明带来的急迫问题。所以，作为“准立法”的“两高”司法解释，能够及时弥补立法之不足，提供法律适用依据，统一标准，定分止争，有其积极作用，可以作为人大主导立法的有益补充。

与此同时，从“两高”的司法解释看，其弊端也不容忽视。例如有越权代行全国人大及其常委会制定法律的嫌疑，该由法律规范的事项和立法权限，先行由司法解释代劳了；又如有架空、抵销现行法律的嫌疑；再如“两高”对同类事项的司法解释规定不一且失之监督。因此，对于以上这些“准立法”性质的司法解释带来的弊端，在倡导人大主导立法的当下，应将其负面作用尽可能降低。

我国人大及其常委会主导立法，除了主导法律制定，还应包括主导法律解释，这也是对人大主导立法所需进行的创新思考。鉴于此，四中全会明确对全国人大常委会主导法律解释提出了要求："加强法律解释工作，及时明确法律规定含义和适用法律依据。"⑩与此同时，四中全会也对司法解释提出了要求："加强和规范司法解释和案例指导，统一法律适用标准。"⑪

据此，我们可以从方向上对人大主导法律解释与"两高"司法解释的关系作一新思考：一方面，全国人大常委会要加强对法律解释的主导，及时出台法律解释；⑫另一方面，也要规范"两高"的司法解释，即要对司法解释的主体、程序、备案等作出规范，使得司法解释在法治的轨道上运作并发挥其积极作用。

三、政府立法的发展创新

在四中全会创新提出人大主导立法的观点之后，也对长期以来在我国立法体制中占据事实上主导地位的政府立法提出了创新的要求：加强和改进政府立法制度建设。

从发展创新的角度看，人大主导立法，并不是不让政府立法继续发挥作用。政府立法仍然具有广阔的用武之地和空间。首先，从国务院及其所属部委到设区的市以上地方政府出台的行政法规、部门规章、地方政府规章的数量看，保守估计都有几万件。相较人大立法，在立法规模上，政府立法占据了绝对多数，政府立法在作出行政管理、调整经济社会关系的过程中，满足了我国经济社会发展中的诸多立法需求，发挥了独到的、重要的作用。

其次，即使是由全国人大及其常委会制定的法律，以及地方人大及其常委会出台的地方性法规，大多数也是国务院部委或地方政府职能部门在承担起草工作。政府在立法起草环节所扮演的重要角色，已是不争的事实。人大主导立法并不是说人大需要包办法律法规的起草工作，量大人少、任务重时间紧，这些不利因素都需要发挥政府的积极作用。人大主导立法可以让政府在立法起草环节

---

⑩ 《中共中央关于全面推进依法治国若干重大问题的决定》，人民出版社2014年版，第10页。

⑪ 同上书，第23页。

⑫ 例如，2016年，全国人大常委会依法对《香港特别行政区基本法》第104条作出解释，明确该条规定的"拥护中华人民共和国香港特别行政区基本法，效忠中华人民共和国香港特别行政区"，既是该条规定的宣誓必须包含的法定内容，也是参选或者出任该条所列公职的法定要求和条件；明确宣誓就职必须遵循的法定程序和内容；明确违反宣誓规定丧失就职资格的法律后果以及作出虚假宣誓或者违反誓言的法律责任。

发挥基础性依托作用，为人大在此后的审议等环节发挥主导作用，奠定必要的前期基础。

因此，四中全会倡导人大主导立法的同时，也倡导“加强和改进政府立法制度建设”。这样的理念创新，更能满足我国立法体制发展的需求，即一方面要尽量克服政府主导立法所带来的弊端；另一方面，也要让政府立法能够与人大主导立法和谐共处、相得益彰。换言之，“国家在考虑行政机关的立法权限时，既要充分确认其法律地位和行政立法职权，又要有效限制和监督其行政立法职权的行使，实现授权与限权的统一”。⑬

四、设区的市立法的发展创新

四中全会创新性地提出：“依法赋予设区的市地方立法权。”2015 年修改《立法法》，赋予所有设区的市地方立法权，将四中全会的精神提升入法。赋予设区的市立法权，这是我国立法体制发展中的一个改革之举、创新之举。

根据《立法法》第 72 条的规定，设区的市的人民代表大会及其常务委员会根据本市的具体情况和实际需要，在不同宪法、法律、行政法规和本省、自治区的地方性法规相抵触的前提下，可以对城乡建设与管理、环境保护、历史文化保护等方面的事项制定地方性法规。这是推进立法体制改革创新、完善立法体制的重要举措，有利于完善中国特色社会主义法律体系，保障依法治国。近两年，我国设区的市先后开展了立法工作，发展势头迅猛。“立法法修改两年来，截至今年 7 月底，全国新赋予地方立法权的 273 个市（州）中，有 256 个市（州）已制定并经批准地方性法规 437 件。”⑭

从今后设区的市立法发展创新的走向看，以上《立法法》对设区的市的立法权限作了指引性限定性规定，即设区的市“可以对城乡建设与管理、环境保护、历史文化保护等方面的事项制定地方性法规”。在此框架基础上，尚需在理论内涵上作出创新性前瞻性思考，并尽可能地容纳今后各设区的市经济社会发展对设区的市立法提出的挑战和新需求。

---

⑬ 李林：《立法理论与制度》，中国法制出版社 2005 年版，第 115 页。

⑭ 王比学：《地方立法：让法治触角更灵敏》，载《人民日报》2017 年 9 月 27 日，第 17 版。

据此,本文认为,设区的市立法发展创新应遵循若干原则要求:其一,设区的市立法应在《立法法》明确的权限范围和事项范围基础上,根据本市的具体情况和实际需要开展地方立法,即立足本省本市实际,掌握本地实际立法需求,不重复照搬上位法,也不照抄照搬其他设区的市立法,把立法资源用在关键之处。其二,设区的市立法应遵循依法立法原则,不得与上位法相抵触,维护法制统一。其三,设区的市的立法权限范围应围绕"城乡建设与管理、环境保护、历史文化保护"三个方面,在此基础上,对三个方面以外的"等"应慎重对待,不轻易越权越线立法。通常和多数情况下,各设区的市开展地方立法,围绕"城乡建设与管理、环境保护、历史文化保护"三个方面进行立法,是能够满足本地实际需求的;即使出于本地特殊情况需要立法满足特殊需求,可以充分用好"城乡建设与管理"这一容纳度广阔的立法空间,依法立法,促进发展。⑮ 对特殊情况下可能超越地方立法权限的设区市立法问题,应遵循依法立法和法制统一原则,及时通过省级人大常委会同全国人大常委会法工委沟通等方式妥善解决,保证设区的市的立法发展和创新在法治轨道上正确前行,不偏向。

五、立法监督的发展创新

立法监督是完善立法体制的重要手段,是维护法制统一、保障宪法法律权威的重要手段。据此,四中全会创新性地提出:"加强备案审查制度和能力建设,把所有规范性文件纳入备案审查范围,依法撤销和纠正违宪违法的规范性文件,禁止地方制发带有立法性质的文件。"2015 年修改《立法法》,设专章第五章"适用与备案审查",对各种规范性法的文件的效力等级、对立法规定冲突的裁决、对有关机关依照自身权限改变或撤销下位阶立法、对立法的报请备案要求、对公民提出的立法审查建议的处理等的规定,都贯彻体现了四中全会的相关精神并相应作出了规定。这些创新性的制度规定,都是我国立法体制中立法监督内容的发展创新,可圈可点。

从我国立法监督的改进看,尚需在《立法法》第五章专章规定的基础上,在

---

⑮ 以城乡建设与管理中的城市管理为例,其范围也是很广阔的:宏观一些的如市政管理、环境管理、交通管理、应急管理、城市规划实施管理;具体一些的诸如市政公用设施运行管理、市容环境卫生管理、园林绿化管理等方面的具体工作,都可以纳入城市管理的范围之中。

理论和实践层面进一步总结提升，推进我国立法体制的发展创新。

其中，在理论提升层面，应将人大对政府等主体的立法监督视为服务，弘扬人大的立法监督是“寓监督于服务之中”，以更好地实现人大主导立法。换言之，人大需要通过加强对政府立法、“两高”司法解释的监督，对违法越权的立法或“准立法”行为说不。这就是“寓监督于服务之中”，即“寓人大的立法监督于服务人大主导立法乃至法治中国建设之中”。

人大的立法监督服务于人大主导立法，监督的目的是更好地保障法治中国建设。从某种程度上说，之所以长期以来政府立法“争权诿责”、“两高”司法解释成了“准立法”，与人大及其常委会的失之监督、监督不到位，是相关的。孟德斯鸠曾说过，“一切有权力的人都容易滥用权力，这是万古不易的一条经验”。孟德斯鸠进而强调：“要防止滥用权力，就必须以权力约束权力。”⑯就政府立法争权诿责等滥用立法权的行为而言，要防止政府滥用立法权力，也必须以人大立法监督权来约束政府立法权力的行使。

其中，在实践操作层面，应严格贯彻落实《立法法》的相关创新性规定，维护法制统一。2015 年修改的《立法法》对国务院及其所属部委、对设区的市以上地方人民政府的立法权，作了一些约束性限制性的规定，这其中也体现了制度上的若干创新。例如，《立法法》第 80 条第 2 款规定：“……没有法律或者国务院的行政法规、决定、命令的依据，部门规章不得设定减损公民、法人和其他组织权利或者增加其义务的规范，不得增加本部门的权力或者减少本部门的法定职责。”又如，该法第 82 条第 6 款规定：“没有法律、行政法规、地方性法规的依据，地方政府规章不得设定减损公民、法人和其他组织权利或者增加其义务的规范。”这些新的规定，实际上赋予了人大面对政府违法越权滥用立法权时，开展立法监督所必需的尚方宝剑依据。这是立法制度创新带来的红利，值得肯定。与此同时，事情的另一面是，修法并未完全解决授权国务院税收立法权和对政府规章以外政府制发“红头文件”这一带有立法性质文件的立法监督问题。以下分别探讨。

一是关于“税收法定”的监督。《立法法》修改后明确规定，税收事项只能制定法律。而在此前，绝大多数税收事项是国务院通过制定行政法规来调整的。

---

⑯ [法]孟德斯鸠：《论法的精神》（上册），张雁深译，商务印书馆 1961 年版，第 154 页。

这一做法的依据源于 1985 年出台的《全国人民代表大会关于授权国务院在经济体制改革和对外开放方面可以制定暂行的规定或者条例的决定》，该决定授权国务院对于有关经济体制改革和对外开放方面的问题，包括税收方面的问题，必要时可以根据宪法，在同有关法律和全国人民代表大会及其常务委员会的有关决定的基本原则不相抵触的前提下，制定暂行的规定或者条例。后来税收立法的发展现状，正如国内主流媒体所报道的情形：目前全国有 18 个税种，除个人所得税、企业所得税、车船税外，其他 15 个税种都是授权国务院来立法，即在现行 18 个税种中，《个人所得税法》《企业所得税法》《车船税法》3 部法律加上《税收征管法》是法律，其他都是国务院制定的条例或暂行条例。

在《立法法》将“税收法定”要求入法后，落实税收法定有了计划和时间表，即凡开征新税的，要由全国人大及其常委会制定税收法律；凡要对现行税收条例进行修改的，一般都要上升为法律；其他的税收条例，区别轻重缓急，逐步地上升为法律；总的目标是到 2020 年前全面落实税收法定原则。据此可见：到 2020 年前，全国人大在改革开放初期对国务院制定税收立法的授权决定仍然有效，国务院仍然可以制定暂行的税收规定或者条例。这就在立法监督上存在一个盲区，主要需依靠国务院自律的方式接轨“税收法定”要求。

二是关于“红头文件”的监督。《立法法》规范的是“法”，包括全国人大及其常委会制定的法律、国务院行政法规、国务院部门规章、地方立法机关制定的地方性法规、地方政府制定的规章。现行《立法法》只能管到“规章”层次，而政府制发的数量众多的“红头文件”，层次低于规章，只是政府部门发布的立法性质的规范性文件，可以是省政府一级的，也可以是市县甚至乡镇一级的。因为没有严格的法律程序限制，所以政府红头文件的制发，随意性很强，随时可能侵犯公民的权利和利益。例如，“还有的地方长官意志变身政府文件，随意侵犯公民合法权益，在当地造成尖锐的社会矛盾”。[17] 据此，需创新地思考如何贯彻落实四中全会决定提出的“把所有规范性文件纳入备案审查范围，依法撤销和纠正违宪违法的规范性文件，禁止地方制发带有立法性质的文件”[18]这类问题，这也是

---

⑰ 信春鹰：《地方立法权与国家治理体系和治理能力建设》，载《地方立法研究》2016 年第 1 期。

⑱ 《中共中央关于全面推进依法治国若干重大问题的决定》，人民出版社 2014 年版，第 9 页。

今后加强人大立法监督需要作出创新努力的。

从实践探索创新上看,近年来全国人大常委会在监督实践中积极探索形成的“正确监督、有效监督”这一创新经验,将成为今后立法监督创新发展的方向指引。

2015年,张德江委员长在河南省开展职业教育法执法检查时首次提出,“要加大监督力度,严格执法检查,实行正确监督、有效监督,让法律规定得到全面落实”。在2017年的全国人大五次会议上,张德江委员长在所作的全国人大常委会工作报告中指出,“十二届全国人大常委会切实把宪法法律赋予的监督权用起来,把实行正确监督、有效监督作为开展监督工作的基本遵循,不断深化对人大监督工作定位和规律的认识”。这是首次系统地阐释了“正确监督、有效监督”:实行正确监督,关键是始终坚持党的领导,坚持全国一盘棋,严格按照法定职权和法定程序进行监督,既敢于监督又善于监督,正确处理监督与支持的关系,促进“一府两院”依法行政、公正司法,形成加强和改进工作的合力。实行有效监督,关键是紧紧围绕党和国家工作大局,坚持问题导向,找准加强监督工作的着力点,完善监督工作方式方法,跟踪问效、一抓到底,推动解决人大代表、人民群众普遍关心的热点难点问题,让人民群众有更多获得感。以上这些对人大监督的创新总结,为今后人大立法监督提供了方向,也有利于推进我国立法体制的发展创新。

六、结语

以点见面,改革开放以来特别是十八大以来我国立法体制理论与实践的创新发展,正在不断展现出新面貌,呈现出良性发展的新气象。对此,本文以点见面地尝试对我国立法体制的发展创新作一理论结合实际的若干完善化思考,以期抛砖引玉、深化理论、服务实践,促进法治中国建设。

《立法法》修改的宪法学分析

刘志刚 *

摘　要:《立法法修正案(草案)》第5条缺乏宪法依据,该规定将造成人民代表大会制度与依法治国(依宪治国)方略之间的冲突,且和《立法法修正案(草案)》第4条之间的逻辑关系混乱。《立法法修正案(草案)》第22条不是"根据宪法"制定出来的,其性质不能被视为对《宪法》第100条的修改或者拓展性解释。《立法法修正案(草案)》中没有涉及经济特区授权立法、民族自治地方立法方面的内容,也没有明确国务院发布的决定、命令相较于其他类型法律规范的位阶关系,应该将它们纳入其中。

关键词:《立法法》　《立法法修正案(草案)》　宪法学分析

2014年8月31日,全国人大常委会公布了《立法法修正案(草案)》,征求社会各界的意见。笔者对其中的个别条款及些许未竟事宜有一些粗浅的看法,现梳理出来,就教于学界同仁。

一、对《立法法修正案(草案)》第5条的宪法学分析

2013年8月30日,十二届全国人大常委会第四次会议审议通过《关于授权国务院在中国(上海)自由贸易试验区暂时调整有关法律规定的行政审批的决定》,"授权国务院在上海外高桥保税区、上海外高桥保税物流园区、洋山保税港区和上海浦东机场综合保税区基础上设立的中国(上海)自由贸易试验区内,对

* 刘志刚,复旦大学法学院教授。

国家规定实施准入特别管理措施之外的外商投资，暂时调整《中华人民共和国外资企业法》、《中华人民共和国中外合资经营企业法》和《中华人民共和国中外合作经营企业法》规定的有关行政审批。上述行政审批的调整在三年内试行，对实践证明可行的，应当修改完善有关法律；对实践证明不宜调整的，恢复施行有关法律规定"。授权决定作出之后，学界围绕该项授权决定的正当性展开了激烈的争论。① "在审议过程中，有的委员对全国人大常委会作出该项决定的法律依据有疑问。"②笔者认为，全国人大常委会所作该项授权决定既缺乏宪法依据，也缺乏法律依据，而且，不能被视为对相关法律的修改。③ 2014 年 8 月 31 日，全国人大常委会发布《立法法修正案（草案）》，向社会各界征求意见。《立法法修正案（草案）》第 5 条规定："全国人民代表大会及其常务委员会可以根据改革发展的需要作出决定，就特定事项在部分地方暂停适用法律的部分规定。"《立法法》中增设该条的目的在于："按照凡属重大改革都要于法有据的要求，在立法宗旨中增加规定，发挥立法的引领和推动作用；并结合近年来的做法，规定全国人大及其常委会可以根据改革发展的需要作出决定，就特定事项在部分地方暂停适用法律的部分规定。"④笔者认为，《立法法修正案（草案）》增加规定上述内容客观上有助于塑造全国人大常委会《关于授权国务院在中国（上海）自由贸易试验区暂时调整有关法律规定的行政审批的决定》的正当性，但它在宪法学理上依然存在问题，理由如下：

其一，宪法没有赋予全国人大及其常委会该项权力。依据现行《宪法》第 62 条的规定，全国人大拥有 15 项职权，其中，前 14 项是明文罗列的权力，但并无"根据改革发展的需要作出决定，就特定事项在部分地方暂停适用法律的部分

---

① 在 2013 年第九届中国宪法学基本范畴与方法学术研讨会上，有学者提出了质疑：全国人大常务委员会能否根据授权停止全国人大的基本法律在中国特定区域的暂时使用？全国人大常委会是否可以通过决议的方式，而不是法律的方式来停止全国人大最高权力机关制定的基本法律？也有学者认为，暂时停止全国人大常委会制定的法律是有问题的，通过一个决定就可以去改变一个法律的效力，这在一个法治国家中是不可想象的。还有学者主张，暂时废止或者中止这三部法律在上海地区的实行，这属于广义上的法律制定。既然属于法律制定，就应该由制定法律的机关本身来作出。参见范进学：《授权与解释：中国（上海）自由贸易试验区变法模式之分析》，载《东方法学》2014 年第 2 期。

② 丁伟：《中国（上海）自由贸易试验区法制保障的探索与实践》，载《法学》2013 年第 11 期。

③ 参见刘志刚：《暂停法律、行政法规实施的法理分析》，他刊待发。

④ 全国人大常委会《关于〈中华人民共和国立法法〉修正案（草案）的说明》。

规定”方面的权力。第 15 项是笼统概括性的权力,即“应当由最高国家权力机关行使的其他职权”。窃以为,该项权力的行使必须经由宪法解释机关作出明确的宪法解释之后,方才可以具体行使,否则,将有可能造成全国人大权力的滥用。依据现行《宪法》第 67 条的规定,全国人大常委会拥有 21 项职权。其中,前 20 项是明文罗列的权力,但并无就特定事项决定在部分地方暂停适用法律的权力。第 21 项属于笼统概括性的权力,但该项权力的具体行使必须经由全国人大的具体授权。综上,笔者认为,全国人大及其常委会均没有“根据改革发展的需要,就特定事项决定在部分地方暂停适用法律”的宪法权力。由此观之,前述《立法法修正案(草案)》第 5 条的规定事实上等同于在宪法没有赋予全国人大及其常委会该项权力的前提下,通过《立法法》赋予二者该项权力。从宪法学理的角度来看,这似乎可以理解为通过立法承担了原本应该由宪法修改或者宪法解释承担的工作,结构性泯灭了三者之间必须保持的宪法界限。

其二,该规定将造成人民代表大会制度和依法治国(依宪治国)方略之间的冲突。人民代表大会制度是我国的根本政治制度,社会主义国家往往从人民主权的理论出发,推演出应当以人民代表大会制度作为实现人民主权的基本形式,并认为人民代表大会制度在实现民主的范围和效能方面是全面而有全权的。⑤该种观念在《宪法》第 62 条和第 67 条关于全国人大及其常委会的职权界定中表现得非常明显。⑥ 前述《立法法修正案(草案)》第 5 条实际上就是上述观念在《立法法》中的翻版。该种观念固然有助于凸显全国人大及其常委会在国家制度架构中迥然相异于其他国家机关的宪法地位,但是由此衍生出的宪法问题是:全国人大及其常委会是否需要依据宪法和法律行使职权?从法理上来说,“依法治国首先要依宪治国,依法执政首先要依宪执政”。⑦ 全国人大及其常委会固然是国家的最高权力机关及其常设机关,但是,它们也必须依据宪法和法律行使职权,而不能拥有和行使宪法和法律外的权力。如果宪法的文本规定不足以应

⑤ 何华辉主编:《人民代表大会制度的理论和实践》,武汉大学出版社 1995 年版,第 24~26 页。

⑥ 为了强化二者的权力机关地位,《宪法》第 62 条在罗列了全国人大享有的 14 项职权之后,进而以第 15 项附加了一项笼统概括性的权力——“应当由最高国家权力机关行使的其他职权”;《宪法》第 67 条在罗列了全国人大常委会的 20 项职权之后,进而在第 21 项附加了一项笼统概括性的权力——“全国人民代表大会授予的其他职权”。

⑦ 胡锦涛:《依法治国首先要依宪治国》,载《人民之声》2004 年第 10 期。

对宪法实践的发展需要,可以通过宪法修改或者宪法解释来舒缓宪法规范和宪法现实之间的张力。诚然,前述《立法法修正案(草案)》第 5 条的规定在外观上解决了全国人大及其常委会所做授权决定的法律依据问题,但是,由于该项权力的具体行使依赖于全国人大及其常委会对"改革发展需要""特定事项""部分地方"等模糊事项的垄断性判断,它在事实层面所导致的结果只能是赋予二者超越于宪法之外、凌驾于法律之上的权力。如此一来,作为国家根本政治制度的人民代表大会制度和我们当下奉为圭臬的依法治国(依宪治国)方略之间就产生了结构性的冲突和碰撞。

其三,该规定和《立法法修正案(草案)》第 4 条之间的逻辑关系混乱。全国人大常委会《关于授权国务院在中国(上海)自由贸易试验区暂时调整有关法律规定的行政审批的决定》作出之后,学界对它的质疑包括其对《立法法》第 8 条所确立的法律保留原则的违反和对《立法法》第 9 条、第 10 条确立的授权立法规则的破坏。前述《立法法修正案(草案)》第 5 条无法解决这一问题,具体表现在以下方面:(1)该条将为地方立法者提供破坏法律保留原则的依据。依据《立法法修正案(草案)》第 5 条的规定,"全国人民代表大会及其常务委员会可以根据改革发展的需要作出决定,就特定事项在部分地方暂停适用法律的部分规定"。但是,全国人大及其常委会作出该决定的目的不是为包括自贸区在内的"某些地方"创造一个法律的真空环境,而是为了在法律地毯已经铺设好的背景下,重新掀开一个小角,让地方立法机关介入其中,进行适应(自贸区)特殊需要的法制建设,而这种建设将因为其内容而置《立法法》第 8 条所确立的法律保留原则于不顾。如此一来,第 5 条的规定就将成为未来有可能出现的该种做法的保护伞。(2)该条和前述《立法法修正案(草案)》第 4 条之间的逻辑关系混乱。从法理上来说,类同于全国人大常委会《关于授权国务院在中国(上海)自由贸易试验区暂时调整有关法律规定的行政审批的决定》之类的决定并不属于真正的授权立法,因而外观上并不完全符合《立法法》第 8 条到第 10 条的规制条件。但是,全国人大及其常委会所作授权决定也具有授权立法的属性,客观上也要求其"明确授权的目的、事项、范围、期限、被授权机关实施授权决定的方式和应当遵循的原则等",且"被授权机关应当严格按照授权行使该项权力。被授权机关不得将该项权力转授给其他机关"。但是,如果这些关涉授权决定的基本事项在前述《立法法修正案(草案)》第5条那里均不存在,或者均不适用,《立法法修正案(草案)》第4条在授权立法方面有可能取得的修改成果将有可能在第5条所指向的场景中被破坏。

二、对《立法法修正案(草案)》第22条的宪法学分析

党的十八届三中全会提出,逐步增加有地方立法权的较大的市数量。为"落实党的十八届三中全会精神,遵循在中央的统一领导下,充分发挥地方的主动性和积极性的原则",⑧《立法法修正案(草案)》第22条对《立法法》第63条规定作了修改。依据该条,除"省、自治区的人民政府所在地的市,经济特区所在地的市、国务院已经批准的较大的市"之外,"其他设区的市"也被赋予了制定地方性法规的权力。但是,"考虑到设区的市数量较多,地区差异较大,这一工作需要本着积极稳妥的精神予以推进"。⑨ 为此,《立法法修正案(草案)》第22条将较大的市制定地方性法规限于城市建设、市容卫生、环境保护等城市管理方面的事项,而且,"设区的市开始制定地方性法规的具体步骤和时间,由省、自治区的人民代表大会常务委员会根据本省、自治区所辖的设区的市的人口数量、地域面积、经济社会发展情况等因素确定,并报全国人民代表大会常务委员会备案"。前述修改内容对于充分发挥地方的主动性和积极性有着积极的意义,但是,该种做法在宪法学理上存在一些不甚妥当的地方。对此,拟从以下三个方面进行分析。

(一)《立法法修正案(草案)》第22条的宪法根据

依据《立法法》第1条和《立法法修正案(草案)》第1条,二者的制定根据均是宪法。但是,从二者关涉地方性法规制定权主体的规定来看,它们和现行宪法的规定均不相同。依据《立法法修正案(草案)》第22条的规定,修改后的《立法法》将现行《立法法》第63条改为第71条,第4款修改为:"本法所称较大的市是指省、自治区的人民政府所在地的市,经济特区所在地的市、国务院已经批准

⑧ 全国人大常委会《关于〈中华人民共和国立法法〉修正案(草案)的说明》。

⑨ 同上。

的较大的市和其他设区的市。"前述修改意味着在城市层面,除"省、自治区的人民政府所在地的市,经济特区所在地的市、国务院已经批准的较大的市"之外,"其他设区的市"也被赋予了制定地方性法规的权力。与现行《宪法》相比,在地方性法规制定权主体方面的差别比较大,表现在:依据现行《宪法》第 100 条的规定,地方性法规的制定权主体仅限于省、直辖市的人大及其常委会,并不包括自治区人大及其常委会,也不包括三类较大的市(省、自治区所在地的市,经济特区所在地的市、国务院批准的较大的市)的人大及其常委会,更不包括除此之外的"其他社区的市"的人大及其常委会。如此一来,由此衍生出的宪法问题便是:《立法法修正案(草案)》第 22 条的宪法根据是什么?从直观上来看,该条没有宪法上的制定依据。通览现行《宪法》的内容,关涉地方立法权主体的规定仅限于《宪法》第 100 条和第 116 条,前者规定的是地方性法规的制定权主体,包括省、直辖市的人大及其常委会;后者规定的是民族自治立法的制定权主体,包括自治区、自治州、自治县的人大。除此之外,《宪法》中并无其他关涉地方立法权主体的规定。因此,对《宪法》文本实证分析之后推导出的结论只能是:《立法法修正案(草案)》第 22 条并不像该《草案》第 1 条所说的那样,是"根据宪法"制定出来的。

(二)《立法法修正案(草案)》第 22 条是否可以视为对现行《宪法》第 100 条的修改

从内容上来看,《立法法修正案(草案)》第 22 条显然突破了现行《宪法》第 100 条的规定,不仅延续《立法法》第 63 条的规定,继续赋予三类较大的市制定地方性法规的权力,而且增加规定了"其他社区的市"制定地方性法规的权力。该种突破已经构成了对宪法文本内容的修改。诚然,除却其他设区的市制定地方性法规的权力之外,其他两类主体的地方性法规制定权是由《立法法》第 63 条赋予的,或者说,是《立法法》第 63 条对现行《宪法》第 100 条的突破,而不是《立法法修正案(草案)》第 22 条对《宪法》第 100 条的突破。但是,由于《立法法修正案(草案)》第 22 条中涉及了前述内容,而且对《立法法》的修改也必须"根据宪法",因此,该条规定在事实上构成了对现行《宪法》第 100 条的"修改"。然而,问题的症结在于:宪法修改在外观形式和程序上是有特殊要求的,《立法法修正案(草案)》并不符合该种特殊要求。就《宪法》修改的形式而言,自1978年《宪法》颁行以来,我国先后采取了"决议"和"修正案"两种形式,目前固定为后种形式。《立法法修正案(草案)》固然属于"修正案",但它是指向于《立法法》的"修正案",而不是指向于《宪法》的"修正案"。就《宪法》修改的程序而言,依据《宪法》第64条第1款的规定,《宪法》修改需要"由全国人大常委会或者五分之一以上的全国人民代表大会代表提议,并由全国人民代表大会以全体代表的三分之二以上的多数通过"。目前公布的《立法法修正案(草案)》显然并不是按照该程序运行的。综上,《立法法修正案(草案)》第22条在性质上并不属于对《宪法》第100条的修改,而只能属于行进中的法律修改,具体而言,是对《立法法》第63条的修改。

(三)《立法法修正案(草案)》第22条是否可以视为对现行《宪法》第100条的扩张性解释

国家特定的有权机关依照法定的程序对宪法文本的内涵和外延作出限缩或者拓展性的解释是因应宪法规范和宪法现实之间张力的重要形式。如果可以将《立法法修正案(草案)》第22条视为对现行《宪法》第100条的拓展解释,则基于二者之间在内容上的不一致而衍生出的对前者正当性的质疑将随之消失。但是,从宪法学理的角度来看,该种可能性是不存在的。其原因在于:《立法法修正案(草案)》不是经由宪法解释程序作出的。宪法解释的程序因宪法解释主体的定位不同而呈现出不同的样态。"在宪法解释史上,关于解释的主体究竟是谁——是人民自己还是独立司法的法院——大致存在两种理论之争:一种是民主理论,另一种是自由宪政理论。民主理论认为:人民是宪法的创智者,他们理应有权利来决定宪法的含义。选举通常间接地使人民得以这样做。"自由宪政理论认为,民主理论存在诸多风险,它容易造成人民的专制或者独裁。"司法机关唯一服从的是法律,除此,它再没有别的上司,因此,独立的司法能够担当宪法解释的角色。"⑩在民主和自由宪政理论的支撑下,现今世界各国存在两大类三种宪法解释主体:立法机构、普通法院、特别机关。三种不同的宪法解释主体设

---

⑩ 范进学:《宪法解释主体论》,载《中国法学》2004年第6期。

置衍生出了迥然相异的三种宪法解释程序,并在实践中和违宪审查制度结构性关联在了一起。在前述三种宪法解释程序中,由立法机关解释宪法的程序在实践中往往和立法程序混杂在一起,由此造成宪法解释和立法在外观上的难以识别,进而泯灭宪法和法律之间的界限,最终冲击和影响到宪法的根本法地位。我国就是典型实例。依据现行《宪法》第 67 条的规定,全国人大常委会有权解释宪法。但是,《宪法》中并无关于宪法解释程序的规定,《宪法》之外的相关法律中也未建立起具体、规范化的宪法解释程序,由此导致了宪法解释权的虚置和违宪审查制度的虚化,立法程序和宪法解释程序混同、法律和宪法合体的现象也就不可避免。就本部分的主题而言,将《立法法修正案(草案)》第 22 条视为宪法解释固然可以在一定程度上舒缓人们对其宪法正当性的质疑,但是由此付出的代价却是将立法和宪法解释结构性混同。而且,该种做法事实上并不符合宪法文本的精神。毕竟,依据《宪法》第 67 条,立法权和宪法解释权是全国人大常委会拥有的两种不同性质的宪法权力,不能主观上将其混为一谈。

统合前述,笔者认为,《立法法修正案(草案)》第 22 条并不是“根据宪法”制定出来的,而且,它在性质上既不属于宪法修改,也不能被视为宪法解释。该条以及和它关联在一起的《立法法》第 63 条均涉嫌突破了现行《宪法》第 100 条的规定,属于一种“违宪”的立法行为。塑造二者正当性的关键在于通过宪法解释拓展《宪法》第 100 条的空间范围,甚至,通过宪法修改,修正《宪法》第 100 条的内容,以期为后《立法法修正案(草案)》时代的地方立法行为提供真正意义上的宪法依据,从根本上提升地方立法行为的合宪性品质。

三、对《立法法修正案(草案)》未竟事宜的宪法学分析

(一)对经济特区授权立法权问题的宪法学分析

《立法法》中关涉授权立法的内容主要包括两部分:(1)全国人大及其常委会对国务院的授权。《立法法》第 9、10、11 条以及第 56 条第 2 款都是围绕该类授权展开的。(2)全国人大对经济特区的授权。《立法法》第 65 条所指向的就是该类授权。全国人大常委会发布的《立法法修正案(草案)》中关涉授权立法的内容主要包括两部分:(1)全国人大及其常委会对国务院的授权。《立法法修

正案(草案)》第4条所指向的就是该类授权。(2)全国人大及其常委会根据“改革发展的需要”,“就特定事项在部分地方暂停适用法律的部分规定”作出的(授权)决定。《立法法修正案(草案)》第5条对此作了规定。对比《立法法》和《立法法修正案(草案)》中关涉授权立法的内容可以看出,全国人大对经济特区的授权立法在《立法法修正案(草案)》中并未涉及。笔者认为,该部分内容也有必要进行修改。具体理由如下:(1)经济特区授权立法权缺乏宪法依据。诚如《立法法》第1条所说,该法是“根据宪法”制定的。但是,《宪法》中却并没有关涉经济特区授权立法权方面的内容。从法理上来说,经济特区授权立法权的宪法存在,需要两个方面的依据:全国人大及其常委会有作出该类授权决定的权力;经济特区有承受该类授权决定的资格。依据《宪法》第62条的规定,全国人大可以经由《宪法》第62条第15项的概括性职权——“应当由最高国家权力机关行使的其他职权”获致作出该类授权决定的权力,但是,需要通过宪法解释对此作出说明。否则,就等同于通过《立法法》第65条解释了该项职权,这就出现了前文所说的宪法解释与立法混同的现象。遗憾的是,《立法法》通过之前,全国人大常委会并未作出相关的宪法解释。舍此而外,从《宪法》第99、104条关涉地方人大及其常委会职权的规定来看,并未赋予经济特区所在地的省、市人大及其常委会承受该类授权的资格。综上,经济特区授权立法权缺乏宪法依据,《立法法》第65条涉嫌代行了全国人大常委会的宪法解释权,将宪法解释和立法混同。(2)《立法法》第65条和此前全国人大及其常委会对经济特区所做授权决定的内容不一致,无法确定先前授权决定的效力。《立法法》实施之前,全国人大及其常委会分别在1988年、1992年、1994年、1996年,先后对海南省、深圳市、厦门市、汕头市、珠海市作了授权决定,其中,1992年对深圳市的授权决定是由全国人大常委会作出的。在前述授权决定中,作为被授权主体的单位既包括经济特区所在地的省、市人大及其常委会,也包括省、市政府。但是,依据《立法法》第65条的规定,有权作出授权决定的主体仅限于全国人大,不包括全国人大常委会。被授权主体仅限于经济特区所在地的省、市人大及其常委会,不包括省、市政府。如此一来,《立法法》第65条和全国人大及其常委会此前所作授权决定之间就产生了冲突。对此,《立法法》中并未表明立场,实践中人们围绕该问题产生了诸多理解上的歧义。(3)违宪、违法审查监督程序没有将经济特区授权法规包容于其中。此前全国人大及其常委会对经济特权立法授权的权限范围是:“遵循宪法的规定以及法律和行政法规的基本原则。”因此,经济特区制定的授权法规如果违反了“宪法的规定”和“法律的基本原则”,就不仅超越了自身的立法权限范围,而且客观上违反了宪法和法律,应将其纳入《立法法》第 90 条、第 91 条所确立的违宪、违法审查监督程序,而其却将监督的对象限定于行政法规、地方性法规、自治条例、单行条例,并没有将经济特区授权法规包容于其中,由此使其游离于违宪、违法审查程序之外,成为事实上的法治域外之地。2009 年广东东方金源律师事务所四位律师上书全国人大常委会,要求启动对《深圳经济特区道路交通安全处罚条例》违法审查程序时遇到的制度尴尬就凸显了该问题。⑪

(二)对民族自治地方立法权问题的宪法学分析

《立法法》中的相关条款和其他相关法律之间存在冲突。例如,《立法法》第 80 条第 2 款规定,“部门规章规定的事项应当属于执行法律或者国务院的行政法规、决定、命令的事项”。依据该规定,部门规章是不应该拥有行政处罚设定(创设)权的。但是,《行政处罚法》第 12 条第 2 款却规定,“尚未制定法律、行政法规的,前款规定的国务院部、委员会制定的规章对违反行政管理秩序的行为,可以设定警告或者一定数量罚款的行政处罚。罚款的限额由国务院规定”。依据该规定,部门规章是拥有行政处罚设定权的。如此一来,两者的上述规定之间就出现了冲突。针对该类情形,《立法法修正案(草案)》作了相应修改。《立法法修正案(草案)》第 25 条将《立法法》第 71 条改为第 79 条,第 2 款修改为:“部门规章规定的事项应当属于执行法律或者国务院的行政法规、决定、命令的事项。没有法律、行政法规依据,部门规章不得创设限制或者剥夺公民、法人和其他组织权利的规范,或者增加公民、法人和其他组织义务的规范,不得增加本部门的权力、减少本部门的法定职责。”如此一来,前述《立法法》第 71 条第 2 款和《行政处罚法》第 12 条第 2 款之间的冲突就得以化解。但是,总览《立法法》中的相关内容,类同于此的情形并不仅限于部门规章,《立法法》第 66 条关涉自治

---

⑪ 参见刘志刚:《中国行政法专题》,复旦大学出版社 2011 年版,第 170 页。

条例、单行条例的内容和《行政处罚法》第9～14条也存在冲突，但是，《立法法修正案(草案)》却并未对该条进行修正。笔者认为，应该考虑对《立法法》第66条第2款的规定进行修改和完善，具体理由是，根据《行政处罚法》第2章第9～13条的规定，我国可以设定行政处罚的法律文件包括：法律、行政法规、地方性法规和规章。对于自治条例、单行条例能否设定行政处罚的问题，《行政处罚法》中并没有作出明确的列举性规定。但是，依据《行政处罚法》第14条“其他规范性文件不能设定行政处罚”的规定，自治条例、单行条例是不可以设定行政处罚的。但是，依据《立法法》第75条第2款的规定却可以推导出完全相反的结论。该条规定，“自治条例和单行条例可以依照当地民族的特点，对法律和行政法规的规定作出变通规定，但不得违背法律或者行政法规的基本原则，不得对宪法和民族区域自治法的规定以及其他有关法律、行政法规专门就民族自治地方所做的规定作出变通规定”。依据该条，自治条例和单行条例可以通过对《行政处罚法》第2章的变通，合乎逻辑地获得行政处罚设定权。如此一来，《立法法》第75条第2款和《行政处罚法》第9～14条就产生了冲突。《行政处罚法》生效之后，理论界围绕自治条例和单行条例能否设定行政处罚的问题产生了激烈的争论，⑫实践中各地的做法也不甚一致。此次公布的《立法法修正案(草案)》有必要对此作出处理，以消解实践中各地做法的不一致现象。

(三)对国务院决定、命令法律位阶的宪法学分析

旧的《立法法》第78～82条对不同类型法律规范的位阶关系作了厘定。依据该规定，国务院制定的行政法规在我国法律规则体系中所处的地位是比较清楚的，但是，国务院制定的规范性的决定、命令在法律规则体系中究竟处于什么位置，《立法法》中并未予以明确，且此次公布的《立法法修正案(草案)》中也未涉及，这将在很大程度上影响到上位法优于下位法规则的具体适用。诚然，国务院所发布的决定、命令在性质上并不属于国家的立法，在《立法法》中对其作出规定显见得有些不甚妥当，但是，由于该类规则是行政执法机关的重要执法依

⑫ 主要有两种观点：其一，认为自治条例和单行条例具有行政处罚设定权(参见陈斯喜：《中华人民共和国行政处罚法理论与适用》，法律出版社1996年版，第35页)；其二，认为自治条例和单行条例不享有处罚设定权(参见胡锦光：《行政处罚研究》，法律出版社1998年版，第90页)。

据,实践中和其他类型法律规范往往混杂在一起,而且,宪法中对该类规则也多有提及,因此,此次《立法法》修改有必要将其纳入其中。总体来看,《立法法》中对国务院发布的决定、命令的位阶应该明确以下几个方面的问题:其一,国务院发布的决定、命令相较于宪法和法律的地位。宪法中有相关的依据可供遵循。现行《宪法》第 89 条第 1 项规定,国务院有权“根据宪法和法律,规定行政措施,制定行政法规,发布决定和命令”。《宪法》第 67 条第 7 项规定,全国人大常委会有权“撤销国务院制定的同宪法、法律相抵触的行政法规、决定和命令”。依据上述规定,国务院制定的决定、命令与宪法、法律相比,属于下位的法律规则。其二,国务院制定的决定、命令相较于行政法规的地位。对此,《宪法》中并未作出明确界定,学界的看法也不甚相同。有学者认为,“国务院发布的具有规范性内容的决定和命令,也是法的渊源,与行政法规具有同等效力”。⑬ 对此,笔者秉持相反的立场。⑭ 其三,国务院制定的决定、命令相较于部门规章、地方政府规章的法律地位。《宪法》和《立法法》中有相关的依据可供遵循。《宪法》第 90 条第 2 款规定,“各部、各委员会根据法律和国务院的行政法规、决定、命令,在本部门的权限内,发布命令、指示和规章”。《立法法》第 80 条规定,“国务院各部、各委员会、中国人民银行、审计署和具有行政管理职能的直属机构,可以根据法律和国务院的行政法规、决定、命令,在本部门的权限范围内,制定规章。部门规章规定的事项应当属于执行法律或者国务院的行政法规、决定、命令的事项”。依据上述规定,国务院发布的决定、命令是国务院部委、直属机构制定规章时的依据,这足以凸显其相较于部门规章的上位法地位。但是,其相较于地方政府规章的地位在《宪法》和《立法法》中却并无直接相关的依据。其四,国务院发布的决定、命令相较于省级地方性法规的效力等级关系。对此,《宪法》和《立法法》中均未作出明确规定,学界的立场也不甚一致,主要有两种立场:(1)认为国务院发布的决定、命令在与省级地方性法规不一致的时候,应当优先适用省级地方性法规;⑮(2)认为国务院发布的决定、命令在不与宪法、法律、行政法规发生抵触

⑬ 孙国华主编:《法理学教程》,中国人民大学出版社 1994 年版,第 397 页。

⑭ 参见刘志刚:《法律规范的冲突解决规则》,复旦大学出版社 2012 年版,第 58 ~ 59 页。

⑮ 参见王曦:《论我国水资源的若干法律问题》,载《法学》2005 年第 7 期。

的情况下,其效力应当高于地方性法规。⑯ 统合上述,笔者认为,《立法法》有必要将上述内容纳入其中。鉴于有些内容在宪法上可以找寻到相关的依据,有些内容在宪法文本上并无相关的依据,为避免前文所说的立法和宪法解释的混同现象,可以在全国人大常委会作出相关的宪法解释之后,再行由《立法法》予以明确。

---

⑯ 参见肖南、车凯、程晓敏:《从一起行政复议案件的结果看国务院规范性文件的法律效力及地位》,载《中国行政管理》2005年第1期;另见蔡小雪:《国务院下属部门规范性文件的法律效力》,载《人民司法》2008年第4期。

第二编　科学立法与民主立法

中国法律规范体系与立法效果评估*

冯玉军**

摘　要：法律是治国之重器，良法是善治之前提，完备而良善的法律规范体系不仅是建设法治体系的第一要义，而且是法治国家的基本标志以及政权稳定和社会发展的基本保障。总结我国法治量化评估的经验教训，对法治体系进行宏观评估，须秉持清晰明确的价值观，有严谨合理的法治理论支撑，注重指标设定与统计的逻辑自洽，方能实现多主体/类型/视角的综合统计研究之目标。由此，围绕立法完备性、科学性、民主性、受监督性四大指标构建评估指标体系，精心设计针对社会公众、法学专家和法律执业者的调查问卷，借助随机抽样和立意调查两种实证研究方法，全面考察我国法律规范体系的实际状况并给出具有可信赖度的评估结果，从而为完善以宪法为核心的法律体系提供助力。

关键词：法律规范体系　立法完备性　立法民主性　立法科学性　立法受监督性

一、立意与方法

党的十八届四中全会通过《关于全面推进依法治国若干重大问题的决定》，要求形成完备的法律规范体系、高效的法治实施体系、严密的法治监督体系、有力的法治保障体系和完善的党内法规体系，实现科学立法、严格执法、公正司法、全民守法，促进国家治理体系和治理能力现代化。这一系列创新思路和观点，因

---

* 本文系国家社科基金 2014 年重大项目《完善以宪法为核心的中国特色社会主义法律体系研究》(14ZDC008)和马克思主义理论研究和建设工程 2015 年度重大项目《全面依法治国重大现实问题研究》(2015MZD042)成果。

** 冯玉军，中国人民大学法学院教授，河北经贸大学教授，甘肃政法学院“飞天学者”特聘教授。

应中华民族伟大复兴和全球善治潮流，既是对中外法治文明经验的高度总结与凝练，又是以问题为导向，扎实推进依法治国的行动指南，是中国社会主义法治建设史上的第三次重大突破。这其中，法律规范体系的完备良善作为社会主义法治体系建设的基石，意义尤为重大。

在建设法治体系的伟大进程当中，法律规范体系的完备良善无疑是基本前提，也是政权稳定和社会发展的基本保障。从形式法治的视角看，到2010年年底，“我国形成了以宪法为统帅的社会主义法律体系，我们国家和社会生活各方面总体上实现了有法可依，这是我们取得的重大成就”。[①] 党的十八大以来，立法步伐不断加快，截至2017年3月，十二届全国人大及其常委会共通过法律、法律解释和有关法律问题的决定100件。但是，法律体系形成及其规模的持续扩大并不表明法律体系已经完备或能够自动产生实效，更不意味着立法必然合乎社会需要，让人民有更多的满足感。实践中，我国法律体系不协调、不一致、体系性不强的问题依然突出，立法工作中部门和地方利益法律化的问题、争权诿责的现象并不鲜见。有的法律法规未能全面反映客观规律和人民意愿，针对性、可操作性不强；有的法律规范缺乏科学性、民主性及合理性，互相冲突、自相矛盾，使执法者和司法者无所适从；有的法律法规文字过于笼统，原则性大于技术性，内容不够精细完备，存在空洞抽象、逻辑模糊以及法律漏洞的现象；有的过时法律法规未能及时修改、废除或者作出立法司法解释，导致法律成本居高不下。为此，对立法活动与法律规范体系进行系统的宏观立法评估，把握各类法律主体的真实感受，问诊法治发展的优势与弱项，调查“行动中的法”较全面的状况，成为一项极其迫切的研究课题。

过去十多年来，我国法学界高度重视法治的指数设定与评估问题，先后推出了香港地区法治指标、余杭法治指数、中国人民大学法治发展报告、中国社科院法学所法治蓝皮书、中国政法大学司法文明指数、法治政府发展报告等报告成果。[②] 有

---

① 习近平：《坚持法治国家、法治政府、法治社会一体建设》，载《习近平谈治国理政》，外文出版社2014年版，第144页。

② 参见袁曙宏：《关于构建我国法治政府指标体系的设想》，载《国家行政学院学报》2006年第4期；戴耀廷：《香港的法治指数》，载《环球法律评论》2007年第6期；朱景文主编：《中国法律发展报告2010——中国立法60年》，中国人民大学出版社2011年版；钱弘道等：《论中国法治评估的转型》，载《中国社会科学》2015年第5期；朱景文：《论法律评估的类型化》，载《中国社会科学》2015年第6期等。

的研究以官方发表的统计数据和客观数据为基础,强调“从事实出发”“让数字说话”;③有的研究则认为中国的法治评估实践,表现出“嵌入性”、政府主导、法治理解广义化、法治评估区域化等特征,法治评估应该在“试错”中逐步实现区域评估的规范化、体系化与制度化,并作为区域法治建设的新增长点推动地方政府法治目标的实现。④ 不仅是理论界,不少地方政府部门和司法机关搞的法治评估也是如火如荼。综观大多数法治评估成果,其共性目标都是要检视特定地域/部门参与社会治理或法治发展中存在的问题,评估—反馈之后,服务并促进法治实施和法治监督。但由于法治指数和评估方案的理论准备不足,评估方法混杂模糊,指标设置和权重分配不合理,评估主体中立性缺失,让人对看似纯“客观”的评估结果产生疑问、可信度大打折扣。⑤ 更有甚者,个别评估结果虚假、缺乏公信力,更是招致了舆论层面的质疑和批判。⑥

本文主题设定为对中国法律规范体系与相关立法活动进行宏观评价。在综合上述法治量化评估方案优劣得失的基础上,借鉴国际法治评估——特别是世界正义工程(The World Justice Project,WJP)的通行做法,依托中国人民大学“中国调查与数据中心”的强大技术平台,分别通过公众、专家和执业者3种调查问卷收集到的评估数据,对立法完备性、科学性、民主性、受监督性4个二级指标,以及其下细分出的9个三级指标(见表1)逐个打分,继而通过数据分析全面细致地评估我国现有法律规范体系的现实状况,并给出具有可信赖度的法治主观评价。⑦

---

③ 朱景文主编:《中国法律发展报告——数据库和指标体系》,中国人民大学出版社2007年版。

④ 参见钱弘道等:《法治评估及其中国应用》,载《中国社会科学》2012年第4期。

⑤ 参见孟涛、江照:《中国法治评估的再评估——以余杭法治指数和全国法治政府评估为样本》,载《江苏行政学院学报》2017年第4期。另见张保生、郑飞:《世界法治指数对中国法治评估的借鉴意义》,载《法制与社会发展》2013年第6期;金善达:《法治指数评估的制度建设路径研究——基于系统论的分析视角》,载《上海政法学院学报》2014年第5期;汪全胜:《法治指数的中国引入:问题及可能进路》,载《政治与法律》2015年第5期。

⑥ 参见陈林林:《法治指数中的认真与戏谑》,载《浙江社会科学》2013年第6期。

⑦ 本次法治评估除了本文所涵盖的法律规范体系指标与立法效果评价外,还包括法治实施体系指标(行政执法指标、司法适用指标、社会治理指标)、法治监督体系指标(文件监督指标、执法监督指标、审判监督指标)、法治保障体系指标(人员保障指标、经费保障指标、法学教育与普法指标)、党内法规体系指标(党内法规完善性指标、党内法规执行力指标、党规国法协调性指标、党员守法指标)、法治效果指标(控权指标、人权指标、秩序安全指标、法治信念指标)。整个研究共设计设计一级指标6个,二级指标20个,三级指标66个,四级指标188个,问题430个。参见朱景文主编:《中国法治评估报告2015:中国法治评估指标》,中国人民大学出版社2016年版。

表1　中国法律规范体系指标

一级指标	二级指标	三级指标
法律规范体系	1 立法完备性	1.1 法律体系完备性 1.2 立法机制完善性
	2 立法科学性	2.1 立法符合实际程度 2.2 立法合理公正程度
	3 立法民主性	3.1 立法公开性 3.2 公众参与立法 3.3 专家参与立法
	4 规范性法律文件监督	4.1 对法律的监督 4.2 对司法解释的监督

如此考虑和安排的基本理由如下：

第一，本体论方面，强调建立严谨合理的法治理论基础，以体现“良法善治”的实质法治为主、兼顾形式法治，在人民获得感与专家和执业者认可度的基础上构建立法效果评估指标体系。中国人民大学法治评估中心自2004年起就开展了法治发展评估研究，彼时同其他科研单位及地方政府的评估方式一样，秉持的法治理论基础是形式法治理论，强调法治就是规则之治、程序之治，只要法律是依据良好的程序制定，并表现为具体的法律渊源和形式，可以通过官方发表的统计数据和客观数据准确量度，就是有效的法律评估，从而出现“纸面上的法治评估”这样一种孤立、静止看待法治的形而上学错误。⑧ 从实质法治的角度看，经由科学、民主立法而实现的高质量、精细化法律规范当然要比随便一种制度安排更好；人民通过遵守法律规范而获得的幸福感、安全感、确定性、透明度要比单纯比较法律条款数量、法律渊源层级等更有说服力和解释力。当今时代，经济社会越发展，人民群众对美好生活的盼望越强烈，加强和改进立法的任务就越艰巨。习近平同志深刻地指出：“人民群众对立法的期盼，已经不是有没有，而是好不好、管用不管用、能不能解决实际问题；不是什么法都能治国，不是什么法都能治

⑧　在形式法治观影响下，某直辖市民政局对各区县分局进行的“法治民政”评估，就出现了以是否成立专门的依法行政领导小组、有无独立编制的法制机构、是否具有法学专业的专职人员作为行政领导重视程度的衡量指标，以单位负责人（局长、副局长、科室主任）出庭应诉情况来衡量行政案件沟通水平的情形，而完全不考虑区县的经济发展水平、地域特点、财政支付能力、公务员编制数量等情况，更没有通过对行政相对人的深入调研考察“法治民政”是否落到实处。

好国；越是强调法治，越是要提高立法质量。”⑨

第二，价值论方面，强调秉持清晰明确的价值观，从法律规范的三大价值要求（完备性、科学性、民主性）出发，将作为研究对象的法律规范体系的建构及其实现（含监督）效果指数化。众所周知，完备的法律规范体系对规范性法律文件的制定有很高的要求：一是立法完备、逻辑严谨。就是在确保法律体系完备、立法机制完善的基础上，构建以宪法为核心、上下有序、内外协调，各部门法和同一法律部门不同层级的法律规范之间协调一致、有效衔接、价值融贯、调控严密的法律体系，为从法律大国迈向法律强国奠定基础。二是立法科学，一切从实际出发，立法合乎社会历史发展规律，突出中国特色、实践特色和时代特色，对“权利—义务”和“权力—责任”的范围及关系设定明确具体、合理公正，具有可操作性和执行性。三是立法民主、价值优良、社会参与、凝聚共识。我国立法的目的就是人民通过立法活动，行使管理国家事务、管理经济和文化事业、管理社会事务的权力，实现当家作主。为此，立法主体、程序、内容都应当恪守以民为本、立法为民理念，把公正、公平、公开原则贯穿立法全过程，坚持反映人民意志、实现人民利益的根本原则，坚持立法公开，发扬协商民主的制度优势，保障人民和专业人士通过多种途径参与立法活动。民主立法的过程，就是推动治理体系改革创新的过程，就是统一思想、寻找并凝聚共识的过程。以上三大价值要求，正是评估我国法律规范体系的三个主要标准。其中立法完备性是法律规范体系是否完备的表现形式，是对法律规范体系形式的要求；民主性是对立法本质及其过程的要求；立法科学性是对立法内容的要求。就整体而言，这三个方面的价值要求是相互协调的，但是也不排除在某些个案中可能会出现相互矛盾的现象，尤其是立法科学与立法民主之间。

第三，方法论方面，强调“运行中的法治体系”评估指标的逻辑融贯与协同一致，意在实现治理体系和治理能力现代化。就定量评估指标设定的一般理论而言，同一事物的指标之间要具备互斥性（mutually exclusive，即各个指标互不相同、彼此不相涵括）、穷尽性（exhaustive，即各个指标加总起来能够反映所指涉的基本现象）、单项性（uni-dimensionality，即各指标所反映的是同一事物）和互换

⑨ 习近平：《在十八届中央政治局第四次集体学习时的讲话》（2013年2月23日）。

性(inter-changeability,即各指标之间高度一致、可以替换)4 个特征。[10] 此次法律规范体系评估,我们没有沿袭过去以客观指标即官方统计数据为依据的静态方法,而是以中国法治建设实践为出发点,接轨国际法学界有较广泛共识的法治理论,从人们对法治的理解角度出发设定相关指数,即以主观指标为主,官方统计数据作为矫正依据。这是一种将主观评价与客观数据结合起来得出综合性结论的工作思路。方法论工作流程的第一步设计指标、分指标,第二步设计问卷,第三步确定调研方法,第四步数据整理和赋值,第五步撰写评估报告。需要强调的是,本项调查的主体内容来自受访者对于调查对象(立法的完备性、科学性、民主性及其实施效果)的主观评价。相比较有关法律文件的各种形之于外的统计数据而言,主观评价的确存在结论因人而异的问题,这容易让人产生主观评价不可信、客观数据才接近真理的误解。但请试想一下,如果在精心抽样的问卷调查中某一类评价反复出现,则其所呈现的很可能就是一个具有共性的问题。我们之前的多项成果已经发布了所能得到的绝大多数客观数据。但有不少资料(如改革开放初期重要立法及关键法条的讨论及决策情况甚至中国每年判处死刑人数等)都很难获得,即便有某种客观数据,人们对之的解读也很容易产生争议。再加上相关资料(如立法信息)与提供者的自身利益之间存在密切的联系,也很难杜绝数据造假的问题,所以在多年客观性法治评价的基础上,尝试以主观评估为主的思路是有一定道理的。[11]

第四,具体调研方面,强调区分公众、专家和执业者三种主体的分类研究,凸显评估主体的中立性,保证评估结果的适度平衡,实现多主体/类型/视角的综合评估。我们的具体操作是区分公众、专家和执业者三种调查问卷,精心设计问题,而后借助调查公司抽样发放公众问卷、有针对性发放专家问卷,采取随机抽样统计和立意调查两种方式,形成三类主体主观评价的总和打分,最后进行总体评价。本文所进行问卷调查的具体情况是:(1)公众问卷。以公众为问卷对象,

---

⑩ 参见孟涛、江照:《中国法治评估的再评估——以余杭法治指数和全国法治政府评估为样本》,载《江苏行政学院学报》2017 年第 4 期。

⑪ 参见朱景文:《人民如何评价司法》,载《中国应用法学》2017 年第 1 期。朱景文主编:《中国法律发展报告 2010——中国立法 60 年》,中国人民大学出版社 2011 年版;朱景文主编:《中国法律发展报告——数据库和指标体系》,中国人民大学出版社 2007 年版;等等。

依托于中国人民大学数据与调查研究中心的电话网络，采取抽样问卷形式，共回收3983份，分布28个省、直辖市、自治区，内地省一级的覆盖率达87.5%。公众卷的受访者无论居住的省份、性别、年龄、户籍、被访问的地点在全国均有广泛的分布，受教育程度以小学、初中和高中教育为主，家庭经济状况以平均水平和低于平均水平为主。在针对公众设计问题之时，我们充分考虑了普通公众的知识背景、认知情况等与法学专家和法律执业者之间存在的差异，预先进行了针对性地处理。例如针对法律体系完善性指标中的“部门完善”和“适用完善”这两个较为专业的四级指标，只面向专家和执业者设计了问题，而没有面向公众设计问题；针对立法机制完善性指标，我们面向三类群体均设计了问题，其中面向公众设计的问题是“对于我国现行的法律，您认为下列问题——社会形势变化很快，法律法规的制定和修改总是跟不上——是否突出？”以较为通俗化的语言阐述了“立法机制完善性”的内涵，从而使那些不具备法学专业知识背景的普通公众也能作出有效回答。(2)专家问卷。以法学专家和高校法学教师为主要对象，随机选取中国法学会理事、常务理事或者专业研究会骨干分子为对象。据统计，专家答卷多数来自男性，年龄在30~59岁区间，高级职称、高学历，大多数来自高等院校，专业分布以宪法行政法和理论法学领域专家居多，地域分布东南沿海多于中部、中部多于西部、城市多于农村。(3)执业者问卷。以法官、检察官、律师、警察、人大机关工作人员、行政机关公务员为问卷对象，主要来自公检法机关，政治面貌中共党员占大多数，最近一年他们主要工作在县级以上城市，特别是副省级以上的大城市，年龄结构集中在18~49岁区间，男性为多，多具有大学本科以上的高学历。

问卷采取五选一的选择性答案，一般分为好、较好、中间、较差、差5个等级，赋值分别为90、80、70、60、50。考虑到国际比较等多种原因，这显然是一种较为收敛和批评适度的赋值。相比较另一种赋值方式如100、75、50、25、0，数据反差比较小，最低(差)也是50分。因此数据分析中数值高低之别要比其所反映的现实差距要小，任何差评(即使看起来数值还比较高)都应该认真对待。为了表述简洁，又将这些赋值分为三等，包括好评(好与较好的百分比之和)、中评(中间的百分比)、差评(较差和差的百分比之和)。因此，本研究报告的得分表现为两种：一种是百分制的得分，如法治实施体系得分68.7；另一种是好评、中评和差评的比例,其中差评比例是评估的重要依据之一,如行政执法的差评率为41.7%。

需要申明的是,评估对象的概念化和指标化是各类法治评估所面临的一个普遍难题。它要求对评估对象的不同变量进行操作性界定(operational definition),将原本较为抽象化、原则化的各项价值要求分解和落实到立法实践的不同阶段和不同层面,使之能够如实反映事务变化的状态,呈现出一幅精细化的评估图景。这就决定了具体的指标设计必然会受到相关限制,很难与理想状态完全对应。以立法民主性指标为例,作为一项原则性的价值要求,其与法律规范体系的"好坏"之间并非简单、绝对的正相关关系,民主的具体实现方式非常复杂,在某些高度专业性和技术性的知识领域,立法并不是越发扬民主就越好。立法完备性、立法科学性等其他价值要求也都可作如是观。从这个意义上说,本文的指标列举和问题设计也只是在理想与现实之间尽量维持平衡的努力罢了。

二、立法完备性

立法完备性是衡量法治体系有法可依程度的指标,具体包括法律体系完备性和立法机制完善性两个三级指标,本质上是在实体层面考察法律体系是否完备、在程序层面考察立法机制是否完善。

(一)法律体系完备性

就法律体系完备性指标而言,从公众角度,主要考察法律是否存在该管的不管或法律管得太宽的问题;从执业者的角度,主要考察在立法、执法、司法和法律服务过程中有法可依的程度;从专家角度,主要考察法律体系各个部门宪法、行政法、刑法、民商法、经济法、社会法、环境法、程序法等的完备程度、有法可依的程度。

1.公众问卷

针对公众的问题有两个:"对于我国现行的法律,您认为法律管得太宽问题突不突出?""对于我国现行的法律,您认为法律该管的不管问题突不突出?"我们对不同选项所反映的法律体系完备性程度进行赋值,其中"完全不存在"赋值90,"不太突出"赋值80,"一般"赋值70,"比较突出"赋值60,"非常突出"赋值

50。根据上述赋值，结合回答各个选项的频率计算平均数，即为评估的直接得分。同时，五档赋值中前两档归为好评，第三档归为中评，后两档归为差评（此赋值和归档方法下同，不再重复）。

从调查结果来看，社会公众对于法律体系完备性的总体评价以中评为最多。社会公众认为“法律管得太宽”的问题在实践中并不突出，好评、中评比例分别为46.7%、36.3%，差评比例仅有17.0%。“法律该管的不管”的问题则比较突出，差评比例达34.7%，占比最高。这个评价背后反映出公众对社会法制保障不健全的意见。在各个法律部门中，有关民生和社会治理的法律与社会公众具有最密切的联系。虽然我国近年来关于劳动者权益保护、基本养老保险、基本医疗保险、工伤保险、失业保险和生育保险等方面的立法工作日益提速，但与人民群众对依法保障和改善民生、推进社会治理体制创新的期待相比，仍有相当的差距。按照十八届四中全会《关于全面推进依法治国若干重大问题的决定》的要求，我们还需进一步加强和规范公共服务，完善教育、就业、收入分配、社会保障、医疗卫生、食品安全、扶贫、慈善、社会救助和妇女儿童、老年人、残疾人合法权益保护等方面的法律法规；加强社会组织立法，规范和引导各类社会组织健康发展。

2. 执业者问卷

针对执业者，我们分别从立法工作、行政执法工作、司法工作、社会治理工作四个领域做了调研。各选项中，“全面实现了有法可依”赋值90，“基本实现了有法可依”赋值80，“一些领域存在法律空白”赋值70，“许多领域存在法律空白”赋值60，“普遍存在法律空白”赋值50。结果显示：法律执业者对立法工作中的法律完备性评价最高，好评比例为57.4%，差评仅为7.2%；第二位是司法工作的法律完备性，好评比例为55.0%，差评仅为11.2%；行政执法工作排名第三，分别有36.7%的好评和43.8%的中评；社会治理工作的评价最低，差评竟达到27.1%。

问卷结果表明：(1)在立法工作领域，全国人大及其常委会、国务院已经制定了《立法法》《行政法规制定程序条例》《规章制定程序条例》等专门法律法规，对各类规范性文件的制定程序作了详细规定；国务院各部委、拥有地方立法权的地方人大和人民政府也大都根据立法工作需要制定了相应的程序性文件。面向未来,应该通过发挥人大及其常委会在立法工作中的主导作用、加强政府立法制度建设、完善行政法规规章制定程序、改进公众参与政府立法机制、规范地方立法的程序、防止部门利益和地方保护主义法律化等途径不断优化立法工作。(2)行政执法工作中还存在不少法律空白,尤以行政程序法和行政征收法领域最为明显。行政程序法调整国家机关之间、国家与公民之间的关系,是现代国家规范行政权力的基本法,但我国现阶段的行政程序法律规范散见于各类型、各层级单行行政法中,规范内容不系统,立法质量不高,已经到了理论结合实际制定统一的《行政程序法》的时候了。行政征收作为一种典型的侵益性行政活动,当前的做法是将相关征收工作(如房屋拆迁纠纷)授权给地方行政机关自行其是,由此导致官民之间的行政争议,极易产生社会重大不利影响,而如果在《宪法》《物权法》确定的行政征收要"依照法律规定"的法律保留原则之下,由全国人大常委会制定行政征收法,势必大幅度纠正此类行政执法错误。(3)在司法工作领域,我国已经制定了《民事诉讼法》《刑事诉讼法》《行政诉讼法》三大程序法,还有《人民法院组织法》和《人民检察院组织法》两部司法组织法。但法律执业者的评分表明,司法领域的立法状况介于"基本上有法可依"和"一些领域还存在法律空白""部分法律没有与时俱进"之间。未来本领域法律的完善应当做到重大改革于法有据、立法主动适应司法改革需要,将以诉讼为中心的审判制度、司法人员分类管理制度、司法责任制度、司法人员职业保障制度等改革措施法律化,修订完善已施行超过30年的两大组织法,及时修改和废止不适应司法改革要求的法律法规等。(4)社会治理工作的法律完备性在四个领域中最低,是由于同推进社会治理体制创新的目标相比,在改进社会治理方式、激发社会组织活力、创新有效预防和化解社会矛盾机制、健全公共安全体系等方面还有许多法律空白。这就需要通过改革行政复议体制,改革信访工作制度,健全行政复议案件审理机制,纠正违法或不当行政行为,加大依法管理网络力度,完善人民调解、行政调解、司法调解联动工作体系和建立调处化解矛盾纠纷综合机制予以破解。

3. 专家问卷

在专家问卷中,我们分别对宪法与宪法性法律、行政法、刑法、民商法、经济法、社会法、诉讼与非诉讼程序法以及整个法律体系做了调研。各选项中,"非常完备"赋值90,"比较完备"赋值80,"基本完备"赋值70,"许多领域不完备"

赋值60,“普遍存在法律空白”赋值50。从调研结果看,法学专家对法律体系的评价是“基本完备”(好评+中评占比72.1%)。但针对不同领域法律的完备性评价则呈现出一定的差异。其中,评价最高的是刑法,好评比例达68.1%,接近于比较完备的程度;评价最低的是社会法,差评比例达62.5%,可理解为尚有许多领域不完备。相对而言,刑法、诉讼与非诉讼程序法、民商法的完备性得到较高评价(好评+中评占比分别是95.1%、86.7%、83%),经济法、宪法和宪法性法律、行政法的完备性处于中等水平(好评+中评占比分别是75.4%、63.8%、62.9%),社会法则在完备性方面仍有较大提升空间。

综合分析上述问卷数据,可以发现,公众、执业者、专家对法律体系完备性评分依次是71.6、70.8、73.0,平均得分为71.8。具体到好、中、差评比例情况,公众、执业者、专家对法律体系完备性的好评占比分别是38.9%、45.3%、35.2%,其中公众与法学专家对法律体系完备性的好评率相对接近,法律执业者的正面评价则明显要高于前两者。公众和专家的差评占比分别是25.8%和27.9%,说明无论是从老百姓的日常感受还是从法学专家的专业视角来看,我国现有的法律体系都有相当的完善空间。

(二)立法机制完善性

立法机制完善性考察我国现有的立法机制是否能够保证法律的立改废释与社会的发展变化相适应。核心内容有两项:立法机制制定、修改、废除、解释机制的完善程度;是否能随着社会关系的变化而适时变化。

针对公众的问题是:社会形势变化很快,法律法规的制定和修改总是赶不上趟。各选项中,“完全不存在”赋值90,“不太突出”赋值80,“一般”赋值70,“比较突出”赋值60,“非常突出”赋值50;针对执业者和专家提出了类似但稍微学理化的题目:法律的立改废释跟不上社会变化。各选项中,“非常突出”赋值50,“比较突出”赋值60,“存在这种问题”赋值70,“不明显”赋值80,“不存在”赋值90。

从调查结果来看,公众、执业者、专家对立法机制完善性的评分依次是69.4、65.1、64.0,相较于对法律体系完备性的评价,各方主体对我国立法机制完善性的总体评价较差(平均得分为66.2),可见法律的立改废释跟不上社会变化的症结性问题比较突出。分主体来看，公众、执业者、专家对立法机制完备性的好评占比仅分别为 29.5%、9.2%、6.1%，这其中公众评价相对较高，很可能同他们对立法体制机制有距离、不太熟悉有关；执业者与法学专家对立法机制完备性的评价相近，两者的差评占比分别是 46.6% 和 51.0%。他们给出高差评的可能原因在于：许多法律法规不能与时俱进地进行立改废释工作，该具体精细的却偏于原则抽象，该科学专业的却偏于笼统粗疏，该简便易行的却成本高昂难以施行，立法质量不高，致使相关法律主体特别是法官、检察官、警察、律师等执业者缺乏有效的规范指引，有法难依、无所适从。对此法学专家给出高于 50% 的差评，进一步说明我国立法权运行的制度安排未能全面反映客观规律和人民意愿，亟须推进以提高立法质量为核心的改革进程。

当前，完善我国立法机制应着力推进以下几项工作：一是将立法规划和计划的编制作为立法程序的首要环节，建立立法项目征集和论证机制，在充分论证必要性和可行性的基础上，科学确定立法项目，提高立法的针对性、及时性和系统性。二是完善法律法规起草机制，对法案起草部门、委托起草、起草要求等提出明确要求，建立健全科学合理的法案起草工作机制。三是建立立法内容评估机制，对提请审议的法律法规草案中主要制度规范的可行性、出台时机、实施的效果及可能出现的问题，进行立法前评估。对已经颁布实施的法律法规，适时开展立法后评估，了解实施效果和存在的问题，为适应实际情况发生变化适时修改法律法规提供科学依据。

（三）立法完备性总体评价

综合法律体系和立法机制两项三级指标的结果，可以看出立法完备性总评得分是 69，可以理解为“基本完备，差距不小”。其中，立法机制完善性得分（66.2）低于法律体系完备性得分（71.8），这似乎表明我国立法状况从静态规范角度看相对较好，但从动态实施角度看仍有较大完善空间。另外，全部问卷对立法完备性的好评为 27.3%、中评为 39.2%、差评为 33.5%，差评率高于好评率，值得各级立法机构及其工作人员高度重视。

三、立法科学性

立法科学性是衡量立法符合实际,得到多数人认同以保证实施的程度的指标,具体包括立法符合实际程度和立法合理公正程度两个三级指标。

(一)立法符合实际程度

立法符合实际程度反映立法在多大程度上遵循客观规律、与社会实际相符。问卷对公众、执业者、专家提了相同的问题:“立法规定不符合实际,您认为下列问题突不突出?”各选项中,“非常突出”赋值50,“比较突出”赋值60,“存在这种问题”赋值70,“不明显”赋值80,“不存在”赋值90。

从调查结果来看,三类主体都认为法律规定存在不合乎国情与实际情况的问题。公众、执业者、专家对立法符合实际程度的评价分别为72.1、70.1、68.9,平均值才70.4,这个结果应归为“一般”水平。分主体看,社会公众给出的好评达到39.7%,远远高于执业者(26.3%)和专家(21.9%)的好评比例,学者基于根深蒂固的批判精神而对立法的科学性多有怀疑诚然可以理解,但若反省公众高达21.9%和执业者23.5%的差评,就会更加明白法律规定与实际国情相脱节对执法者适用和老百姓的日常生活可能造成的重大影响。总体而言,立法符合实际的平均好评率是29.3%,差评率是20.5%,这种评价对于立法工作者而言,无疑会有“冰火两重天”之感。

学术界其实很早就注意并分析了相关立法与实际国情之间的脱节状况。周旺生教授曾形象地称之为“笨法”和“劣法”,并指认其在全部立法中不在少数。⑫ 苏力教授也曾以破产法的实行状况为例进行研究,他指出立法活动并不仅仅是一种政治行为,同时也是一种经济活动,因为立法及此后的司法活动必然要耗费社会资源,带来一定收益,这就涉及社会资源的有效配置问题。因此,立法活动不仅要坚持合法合理的正义原则,还必须关注立法本身是否坚持了效用最大化的原则,这就要求立法应当注意市场条件下的经济运作规律,注重实证性

⑫ 参见周旺生:《论法之难行之源》,载《法制与社会发展》2003年第3期。

研究,从实际出发。⑬ 要解决法律规定与国情相脱节的问题,关键还在于坚持科学立法理念、完善科学立法路径。科学立法要求立法过程尊重和体现规律,主要包括两个方面:一是立法需遵循所调整的社会关系的客观规律,强调立法的客观理性,此即所谓立法的理念和精神。二是立法需遵循立法工作本身的规律。科学立法首先是一种科学合理的立法制度安排,其实质是专业化、规范化的知识积累;其次体现为立法技术的科学运用,强调立法表现形式的科学化。

具体到当前的立法实践,科学立法要求体现中国特色社会主义的发展道路,维护人民民主专政政权;体现社会主义初级阶段的基本特征,契合全面深化改革和全面建成小康社会的要求;体现不同地区、不同民族、不同阶层的特点与利益,统筹兼顾各地区经济、社会、文化的现实情况。科学立法就是要从客观实际出发,以解决实践中存在的问题为出发点和目标,来决定立什么样的法,增强立法的科学性;就是要及时解决经济社会发展中的迫切需要解决的问题,及时回答社会普遍关注的热点问题,增强立法的针对性;就是要进行立法成本、守法成本、执法成本社会效益分析,深入研究立法所要达到的经济社会效果,增强立法的实效性;就是要杜绝单纯的为贯彻领导意思、应付考核需要、体现政绩工程而立法,增强立法的客观性。

(二)立法合理公正程度

立法合理公正程度反映立法是否体现公平正义、高效合理原则,并在多大程度上与人们的公正观念相符。问卷对公众、执业者、专家提了相同的问题:“法律规定不公正、不合理。”各选项中,“非常突出”赋值50,“比较突出”赋值60,“存在这种问题”赋值70,“不明显”赋值80,“不存在”赋值90。

调查结果显示,公众、执业者、专家对立法合理公正程度的评价分别是72.8、70.5、69.6,平均值为71,属于“一般”的评估水平,说明立法不公问题在大家的主观感受中确实存在。相对而言,社会公众的总体评分最高,给出的好评比例也最高(44.1%);法学专家与法律执业者的评价相对接近,其中法律执业者给出了高达29.1%的差评比例。这似乎表明法律规定不公正合理的情况将对

⑬ 参见苏力:《市场经济对立法的启示》,载《中国法学》1996年第4期。

法律执业者的实际工作产生较大影响，从而引发不小的抱怨与负面评价。

从学理上讨论，立法的合理公正性主要表现在两个方面：其一，立法应当合理、均衡地规定公民、法人和其他组织的权利与义务。法律上的权利与义务是构成法律关系的基石要素，涉及政治、经济、文化等各个领域。法律作为调整社会关系的行为规则，要对公民、法人和其他组织的权利和义务进行设定，并以国家强制力保障权利的实现和义务的履行。公民享有法律规定的权利，同时也承担不得损害国家的、社会的、集体的利益和其他公民合法权利的义务，其权利和义务是统一的。在起草、制定法律、法规、规章的过程中，要全面考虑公民、法人和其他组织的权利与义务，防止偏重于从设定公民、法人和其他组织的义务考虑，而轻视对权利保护的倾向。其二，立法应当合理、均衡地规定国家机关的权力与责任。国家机关作为社会的管理者，依法享有管理社会的权力，但在行使权力的同时，也应当承担相应责任、受到各方监督。国家机关必须在法律规定的范围内活动，依法履行职责，行使权力，并承担相应的责任。立法在设定国家机关权力时，要充分考量其应承担的责任，坚持权力与责任相统一的原则。当前立法中，更是要正确处理好权、责、利、效的关系，防止部门和地方利益法律化：既不能由部门左右甚至主导立法，通过立法来扩权、确权、固权，谋取部门利益；又不能无视政府管理需要，只是一味着眼于削权、限权、控权。简言之，既要确权又要立责；既要赋予行政机关必要的权力和手段，又要加大监督力度、明晰法定责任，避免逐利避险、争权推责、揽功诿过。同时，要最大限度地维护人民的根本利益，让人民充分享受到立法带来的制度红利、法治红利。

（三）立法科学性的总体评价

综合立法符合实际程度和立法公正合理程度两项三级指标的结果，可以看出立法科学性的总评得分是70.7，这可以通俗地理解为“基本完备，差距不小”。其中，立法符合实际程度得分（70.4）略低于立法公正合理程度得分（71.0），但也没有明显差异。具体而言，两个三级指标所获得的中评比率，近乎达到半数（平均值为49.2%），虽然平均好评率（29%）高于平均差评率（21.8%），但也表明我国现有立法在符合实际和公正合理这两方面都还有较大的完善空间。

四、立法民主性

立法民主性反映立法过程中民主实现的程度，由立法公开性、立法公众参与和立法专家参与三个三级指标构成。除了考察我国立法工作的开放性程度，公众和专家能够在多大程度上参与到立法工作之中也是研究的重点。

（一）立法公开性

立法公开是现代国家立法工作的一项基本民主原则，也是立法参与和遵守法律的前提。根据我国《立法法》的规定，列入常务委员会会议议程的法律案，应当在常务委员会会议后将法律草案及其起草、修改的说明等向社会公布，征求意见，但是经委员长会议决定不公布的除外。向社会公布征求意见的时间一般不少于30日。征求意见的情况应当向社会通报（《立法法》第37条）。法律签署公布后，及时在全国人民代表大会常务委员会公报和中国人大网以及在全国范围内发行的报纸上刊载（《立法法》第58条第2款）。行政法规草案应当向社会公布，征求意见，但是经国务院决定不公布的除外（《立法法》第67条第2款）。行政法规签署公布后，及时在国务院公报和中国政府法制信息网以及在全国范围内发行的报纸上刊载（《立法法》第71条第1款）。在实践中，自2005年《物权法》草案公布并征求意见以来，已经有89部法律草案向社会公众公布并征求意见。其中参与《劳动合同法修正案》（草案）讨论的人数超过13万，参与《个人所得税法修正案》（草案）讨论的人数超过8万，许多法律草案都引起了社会的广泛关注。

我们把立法公开性指标细分为“法律正式公布后进行查阅”和“了解正在审议的法律草案的内容”两个四级指标。要求社会公众、法律执业者、法学专家回答以下问题：“假如国家有关部门正在制定一项法律，而这项法律调整的领域，例如关于土地拆迁补偿、环境保护措施、宠物饲养规范、国家赔偿标准、汽车限行规定、个人所得税起征点调整等，和公众的利益或兴趣密切相关。通过正式途径，您认为普通的个人的下列愿望在多大程度上能够实现？”各选项中，“非常困难”赋值50，“比较困难”赋值60，“一般”赋值70，“比较容易”赋值80，“非常容易”赋值90。从调查结果来看：

(1)针对“法律正式公布后进行查阅”问题,全体被调查者的总评分是76.7,三种问卷的总和好评率、中评率、差评率分别是66.5%、15.9%、17.6%,可以理解为一般性打分。但三种主体的具体评价大不相同,值得深入讨论:公众对查阅法律的好评率仅为25.2%,远远低于专家(93.1%)和执业者(81.1%)的好评率;差评率高达47%,又远远高于专家(1.2%)和执业者(4.8%)的差评率,甚至超出了后两者的总和。在法学专家、政府工作人员、司法工作者看起来非常容易查阅的法律文本,与普通百姓却相去甚远,无论是国家立法还是地方立法,其主动查阅的实际次数或者积极性均不高,这当然不利于我们发扬民主、追求“良法善治”的美好愿景。

(2)针对“了解正在审议的法律草案的内容”问题,全体被调查者的总评分是68.2,三种问卷的总和好评率、中评率、差评率分别是26.3%、37.1%、36.6%,相较于前述“查阅法律”的评价,好评率低了近乎三倍,差评略则高了一倍多,二者间差距明显。三种主体的具体评价也很有意思,公众对了解审议内容的好评率仅为9.3%,远低于专家(35.6%)和执业者(34.1%)的好评率;差评率高达69.4%,也远高于专家(17.4%)和执业者(22.9%)的差评率。究其原因,一是由于法学专家、法律执业者相较普通百姓确实有更多的机会和便利条件去接触、了解立法审议的法律草案内容;二是立法机关在立法实践中,的确存在“躲进小楼成一统”,不愿让群众过早知晓法律政策内容以免有关工作“被动”的传统思维。

(3)立法公开性的总体评价。综合查阅法律程度和了解审议内容程度两项四级指标的结果,可以看出立法公开性总评得分是72.5。其中,了解审议内容程度得分(68.2)略低于查阅法律程度得分(76.7),这说明了解立法机关正在审议讨论的相关立法文本的难度,明显大于通过报刊网络获知法律文件的难度。具体而言,查阅法律的好评率(66.5%)远远高于了解审议内容的好评率(26.3%),与之相反,查阅法律的差评率(17.6%)又大大低于了解审议内容的差评率(36.6%),其理由一如前述。

综上所述,在我国立法公开业已取得一定成就的情况下,各方主体对于立法公开性的评价仍很一般,尤其是社会公众何以对法律“可接近性”(access law)的评价极低就成为一个值得深思的问题。这首先归因于我国现行立法的公开化程度不够、随意性较大。公开化程度不够,主要是指立法公开方式被动化、单一化,法律法规的普及宣传不足,难以实现和人民生活的水乳交融。随意性较大的主要表现是立法公开形式的针对性不强,即什么样的立法议题应当采用什么样的立法公开形式缺乏统一标准和规范,具体操作比较随意,有时会因为社会环境、立法机关自己的便利甚至经费问题而任意为之。背后的深层次原因是立法机关对于立法公开重要性的认识还有待进一步提高,对于不同立法公开形式的针对性和适应性的研究不够,且缺乏硬性规范。[14] 这也要求我们进一步提高立法机关对于立法公开重要性的认识,科学规范立法公开的形式、程序、方法和责任。

(二)公众参与立法

公众参与立法是指社会组织、单位或个人在其权利义务范围内有目的地参与立法创制及其评估程序的活动。它是立法民主的本质要求,也是法律权威性的核心来源。调研中,我们把公众参与立法指标细分为"提出立法建议"和"立法建议反馈"两个四级指标,要求社会公众、法律执业者、法学专家对上述两个指标性问题统一作答。各选项中,"非常困难"赋值50,"比较困难"赋值60,"一般"赋值70,"比较容易"赋值80,"非常容易"赋值90。调查结果显示:

(1)针对"向制定该法律的有关方面提出自己的意见或建议"问题,全体被调查者的总评分是65.6,三种问卷的总和好评率、中评率、差评率分别是16.3%、35.9%、47.8%。这个评价结果应该说是比较差的。三种主体的具体评价略有区别:公众对提出立法建议的好评率仅为8%,相较于专家(25.1%)和执业者(15.7%)的好评率分别低了三倍和两倍;公众的差评率高达73.4%,又远远高于专家(26.3%)和执业者(43.8%)的差评率,甚至超出了后两者的总和。实践中,普通百姓由于相对欠缺创制法律的专业知识和信息,因此对提出立法建议感觉遥不可及。但从另一个角度讲,如果不给他们足够的途径和机会,使之针对同他们的生产生活密切相关的立法提出立法建议或表达利益诉求的话,无疑会让现行立法的人民性和民主性打了折扣。

---

⑭ 参见丁祖年、吴恩玉:《立法公开的规范化与实效化探讨》,载《法治研究》2013年第3期。

(2)针对“提出的意见或建议在立法中得到反映反馈”问题,全体被调查者的总评分是60.9,三种问卷的总和好评率、中评率、差评率分别是4.9%、25.4%、69.7%。相较于前述“提出立法建议”的评价,好评率低了四倍,中评率有所下降,差评率则高了不少。三种主体关于立法建议反馈的评价大体相同,平均好评率是4.9%,中评率是25.4%,差评率是69.7%,只是社会公众的差评率相较法学专家和执业者更高一些,达到75.5%。原因其实很简单,三类主体均较少有参与实际立法的机会,尤以社会公众为甚,更遑论他们的意见建议能得到立法机关的反馈了。

(3)公众参与立法的总体评价。综合两项四级指标的评价结果,可以看出立法公众参与的总评得分是63.2。其中,提出立法建议得分(65.6)高于立法建议反馈得分(60.9),这说明通过走访座谈或报纸网络调研等途径提出立法意见建议相对容易一些,立法建议得到立法者反馈的概率显然要小很多,其得分勉强及格反映了这种现实情况。具体而言,提出立法建议的好评率(16.3%)远高于立法建议反馈的好评率(4.9%),而前者的差评率(47.8%)只是略低于后者的差评率(69.7%),这说明尽管相关建议得到立法机关反馈很困难,但就某项立法提出很好的意见建议无论对公众、执业者还是法学专家,都不是一件轻松简单的事情。

以上调查表明,随着社会关系的复杂化和利益的多元化,现行立法征求意见的做法的主要局限性在于缺乏程序保障和透明度。实际上,在征求对法律草案的意见时,究竟选择什么调查对象,听取谁的意见;在修改法律草案时,采纳什么,舍弃什么,都包含着不同利益的调整和资源配置,甚至也包括政府有关部门的自身利益问题。公布立法草案进行全民讨论,固然是公众参与的好形式,但往往成本太高、效果一般,而且也不是所有立法草案都适合于全民讨论。目前,我们对哪些“基本法律”究竟由全国人大制定还是由全国人大常委会制定,都没有非常清晰明确的区分(如《刑事诉讼法》由全国人大制定但《民事诉讼法》却由全国人大常委会制定),更何况哪些法律文件应让“全民讨论”,哪些又不属于此列,更没有合理合法的根据。这些,恐怕都是调查中各方面主体对我国立法公众参与程度总评分都较低的原因吧。要解决如述问题,除了制定公众参与的相关程序和规则外,还有必要通过各种方式培育公众参与立法的意识和能力。具体途径包括:其一,充分运用媒体的法律解读功能,通过媒体将抽象、专业的法律条文变成生动、易懂的条文解读。其二,立法工作机构要充分履行法律解答职责,使公民了解法律草案的含义、争议焦点,以提高公众的认知能力,提高所提意见的针对性和可行性。其三,要重视发挥社会组织在社会管理中的作用,提高公众参与的广泛性、有序性和实效性。其四,应当建立公众参与立法的协助制度,为公众参与立法提供基本的技术或者经济支撑。⑮

(三)专家参与立法

专家参与立法是立法民主的重要组成部分,也是确保立法质量和权威性的关键因素。根据《立法法》的规定,法律案在起草过程中,应当就相关问题听取专家意见。专业性较强的法律草案,还可以吸收相关领域的专家参与起草工作,或者委托有关专家、教学科研单位、社会组织起草。专家参与立法的最典型例证就是民法典编纂。作为法律体系完善的重大工程,国内外许多法学专家都参与到民法总则、物权法、债权法等的创制修改当中,他们各式各样的意见无疑对民事立法工作产生了深远的影响。

我们把专家参与立法指标细分为“专家参与立法的程度”和“专家参与立法的作用”两个四级指标。问卷提出“立法工作是在专家参与下开展的”问题,要求法学专家和法律执业者统一作答。各选项中,“总是如此”赋值 90,“一般如此”赋值 80,“有时如此”赋值 70,“偶尔如此”赋值 60,“极少如此”赋值 50。问卷又提出“专家提出的意见或建议在立法中得到反映反馈”的问题,要求法学专家和法律执业者统一作答。各选项中,“非常困难”赋值 50,“比较困难”赋值 60,“一般”赋值 70,“比较容易”赋值 80,“非常容易”赋值 90。调查结果显示:

(1)针对“专家参与立法的程度”指标,全体被调查者的总评分是 77.8,两种问卷的总和好评率、中评率、差评率分别是 71.5%、21.8%、6.7%。从调查结果看,法律执业者和法学专家对专家参与立法程度的评价尚可,国家和地方立法实践中大都会根据需要邀请各领域专家和相关技术人员参与其中,专家意见也确

⑮ 参见丁祖年、吴恩玉:《立法公开的规范化与实效化探讨》,载《法治研究》2013 年第 3 期。

实能够对立法工作起到重要作用。分主体看，尽管法学专家和法律执业者对参与立法程度的差评率大体相同（均是6%左右），但专家好评率（65.6%）明显低于执业者好评率（77.4%），似乎印证了政府部门的“内部人”视角和“外部人”视角在主观偏好上的差异。

（2）针对“专家参与立法的作用”指标，全体被调查者的总评分是74.7，两种问卷的总和好评率、中评率、差评率分别是52.9%、32.3%、14.8%。调查结果显示：就专家的相关意见建议是否在实际立法中得到切实反映反馈的总体评价较低。一则专家并非立法工作的核心主体，其在立法中主要起技术参谋和辅助的作用；二则法律作为调整特定领域社会关系的“最大公约数”，需要体现国家和社会各个方面、各个环节的权利—义务、权力—责任要求，对此，过分夸大个别专家在立法中的作用不仅无益，反而是有害的。分主体看，相较于执业者对专家作用发挥给出高达90%的好评与中评来说，法学专家群体显然认为专家在立法中的作用发挥很不够（好评率仅38.1%、差评率为19%）。

（3）专家参与立法的总体评价。综合两项四级指标的评价结果，可以看出立法专家参与的总评得分是76.2。其中，立法专家参与程度得分（77.8）略高于立法专家参与作用得分（74.7），原因是不言自明的，毕竟立法参与度不能完全等同于立法实际贡献度。进一步分析，如果说专家参与立法程度的好评率（71.5%）高于专家参与立法作用的好评率（52.9%）顺理成章的话，后者差评率（14.8%）高于前者（6.7%）则反映出被调查者对专家参与立法的实际作用大小尚有存疑之处。尤其是法学专家群体自身对“专家提出的意见建议在立法中得到反映反馈”的评分相对偏低，显示出专家意见对于立法工作的实效仍有待提高。

实践中，的确存在专家参与立法的渠道不畅通、专家参与立法的体制机制不健全、专家在立法中的作用发挥不够等各种情况；法律法规起草部门多少也都存在根据自己偏好“选专家”或者“选择性对待专家意见”的问题，专家参与立法的工作机制还未确立起来。而要解决这一问题，就应重点做好以下两方面工作：其一，增加有专业技术特长和法治实践经验的专职常委比例，让法律专家在立法机构中直接、经常发挥作用。相对于法治发达国家立法机构中法律专家的高比例，以及快速提升我国立法质量的时代要求而言，我国立法机构中法律背景的成员数量过少,在常委会当中增加有法治经验的专职常委,或从专业技术人员中常态化、制度化选拔专职常委不仅必要,而且可行。其二,建立立法专家顾问团或专家库制度,既要考虑到不同领域专家的广泛性和代表性,也要平衡好不同领域、不同学术机构、不同地域、不同学术派别的专家比例,平衡好理论型专家和实务型专家的比例。同时根据专家履职情况及立法实际需要,建立专家顾问团和专家库的动态调整机制。⑯

(四)立法民主性总体评价

整体考察:立法民主性的总评得分是70.6,这可以通俗地理解为"基本民主、尚不充分",还有较大的完善空间。分项研究:专家参与立法得分(76.2)高于其他两项,好评率达到62.2%,差评率仅为10.8%,反映出专家参与立法在实践中较为普遍,且参与形式、参与程序均比较规范,多数已经常态化了;公众参与立法得分(63.2)明显低于其他两项,好评率只有10.6%,反而差评率高达58.7%,反映出公众参与立法——这项民主立法的基石性制度的实施状况并不乐观,群众参与立法的积极性整体不高,⑰且由于缺乏严格的制度保障,不少地区和部门的操作很不规范、变动性大,基本上是想起来了就做、想不起来就不做的状态;立法公开性得分为72.5,算是中规中矩,毕竟通过各种途径公开法律文本相对容易操作。

五、法律规范体系总评

(一)基于二级和三级评估指标的若干启示

基于二级和三级评估指标的若干启示如下:

---

⑯ 参见刘锐:《科学立法、民主立法的着力点》,载《学习时报》2014年11月10日,第A4版。

⑰ 即便是全国人大及其常委会出台的法律案,公众实际参与程度也相当有限。据人民网2009年的一篇报道,全国人大常委会审议的法律草案通过各类媒体公布和广泛宣传,引导社会公众积极参与,取得了良好的效果。其中"社会各方面对食品安全法草案、社会保险法草案分别提出意见和建议11,327件和70,501件"。坦率地讲,14亿人口的大国立法,收到万余件意见建议并不算多,况且还有不少法律法规起草过程中收到的意见建议也就是区区百余件、数十件。参见全国人大常委会法制工作委员会:《扩大立法活动的公众参与》,载《人民日报》2009年12月7日。

第一，由于法律规范体系的三个二级指标——立法完备性（69）、立法科学性（70.7）、立法民主性（70.6）——均在70分上下波动，因此得出法律规范体系的总体评价是“一般”，未来还需要不断改进，力求其系统完备。

第二，横向比较立法完备性、立法科学性和立法民主性三个二级指标，可以发现立法民主性的好评最高（39.7%），立法完备性的差评最高（33.5%）。一方面，诚然公众和专家参与立法也有不少需要改进的地方，但由于我国社会急剧转型，加快创制与社会主义发展新阶段相适应、回应人民群众期待的法律法规更加迫在眉睫。

第三，横向比较法律体系完备性、立法机制完善性、立法符合实际程度、立法合理公正程度、立法公开性、公众参与立法和专家参与立法7个三级指标，专家参与立法得分最高（76.2），公众立法参与得分最低（63.2），立法专家参与同立法公众参与二者间相差13分，表明其中存在较大的实践难题。众所周知，这些年国家各种文件都特别强调立法的公众参与，但从抽样调研中公众的实际评价来看，立法公众参与度仍严重不足，理应引起立法机关的高度关注。立法是以保障人民根本权益作为出发点和落脚点，如果普通社会公众无法有效地参与到立法过程中，就难以保证立法体现人民群众的根本利益，而这又会进一步使立法机制脱离实际，出现官僚化、形式化的趋向，造成法律的立改废释无法适应人民群众的切身需要。

第四，7个三级指标的好评方面：专家立法参与最高（62.2）、立法公开性次之（46.4），公众参与立法最低（10.6）、立法机制完善性倒数第二（14.5）；7个三级指标的差评方面：公众参与立法最高（58.7）、立法机制完善性次之（43.7），立法专家参与最低（10.8）、立法符合实际程度次之（20.5）。立法完备性由法律体系的完善性和立法机制的完善性两个三级指标组成，前者得分71.8，后者66.2，二者相差5.6分。由此表明，相较于我国法律法规的日益完善，由人大和政府法治部门负责的各项法律法规立、改、废、释的及时性与有效性却相对滞后，他们面临的立法工作机制完善与创新任务十分紧迫。从中也可以发现评估指标的好评和差评并非严格的负相关关系，而深入探究被调查者如何选择以及选择背后的各种考量因素之间的关系，使得我们的评估工作意趣盎然。

（二）基于一级评估指标的若干启示

从法治体系评估的总体情况看，法律规范体系得分 70.3，法治实施体系得分 68.8，法治监督体系得分 70.7，法治保障体系得分 72.1，党内法规体系得分 68.9。据此可以计算出由五大体系构成的我国法治体系总平均得分为 70.1，其中法治实施体系和党内法规体系处于 70 分以下，占 40%；法律规范体系、法治监督体系和法治保障体系处于 70 分以上，占 60%；法治效果体系得分为 69.5，与法治体系得分基本处于同一水平。⑱

从一级指标好中差评的比例分析，差评率最低的为法律规范体系 24.3%，法治保障体系 26.1%，法治监督体系 28.3%，党内法规体系 33.9%，法治实施体系 34.6%。法治监督体系当中（具体数据略），对规范性法律文件的监督包括对法律和司法解释两种监督，其得分结果均处于中评的位置，但受访者的差评率也在 30% 左右，值得关注。

从法律规范体系与立法效果的分项情况看，立法完备性的评估分是 69，控权指标 67.6，法治观念 69.5，行政执法水平 67.7，但经费保障评估分却高达 75.4。再从差评率分析，立法民主性、规范性法律文件、法治观念的差评率都超过 30%；立法完备性的差评率则低于 20%。以上得分说明，当前我国立法工作在经费保障和立法规模上已不成问题，即财政支持越来越多了、立法数量越来越多了，但是立法的公众参与度、由各级政府部门制定的“红头文件”的规范性、公众严格守法的自觉性水平却跟不上形势发展的需要，成为立法工作亟待解决的短板和障碍。

六、规范性法律文件的监督

一般而言，法治监督体系指标包括规范性法律文件监督、执法监督和审判监督三个方面。本文侧重研究对规范性法律文件的监督和对司法解释的监督问题。

---

⑱ 参见朱景文主编：《中国法治评估报告 2015：中国法治评估指标》，中国人民大学出版社 2016 年版。

(一)对规范性法律文件的监督

《立法法》第96条规定:"当法规或者规章有下列情形之一的,由有权机关依法予以改变或者撤销:(一)超越权限的;(二)下位法违反上位法规定的;(三)规章之间对同一事项的规定不一致,经裁决应当改变或者撤销一方的规定的;(四)规章的规定被认为不适当,应当予以改变或者撤销的;(五)违背法定程序的。"

另据《立法法》第97条规定,全国人民代表大会常务委员会有权撤销同宪法和法律相抵触的行政法规,有权撤销同宪法、法律和行政法规相抵触的地方性法规;国务院有权改变或者撤销不适当的部门规章和地方政府规章;省、自治区、直辖市的人民代表大会有权改变或者撤销它的常务委员会制定的和批准的不适当的地方性法规;地方人民代表大会常务委员会有权撤销本级人民政府制定的不适当的规章;省、自治区的人民政府有权改变或者撤销下一级人民政府制定的不适当的规章。

结合《立法法》的规定,法律执业者和法学专家需要回答以下问题:"如果某件法规或规章出现了超越法定权限、同上位法相抵触等情形,有监督权的机关对此进行审查和纠正。下面这些措施都于法有据,实际生活中也可能被运用,您觉得它们在现实生活的实际作用如何?"我们对不同选项所反映的法律监督效果进行赋值,其中,"作用很大"赋值90,"作用较大"赋值80,"作用一般"赋值70,"作用较小"赋值60,"完全没用"赋值50。

调查结果表明:对法律监督的总评得分为71.2,其中专家平均打分为71.3分,执业者平均打分为71分,三者分数高度接近,都属于"一般"评价。两种问卷的好评均为38.1%,但专家的差评率是26.3%,执业者的差评率为32%,二者平均差评比例为30.1%。这表明法律执业者和法学专家均认为实践中有权机关对于法规规章的监督确实具有一定作用,但并不具有压倒性优势。实践中,这种立法监督机制还存在诸多问题:首先,关于立法监督的规定不够系统,没有形成囊括监督主体、监督的启动和运行、处理、救济、责任机制等系统性的规范。其次,关于立法监督的法律建构缺乏创新性,还有许多空白的地方需要弥补。再次,缺乏细致、具体、可操作的程序性规定,对于出现超越法定权限、与上位法相抵触等情形的法规和规章,究竟应当如何启动改变或者撤销的程序,并没有具体的规定。最后,我国的立法监督缺乏一个专门化的监督主体,《立法法》所规定的诸多立法监督主体都不是专门的监督主体,监督职能只是这些主体各自职能中的一小部分,这就导致立法监督缺乏有效的人力和物力保障。以上种种原因导致实践中鲜有规范性法律文件真正因为超越法定权限或者与上位法相抵触等原因而被撤销,往往都是通过非公开的协商方式加以解决。

(二)对司法解释的监督

针对该指标,法律执业者和法学专家需要回答以下问题:"如果某个司法解释出现了超越法定权限、同法律相抵触等情形,有监督权的机关对此进行审查和纠正。下面这些措施都于法有据,实际生活中也可能被运用,您觉得它们在现实生活的实际作用如何?"各选项中,"作用很大"赋值90,"作用较大"赋值80,"作用一般"赋值70,"作用较小"赋值60,"完全没用"赋值50。

结果显示:执业者和专家对监督司法解释的平均打分完全一致,都是70.7分,总评得分自然也是70.7分。两种问卷的好评比例十分接近,分别为35.2%和37.7%;差评比例也相差不大,分别为32.4%和29.5%,表明法律执业者和法学专家均认为实践中有权机关对于司法解释的监督具有一定的作用,但实际效果并不突出。其主因在于全国人大对于备案审查工作的具体内容和相关信息始终采取不公开态度,外界所知有限,至今也未出现因为备案审查而否定司法解释的典型案例。修订后的《立法法》第104条规定,"最高人民法院、最高人民检察院作出的属于审判、检察工作中具体应用法律的解释,应当主要针对具体的法律条文,并符合立法的目的、原则和原意"。与此同时,《立法法》还新增了专门委员会和常务委员会工作机构可以对报送备案的规范性文件进行主动审查的规定。这就意味着全国人大常委会有权对最高人民法院、最高人民检察院报送备案的司法解释进行主动审查。我们相信,随着这些新规定逐渐发挥实效,其对司法解释的监督将发挥越来越大的作用。

七、结语

通过前述对法律规范体系及相关立法活动所做的主观量化评估，摸清了当前我国法律体系创制与实施的底数。需要说明的是，本文就中国法律规范体系与立法效果进行的主观性评估还属于初步研究，得出的相关结论还有待有关专家和社会实践的验证。[19] 对此，我们将在今后持续开展的评估工作中，进一步夯实支撑整个评估的法治理论基础，合理安排专家评估、公众评估和执业者评估，提高三类问卷发放和结果分析的针对性，完善调查问卷的各个问题，校正指数设定，合理增加统计数据与客观性评价的比重，增强指标之间的相关性，提高结果赋值、分等的科学性、准确度，对定量评估结果进行统计审查和再评估，在宏观评估之外适当增加中观和微观的支撑性评估，最终形成对我国法治体系建设进程有解释力、说服力的研究成果，为形成完备的法律规范体系、加快建成法治中国提供决策基础和科学建言。

---

⑲ 由于社会科学研究和日常生活体验之间边界的模糊性，面对本文提供的关于法律规范体系与立法效果的评估数据及相关结论，可能会有人产生与普通人的一般认知差别不大的质疑，即使不进行这一系列的指标设计、问卷调查和数据分析，似乎也能够得出大致相同的结果（如法治体系总得分为中评 70.1 分）。这就涉及法社会学研究乃至于整个社会科学研究所面临的一个深层次问题：如果我们已经有了“常识”（common sense）这样一种成本极低的认知世界的工具，那么是否还需要社会科学呢？这样的社会科学研究究竟在什么层面上会增进我们对世界的理解？首先，应当承认，社会科学与自然科学研究不同，无论其理论框架多么精深、分析技术多么复杂，从本质上而言其与人们的日常生活体验是密不可分的。例如法律是否存在“该管的不管”的问题？法律的规定是否符合实际？这些东西并不是深藏于实验室之中的抽象客体，而是与普通民众的生活感知密切相关的。但我们不能就此认为那些看似只是验证了“常识”的社会科学研究是没有意义的。人们在生活经验中所产生的“常识”并不一定具有代表性。任何常识总是基于主体的特定人生经历和信息来源，而后者的多样性必然决定了不同主体眼中的“常识”是不同的。其次，即使某些“常识”确实具有代表性，被社会上的绝大部分人认可，它也有可能是错误的。与之相比，社会科学研究所使用的一系列研究方法能够尽可能地克服这些内在偏见，呈现出更为真实的社会图景。再次，即使“常识”确实正确，我们也无法仅仅依靠“常识”本身来明确其适用范围。任何的常识都必然有一定的适用范围，超出了这个范围常识就会转化为谬误。社会科学研究的真正价值并不在于揭示某一常识是否成立，而在于揭示某一常识“在何种条件下”是否成立。最后，社会科学研究可以帮助我们了解某一“常识”成立的具体机制。在日常生活中，人们的思维往往是跳跃式的，对于其中因果关系的认知非常模糊，如果始终停留在这样一种层面，那么我们对于世界的认识也是很不充分的。社会科学研究则可以帮助我们在微观层面上探究具体的因果关系和影响机制，从而深入地揭示微观机制和宏观社会情境之间的关系。

立法质量保障:法规影响分析程序的引入

何跃军*

摘　要:提升立法质量是后立法时代的核心问题,但当前立法质量探讨存在概念不清晰、标准不统一等问题,对实践产生负面影响。从学界与实务界的现状而言,目前立法质量话语更加关注实质要素,以程序要素实现实质要素是可行路径。为实现立法质量保障从理论到实践、从标准到程序的转变,可以引入法规影响分析程序,从事前角度确保优良立法。虽然国内立法法和地方立法程序中有部分法规影响分析程序内容,但与这一整体性的程序仍然有不小距离。这也说明引入法规影响分析程序还存在一些难题,但可从修正和设计符合国内立法现状与需求的法规影响分析程序的基本理念、基本流程、推动单位和责任机制等方面加以解决。

关键词:立法质量　立法质量标准　法规影响分析程序

十八届四中全会指出,法律是治国之重器,良法是善治之前提,因此应当立法先行,要发挥立法的引领和推动作用,并抓住提高立法质量这个关键。后立法时代对立法质量的重视已经进入了一个全新高度,立法质量决定了法治质量,地方立法权的蓬勃发展与火热实践也提升了立法质量的关注热度。然则与这种现实关切不符的是,目前学界并未对立法质量及其判断标准达成共识,已有立法质量探讨呈现两个偏向:过于理论化或过于技术性,易导致立法质量的理论与实践相脱节。因此,本文拟从以下三个具有紧密逻辑联系的方面探讨立法质量的保障:首先重新认识和界定立法质量与立法质量标准;其次是依此标准,追根溯源,寻找立法质量的

* 何跃军,宁波大学法学院教授,浙江大学光华法学院博士后。国家社科基金(13CFX032)。

源头控制——法案的草拟程序,引入实现优良立法的最初程序:法规影响分析程序(Regulatory Impact Analysis,RIA),以此实现从标准到程序,从理论到实践的过度;最后结合已有立法规定,分析引入这一程序存在的困难,并提出可行的建议。本文期待通过法规影响分析程序的引入有效提升立法质量。

一、逻辑前提:对立法质量与立法质量标准的再认识

理论界与实务界对立法质量的探讨,主要从以下方面进行:一是早期集中探讨提升立法质量的必要性与意义,目前已经获得了基本共识;二是中期探讨立法质量的判断标准,对此学者的论述各有不同;三是后期集中探讨立法质量保障措施,这点实务界和理论界也有分歧。但无论是哪一方面的研究,对立法质量概念的专门探讨并不多见,立法质量的概念似乎被实务界与理论界当作一个无需论证的概念和前提,然而其实际是立法质量概念并未取得共识,而是各有分歧,有的观点认为立法质量是立法产品的质量,有的认为是立法工作的质量,有的认为是立法在内容和形式上表现出来的社会效果等。[①] 立法质量概念的分歧直接导致立法质量的判断标准的分歧以及立法质量保障措施的不一致,[②]由此也导致我们不得不花费更多时间与精力去寻找立法质量标准,并可能因此产生并不精确的立法质量保障措施,从而致使实践中各地立法质量与立法评估工作徒耗精力与无序滞后。这或许也是实务界更多关注立法形式与技术的原因,他们希望通过这种可见的立法形式与立法技术来促成立法质量。[③] 正是基于此,本文研究的第一步就是澄清立法质量的概念问题。

---

① 参见何爱国:《当代中国现代化的理论与实践》,科学出版社 2011 年版,第 45 页。

② 有关立法质量的界定,在学界存在以下几种基本观点:有的观点认为立法质量是蕴含在立法产品之中并且表示立法工作优劣程度的一个概念。参见江西省人大法制委《地方立法质量标准问题研究》课题组:《地方立法质量标准问题研究》,载《时代主人》2007 年第 6 期;有的观点认为立法质量的实质,就是以法律实践主体的价值原则为出发点,依据法治和社会发展的基本规律,以立法活动及其成果即规范性法律文件为客体,对照法律实施的预期目的和实际效果进行判断、评价活动的一系列标准和尺度。参见石东坡等《立法质量问题的理论思考》,载《中共太原市委党校学报》2000 年第 6 期;有的观点认为,地方性法规的质量评价,指的是有关机构或者组织,根据一定的标准,对已经颁布施行的地方性法规的基本价值和实施效果进行全面、客观的评价,并将评价的结论作为地方性法规进一步修改完善的重要依据。这种评价主要关注的是法规本身的内容和形式,是对法规的基本价值和实施效果所作的理性判断,因而也是对相关立法工作优劣的一种检验。参见王亚平:《论地方性法规的质量标准及其指标体系》,载《人大研究》2007 年第 2 期。

③ 实际上,重视立法形式与立法技术固然有必要,但从立法技术与形式要达成立法质量,还需要一个逻辑过渡,也即程序完善并不一定能达成实质内容的完善。

立法质量概念来源于将立法过程视为生产过程,将法律法规视为立法产品的假设。因此首先必须理解质量的概念。《新华汉语词典》对质量的解释是:一是指物体中所含的量;二是指事物达到的程度。这一解释并没有比较鲜明地体现质量一词的特质。《辞海》认为质量的含义是“产品或工作的优劣程度”。这一解释注意到质量的一个特性就是有优劣之分,其所指的对象是产品或工作,因此质量特质被概括出来:是对产品或工作优劣程度的一种认识。《古今汉语大词典》对质量的解释有三种:其一指的是资质器量;其二指的是事物、产品或工作的优良程度;其三指的是物体中所含物质的量。④ 这三种解释中,第二种解释更加符合立法质量的实际含义,只是第二种解释扩大了质量一词所指称的范围。

从各种辞书的观点出发,质量一词具有以下共性:一是质量必然产生于主体的活动之中,如果没有主体活动,质量就不会存在,因此质量带有一定程度的主观性;二是质量一词也带有一定程度的客观性,因为它所反映的是事物、产品、工作在事后的优劣程度,具有一定的衡量标准,这种衡量标准是质量的客观内在反映。因此,我们可以这样界定质量:反映事物、产品、工作等能够满足主体明确需求或隐形需求的能力的特性之总和。

对质量一词的理解并不困难,但将质量一词引入立法活动,形成立法质量的概念,却需要更加细致的探讨。因为这一概念将直接影响立法质量标准的判定,甚而直接影响立法活动。

将质量概念引入立法活动,实际上是假设立法活动也如一般性的生产活动一样,其所产出的法律法规是有质量特性的。从哲学角度分析,立法质量之所以成为关注对象,是因为立法质量直接关系到立法价值的实现。因此能不能满足有关法律主体的价值需求是立法质量的根本所在。

对立法质量下定义并不那么困难,难的是如何提供一个有效的立法质量判断标准,甚而将这一标准指标体系化。目前关于立法质量判断标准较为多样化,有的认为是合法性标准、地方特色标准、科学性标准,有的认为是法理标准、价值标准、实践标准、技术标准,有的认为可以分为一般标准和特殊标准,一般标准为合法性标准、正义性标准、技术标准,特殊标准为不抵触标准、体现地方特色标准

④ 参见商务辞书研究中心编:《古今汉语大词典》,商务印书馆 2000 年版,第 1 页。

等，有的认为是价值标准、合法性标准、科学性标准、融贯性标准、技术性标准，也有的学者认为可以从立法的形式合理性、价值合理性和现实合理性三个方面判断。⑤ 虽然这些探讨提供了立法质量判断标准的重要参考，但众说纷纭的立法质量标准也说明了：目前立法质量评价缺乏一个统一的、让立法者与民众能够清楚理解并接受的标准，也缺乏能够清晰应用并指导当前立法工作，能直接为立法的修改和完善服务的质量标准体系。也正是这一原因，在缺乏理论指引的情况下，实务界往往只有自行摸索，从而导致诸多问题。⑥

从上述标准与实践现状看，理论界和实务界基本上是这样判断立法质量的构成要素：一是从形式要素判断，即从立法产品的技术、语言、逻辑、体系等外在形式判断立法产品的高低优劣；二是从程序要素判断，即从立法产品的生产过程、公众参与程度、专家参与程度等公开性、开放性角度判断立法过程的质量，由此判断立法产品的质量；三是从实质要素判断，即从立法产品所反映的利益关系、主体间的权利义务关系等实质内容判断。以上三者，基本上可以涵盖当下理论界与实务界对立法质量判断标准的主要内容。基于此，我们可以将立法质量界定为：立法产品在形式上符合立法技术要求、程序上符合正当程序要求、实质上符合社会正当需求的特性。

从这一概念出发，我们能够明确，无论立法质量标准如何多样化，始终都是这三大要素的具体演化，因此我们可以将所有对立法质量判断标准的讨论回归到这三大要素的内涵、关系等的讨论上。

当下对立法质量的呼唤究竟是哪种意义上的——形式的、程序的还是实质的？实践表明，对立法质量的呼唤主要来自社会现实的需求，是一种现实主义的需求，更多表现为民意对提升立法质量——立法的实质内容的呼唤，⑦相应地在现实中

---

⑤ 参见田成有：《地方立法的理论与实践》，中国法制出版社 2004 年版；王亚平：《论地方性法规的质量标准及其指标体系》，载《人大研究》2007 年第 2 期；宋方青：《立法质量的判断标准》，载《法制与社会发展》2013 年第 5 期；黄文艺：《论立法质量——关于提高我国立法质量的思考》，载《河南省政法管理干部学院学报》2002 年第 3 期。

⑥ 实务界关于立法质量的判断主要是合法性与合理性判断，而以前者为主要对象，后者只是在个案与偶然情形下进行，这并不是实务界的懈怠，而是因为实务界缺乏相应的理论指引，担心无法承担自行摸索的政治后果与社会责任。

⑦ 刘武俊：《提高立法质量是打造法律体系升级版的重要引擎——让民意成为检验立法质量的首要标准》，载《改革与开放》2014 年第 7 期；王波：《精准立法：新时期提高地方立法质量的基本路径》，载《地方立法研究》2016 年第 1 期。

也表现出了民主立法的不断创新,民意进入立法的渠道正在不断增多。有学者指出,公众直接参与地方立法,具有地方法规正当性、适应性、权威性的价值基础,也是解决我国当前地方法规困境的根本办法。[⑧] 因此,回应现实,本文认为,立法质量判断标准在目前应当更加关注实质要素,三者之间的关系应当是:实质要素是最终目的,形式要素是实质要素的反映与展现,程序要素是实质要素的实现手段与过程。

之所以本文坚持此立场,也是长期观察立法后评估的结果。自 2010 年之后,立法后评估成为立法部门的重要工作内容,不少地方已经进行了大量立法后评估工作,出台了不少立法后评估指标体系,对立法质量进行现实评估。但正如学者所指出的,我国立法质量标价标准的子标准是以扁平化结构呈现的,也即相互之间缺乏位阶,标准的实施缺乏明确分工,难以达到立法评价的"功能最适"。[⑨] 换言之,实践中对立法质量的评价虽然设定了指标体系,但这一体系是将所有指标均纳入考察范围,没有区分指标相互之间的位阶与次序,虽然看起来很完整,但限于立法机关与评价机构本身的人力物力有限的状况,无法对上述指标体系的所有指标一一评价。更何况,由于缺乏外部评价机制,立法产品的生产者——人大与政府部门,同时也充当评估者,既容易出于部门利益需求,使质量评价变成形式主义,也容易出于部门利益,更加关注较易评价的形式要素和程序要素,刻意忽视实质要素,从而使质量评价不够全面和完整。而这,与呼唤立法质量的核心问题——立法产品的高低优劣产生了直接冲突,毕竟,质量的高低优劣,更多是从结果角度进行的考量,形式和程序是为结果服务的。

问题随之而来,如何确保立法质量的实质要素得到有效提升?法治观念提供的基本经验还是从程序入手,以程序的正当性促进实质的正当性。这也是当下诸多提升立法质量的实践探索提供的基本经验。[⑩] 程序有助于实现实体,这能实现本文所提倡的实质要素。但什么样的程序才能够实现实质要素?目前一种很

---

⑧ 参见饶世权、饶艾:《地方立法公众参与的概念、主体与价值》,载《西北大学学报》(哲学社会科学版)2008 年第 1 期。

⑨ 参见秦前红、底高扬:《在规范与现实之间:我国地方立法质量评价标准体系的重构》,载《宏观质量研究》2015 年第 3 期。

⑩ 参见孙潮:《从简单同意到有效表达——提高人大立法质量刍议》,载《法学》2003 年第 4 期;马贵翔:《地方立法质量提升的有效途径》,载《甘肃理论学刊》2014 年第 1 期;俞荣根:《立法后评估:提高立法质量的有效途径》,载《公民导刊》2010 年第 4 期;廖军权、黄泷一:《提升设区的市立法质量的创新机制:立法点评》,载《地方立法研究》2017 年第 1 期。

重要的手段是立法后评估,通过立法回头看,检视立法产品在社会实施中的实际效果,通过立法后评估,不断完善和提升立法质量。但立法后评估最大的问题是:法已立,徒奈何?即便发现问题,也仅仅是小修小改,其影响和后果依然存在。

从生命周期理论而言,一部法律,其生命周期孕育于法案的草拟,历经立法程序,成长壮大于社会,成熟于立法后评估,消亡于法律目的的达成。这样一个生命周期,控制立法质量的原点在于法案草拟阶段,这是实现优良立法的第一道程序。如果能够在这一程序上有所作为,从事前即入手保障立法质量,无疑会比立法后评估程序更加值得信赖。本文拟追根溯源,从优良立法的第一道程序——法案的草拟入手,引入 RIA,实现从立法质量保障的理论到实践、立法质量的判断标准到程序的有效过度。因此下文探讨的第二步是以第一部分的探讨为基础,引入上述程序,并具体 Fenix 如何运用上述程序,实现以程序要素促进实质要素的目的。

二、程序引入:RIA

何为 RIA?爱尔兰政府 2004 年 2 月颁布的《优质管制白皮书》(Regulating Better-White Paper[⑪])(以下简称《白皮书》)中对于 RIA 是这样界定的:

RIA 是一种对于草拟法律或是修法作业时,对法令可能的影响所做的评估。RIA 必须对法令的宣示内涵进行详尽的分析,包括是否真能达到法令所宣示的效果、可能副作用以及隐藏成本,确认是否真能达到预期目标。

RIA 是基于信息基础的决策模式,详尽分析决策的各种面向,因此必须邀请公民与利害关系人,伴随进行制度性的公共谘商工作。

RIA 并非要取代立法或修法,而是一种提供开放、公众参与、强化权责关系的途径与方法,改善政治与行政的决策质量。

因此为了达成优良管制目的或法规目的,依据 OECD[⑫](2008b)的报告,在决定政府是否应当介入时,应当取得以下信息:(1)社会中哪些群体会受到影

⑪ 参见爱尔兰总理部网站,http://www. taoiseach. gov. ie/index. asp? docID = 621,链接到白皮书 http://www. betterregulation. ie/attached_files/upload/static/RegulatingBetterGovernmentWhitePaper. pdf。

⑫ OECD,经济合作与发展组织,简称经合组织(Organization for Economic Co – operation and Development),OECD 是全球 30 个市场经济国家组成的政府间国际经济合作组织,总部设在巴黎的 Chateaude la Muette。

响;(2)每个受影响的群体有多大;(3)每个受影响群体的特性如何;(4)这些影响到底有多大;(5)这些影响持续有多久。

从以上表述看,作为实现政府优质管制重要工具的,RIA 的要点主要有以下内容:其一,在立法或决策依据上,信息是 RIA 最可靠的基础,而信息来源于充分收集;其二,在形式上,量化信息,直观表达信息是 RIA 的重要步骤,量化后才能够进行较为客观的分析;其三,在社会管制方式上,RIA 提醒法律规范并不是最好的或唯一的方案,还应当注重考虑其他方案,综合分析法律规范与其他方案的成本收益,尤其是法律规范的执行成本与社会成本,要厘清执行成本和社会成本的承担者;其四,在程序上,协商制度是十分重要的内容,要争取建立公民全面参与的协商机制,以此提供分析与评估的基础。

虽然 RIA 一开始是为了达成政府优良管制,但其对有权机关的立法活动同样具有重要意义,尤其是从广泛含义而言,政府制定政策同样也是一种立法过程。因此本文将 RIA 视为立法机关或行政机关为了出台优良之法律产品或政策产品,而特意设置在草案拟制阶段的前置程序,这是一种有效提升法律产品或政策产品质量的辅助方法。为方便分析 RIA,本文将 RIA 与立法过程关系以图 1 表示。

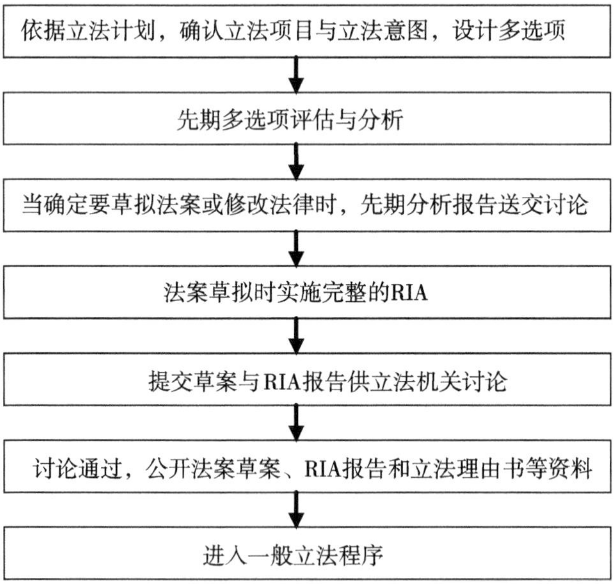

图 1 RIA 与立法过程

本文认为,RIA 作为立法前的重要程序,是一种以程序正当新促进立法实质正当性的制度设计,对于提升立法质量具有重要意义,主要理由有以下三点:

首先,就制度设计的基础与目的而言,RIA 之所以产生,乃是立法者或政府回应社会需求的一种积极方式,其目的是确保立法者的法律法规或政府法令能够符合公众的普遍需求。因此在 RIA 的具体设计中,必然需要采取各种方法明确社会需求,确认问题与目标,分析相关原因,提出替代性解决机制或改善方案,与公众协商改善方案的可行性,最后展开法规范的草拟,确定相关法规范。一系列的进程中,都要求与公众普遍需求保持一致,增加与公众协商的次数,发现能够实现公众需求的解决方案。

其次,就制度设计的实体内容而言,RIA 的实体内容是立法机关或行政机关与公民或社会组织、权力与权利的有效互动,通过有关主体间的沟通与协商,可以建立相关主体间的良好互信,而这种互信在当下社会显得尤其重要。

最后,就制度运作的效果而言,RIA 作为立法的前置程序,在制度运作中通过反映社会和公众需求,寻找有效的解决方案,降低法律法规的执行成本与社会成本,最终获得社会普遍认同的立法实质内容。这对提高法律的执行力而言具有重要作用。

RIA 已经被许多 OECD 国家采用,并且获得了良好社会效果。本文引入这样一个立法工作的前置程序,期待通过该程序,可以实现最大社会利益需求,实现立法为民的基本理念。因此本文论证的第三步是对现行立法进行梳理,为引入这一立法前置程序奠定现实基础。

三、立法梳理:当下国内立法与 RIA 的距离

RIA 是一种立法前置程序,其核心是对立法者所草拟的法案进行一种开放性的影响分析。当下国内立法程序设计上是否有这样的程序?这可以从立法法及其地方立法的相关规定中检索。本文的检索首先从《立法法》开始。

2015 年修改通过的《立法法》在法律的立法程序中规定,列入常委会会议议程的法律案,有关机构应当听取各方面的意见,如法律案涉及的专业性较强,需要进行可行性论证的,可以召开论证会,如法律案存在重大意见分歧或重大利益调整的,需要听证的,应当召开听证会,听取有关基层和群体代表及相关主体的

意见。与RIA最为近似的是第39条的规定:拟提交常委会审议通过的法律案,在法律委员会提出审议结果报告前,常务委员会工作机构可以对法律草案中主要制度规范的可行性、法律出台时机、法律实施的社会效果和可能出现的问题等进行评估。评估情况由法律委员会在审议结果报告中予以说明。

在行政法规的立法程序中,与RIA内容较为接近的是第67条的规定:行政法规由国务院有关部门或者国务院法制机构具体负责起草,重要行政管理的法律、行政法规草案由国务院法制机构组织起草。行政法规在起草过程中,应当广泛听取有关机关、组织、人民代表大会代表和社会公众的意见。听取意见可以采取座谈会、论证会、听证会等多种形式。行政法规草案应当向社会公布,征求意见,但是经国务院决定不公布的除外。

除上述规定外,《立法法》在法律解释、地方性法规、自治条例和单行条例、规章等的立法程序中,并没有再出现此类明确的要求。本文揣测,这一方面固然是因为法律、行政法规的重要性要求必须听取各方面的意见,而另一方面也是考虑到法律解释、地方性法规、自治条例和单行条例、规章等下位法在立法程序上会遵循上位法程序,从立法技术上不必再作出明确要求。

尽管在《立法法》中能够寻找到RIA的近似内容,但这并不等于我国《立法法》已经有了RIA的规定。《立法法》的上述规定,与RIA存在的距离主要表现为以下方面:

一是尽管《立法法》有近似要求,但现实中立法机关并未积极实现上述规定,更多是对一些有重要社会影响的法案征求意见和说明,并且基本上是在草案已经形成之后征求意见和说明。而RIA的要求是在法律案草拟之前就必须进行公众协商,分析多选项的可能性,分析法律选项的成本收益,在法律案的草拟过程中实施更加全面的信息收集和协商工作,听取各方意见。本文特别强调征求意见与听取意见的区别,征求意见仅仅是一种“听”的过程,而听取既注重听,更加注重“取”,要听且要听进去。但现实往往是听了却没有听进去,如此,缺乏与社会和公众的沟通协商,很多法规范明显是书斋生产出来或者国外移植而来,难以满足现实社会需求和公众意愿。

二是地方性法规、自治条例和单行条例、规章等在制定过程中,往往因为没有《立法法》的明确要求而不够重视听取各方面意见,多是出于部门利益或者条块分割进行立法,在草案草拟过程中,开放与公众协商的渠道十分狭窄,有的地方甚至并没有开放此类渠道,导致立法机关"自说自话",满足于部门与条块分割的利益需求,从而使立法质量受到严重质疑。

因此,虽然近年来的立法实践有注意到听取公众意见,但听取的过程、听取的结果、替代措施的考量等与 RIA 的要求相去甚远。

其次本文要检索的是各地人大与政府有关 RIA 内容的规定。事实上,近年来随着立法与公民有切身利益关系的观念逐步深入人心,有关立法公开的要求也得到逐步回应。各地人大与政府对法案草拟也有了较多考量与反思,纷纷出台了制定地方性法规和规章草案的程序性规定,⑬从立法项目的规划与提出、法案草拟的准备与实施等各个环节强调对社会和公众意见的吸收,开放了部分与公众进行沟通协商的渠道,如网上公布草案征求社会公众意见等。

尽管地方人大与政府在法案草拟上已经认识到吸收公众意见的重要性,但具体程序设计上仍然存在不少问题,如开放信息的管道比较单一,往往是以网络渠道开放,但真正能够接触到并愿意反馈此类信息的公众为数较少,而即便向有关立法机关提出了立法意见与建议,能不能获得认真对待,能不能获得立法机关的回应、吸收与采纳等并没有明确规定,导致公众参与的积极性较低。再如地方立法机关存在的地方利益与地方保护问题,公众需求的表达和立法反映往往会受到各种阻碍,很难获得立法层面的肯定,这一点在近年来所发生的环境群体性事件上有充分体现。可见,地方立法机关在法案草拟作业上与 RIA 的要求同样有着不少差距。

从上述检索可以发现,当下中国的立法草拟程序与 RIA 的距离主要体现在以下方面:

首先,在立法规划阶段存在三大差距:第一,立法规划缺乏全局性与宏观性。地方立法立项请求多数由地方政府职能部门提出,虽然也允许公众提出立项请

---

⑬ 从时间上看,地方人大有关制定地方性法规程序规定的时间要早于地方政府有关制定规章和法规的程序规定,如湖北省 1988 年通过《湖北省人大常委会制定地方性法规程序的规定》,四川省 1993 年通过《四川省人民代表大会常务委员会关于制定地方性法规程序的规定》,杭州市人大常委会 1995 年通过杭州市人民代表大会常务委员会制定地方性法规程序的规定,而后各地政府才纷纷制定有关人民政府制定规章和拟定法规草案的程序规定。

求,但现实中很少有公民积极主动地行使该项请求权,即便行使也难以获得有效认同。因为立项请求主体的单一,地方立法机关在立法中处于比较被动地位,难以从全局掌控立法整体,也难以作出有效宏观调控,无法从总体上体现出地方特色。第二,立法规划中部门立法倾向严重。因为立项请求主体的单一,部门立法在地方立法中占据主导,也导致了管理立法增多,真正认真考量管理部门与法案受影响者平衡关系的立法较少。第三,立法规划项目中缺乏对已有地方性法规的修改和废止项目。过于重视新法所要规制的社会需求,忽视已有法规所规制的社会需求,容易导致已有法规与社会发展的不相适应,以及法规体系的混乱。

其次,在法案提出阶段也有两个问题:第一,法案提出权的主体比较单一。已有法律法规虽然规定公民也有立项请求权,但对公民的提案权却几无涉及。从各地已有立法实践看,虽然能够提出法案的主体并不少,但真正提出法案的主要是人大系统与政府系统,法院、检察院提出的很少,而代表团、代表联名提出的法案虽然不少,但真正能够列入议程审议并通过的也较少。因为提案权主体的狭窄,诸多社会需求无法通过正当、合法的渠道纳入立法考察范畴,这不仅与立法作为平衡政府权力和公民权利的“公器”作用不符,而且也损害了民意表达,直接减损立法程序彰显民主价值的功能。第二,享有提案权的主体未充分承担职责,未充分行使职权。这方面的原因有:一是享有提案权的部分人大代表素养并不很高,无法提出有质量的法案;二是未能建立有效机制为代表提出法案服务,使代表们只能做“听”与“审”的工作,而不能做“提”与“说”的工作;三是部分提案主体所提法案也是与自身部门和条块利益直接相关,未能充分代表民意和民利。代表没有充分行使提案权的结果是,立法的民主性与公正性受到质疑,立法工作更多依从政府的职能部门。

最后,在法案草拟阶段与RIA也有如下差距:

第一,法案提出者与决策者的政策目标与立法意图并不明确。实践中,要么是提案者与决策者自身对于法案的政策目标与立法意图不明确,认识不深刻,要么是提案者与决策者未能很好将政策目标与立法意图传达给起草人,因而起草人就必须承担起帮助提案者与决策者形成明确政策目标与立法意图的任务,或者首先需要摸索清楚提案者与决策者的目标与意图,在起草法案之时,还必须能够将目标与意图贯彻落实到草案中。

第二,各地方立法机关的法案草拟工作并没有统一的制度。这固然是由于各地基本情况不同造成的,但缺乏一个统一的法案草拟制度,将使得各地对法规影响分析程序的落实状态迥异,而且各地对法规影响的分析评估也必然有所疏漏,有所懈怠。

第三,地方法案起草渠道比较单一,多数草案由政府职能部门完成起草工作,虽然有利于草案尽快形成,但也直接导致了部门立法、条块分割,甚至可能导致罔顾现实与权力的合理配置,盲目扩大本部门权力的草案,⑭同时也容易造成法规重复、交叉、相互脱节与矛盾。

第四,法案草拟工作没有做好部门协调工作。这是法案起草工作最值得关注的问题,因为一部草案,往往涉及多个部门职责权限的划分,如果部门协调工作没有做好,那就代表法案所涉及的各方利益并没有获得平衡,法规范对利益的处理还存在欠缺,也即质量还有问题。这必然会影响到草案后续的审议与通过。

综上可知,当下中国无论是中央层面的立法还是地方层面的立法都有部分与RIA类似的规定,但与真正的RIA还存在不小差距。因此本文论证的第四步是对引入这一程序所存在的具体困难进行检讨,从而为引入RIA提升立法质量扫平障碍。

四、困难检讨:国内立法引入RIA必须解决的难题

虽然目前我国立法在程序上已有部分RIA的相关内容,但从总体而言,要在我国推动RIA还存在以下困难:

第一个困难是当前立法者尚未对RIA形成清晰认识。

尽管当前我国立法基本上遵循这样一个立法活动前的逻辑顺序,即依据社会需求提出立法项目,确定立法目标→检讨现行法规定→咨询有关机关和专家学者→咨询公众等,但并没有任何一部法律法规规定应当将以上活动通过某种法定方式记录、保存或者备案,亦无任何法律法规规定立法机关在进行以上活动时必须遵守相应操作步骤和实施程序,更加没有要求立法机关在草案拟定的条文中说明规范的形成与证成过程。即便在当前有关政府信息公开已经得到了社

⑭ 参见李步云:《立法法研究》,湖南人民出版社1998年版,第174页。

会多数人的认同,但对于此类信息,仍然较少公开。

与此同时,立法机关往往忽略了两个重要操作步骤:其一是未能充分考虑替代性方案,即除立法之外,还有没有其他方案足以解决问题、达成规范目标,立法机关往往是为立法而立法;其二是未能充分考虑到法规可能带来的社会成本,虽然立法机关会预估立法产品的执行成本,但执行成本仅是就执法机关而言,对于社会公众而言,法规还有一个社会成本问题,公众要为此项立法付出怎样的成本往往被立法机关忽视。而这两项内容,是RIA中较为关注的重要内容。

当然,最重要的是,无论是立法机关还是社会公众在目前都尚未清晰认识到执行RIA的意义所在。对于立法机关而言,RIA并非是立法机关在制定法律法规时必须遵守的法定程序,既不是法律的强行规定,也未形成一个立法惯例,不具有任何外在的约束力,即便不进行征求意见或公众协商,也没有相应的罚则。

虽然目前各地人大与政府在立法程序上已经体现出部分RIA的内容,但从部门需求而言,并非那么紧迫,各地立法机关也在考虑RIA整体程序可能会带来的成本问题,同时,也会表露出对公众是否能够始终理性参与立法协商的质疑。

第二个困难是RIA的具体操作上存在需要解决的难题。

尽管当前部分立法在一定程度上考虑到法案对社会的影响与冲击,考虑到立法的执行成本与收益,但这些考虑更多地停留于立法机关内部,还远未能成为一项有约束力的制度。其原因亦在于RIA操作上也有一些难题需要解决。

首先,RIA本身的实施需要一定成本。RIA是存在成本问题的,那么此项成本应当由谁承担,是立法机关,还是接受委托的机关?他们是否愿意承担此项成本,如何才能让他们自愿承担?

其次,如何进行相关影响分析评估。RIA要求进行相关影响的分析评估,要考虑人权、文化、两性、平等等多个层面的因素,如何考察与统一协调,无疑也是难题,而一般公务员是否已经具备此种专业化素质?

最后,如何整合法律草案拟定的各项已有规定以实现RIA。目前RIA的有关事项零散地规定在法律法规中,散落并实施于各个不同步骤之中,但是这些步骤的先后关系为何?如何使这些步骤能够成为一个集中统一的程序规定,如何将这些规定转化为一个统一有序的整体,也是一个难题。

尽管存在不少困难,但RIA对立法质量提升确有重要意义,因此本文论证第五步是针对上述困难提出引入 RIA 的建议。

五、建议探讨：当前立法机关引入 RIA 的可行措施

要在当前立法中引入 RIA，首先要求立法机关必须深刻认识 RIA 的重要意义。一般而言，有关国家与公民的制度设计都具有这样的假定：作为国家代表的权力机关（权力理性）⑮与社会公众自身（权利理性），都是愿意并且能够进行理性沟通的。⑯

RIA 正是实现权力理性与权利理性有效沟通与良性互动的程序。它要求权力机关在即将对公众进行法律规制之前，必须就法规范可能造成的对特定群体或社会整体的影响进行理性分析与沟通，以确保权力机关所拟定的法规范具有必要性、合理性与正当性，确保法律法规是公众自愿选择的结果或至少获得较多数公众的支持。因此，该项程序强调在法案拟定之前与公众全面沟通，而不是事后的成本收益分析或立法后质量评估，注重的是沟通过程与沟通结果，而不是权力机关闭门造车或简单地征求意见。这对于重塑当下权力机关与公众之间的互信关系具有十分重要的意义。

针对我国目前在立法程序上的问题和在推动 RIA 上的困难，要真正实现和提高立法质量，关键问题并不在于如何完整地引入国外的 RIA，⑰而是必须整合已有立法资源，同时完成以下三项任务：一是使相关立法机关及其工作人员了解 RIA 的重要意义，明确 RIA 的基本概念与理念；二是提出能在中国适用的 RIA 的适当流程与步骤；三是建立适合中国国情的 RIA 推动单位与责任机制。

---

⑮ 此处政府的含义应作广义理解，只要是行使国家权力的机关，都可以被认为是大政府的一个组成部分。

⑯ 政府与公众也会存在不理性，但是这些不理性范围太广，无法一一探讨，只好对制度进行理想假设，同时考虑这些不理性的现状，将之作为完善立法的重要层面。

⑰ 国外已经形成了相对完善的 RIA，如美国 OMB，Economics Analysis of Federal Regulations Under Executive Order 12866（简称 Best Practice），1996，OMB 网站：http://www.whitehouse.gov/omb/inforeg/riaguide.html；Uk Cabinet Office，Regulatory Impact Assessment Guidance，Cabinet Office，http://www.cabinetoffice.gov.uk/regulation/ria/guidance/；OECD，The Guiding Principles for Regulatory Quality and Performance，2005？，OECD 网站 http://www.oecd.org/dataoecd/24/6/34976533.pdf。

（一）树立RIA基本认识与理念

RIA的目的在于保障所制定的法规范具有社会正当性，促成法规范的社会效率，但进行RIA活动之前，必须具备以下共识。

1. RIA经济分析的目的

RIA中比较常用的是经济分析方法，尤其是成本收益方法，其目的在于将有限资源进行合理分配，使资源能够发挥最大效益。但必须明确的是，经济分析容易给公众和立法者造成误解，以为立法就是为了获得最大经济收益，为此，必须将有限立法资源集中在那些能够产生收益的法律法规上，如民商事法律法规等，对于那些无法产生最大经济收益的法律法规，往往并不如何重视，如教育法规、社会保障法规等。这无疑是误解了RIA中经济分析的目的。

2. RIA分析的对象问题

从RIA相关内容来看，最受重视的分析对象是以立法实质内容为主，而以立法形式要素为辅。为此，必须密切关注法规范可能造成的实质性社会影响。因而在RIA中，也有一个资源分配问题，必须将优势资源分配于对法规范可能造成的实质性社会影响的评估上，而不是进行面面俱到的分析。

3. RIA要求慎重对待替代方案

对于是否必须制定法律规范进行调整，这是RIA的一个重要问题。为此，立法机关必须详细考察是否还有法规范之外的替代方案可供选择，如果存在这样的方案，那么法规范方案与法规范方案之外的方案，何者对社会和公众更为有利？

4. RIA要求认真考虑法规范的实效

立法规范所产生的实效情形，是RIA选择法规范的判断基础，但是能否产生实效，并不取决于RIA，而是取决于法规范能否直接或间接影响受影响者的行为动机，进而产生行为和实效。⑱ 因此RIA要求在选择法规范时应当认真考虑法规范对受影响者行为动机的影响，同时调查其对替代措施的偏好选择，充分了解法规范产生实效的可行性。

---

⑱ 有关制度、行为与经济绩效之间的分析，参见A. Allan Schmid，Property，Power and Public Choice：An inquiry into Law and Economics，1987。

（二）明确 RIA 的基本流程与步骤

既然立法有质量之说，那么立法就应当尽量遵从质量管理方法，摒弃那些目前看来相对简单、难以确保质量的生产方法和流程。借助 PDCA 管理循环等品质管理方法以实际提高立法质量是很有必要的。[19] 这些品质管理方法一是可以使立法产品最大限度反映社会需求，满足公众需要，二是可以避免传统立法者的思维定势，即仅仅从法律制度本身供给面思考社会需求，这些管理方法可以为立法者应对社会需求提供新视角和新方法，三是可以避免立法者仅从政治需求与个别问题出发进行法律法规的修改与补充。

PDCA 循环管理方法最早由休哈特（Walter A. Shewhart）于 1930 年构想，后来被美国质量管理专家戴明（Edwards Deming）博士在 1950 年再度挖掘出来，用于改善企业经营管理，它是全面质量管理所应遵循的科学程序。全面质量管理活动的全部过程，就是质量计划的制订和组织实现的过程，这个过程就是按照 PDCA 循环，不停顿地周而复始地运转的。[20] 其中，P（Plan，计划）是指必要性分析，在发现问题并分析问题的基础上，确定方针和目标以及活动计划；D（Do，执行）是指提出解决方法并具体运作，以实现计划和目标；C（Check，检查）是指总结计划的执行效果，评估解决方法的可行性，简言之就是明确效果，找出问题；A（Action，行动或处理）是指将可行的解决方法作为经验保留并标准化，作为下次工作的指导，而对于未解决的问题，则进入下一次 PDCA 循环。

2003 年英国政府也制定了与 PDCA 类似的 ROAMEF 的管理循环作业程序，主要体现在《中央政府政策评估与衡量绿皮书》（The Green Book：Appraisal and Evaluation in Central Government，2003）。在 ROAMEF 循环管理中，R（Rational，合理的）指的是所要解决的问题应当具有合理性与必要性，不合理与非必要的问题不纳入管理中；O（Objective，目标）指的是要设定解决方法达成的

---

⑲ 另有六项标差（six sigma）可以参照，D（Define）是指确认改善目标以符合顾客需求与企业策略，M（Measure）是指衡量现有流程与收集现有资料，A（Analysis）是指分析影响因素的关联，I（Improve）是指改善分析后的流程做法，C（Control）是指控制以确保影响目标的变数得以排除，具体参见 Rowland Hayler，what is six sigma process management，2005。

⑳ 百度百科 PDCA 循环词条，http://baike.baidu.com/view/205386.htm。

政策目标范围；A(Appraisal，评估)指的是对解决方案进行成本收益评估；M(Monitoring，执行)指的是具体落实并监督所选择的解决方案；E(Evaluation，评价)指的是对执行成效进行衡量检讨；F(Feedback，反馈)指的是反馈检讨成果，形成新的问题，进入下一轮循环管理中，由此形成了RIA的14项操作内容。㉑

2014年《澳洲政府法规指导手册》中对RIA基本操作流程有七大步骤的规定：(1)界定所要解决的问题；(2)界定政策目标与所需要的政府行为；(3)考量具体所要选择的政策工具与方案；(4)评估各方案的效益；(5)咨询各方意见；(6)决定最佳方案；(7)执行方案与再度检讨。㉒

参照以上内容，我们可以归纳出RIA的整体操作流程：

1. 问题界定：问题意识

通过对现实生活的观察，提出问题：现行法治与社会需求的具体落差何在，现场市场运行、经济发展和社会发展所遭遇的困难与障碍有哪些，当前法制存在的问题有哪些等，具备问题意识才能进行下一步。

2. 法律目标：政策目标与立法意图

发现并分析问题之后，在选择法规范之外的替代方案之时，对于问题的解决希望能够达到什么样的目标，在选择法规范之时，希望达成的立法意图为何？这些目标必须明确。

3. 资料收集：信息掌控

资料收集包括但不限于：一是现行的相关法律法规；二是所选择的解决方案可能直接影响或者间接影响的组织、集体与个人，以及具体会产生何种影响，是有利还是不利的影响。

4. 替代方法考量：法规范之外的解决方法

为达成特定目标的可能选择措施，应当同时将法规范方案与非法规范方案纳入考察范围，比较两种方案的成本收益，同时，必须关注维持现状与作出改变的成本收益。维持现状作为与其他选择方案的比较基准，是指维持现有各种条件不变的现状方案，是否比其他选择方案更加有利或者不利，各项措施的可能成

㉑ 参见孙克难：《法规或政策影响评估(RIA)之成本效益分析》，载《财税研究》第44卷第3期。

㉒ 参见Council of Australian Governments(2007)，Australian Governments(2014)手册。

本与收益是比较的结果。

5. 咨询意见:广泛协商

有关立法机关应主动咨询受法规影响者与不受法规影响者的组织、集体和公民的意见,尤其了解受法规直接影响者对选择方案的偏好,以及相关建议。

6. 评估分析:成本收益或效能分析

就各种选择方案进行成本与收益分析(cost and benefit),或成本与效能分析(cost and effectiveness),以确保所选项的方案能够产生最大的社会净收益。至于评估特定事项,应当由特定机关依据事项性质进行,经过仔细咨询和分析后,提出相应建议与规范,但应当说明调整或者新制定规范的充分理由。

7. 法规拟定

就所选择最适合方案的规范措施,进行法规草拟。此时应当对法案相关问题如体系、语言、规范事项与内容有全面具体的构想。

8. 过程公开

相关立法的过程应当公开,结果应当做成说明书,并在法规拟定前公开。

(三)建立 RIA 推动单位与责任机制

要促成 RIA 在国内立法中的建立和运用,必须要有专门的单位推动和负责。这点国外已有成功经验证实。例如英国内阁下设 Regulatory Impact Unit (RIU),美国总统下设有 Office of Management and Budget(OMB),加拿大设立 Regulatory Affairs and Orders in Council(ROAC),新西兰财政部设立 Regulatory Impact Analysis Team(RIAT),澳洲政府设立 Office of Best Practice Regulation (OBPR),日本内阁设立 Council for Regulatory Reform(CRR),韩国设立 Regulatory Reform Committee(RRC)等,都是以专门单位推动法规影响分析,将影响分析的各项活动纳入统一管理。目前在中国比较合适的推动单位是各地方人大的法制工作委员会与政府的法制办。与此同时,修订相关法律法规,规定有关 RIA 步骤与流程,如各地的法规起草程序规定、政府信息公开规定等。此外,还应当建议一个相应的立法信息平台,以便于 RIA 收集社会意见。

(四)未来推动 RIA 的挑战与最大保障

面对国际风云变幻和国内社会变动的需求,如何确保法律规范能够反映民意,符合人民群众最大利益,最大限度地提升立法在国家与公民之间的作用,同时,为避免政府滥用行政权力,割裂法律执行与立法目的,最适合的解决方法是将 RIA 导入立法制定程序。

但未来推动 RIA 最大的挑战与保障不是制度设计的问题,而是立法机关的决心与人民的态度问题。立法机关是否甘心接受法律法规以反传统的方式由下而上制定?立法机关工作人员是否已经进行了相应培训,具备了相应素质?是否所有法律法规都必须采纳 RIA?人民是否愿意投入时间和其他成本参与 RIA,是否愿意接受自身与立法机关理性协商的立法产品,是否愿意接受因为 RIA 导致的立法产品生产延迟?

六、结语

就学理而言,RIA 无疑蕴含着顺利沟通权力与权利的理论底蕴,是以程序正当性促进内容正当性的重要制度设计,是对立法质量提升的重要保障。从实践而言,RIA 目前是众多 OECD 国家立法标准流程中的重要一环,是吸收公众意见避免立法或行政专断、以优质立法进行优质社会治理的重要环节。从本文立场而言,不仅希望当下国内立法流程能够吸收 RIA,同时也希望行政机关在行政权力运作中能够树立 RIA。因此,本文建议,为最大限度地实现为人民服务的目的,应宜及早在立法程序与行政程序中加入标准化的 RIA。

社会公众参与刑法立法的基本问题

阴建峰*　赵英鹏**

时光荏苒,岁月蹉跎。转瞬之间,1997 年《刑法》颁行至今已整整 20 周年。从 1979 年《刑法》的颁布,到 1997 年对《刑法》进行全面修订,再到 1997 年《刑法》施行二十载,可以说我国刑法立法取得了举世瞩目的辉煌成就。法律是治国之重器,良法是善治之前提。任何法律说到底都是人民意志的反映,在我国每一部法律的创制都离不开广大人民群众的支持,刑法立法同样如此。在我国刑法立法研拟、制定、修正之演进历程中,广大社会公众始终发挥着自身独有的作用,并对未来刑事法治的发展不可或缺。因此,探究社会公众参与刑法立法的相关问题,对于提升我国刑法立法的质量,促进刑事法治建设的长远发展,无疑具有重要的意义。

一、社会公众参与刑法立法的根据

在刑法立法过程中,社会公众的参与有理可循,有法可依,具备存在的法理与规范根据。

(一)社会公众参与刑法立法的法理根据

首先,社会公众参与刑法立法的法理根据表现为民众在刑法立法过程中的权利平等。立法活动是否公正,取决于其程序的民主性程度,也即对民众平等参

---

* 阴建峰,北京师范大学刑事法律科学研究院教授、博士生导师,中国刑法学研究会常务理事暨常务副秘书长,中国法学会立法学研究会理事。

** 赵英鹏,北京师范大学刑事法律科学研究院硕士研究生。

与刑法立法权力的保障程度。由于一国的主权是个体让渡的产物,因此基于主权的立法权、社会管理权都是公民通过社会契约转让于国家的,故人民参与立法便是对主权的行使,人民是立法的真正主体。从逻辑上讲,社会公众参与立法的人数越多,参与立法的程度越高,主导立法的力度越大,就越符合人民当家作主的本意,人民民主就能得到更好的实现。我国是人民民主专政的社会主义国家,同样主张国家的一切权力归于人民,而社会公众通过参与立法实现对于国家事务的管理不仅是人民当家作主的根本形式,也是社会主义民主在立法活动中的具体体现,标志着国家政治文明、社会文明的进步。

其次,保障社会公众参与包括刑法立法在内的各种立法活动是实现立法民主的重要形式。作为多数人的统治,民主制度往往受到现实条件的制约。而真正的民主又必须在公共事务的决策中确保多数公民直接且充分的参与。只有在大众普遍参与的氛围中,才有可能实践民主所欲实现的基本价值。① 由于客观上无法使每一个公民都直接进行立法,而完全依靠代议制民主又存在偏离公民真正诉求的危险,因此必须对代议制民主制度进行变通,以扩大公意进入立法决策的渠道。所以从这个意义上说,社会公众参与包括刑法立法在内的各种立法活动是对于代议制民主立法制度的有效补充和矫正,其与今天的"协商民主主义"和"参与民主主义"有着密切的关系。②

此外,在关乎公民生命权与自由权等基本权利的刑法领域,公民平等遵守和适用刑法的前提在于刑法立法的民主性,而其重中之重便是社会公众对于立法的平等参与。如果只强调刑法的工具性和斗争性,而忽视了刑法的立法平等,那么刑法适用和遵守平等便无所依靠了。而立法平等的重要表现便是立法活动中参与主体的广泛性。根据《宪法》第33条之规定,只要是具备中华人民共和国国籍的中国公民,就享有平等参与国家各种立法活动的权利。虽然基于规模和人口等因素的考虑,我国并没有采取直接民主这种直接体现人民主权原则和广泛参与性的治国模式,而是采取代议制,也即由公民选举人民代表,再由人民代表参加立法活动的模式,但是这种选择更多的是出于效率的考虑,并不能作为否

---

① 参见[美]卡罗尔·佩特曼:《参与和民主理论》,陈尧译,上海人民出版社2012年版,第8页。

② 参见吴浩主编:《国外行政立法的公民参与制度》,中国法制出版社2008年版,第596页。

认社会公众以其他形式行使平等参与立法的理由。代议制的立法机关及其成员在代表公民进行立法的同时,也必须同时接受其监督。在人民代表行使立法权以外,国家有义务发掘更多有效且合法的立法参与途径,以确保社会公众平等参与立法的权利。

(二)社会公众参与刑法立法的规范根据

社会公众参与刑法立法不仅是立法民主理论的产物,而且也具备宪法和法律的规范基础。

1. 社会公众参与刑法立法的宪法依据

首先,《宪法》第 2 条从原则上肯定了社会参与刑法立法的正当性。其中,第 2 条第 1 款规定:“中华人民共和国的一切权力属于人民。”这一条款直接指出了中华人民共和国权力的归属,那么作为权力中重要的组成部分,立法权自然归属于人民所有,如此社会公众参与立法就获得了根本性的权利来源。此外,《宪法》又于第 2 条第 3 款规定了概括性的操作规则:“人民可依法通过各种途径和形式管理国家事务,管理经济和文化事务,管理社会事务。”在依法治国的大背景下,犯罪治理和社会秩序维护的重要实现途径之一便是刑法的立法活动,因此社会公众通过参与刑法立法实现对国家事务和社会事务的管理,也是应有之义。

其次,《宪法》规定了一系列的公民权利,为社会公众参与刑法立法创造了条件。一是《宪法》于第 34 条规定了公民享有选举权和被选举权。在代议制之下,选举权与被选举权是公民行使主权,参与国家政治的基本形式。作为我国公民,既可以通过行使选举权选出代表自身利益的人大代表,并影响其刑法立法活动,也可以通过人大选举成为人大代表,从而直接参与刑事立法。二是《宪法》第 35 条规定:“中华人民共和国公民享有言论、出版、集会、结社、游行、示威的自由。”从权利性质上看,言论与出版自由保证了社会公众可以通过言语方式对刑法立法活动表达自身诉求,集会、结社、游行、示威的自由则更偏向于通过行动方式进行表达的自由,进而影响立法活动的进程。这些自由虽然不能直接等同于参与立法的权利,但却是社会公众参与刑法立法得以实现的重要支柱和途径。离开了这些表达途径的保障,社会公众参与刑法立法的权利也就成了无源之水、无本之木。

最后,《宪法》从国家机关运行的角度作出了相关规定,以配合社会公众行使立法参与权。其第27条第2款规定:“一切国家机关和国家工作人员必须依靠人民的支持,经常保持同人民的密切联系,倾听人民的意见和建议,接受人民的监督,努力为人民服务。”此外,第41条第1款又规定:“中华人民共和国公民对于任何国家机关和国家工作人员,有提出批评和建议的权利;对于任何国家机关和国家工作人员的违法失职行为,有向有关国家机关提出申诉、控告或者检举的权利……”由于一切国家权力归于人民,因此国家机关作为国家权力的实现工具,必然需要对权力的根本来源,也即社会公众负责,接受其建议和监督,以确保人民当家作主。根据《宪法》第57、62、67条的规定,全国人民代表大会是我国最高权力机关,并有权制定和修改刑事法律,其常设的全国人大常委会有权于闭会期间对刑法进行不抵触基本原则的修改。因此,作为国家机关的组成部分,全国人大及其常委在制定、修改刑事法律的过程中必须通过各种渠道采纳社会公众的意见建议,保持与社会公众的联系。

2. 社会公众参与刑法立法的法律依据

除宪法以外,我国的立法活动还要受到《立法法》的制约和规制,这也是依法治国原则在立法领域的直接体现。《立法法》贯彻了《宪法》中对于社会公众参与立法权力的相关精神和规定,同时也提出了更具有可操作性的规则。

《立法法》第5条规定:“立法应当体现人民的意志,发扬社会主义民主,坚持立法公开,保障人民通过多种途径参与立法活动。”这在贯彻《宪法》精神的基础上明确提出了对于立法民主的要求,从而构成了社会公众参与刑法立法的直接权利来源。同时,其后半段使用了开放式的用语,既体现了社会公众参与立法途径的多样性,也为探索更适宜中国国情的参与途径预留出了余地。

同时,《立法法》还直接为刑法立法活动中的社会公众参与提供了具体的操作规则。其第36条第1款规定:“列入常务委员会会议议程的法律案,法律委员会、有关的专门委员会和常务委员会工作机构应当听取各方面的意见。听取意见可以采取座谈会、论证会、听证会等多种形式。”第37条规定:“列入常务委员会会议议程的法律案,应当在常务委员会会议后将法律草案及其起草、修改的说明等向社会公布,征求意见,但是经委员长会议决定不公布的除外。向社会公布征求意见的时间一般不少于三十日。征求意见的情况应当向社会通报。”在

1997年《刑法》于八届人大五次会议通过以后，历次《刑法》的修正都采取人大常委法工委牵头，并由人大常委通过的方式进行。作为国家基本法律，《刑法》的历次修正都是重中之重，因此在刑事立法过程中必须遵守《立法法》的上述规定，通过座谈会、论证会、听证会在内的多种形式听取公民的意见。值得注意的是，《刑法修正案(七)》、《刑法修正案(八)》和《刑法修正案(九)》在人大常委审议的过程中都采取了在中国人大网上公布的方式，以征求社会公众的意见。③这标志着刑事立法实践对于社会公众参与的认可，也体现了我国立法机关对于社会公众参与刑法立法途径的积极探索。

二、社会公众参与刑法立法的功能

(一)制约立法权，防止渎职与腐败

社会公众参与立法既是民主政治和人民主权的必然要求，也是防止立法腐败的内在需要。虽然任何权力都存在被滥用的危险，但是与行政权、司法权和监督权相较，立法的腐败显得更为严重，危害更大。对此，卢梭有着经典的表述："政府滥用法律的危害之大远远比不上立法者的腐化……滥用法律还可以通过新的法律来补救，但立法者自身的腐化则是无法弥补的。"④毫无疑问，在发展社会主义民主政治、全面落实依法治国基本方略的实践进程中，我们既要防止和解决"司法腐败""行政腐败"的问题，更要防止和解决"立法腐败"的问题。⑤ 少数服从多数的原则和代议制的缺陷往往使得立法机构及立法人员存在腐败或者渎职的风险，导致少数人的利益和主张被忽视或牺牲，甚至导致歧视和偏袒。此时社会公众参与立法可以使得所有的利害关系人都能表达利益诉求，从而对立法活动起到一定的制约作用。当然，社会公众对于立法的参与是以立法公开为前

---

③ 参见《刑法修正案(七)草案等三部法律草案公开征求意见》，载全国人大网：http://www.npc.gov.cn/huiyi/lfzt/xfq/2008-08/29/content_1447400.htm；《刑法修正案(草案)条文及草案说明》，载http://www.npc.gov.cn/huiyi/cwh/1116/2010-08/28/content_1593165.htm，最后访问日期：2017年7月20日。

④ [法]卢梭：《社会契约论》，何兆武译，商务印书馆2003年版，第88页。

⑤ 参见李林：《民主立法与公民参与》，载http://www.civillaw.com.cn/article/default.asp?id=49068，最后访问日期：2017年7月11日。

提的,只有立法机关将立法规划、立法草案、立法依据、立法记录等予以全面公开,公众才能从中获取有用信息,进而表达自身的利益诉求。立法公开可以提高立法活动的透明度,加强社会公众对于立法机构和代表的监督,从而避免出现暗箱操作和腐败,使立法活动合乎民意,不会偏离正常轨道。

(二)促进刑法立法中的利益博弈

社会公众参与刑法立法就是使各个利益阶层的利益诉求都能够得到表达,进而进行博弈。具体而言,博弈主要从三方面展开:

其一,立法机关与社会公众之间的利益博弈。我国《刑法》的制定、出台和修正都带有较为浓厚的国家主导色彩,立场上往往采取公权力的视角。通过促进社会公众对于行使立法活动的参与,可以使得普通民众的利益诉求得到表达,从而完善立法机关的决策基础,克服国家和机关视角下的片面性,促使其实现公权力与民意之间的平衡。

其二,部门之间的利益博弈。不同的部门之间亦有着利益冲突,而刑法立法对于部门间利益的划分可能直接影响各部门的地位。通过明确部门间的权力配置和职能范围,有助于建立刑事司法机构间相互分工、相互配合、相互制约的关系,从而避免对公民权利的不当侵害和部门之间的内耗。

其三,社会公众之间的博弈。在立法过程中,社会公众之间的利益诉求亦存在差异,通过许可反映不同社会公众利益的团体参与刑法立法,建立立法机构与社会各个利益团体间的信息沟通渠道,立法机关所考察的利益诉求将更为全面,从而实现不同利益团体间的利益平衡,确保刑法的民主性和科学性。

(三)提升社会公众的政治素养和参与热情

通过参与国家法律的制定活动,社会公众可以表达自身的利益主张,并影响立法活动的结果。这在实现民主的同时,也成为民众接触民主、了解民主的最佳机会。同时,社会公众参与立法的过程,也是其与立法机构、人民代表相互交流、相互影响的过程。通过立法活动的公开和互动,民众得以学习立法技巧、民主思想和国家运行的模式,其自身的政治素养和议政能力也会随之不断提高。

此外,由于民意对立法的影响越来越大,社会上的新闻事件,经过热烈讨论以后,就会触动立法的神经。通过建立与完善社会公众参与立法的机制,使社会公众的意见得到充分表达,有利于激发其参政议政热情,提高公私互动的积极性。从近年来发生的因反响热烈的案件而引发制定、修改或者废除法律的情况来看,我国的立法活动对于社会公众的利益表达反应较为迅速,社会公众的合理表达往往也在新法律中得到了体现。这其中“拒不支付劳动报酬罪”入刑便是一个较具有代表性的案例。早在2005年全国人大常委会劳动执法检查组赴深圳市检查《劳动法》贯彻实施情况时,深圳市有关部门就建议在刑法中增设“恶意欠薪罪”。之后针对因欠薪而引发的恶性事件,人大代表、劳动部门的官员以及部分学者多有动议。2010年“两会”期间,全国总工会副主席张鸣起再次呼吁恶意欠薪行为入刑,主张加重对恶意欠薪的处罚力度,增加违法成本。他的意见在代表中间引发一片热议,并得到很多人的赞同。作为全国三个农民工代表之一的朱雪芹也揭示了餐饮和建筑这两大农民工集聚行业存在的欠薪现象,并希望将欠薪罪立法纳入议程,从而使维权的劳动者具有更为直接有效的法律武器。⑥ 此后,《刑法修正案(八)(草案)》增加了拒不支付劳动报酬罪,并最终被通过获得立法的确认。

(四)彰显立法民主,提高刑法的实施效果

对于刑法立法而言,因其行为规范和裁判规范的设定事关公民的自由和社会利益,故而会引起利益冲突群体的争议。一部良好的刑法必须在尊重少数人基本权利的基础上代表多数人的意志,刑法规范的确定也应符合广泛的公众心理预期。因此,必须保证社会公众参与刑法立法,以推动各种意愿的全面展示和博弈,从而得出相对最为合理的方案。同时,刑法立法的过程吸纳社会公众参与能最大限度地体现对民意的尊重。⑦ 社会公众参与刑法立法的过程,不仅是立法者与社会公众就立法意图或者立法目的互相交流、表达、传导的过程,也是社会公众对刑法关注、了解和认同并将刑法规范内化于心的过程,也是立法民主性

---

⑥ 参见《全总出手整治恶意欠薪　呼吁恶意欠薪入刑法》,载中国新闻网:http://www.chinanews.com/cj/2010/09-09/2522505.shtml,最后访问日期:2017年7月13日。

⑦ 参见唐善鹏:《现代立法程序的作用及局限——一种基于法理学上的探讨》,载邓正来主编:《法律与中国——法学理论前沿论坛》(第4卷),中国政法大学出版社2005年版,第340页。

得到检验的过程。

社会公众参与刑法立法也有助于促进共识的形成。社会公众对于刑法规范存在的误解和过高预期,是阻碍刑法实施取得良好效果的主要原因之一。通过社会公众参与刑法立法,立法者可以发挥民主立法的导向和宣传作用,公开刑罚适用的具体情况和影响,阐明犯罪与刑罚之间的具体关系,介绍犯罪出现的原因和发展态势,弘扬人权保障思想,让社会公众在了解和参与刑事立法的同时,可以正确认识到刑事立法和司法所面临的困境以及刑事措施使用过程中所存在的局限,从而使社会公众树立正确的价值观念,对于刑法规范设定合理的心理预期,为立法完成后的法律实施创造有利条件。

三、社会公众参与刑法立法的路径与方法

在我国社会公众参与立法的实践中,参与方式还是比较多的。概括起来主要有公开征集立法项目建议或法律法规草案稿、立法调研、书面征求意见、座谈会、论证会、列席和旁听、公布法律草案征求意见、立法听证制度8种方式。另外还有一些法律没有明确规定的特殊方式,如立法游说、诉讼、发表公开信或上书、信访等。我国刑法立法过程中社会公众参与的实践处于刚起步阶段,并非前述每种方式都有实践,而且各种方式的实践程度也不尽均衡。不过,从中也能大体窥知社会公众参与刑法立法的路径与方法。

(一)社会公众参与刑法立法的路径

根据社会公众参与刑法立法的实践,可以将参与形式分为直接参与和间接参与两种路径。其中,直接参与是主要形式,而间接参与则是必要的补充。

1. 社会公众的直接参与

所谓社会公众的直接参与,也就是广大社会公众通过立法机关所开通的渠道,针对刑法草案直接向立法机关提出意见。由于制度以及立法机关的认识原因,我国最高立法机关公布刑法草案面向社会征求意见之做法并无太长的历史。在制定《刑法修正案(七)》的过程中,立法机关才第一次公布草案面向社会征求意见。2008年,十一届全国人大常委会委员长会议按照党的十七大精神和十一届全国人大一次会议的要求,推进科学立法、民主立法,进一步扩大公民对立法

工作的有序参与，作出了今后全国人大常委会审议的法律草案一般都予以公开，向社会广泛征求意见的决定。根据这一决定，在全国人大常委会对《刑法修正案（七）（草案）》进行第一次审议后，全国人大常委会办公厅将草案及草案说明在中国人大网公布，向社会公开征集意见。制定《刑法修正案（八）》的过程中，立法机关延续了上述做法。而在制定《刑法修正案（九）》的过程中，立法机关不仅公布草案一审稿以征求意见，而且还在二次审议后将草案二审稿再次予以公布，开创性地扩大了征求意见的草案的范围。

自《刑法修正案（七）》（草案）首次公开征求意见以来，广大社会公众参与刑法立法的热情日益高涨。及至《刑法修正案（九）（草案）》向社会公开征求意见后，共有社会公众15,096人提出了51,362条意见，[⑧]《刑法修正案（九）（草案）（二次审议稿）》向社会公开征求意见后，共有76,239位网民通过网络提出了110,737条意见，[⑨]社会公众对参与刑法立法的积极性可见一斑。而且，社会公众所提出的一些意见也会被立法机关所考虑和采纳。例如，《刑法修正案（七）（草案）》增设了组织、领导传销活动罪，但规定传销行为依照法律、行政法规的规定确定。对此，社会公众和有关方面提出，草案所作的规定比较笼统，并且该罪构成要件不宜按行政法规的规定确定，最终法律委员会采纳了该意见，对传销犯罪的行为方式和本质特征在草案二审稿中作出明确规定。[⑩]《刑法修正案（八）（草案）》规定审判时已满75周岁的人不适用死刑，社会公众和有关方面提出，对此应增加一定的限制条件以适应实践中各种复杂情况，法律委员会采纳了该意见，增加了“但以特别残忍手段致人死亡的除外”的例外性规定。[⑪]

2. 社会公众的间接参与

社会公众的间接参与，是指社会公众通过联系全国人大代表，并由全国人大代表履行相关职责的方式，而将自己关于刑法立法的意见由全国人大代表代为

⑧ 参见第十二届全国人大常委会第十五次会议参阅资料（二）：《中华人民共和国刑法修正案（九）（草案二次审议稿）参阅资料》。

⑨ 参见第十二届全国人大常委会第十六次会议参阅资料（一）：《中华人民共和国刑法修正案（九）（草案三次审议稿）参阅资料》。

⑩ 参见李适时：《全国人民代表大会法律委员会关于〈中华人民共和国刑法修正案（七）（草案）〉修改情况的汇报》，2008年12月22日。

⑪ 参见李适时：《全国人民代表大会法律委员会关于〈中华人民共和国刑法修正案（八）（草案）〉修改情况的汇报》，2010年12月20日。

提出的做法。全国人大代表通过联系社会公众并在履行职责的过程中表达社会公众的意志，从而使社会公众对刑法立法的意见间接达致立法机关，是社会公众对刑法立法产生影响的重要方式之一。具体而言，全国人大代表在刑法立法中替民众代为发声的方式大致有三种：

其一，在全国人大召开期间，全国人大代表提出关于刑法方面的议案或建议。根据《立法法》和《全国人民代表大会组织法》的有关规定，全国人大代表在全国人大召开期间享有提案权和提出建议权。虽然全国人大代表无权向全国人大常委会提请法律案，并且1979年刑法草案和1997年刑法修订草案都是由全国人大常委会提出的，但在我国刑法立法实践中，全国人大代表针对刑法立法所提出的议案和建议一直是全国人大常委会法制工作委员会开展修正案起草工作的重要原因和根据之一。例如，法制工作委员会在阐述制定《刑法修正案(九)》的必要性时就提到，"一段时间以来，全国人大代表、政法机关和有关部门都提出了一些修改刑法的意见，其中，十二届全国人大第一次会议以来，全国人大代表共提出修改刑法的议案81件"。⑫

其二，在全国人大召开期间，全国人大代表对刑法草案进行审议和表决。这主要体现在五届全国人大二次会议制定1979年《刑法》以及八届全国人大五次会议对1979年《刑法》进行全面修订的过程中。

其三，全国人大代表在全国人大常委会制定刑法修正案过程中就刑法立法问题提出意见。根据我国《立法法》的有关规定，全国人大常委会审议法律案时，应当邀请有关的全国人大代表列席会议，并且全国人大常委会工作机构应当将法律草案发送相关领域的全国人大代表征求意见。因而，全国人大代表可以在审议刑法草案的阶段表达相关的意见。然而，修正之前的《立法法》却并没有上述相关规定，因此在我国长期的刑法立法实践中，全国人大代表在全国人大常委会立法程序中提出意见的权利是没有相关法律制度予以确认和保障的。在我国的刑法立法实践中，虽然最高立法机关也会在起草草案和审议草案阶段征求有关全国人大代表的意见，但总体来说这也只是一些零星的做法。在刑法立法过程中，最高立法机关征求意见、会同研究以及邀请参加座谈会的对象，主要是

⑫ 李适时：《关于〈中华人民共和国刑法修正案(九)(草案)〉的说明》，2014年10月27日。

中央有关机构、立法参与部门以及相关学者和研究机构，很难见到全国人大代表的身影。不过随着修正后的《立法法》的施行，可以预见在未来全国人大常委会的立法程序之中，全国人大代表的身影将越来越频繁地出现。

（二）社会公众参与刑法立法的方法

社会公众参与刑法立法的方法多种多样，其中最为常见的便是通过媒体对刑法立法施加影响。这种民意表达手段也是社会公众影响刑法立法的重要方式，甚至可能是当下社会公众对刑法立法可以施加最大影响力的方式。

在近年来我国刑法立法的实践中，社会公众通过媒体对刑法立法施加影响的过程大致如下：某一社会事件发生——极少数民众知悉或者极少数民众通过各种手段进行传播——媒体对事件进行甄选后进行报道并制造议题——社会公众开始关注，产生一定的内心倾向并形成一定的共识，民意初步形成——媒体对事件进行深度挖掘，呈现新的事实或引领公众关注深层次问题——民意继续发展乃至发生变化——司法机关以及其他部门和决策领导层受到民意影响——民意对司法个案产生影响——针对个案处理结果民意继续发展变化——有关主体提出立法动议。在这一过程之中，社会公众和媒体可以说是一种相互利用的关系，社会公众通过媒体来表达自己的态度和意见，而媒体则通过社会公众的关注而谋取自身利益。不过在此过程中起着主导作用是媒体而非社会公众，“公众通过媒介知晓事件或问题，依据媒介提示的角度思考，按照媒介对各种问题的重视程度来调整自己对这些问题重要性的看法。公众因为媒介的报道而意识到议题的存在，媒介赋予议题的意义影响公众对该议题重要性的认识。媒介强调某些特定的议题使得社会成员的注意力集中在这些议题上，从而形成社会成员之间意向的统一”。⑬

然而，值得注意的是，在上述影响刑法立法的过程中，媒体所充当的“意见领袖”式的角色其实原来就已经存在，但毫无疑问，社会公众通过媒体对刑法立法产生较大影响的现象是近年来才发生的。而之所以会出现这种状况，是因为

⑬ 陈堂发：《新闻媒体与微观政治——传媒在政府决策过程中的作用》，复旦大学出版社2008年版，第22页。

“大众传媒对问题有组织地报道只是起到一种有效地扩散、放大与提醒作用，它在引发并不断维持着社会舆论之后，它的政治动员与社会动员功能即告结束”。⑭ 也就是说，媒体对有关事件进行报道只是一种手段，而其最终目的是通过引发并维持舆论后促使社会公众的行动，即促使民意的表达。但是，由于长期以来我国的正规民意表达渠道极为稀缺，而非正规民意表达渠道在某种程度上又遭到压制，以致在很长一段时间内，不管媒体如何报道，也不管公众受媒体影响而心中如何波涛翻涌，民意是很难被直观地呈现在最高立法机关和有关部门的面前的，因此刑法立法也便很难受到民意或舆论的影响。

不过，近年来网络媒体尤其是微信、微博等网络自媒体的快速发展，很快打破了上述局面。在网络自媒体中，每一个网民都好比是一个没有执照的媒体机构，其所发出的信息可能在很短时间内产生巨大的影响，并且更为关键的是，广大社会公众在获知有关事件的信息后，可以通过网络自媒体而畅所欲言地表达自己的态度和想法，从而使自己内心的想法直观地、可视化地呈现于世人，网络自媒体无疑在当下社会中充当了一个重要的乃至最主要的民意表达渠道。对待网络自媒体这种民间自生自发的民意表达渠道，有关决策主体是无法压制也是不能压制的。《中共中央关于加强党的执政能力建设的决定》中便指出，“高度重视互联网等新型传媒对社会舆论的影响，加快建立法律规范、行政监管、行业自律、技术保障相结合的管理体制，加强互联网宣传队伍建设，形成网上正面舆论的强势”。可见，党中央对网络自媒体这一民意表达渠道持允许存在但要加强管理的态度，这也意味着网络自媒体这一新兴民意表达渠道可以对有关决策主体产生一定的影响。因此，社会公众能够通过媒体对刑法立法产生影响，是离不开传统媒体与网络媒体的互补作用的，而这其中网络媒体又起到了关键作用。

社会公众通过媒体对我国刑法立法施加影响的痕迹，可以从最高立法机关对立法理由的说明中看出一些端倪。例如，法制工作委员会在《关于〈中华人民共和国刑法修正案（八）（草案）〉的说明》中指出，“对于一些社会危害严重，人民群众反响强烈，原来由行政管理手段或者民事手段调整的违法行为，建议规定

---

⑭ 陈堂发：《新闻媒体与微观政治——传媒在政府决策过程中的作用》，复旦大学出版社2008年版，第66页。

为犯罪。主要是醉酒驾车、飙车等危险驾驶的犯罪,不支付劳动报酬的犯罪,非法买卖人体器官的犯罪等”。⑮“人民群众反响强烈”固然包含着社会公众通过媒体强烈反映意见的意思,所以最高立法机关在增设危险驾驶罪、拒不支付劳动报酬罪等罪名时显然考虑了社会公众通过媒体所表达的意见。

不过,判断某一刑法规范的设立或修改是否受民意或舆论的主导影响,却并不是一件易事。以《刑法修正案(九)》废除嫖宿幼女罪为例,有的学者认为废除嫖宿幼女罪,是最高立法机关对民意或舆论的非理性的妥协,是民意或舆论主导下的“情绪性立法”。然而细究来说,这一结论则是通过修正案出台的时间节点和修正案的内容推测而来的。⑯ 也有的学者认为,在嫖宿幼女罪立法背景尚未变化,可以通过刑法解释实现罪刑相适应,司法适用错误不应归因于法条的情况下,最高立法机关废除嫖宿幼女罪的原因只能是受民意或舆论的影响。尽管从形式上看论者是基于排除法而得出结论的,但说到底其实也是一种推测。⑰ 我们认为,将嫖宿幼女罪的废除完全归结为民意或舆论的主导,其说服力有待强化。反观立法机关所作的立法说明,其在《全国人民代表大会法律委员会关于〈中华人民共和国刑法修正案(九)(草案)〉审议结果的报告》中指出,“考虑到近年来这方面的违法犯罪出现了一些新的情况,执法环节也存在一些问题,法律委员会经研究,建议取消《刑法》第三百六十条第二款规定的嫖宿幼女罪,对这类行为可以适用《刑法》第二百三十六条关于奸淫幼女的以强奸论、从重处罚的规定,不再作出专门规定”。⑱ 可见,立法机关之所以废除嫖宿幼女罪,其所给出的理由是“这方面的违法犯罪出现了一些新的情况,执法环节也存在一些问题”。姑且不论这两个理由是否足以支持废除嫖宿幼女罪,但据此可以看出立法机关之所以废除嫖宿幼女罪,其主要考虑的还是客观的社会实践状况,而并非简单地顺从民意或舆论。当然,也不排除立法机关给出的立法理由并不是其根本动因的可能性,但这也提示我们,在探究社会公众通过媒体对刑法立法施加影

---

⑮ 李适时:《关于〈中华人民共和国刑法修正案(八)(草案)〉的说明》,2010 年 8 月 23 日。

⑯ 参见刘宪权:《刑事立法应力戒情绪——以〈刑法修正案(九)〉为视角》,载《法学评论》2016 年第 1 期。

⑰ 参见李翔:《论刑事立法公众参与的限度》,载《东南大学学报》(哲学社会科学版)2016 年第 3 期。

⑱ 全国人民代表大会法律委员会关于《中华人民共和国刑法修正案(九)(草案)》审议结果的报告,2015 年 8 月 24 日。

响时,应仔细厘清立法机关对刑法所作出的修改到底是简单地对民意或舆论的妥协,还是透过民意或舆论而对背后的社会客观现实的必要回应。这就要求我们的立法机关必须要对社会公众的意见进行理性地分析和辨别。民意往往是社会公众针对某些社会事件的观点和态度,立法机关与其高度关注社会公众的主观态度,倒不如把主要精力集中于民意所指向的客观的社会事件及其背后可能存在的深层次社会问题。民意自身固然也很重要,但对立法机关来说,民意更应该是指导立法机关发现和思考问题的途径,其最终要解决的是相关的社会问题,而不是要如何平息民意。只有这样,最高立法机关才能达到"敌军围困万千重,我自岿然不动"的状态,从而保持刑法立法的理性。

回顾近年来我国的刑法立法实践可以发现,民意所起的作用有时是极其强大的,但有时却又是极其微小的。究其根本,是因为在我国现有刑法立法公众参与的渠道还不通畅的情况下,社会公众很难独立地反映自己的想法,并且由于民意的难以被代表的特性,因此在立法过程中,民意必须要借助媒体、专家、立法参与部门乃至立法机关之手才能进入刑法立法程序之中。而在这一转述民意的过程中,上述主体是不可能对民意进行完全如实地呈现的,他们必将对民意进行筛选和整合,以符合自身的利益取向和目标追求。因而,在我国刑法立法过程之中,社会公众虽然确实能在一定程度上表达自身的利益诉求,但社会公众或者民意所能起到的作用更多的是一种工具性的作用,即作为其他主体表达自身立法意见的重要工具。换言之,有关主体打着民意的幌子以在刑法立法中表达自身的利益诉求或者实现所追求之特定目的。而且总体来看,"迄今为止,民意所具有的积极价值与潜在功能在我国刑事法治领域并没有得到充分的利用与发挥,其可能产生的负面作用反而不时成为反对民意介入、批判民意监督的理由"。[19]因此,在我国当前阶段,最高立法机关和有关方面虽然要对社会舆论保持一种理性的态度,尽量审慎而客观地分析和采纳舆论中的有关意见,把舆论当作一种发现社会问题的重要手段,但同时,我们更应该把大部分精力放在如何进一步修复和拓展社会公众参与刑法立法的渠道之上,使社会公众不至于只能通过媒体才能发声,而是可以通过多种法定渠道直接影响最高立法机关。这其中的关键便

---

⑲ 周振杰:《刑事法治视野中的民意分析》,知识产权出版社2008年版,第227页。

是要保障社会公众“知情”和“参与”(包括监督)的民主权利,其中“知情”是公众参与立法的前提,“参与”是公众影响立法的行动,[20]在今后我国刑法立法过程中,我们应该围绕这两方面而不断完善刑法立法程序,以使广大社会公众真正能够参与到刑法立法之中。

四、结语

立足于人民主权的理念与原则,立法的真正主体只能是人民。只有切实保障社会公众参与立法,才能真正体现立法的正义价值,而且社会公众参与并主宰立法的程度越高、作用越大,就越能彰显立法的正义价值。因为人民最了解自己的意志愿望,最需要表达自身的利益诉求,所以人民制定的法律是最有利于实现自己利益与价值的制度安排和行为规范。[21] 也正是在这一层面上,习近平同志明确提出,要“提高立法科学化、民主化水平”,“完善立法工作机制和程序,扩大公众有序参与,充分听取各方意见,使法律准确反映经济社会发展的要求,更好协调利益关系,发挥立法的引领和推动作用”。[22] 而刑法立法更是一个利益选择、平衡和折中的过程,保障社会公众参与刑法立法,无疑是刑法立法民主的重要体现,是维护其立法乃至司法利益的必要之举,不仅有助于实现刑法立法的科学性、民主化,也有助于增强刑法立法过程的透明度,实现刑法立法的正当性,同时有助于强化社会公众的法律意识,提升刑法立法的实效性。

---

[20] 参见李林:《立法过程中的公众参与》,中国社会科学出版社 2009 年版,第 11 ~ 12 页。

[21] 同上书,第 5 页。

[22] 习近平:《坚持法治国家、法治政府、法治社会一体建设》,载《习近平谈治国理政》,外文出版社 2014 年版,第 144 页。

立法公众参与制度的理论基础与核心内容

——以哈贝马斯商谈理论为视角

马　壮*

摘　要：非建制化的公共领域、建制化的公共领域人大制度以及耦合机制政治协商会议不仅是我国最为重要的商谈场域，还是我国公众参与立法的重要平台。而如何实现哈贝马斯所言合法之法的生成则成为现阶段最为重要的问题，应当在理想的言谈情境中充分保障参与立法的公众有权利在实现私人自主的同时兼顾公共自主，从而在以沟通行动理论、商谈伦理学等在内的哈贝马斯的商谈理论的指导下进行自由、平等的沟通与商谈，进而促使非建制化的政治意见形成过程与建制化的政治意志形成过程保持良性互动，真正实现立法商谈，最终生成合法之法。在上述合法之法生成之前，首先应当运用哈贝马斯的商谈理论作为分析工具深入研究立法公众参与制度的理论基础和核心内容，从而在此基础之上完善上述提及的立法商谈场域为我国立法的公众参与提供平台，进而在沟通主义法治范式的指引下建构独具中国特色的立法商谈体系。

关键词：商谈　立法　公共参与　场域

一、我国立法公众参与制度概述

（一）立法公众参与制度的概念

在我国现阶段，立法公众参与不仅体现在中国特色社会主义法律体系的建

*　马壮，河北邢台人，河北时代经典律师事务所律师，研究方向为立法学。

设与完善过程中,还体现在我国建设法治国家、法治政府以及法治社会的社会主义民主与法治建设的进程中,并且不断表现为我国立法的规范化、制度化以及体系化的完善。其中,立法在理论上有众多含义,但笔者认为立法通常指的是特定国家机关依照一定程序,制定或者认可反映统治阶级意志,并以国家强制力保证实施的行为规范的活动。公众参与则更多地体现为以民主政治为理论基础的社会公众参与管理国家事务和社会公共事务的一种权利。① 综合上述概念,笔者认为我国立法公众参与制度是指在宪法、法律规定的权限范围内,社会公众依法享有参与我国相关法律规范的制定、修改、废止等管理国家事务和社会公共利益事项的权利,从而保障实现公民权利更好地制约公共权力,进而保障公众参与立法过程,并对其运行和结果产生影响的制度。

(二)公众参与立法的商谈场域

构建完善的立法商谈体系,是我国建构沟通主义法范式过程性阐释的核心环节。其中,商谈机制及其载体商谈场域的构建,最为重要。“在我国合理商谈机制的建设需从三个层面着手,即非建制化公共领域机制、建制化公共领域人民代表大会制度以及作为中间环节的耦合机制”,②而非建制化的公共领域、建制化的公共领域人大制度以及耦合机制政治协商会议三个层面为我国立法公众参与提供了平台,是我国立法公众参与的重要商谈场域。

第一层面,非建制化的公共领域。非建制化的公共领域是指在哈贝马斯理论体系中所言的生活世界中逐步展开的公众就与立法相关的社会热点或者难点问题提出自己的观点、意见,通过有效的言语沟通、交流行动所织构的社会空间、文化空间以及依据参与者主体间性形成的多主体间的交流网络,最终生成公共意见与公共舆论得以形成的“理想的沟通共同体”。其中,非建制化的公共领域作为政治系统与生活世界的中介,主要为上文提及的合法之法的生成提供合法性的基础和源泉,即在“一定条件下市民社会可以在公共领域中赢得影响,可以通过它自己的公共意见而对议会组织(以及法院)造成一定效应,并且迫使政治

① 参见戴激涛:《公众参与:作为美德和制度的存在》,载《时代法学》2005 年第 6 期。

② 陆洲:《论哈贝马斯程序主义法范式及其中国意义》,人民出版社 2014 年版,第 247 页。

系统转到正式的权力循环”。③ 因此,有必要通过上述理想情境的建设与完善将社会生活世界中的意见或者建议通过“理想的沟通共同体”汇聚、吸收以及放大,从而将纷繁复杂的社会问题加以整合、融汇,进而转向我国政治系统。

第二层面,建制化的公共领域。建制化的公共领域在我国是指作为我国立法公众参与重要商谈场域的全国人民代表大会制度,其类似于西方国家议会的立法商谈,是旨在吸收、审思和过滤公众立法意见和建议的基础上,形成正式的政治意志的过程。④ 其中,人民代表大会作为我国建制化公共领域中唯一的立法机构,是立法商谈步入政治系统最主要的平台和载体,而通过历经严格民主程序推选而出的普遍、平等以及广泛代表公众诉求的人大代表,应该在哈贝马斯商谈理论的指导下,在我国具体的立法过程中均衡商谈主体组成、平衡商谈话语,从而保障公平的商谈进程,进而促进规则形成的民主性与科学性。

第三层面,耦合机制。耦合机制作为我国公众参与立法的又一重要商谈场域,在我国具体表现为政治协商会议制度,体现为在我国沟通主义法范式建构过程中实现非建制化的政治意见形成过程与建制化的政治意志形成过程两者重新关联的媒介。在我国立法过程中,公民在公共领域商谈形成的初步政治意见、要求通过整理、归纳、总结,最终形成具有意义的政协提案,提交全国人民代表大会讨论,是“政治生活领域内主体政治力量与次主体政治力量之间的合作、协商与联合”,⑤是一种具有中国特色的民主参与立法的形式。

二、立法公众参与的商谈理论基础

伴随着我国法治理念的不断更新,传统的立法理念现已不再适应我国现阶段的立法实践,亟待进一步更新。尤其是哈贝马斯所言的合法之法的生成,急需将哈贝马斯的法哲学理论融入我国立法实践中。哈贝马斯的法哲学理论在西方法哲学的研究中占据着重要的地位,不仅因其传承了德国古典法哲学中的主要精髓,还因其在一定程度上综合了欧陆、英美哲学中的诸多要义。就其本质而

---

③ [德]尤尔根·哈贝马斯:《在事实与规范之间——关于法律和民主法治国的商谈理论》,童世骏译,三联书店2003年版,第461页。

④ 参见陆洲:《论哈贝马斯程序主义法范式及其中国意义》,人民出版社2014年版,第174页。

⑤ 林尚立:《协商政治:对中国民主政治发展的一种思考》,载《学术月刊》2003年第4期。

言,哈贝马斯法哲学理论是将沟通行动理论作为其基础,通过其与商谈伦理学的结合且最终投射到具体法律领域中的一种商谈理论。因此,笔者认为哈贝马斯商谈理论以沟通行动理论为基础,融合了生活世界及其殖民化、普遍语用学以及商谈伦理学等多种经典理论而成,能够真正解决涉及客观世界、社会世界以及规范世界等类似于法律合法化危机等相关问题,因此有必要将其作为立法公众参与的理论基础予以深入研究。现将上文提及的已经融入立法公众参与的理论基础的哈贝马斯商谈理论予以简要介绍。

(一)沟通行动理论

哈贝马斯的商谈理论以其沟通行动理论为基础。换言之,商谈也是一种交往行动,是交往行动的反思和继续。二者之间的不同主要体现为:行动者在其与其他行动者间主体间性交往行动的过程中,往往基于其本身不同的行为方式,而有与其本身相符且对其有效性要求的假设,在其接下来的立法商谈过程中,需要对交往行动本身所隐含的基于其行为方式而有所不同的有效性假设,予以明确地讨论、商谈。

其中,"行为"在哈贝马斯沟通行动理论中,被作为行动者与包含不止客观世界在内的体系之间建立的一种联系,通过将行动与作为连带现象身体活动、操作活动的区分,从而以实践的形式获得行为本身的独立性。而在交往行为模式中,行动者通过语言作为其媒介与上述三个世界之间建立联系,且通过联系将其整合为一个可以通过沟通达成理解的框架。换言之,"交往行为概念把语言设定为沟通过程的媒介,在沟通过程中,参与者通过与世界发生关联,并且彼此提出有效性要求,它们可能被接受,也可能被拒绝"。⑥ 而在此,不能简单地将哈贝马斯的沟通行动理论与其交往行为理论相混同。"行动"在哈贝马斯看来与行为的主要区别不仅体现在其具有意向性,还体现在其所具有主体间性。若使受规则支配的行动具有意向性,只能通过将行动的规则性与其"行动"的意向性联系起来,而若将行动置于"人际互动的网络中进行,行动因其具规则性而具有意

⑥ [德]尤尔根·哈贝马斯:《交往行动理论》(第1卷),曹卫东译,上海人民出版社2004年版,第100页。

向性,因其规则性而具有主体间性”。⑦

哈贝马斯基于行动者与上文提及三个世界的对应关系将社会行动调整、概括为:目的性行动、规范调节的行动、戏剧式行动和沟通行动四种类型。⑧

目的性行动,是指在客观世界中,行为者往往基于特定情况而通过实用性或实用的可期望性对将要选择的手段、目的进行综合的比较、权衡,从而作出决定的行动类型。目的性行动可分为工具性行动和策略性行动。工具性行动更加强调既定目标与实现手段之间的联系,是指行为者更倾向于如何通过手段或工具的有效性,对其所能影响客观世界中的一个事态,来实现其所追求的目的。策略性行动更强调追求最终有利于己方结果的基础上如何采取策略来影响对方的决策,是指行为者试图通过策略性实现手段来成功的影响其他行动者的决定,从而实现其既定的目标。

规范调节的行动,是指在社会世界中,行为者通过对共同体所确认的规范或价值准则的遵守,从而实现对社会行为者彼此之间社会关系予以调整的行动类型。这种行动所涉及的参与者往往具有双重身份,其不仅作为单个行动者,而且还是社会团体中的成员。尤其是在社会世界中,规范的有效性要求行为者遵守规范,且基于此,可对其他社会成员的行动予以合理期望。

戏剧式行动,是指在主观世界中,行动者往往将其自我主观愿望以及真实情感的流露,通过寄生或依附于目的性行动、规范调节行动的实行,从而给其他行为者留下印象,且有意识地表现自我主观性的行动类型。戏剧式行动的核心观念在于“表演”和“遭遇”。表演更多地体现为行动者在公众面前有意识的展现自己,而希冀其行为所承载或表达的自我主观性得到其他行为者更多的关注与接受。遭遇更多地体现为其作为一种互为主体性的表现形式,即行动者与作为旁观的其他行为者通过戏剧是行动的事实而相互构成观众、相互表演。

沟通行动,是指在客观世界、社会世界以及主观世界中,多个具有语言能力和理解能力的行动者将语言作为媒介,通过语言的交流,试图取得彼此间的相互理解,从而协调主体间的行为,进而逐渐达成共识、合作的一种状态、过程和关系

---

⑦ 陆洲:《论哈贝马斯程序主义法范式及其中国意义》,人民出版社2014年版,第107页。

⑧ 同上。

的行动类型。沟通行动是为了实现理解的一种主体间性的活动，必须在特定的话语情境中进行，且需遵循有效的行为规范。作为沟通媒介的语言在沟通行动理论中居于重要地位，也是理解沟通行动的关键环节。⑨

在哈贝马斯看来，现代世界观是一种摆脱了宗教世界观与世俗世界观束缚的认知模式，被区分为客观世界、社会世界和主观世界三个层次。不同的行动模式与上述三种世界相关联，且各侧重于世界的不同层面。目的性行动主要侧重于客观世界，要求行动不仅应符合有效性要求，还应符合真实性标准。其中，真实性要求行为者对于客观世界的认识符合客观真实，而有效性要求行为者通过自身努力使外在事态符合其目的性的内在要求。规范调节的行动主要侧重于社会世界，要求行动者在对客观世界认识的基础上，对自身行动的现实条件予以明确区分，从而使其行动者的行动不仅要符合其内在的真实性要求，还应当符合社会共同体既存的社会规范。戏剧性行动主要侧重于主观世界，要求行动者将包含主观愿望、真实情感在内的自我主观世界，通过符合真诚性标准的言语将其予以表达。行为者通过表演在公众面前予以展现，实为获得其他行为者更多的关注，并获得其接受。上述三种行动分别体现了沟通行动中的某些要素，"第一种，把沟通看成是仅仅为了实现自己目的的人的间接理性；第二种，把沟通看成是仅仅为了体现对既存规范的认可者的争取共识的行为；第三种，把沟通看作是吸引观众的表演"。⑩ 但沟通行动不同于上述三者，其不仅包含其全部的沟通性规定，还全面涵盖了上述三个世界。沟通行动在本质上作为一种符合真实性、正确性和真诚性三种有效性要求的言语行为，通过行为者主体间的商谈，从而达成人们之间的相互理解。

（二）生活世界及其殖民化

哈贝马斯通过建立"生活世界——体系"的分析架构，尝试通过以语言作为其媒介的生活世界和体系⑪的理性化过程，来阐明现代生活世界如何被后者殖

⑨ 参见葛洪义：《法与实践理性》，中国政法大学出版社 2002 年版，第 211 页。

⑩ [德]尤尔根·哈贝马斯：《交往行动理论》(第 1 卷)，洪佩郁等译，重庆出版社 1994 年版，第 135 页。

⑪ 与生活世界相对立的概念，指以权力为媒介的行政科层系统和以货币为媒介的市场经济系统。

民化,从而在检视现代社会所面临困境的基础上,进一步寻求摆脱困境的方向。

"生活世界"最早由胡塞尔针对自然科学被视为唯一科学而提出,在此基础上,"哈贝马斯勾画出了一个更为充实的生活世界的概念"。⑫ 作为一种象征性结构;生活世界以语言为内核,构成一张包容人际交往与行为的动态网络。⑬ 在此,不能简单地将"生活世界"与"世界"等同,二者分处不同的层面。简言之,生活世界是关于描述主体间相互理解之可能性,而存在的一般背景假设,而世界则是描述主体间相互理解之可能性的坐标体系。

生活世界的理性化过程应从生活世界的结构性分化、形式与内容的分离以及文化再生产的反省过程三个层面来认识。第一个层面,生活世界的结构性分化,是指逐渐摆脱神秘世界观控制后,生活世界按其所划分的文化、社会以及个性三层结构,分别顺应其理性交往模式的发展而独立起来。第二个层面,形式与内容的分离,即不再依赖神秘世界观里存在的权威崇拜,而开始逐步寻求对沟通行动基本价值、观念以及程序等客观因素的依赖,从而实现人类思维以及理解能力的不断提升。第三个层面,文化再生产的反省化,即在人与人的商谈过程中,不断对其所处的社会文化予以交往或理性的反思,从而实现在文化层面上对生活世界的认识不断理性化。

与生活世界通过价值层面来规范人类行为不同,体制不仅对其不同的生活方式和利益趋向予以功能层次上的区分,还通过对其予以明确的规定,调节人类的行为。体制的理性化过程一般经历"平等式部落社会""阶层部落社会""政治分层阶段社会""经济阶段结构社会"四个阶段。伴随着体制的理性化过程,体制存在的意义基础由第一阶段神秘世界观促使的社会与体制的整合到第二阶段的世袭社群,再到第三阶段国家政治职能,最后过渡到第四阶段以金钱为主宰的社会机制。而生活世界在上述过程中,逐渐被体制内市场机制和科层化的权力所侵蚀,将原本属于私人领域和公共领域的非市场和非商品化的活动通过以商品交易的模式予以衡量,致使其主体间有意义的言语沟通、交流演变为一种单纯的利益交换。生活世界殖民化的过程,在一定程度上堵塞了行动者在沟通行动过程中达成"共

---

⑫ [英]威廉姆·奥斯威特:《哈贝马斯》,沈亚生译,黑龙江人民出版社1999年版,第96页。

⑬ 参见章国峰:《交往理性》,载《外国文学》2004年第1期。

识”的可能途径,从而导致现代“生活世界”出现病态困境。

(三)普遍语用学

普遍语用学就是通过对言语行为的分析,从而研究语言本身所具有的交往职能,进而探究说话者与听话者就如何在语言的交往过程中达到理解层面上规范的学说。普遍语用学的主要任务是反思相互理解行为中普遍存在的条件,从而通过达至理解目的的行为而重建语用学,进而为建构以语言为媒介的交往行动理论而重建理性。

哈贝马斯将伽达默尔解释学中的核心概念“理解”引入自己的社会学批判中,从而形成了自己独具特色的“批判的解释学”。重建语用学中的普遍条件是在寻求两个或两个以上的主体之间存在的交往合理性条件。上文所提及的理解也就是说“任何处于交往行为活动中的人,在施行任何言语行为时,必须满足若干普遍有效性要求并假定他们可以被验证”。⑭ 言语行为的普遍有效性主要体现在对言说内容与言说者本身的要求两个方面。其中针对言语内容而言,不仅表现为言说者所表达的内容具有可领会性且不至于听者出现理解上的偏差,还表现为其所提供的言说内容具有真实性,以便听者能将其予以分享。对于言说者本身的要求而言,不仅体现在言说者表达时的真诚性,使自己成为可理解的,还体现在其选择方式的正确性,从而达到自身与他人的默契和认同。只有当言说者及其言说的内容符合上述要求时,才能使其与听者有可能在社会公认的规范的规范话语内达到认同。

哈贝马斯将言语行为模式与基于重构奥斯丁言语行为理论基础而提出的普遍语用学的有效性主张予以结合,从而使语言的实践功能与其理论研究联系在一起,进而深入生活世界。而作为普遍有效性条件的真实性、正当性、真诚性作为其语言行为可能被理解的先验条件,促使以语言为媒介沟通行动理论的建构,从而论证乃至实现社会合法化。

---

⑭ [德]尤尔根·哈贝马斯:《交往与社会进化》,张博树译,重庆出版社1990年版,第63页。

（四）商谈伦理学

在日益多元化的社会中，传统伦理规则的失范以及个体价值冲突的失衡加剧了人们生活方式、思想观念以及价值取向的转变。基于“语言转向”，哈贝马斯在交往行为理论的基础上提出了商谈伦理学，指出沟通行动实质上是主体之间以语言为媒介的对话（商谈）关系。⑮ 将沟通行动理论应用到伦理学的相关领域中，从而经由话语理论中“普遍语用学”的哲学方法过渡到以其为基础的商谈伦理学。哈贝马斯通过商谈伦理学的建构，不仅将伦理学的基础由道德意识的反思转变为交往对话双方所组成的共同体，还将交往理性由理论层面扩展到实践层面。

哈贝马斯商谈伦理学区别于自上而下他律性的道德规范，旨在通过理性论证的方式来实现道德共识，从而达成一种主体间的相互理解。其依靠理性的信服力，通过协商和论证的方式来寻求不同商谈主体均予以认可的价值标准、共同规范，从而实现对主体间伦理关系的调整与维护。

综上而言，哈贝马斯的商谈理论涵盖了公众参与立法商谈的非建制化的公共领域、建制化的公共领域人大制度以及耦合机制政治协商会议三个层面参与立法的公众所涉及的各阶段、各层面不同种类的商谈。尤其是在沟通主义法范式的指引下，对上述提及的涉及客观世界、社会世界以及规范世界等各种问题予以商谈理论的明确指导，必然促使合法之法的逐步生成。

三、立法公众参与的核心内容

现阶段我国社会生活中普遍存在且极易引起争议的社会问题，因其常常深受公共的普遍关注，而将其置于公共领域中，对其问题的性质、后果以及如何解决进行积极的讨论。对于上述需要讨论的问题作为我国立法公众参与的核心内容，需要通过商谈理论对其予以深入研究。而对于上述核心内容的论述，延续上文提及商谈场域的划分予以简要列明。

---

⑮ 参见唐晓燕：《哈贝马斯的商谈伦理学》，载《广西社会科学》2005年第7期。

（一）公众参与非建制化的公共领域

针对上文提及的第一层面非建制化的公共领域，人们可以采取多种方式参与立法。其中，作为我国立法公众的参与者在立法过程中往往体现为两种角色，其不仅是我国法律的承担者，还是我国法律的制定者。尤其是公众作为法律商谈者参与制定法律，其必须有充分的理由论证其所持源于公共领域的商谈性意见符合沟通理性的基本要求，且其提出的有效性要求具有可兑现性，即符合更多类似商谈主体以及得到公众的认可，并在历经有效性商谈的过程中对其商谈性意见进行提炼与升华，从而保障实现深蕴民意、规范合理的政治意志，进而因其商谈过程本身与论证的合法性、合理性而被更多的未参与立法的承受者所接受。因此，在非建制化的公共领域立法商谈场域阶段中，能否实现公众真正享有自己作为我国立法制定者的权利以及能否积极履行作为法律承担者的义务是其能否广泛参与我国立法的首要前提。首先，公众参与非建制化的公共领域应当加强对公共领域公众参与的培育。其次，公众参与非建制化的公共领域应当在公共领域内实现保障公民私人自主与公共自主之间的均衡，以缓和事实与规范在非建制公共领域场域之间的张力。最后，公众参与非建制化的公共领域应当从纷繁复杂的非建制的公共领域讨论中吸收、融合包括专家、学者等在内的公众对该问题的意见以及看法，确定影响法律规范制定与变动的相关因素，从而为立法商谈现阶段及下一层次场域中的立法商谈提供可借鉴之处，进而促进公众更大限度地参与我国立法商谈。

（二）公众参与建制化的公共领域

人民代表大会制度作为我国立法商谈体系在本建制化的公共领域场域内的重要载体，因其与作为立法商谈过程中应当予以建构的商谈机构还存在一定程度的差距，从而致使如何完善作为商谈机构的人民代表大会制度，成为我国实现立法公众参与的重要保障。在本场域中，通过立法商谈保障机制的建构，从而实现商谈需求的特定情境，即在保障商谈主体组成均衡、商谈话语实现平衡的基础上构建公平的商谈规则，从而促进商谈进程的公平。具体体现为立法者通过民主推选出广泛代表社会公众自身利益或熟悉各专门领域的专家学者或具备政治能力的政治精英等作为人大代表,依靠自身优势对历经第一层次场域,源于生活世界民声民意进行的实质以及形式审查后,通过立法商谈得出的政治意见,在本场域内继续通过吸收、审思以及过滤等方式鉴别,形成通向政治系统的正式的政治意志。而我国立法公众参与在立法商谈的本阶段内,体现为立法法案经过上述公共领域的广泛讨论,“针对问题就会有一个大致的概念和框架,有权主体就将问题以正式的政治形式提出,使公共的意见通过政治系统的闸门进入建制化的议会形成过程”。⑯ 也就是说,将上一阶段提出的综合政治意见所形成的具有政治意志内容的法案,依据法定程序交由有权立法的机关提出关于制定、认可、变动规范性法律文件的提议和议事原则的专门活动。

首先,公众参与建制化的公共领域应当保障作为我国立法机构的全国人民代表大会的组成人员应当具备广泛的代表性、必要的专门性以及拥有权利的平等性。其次,公众参与建制化的公共领域还应当保障在人大制度中实现公民与代表之间更加充分的联系与沟通,即人大代表作为立法商谈的主体,其应当通过多种渠道建立起广泛代表与民众之间相互联系与沟通的媒介,致使非建制化公共领域内的意见在上述商谈过程中充分了解民情、民意,并通过对其上述环节的加工与整理,致使最终体现在代表的议案中,从而顺利进入下一商谈场域中,进而保障生成规则的合法性。最后,公众参与建制化的公共领域还应当保障更广泛的地方立法公众参与是在充分了解商谈内涵的基础上完善商谈程序、建构商谈规则,从而使民主立法商谈真正成为检验法律、政治原则以及公共政策是否符合合法性的唯一标准。正如“哈贝马斯将立法商谈划分为不同类型,用于处理不同的问题”,⑰即在现阶段,针对一个涉及大量关涉实用的问题应当予以相关考量,而非单纯地将其列为实用商谈领域且按照原本观念多采取的单一角度处理,不予对其具体参照商谈逻辑顺序综合考虑道德商谈、伦理商谈以及实用商谈。

(三)公众参与耦合机制

针对上文提及的第三层面政治协商会议制度作为我国立法商谈中的耦合机

⑯ 陆洲:《论哈贝马斯程序主义法范式及其中国意义》,人民出版社2014年版,第237页。

⑰ 同上。

制，连接立法商谈中的第一层次场域非建制化的公共领域与第三层次场域人民代表大会制度，具体体现为两个场域内的政治意见向政治意志逐步转化形成的过程。因作为耦合机制的政治协商会议作为立法商谈中重要衔接机制应予以进一步完善。

首先，公众参与耦合机制应当加强商谈主体的多元性，即政治协商会议应当充分吸收能够代表各个社会阶层力量的主体，充分反映他们所代表阶层的政治意见。在此阶段应当强调政治协商商谈地位的平等性，即参与商谈的政协代表除具备商谈应具备包括语言表达、沟通协商等基本技能外，还应敢于质疑权威，积极行使商谈赋予的基本权利，从而防止占据相对多数名额的社会名流与精英将其演化为"精英俱乐部"。商谈主体的多元性也体现在政协委员的推选制度上，尤其是现行邀请制度多采用提名推荐、综合评定以及政协常委会审查等方式。因上述邀请制度的存在，往往致使产生大量难以保障参会时间且缺乏提交议案能力的明星委员，从而损害商谈主体的多元性。其次，公众参与耦合机制在我国立法商谈过程中应当建构规范合理的商谈程序。尤其是政治协商会议作为上述立法商谈两个场域的耦合机制，应予明确规定包括政协委员上交提案的议题如何形成、议题怎样准备、政协代表的意见如何表达以及政治协商会议成果具备怎样形式才具有实际效力等问题的相关程序，从而保障商谈程序的规范性，进而在规范上述程序的基础上实现实体商谈结果的科学性。最后，公众参与耦合机制在我国立法商谈过程中还应继续提高政治协商提案质量以及增强政治协商会议商谈成果的实际效力。该阶段的商谈成果应提交于政治系统，通过建立多种协调、沟通机制，从而加强各级政协以及政协委员会同党委、人大以及政府之间的联络沟通，真正发挥政治协商作用的保障机制，进而积极推进政治协商成果的落实。

四、结论

建构独具中国特色的立法商谈体系，是我国现阶段乃至下一阶段立法应予考虑的首要问题。尤其是在沟通主义法范式的指引下，我国立法应努力实现我国公众在理想的言谈情境中，保障公民在既有权利实现私人自主的同时，更加充分地兼顾公共自主，从而在沟通行动理论与商谈伦理学的指导下进行自由、平等的沟通与商谈,进而促使非建制化的政治意见形成过程与建制化的政治意志形成过程保持良性互动,真正实现立法商谈,而最终生成合法之法。本文对我国立法公众参与制度的理论基础与核心内容的研究,只是我国立法公众参与制度、立法商谈体系建设的一小步,而真正实现上文提及的合法之法的生成,还需在沟通主义法范式的指引下在理想的言谈情境中进行自由的沟通与商谈,进而建构独具中国特色的立法商谈体系。

第三编　法律体系的完善

论当代中国法律体系的构建模式

钱大军*

摘　要：作为改革开放事业的重要部分，建设中国特色社会主义法律体系必然也会体现改革开放的总策略。因此建设中国特色社会主义法律体系就不可能是完全依据建构理性而为，必定是基于经验理性的探索试验而渐进形成。具体表现在立法工作上，就是长期以来我国立法工作所坚持的谨慎立法政策及其实践方式——"法律试行"。但是基于整体利益考虑，在法律体系构建的渐进模式中政府都占据主导地位。法律体系构建的中国模式一方面因其试验性而体现出渐进的一面；另一方面又因其政府主导性而具有明显的人为控制色彩。正是两者以及两者能够彼此相容的特质使得当代中国法律体系的构建方式具有与西方法律体系形成过程明显相异的特色。

关键词：法律体系　渐进模式　法律试行

一、问题的提出

2011年时任全国人民代表大会常务委员会委员长的吴邦国宣布中国特色社会主义法律体系①形成，这是中国法治建设进程中的一个标志性事件。从

---

* 钱大军，吉林大学理论法学研究中心副教授、博士生导师。

① 基金项目：吉林大学科学前沿与交叉学科创新项目（2011QY080）；教育部哲学社会科学研究重大课题攻关项目（10JZD0029）；国家"2011计划"司法文明协同创新中心研究资助。此处关于法律体系的概念，我们采用官方的定义，不再做评价，因为本文的目的就是考察按照官方定义的法律体系是如何形成的。"中国特色社会主义法律体系，是以宪法为统帅，以法律为主干，以行政法规、地方性法规为重要组成部分，由宪法相关法、民法商法、行政法、经济法、社会法、刑法、诉讼与非诉讼程序法等多个法律部门组成的有机统一整体。"（参见中华人民共和国国务院新闻办公室：《中国特色社会主义法律体系》，人民出版社2011年版，第10页）按照这种定义，中国特色社会主义法律体系显然是以立法为中心的，因此，我们也主要通过考察我国的立法状况来展示我国法律体系的形成过程。

1997年中共十五大提出法律体系形成的计划到宣布法律体系形成仅13年，即使从改革开放算起也才30年的时间。② 人们不禁有这样的疑问，在这么短的时间内建立起如此庞大的法律体系，是怎么实现的？事实上，在改革开放时，我们的法治建设基本上是从头再来，法律体系的建立也基本上属于"平地起高楼"。有学者由此认为，"中国政府尤其是立法机关在法律体系构建的认识和实践上，表现出一种强烈的理性主义的建构思路，意图在短短的几十年间通过持续不断的立法努力，实现形成中国特色法律体系的目标"。③ 这种评论无疑有一定的道理，因为不论是从时间上看，还是从结果上看，在这么短的时间内形成如此庞大的法律体系，很难是社会自然进化的结果。然而，如果由此就认为中国特色社会主义法律体系完全是理性计划的产物，也有失偏颇。当我们换一个角度仔细考察我国法律体系形成的具体过程时，就可能会得出另一种结论。

通常认为，与苏联的"震荡治疗"不同，中国采取的是一种"摸着石头过河"、循序渐进的改革方式，并且取得了良好的效果。相比较而言，"震荡治疗"更强调目的本身的纯粹性，更接近一种决定论的思维方式，是一种主张功能优先的现代化观念，而渐进主义则更接近波普尔的"渐进性社会工程"，它放弃对绝对真理的信仰而主张试错性验证。④ 从历史上看，从19世纪末开始，我们变革社会的方式一直以来都趋向激进的方式：从推翻清政府到国民革命再到共产革命乃至"文化大革命"，这都属于"震荡治疗"的范畴。但是，这些激进的社会变迁方式非但没有实现社会的预期目标，反而留下了无数沉痛的教训。所以，从改革开放起，我们的改革策略逐渐趋于务实、稳妥，这才有了"摸着石头过河"的中国经验。一般说来，"渐进的辨证治疗的好处是能够减少社会阻力、降低社会变革的成本，并使每一具体步骤和措施的失败风险都可以得到有效控制"。⑤

如果"摸着石头过河"是我们改革开放的总体思路，那么似乎没有理由认为中国特色社会主义法律体系完全是一种理性设计的结果。因为，建立中国特色

② 本文主要以改革开放为时间起点来考察当代中国的法律体系构建模式。

③ 参见张志铭：《转型中国的法律体系建构》，载《中国法学》2009年第2期。

④ ［英］卡尔·波普尔：《历史决定论的贫困》，杜汝楫、邱仁宗译，华夏出版社1987年版，第50～59页。

⑤ 季卫东：《宪政新论》，北京大学出版社2002年版，第128页。

社会主义法律体系作为改革开放事业的重要部分，必然要与改革开放的总体战略部署保持一致，而不是沿着相反的方向进行。从主持立法工作的中央领导人那里，⑥我们也可以看到，立法的大政方针始终是与总体的改革策略保持一致。只有与改革开放的总基调相契合，才能保证立法工作的“政治正确”。这就决定了中国特色社会主义法律体系的建立是基于经验理性的探索试验，而不是工程思维主导下的理性建构。当然，这并不是说理性、计划在我国立法中完全不存在，因为任何人为的东西都不可能完全排除理性计划，而只是说，我们并不是事先设计好一个详细的作为立法指南的法律体系框架，然后再按照这个指南制定出各种法律，尤其当我们考察我国法律体系建立的整个过程时，这种渐进的思路就更加明显。

但问题到此处还没有结束，因为与一些西方发达国家法律体系的建立和发展相比，为何我国的渐进式发展思路能够在如此短的时间内建立起如此庞大的法律体系，而西方发达国家法律体系的建立却用了数百年甚至上千年的时间？我国的渐进方式与西方发达国家的那种自然演化方式存在什么区别？这种区别背后是否体现了我国法律体系独特的构建模式？如果是，那么这种构建模式是什么？可见，中国法律体系的构建模式本身就是需要进行详细探究的问题。这种探究，在理论上一方面能够回答当代中国法律体系构建模式的正当性，另一方面能够丰富法律体系理论研究，展示中国法律体系的构造轨迹，造就法律体系构建模式研究的多元化趋势；在实践上，能够为立法提供指导和评估当代中国法律体系构建的进程与效果，为完善满足社会经济政治以及文化发展需要的中国特色社会主义法律体系提供理论支持，为反思当代中国的既有法律体系构建模式、分析既有模式存在的问题和所陷入的误区、构造符合中国实际的法律体系构建理论奠定基础。基于此，笔者在阐述和梳理中国法律体系构建的渐进表现的基础上，尝试揭示中国法律体系构建的模式。

二、渐进式的审慎立法政策

一般来说，通过立法来推动社会变革，主要有两种思路：一种是基于整体主

⑥ 在下文中将会多次提到一些领导人的讲话，此处不再一一罗列。

义的社会系统工程思路，如各种关于法治系统工程的主张；另一种是基于实践理性的探索试验型思路，如我们常说的"摸着石头过河"。前者主张通过设计完美的法律体系一步到位实现法治蓝图，而后者则更强调通过不断的试验来逐步完善法律体系，当然这种区分是相对的。中国特色社会主义法律体系的建立更多的是采取了后者，因为这样才能与我们改革开放的总体战略部署相契合。就像有学者所说的那样，中国政治空间的"差序格局"，决定了中国只能采用一种反定型化的改革策略，为了团结也只能保持一种未完全理论化的共识。⑦ 因为如小平同志所说，"我们现在所干的事业是一项全新的事业，马克思没有讲过，我们的前人没有做过，其他社会主义国家也没有干过，所以没有现成的经验可学"。⑧ 既然是新的事业，就没有定型化的模式可供我们直接使用，只能进行试验，边干边学，通过实践来积累经验。在实践中，中央并不预设一种统一的模式，而是持一种"大胆试、允许看"⑨的态度，地方则是因地制宜进行制度创新，相互竞争、相互学习。

这种渐进主义改革观，反映在立法工作上，就是长期以来我国立法工作所坚持的谨慎立法政策，如我们所熟悉的"成熟一个，制定一个""宜粗不宜细""先立单项法，后立综合法""先地方，后中央""改批发为零售"。尽管学者对这些立法政策的质疑从未间断，而这些立法策略也的确产生了一些弊端，但这些审慎、稳妥的立法政策却一直主导我国的立法工作，也是不争的事实。实际上，熟悉我国改革历程的人都会发现，这些立法政策其实是决策者"在各种现实条件约束下做出的一种理性选择"，⑩要么是为了降低政治风险，为我国的改革事业保驾护航，要么是出于理性的自觉，不求改革一步到位，更要兼顾我国人多地大、处于社会转型的现实，总之是为了与我国的渐进式改革方略保持一致。期待根据事先

---

⑦ 参见田雷：《"差序格局"、反定型化和未完全理论化合意——中国宪政模式的一种叙述纲要》，载《中外法学》2012 年第 5 期。

⑧ 《邓小平文选》（第 3 卷），人民出版社 1993 年版，第 258～259 页。

⑨ 邓小平曾指出："改革开放胆子要大一些，敢于试验，不能像小脚女人一样。看准了的，就大胆地试，大胆地闯。深圳的重要经验就是敢闯。没有一点闯的精神，没有一点'冒'的精神，没有一股气呀、劲呀，就走不出一条好路，走不出一条新路，就干不出新的事业。"参见《邓小平文选》（第 3 卷），人民出版社 1993 年版，第 372 页。

⑩ 黄文艺：《信息不充分条件下的立法策略——从信息约束角度对全国人大常委会立法政策的解读》，载《中国法学》2009 年第 3 期。

设计好的一个法律体系构建的应然框架与理想模式有计划、分步骤制定出框架预设的法律，毋庸讳言是一种带有非理性色彩的完全理性设想。在改革图景不十分明确的情况下这种完美计划几乎是不可能实现的，其实很多法律的出台都是由一些偶然性因素促成的，这就决定了立法者采取一种务实稳妥、探索试错的立法策略是相对可取的。

在立法经验不足和现实条件不允许的情况下，我们必须与那种贪大求全、试图一步到位的理想主义保持距离。实际上，一开始中央就为立法工作定下了基调，如邓小平同志讲道，“修改补充法律，成熟一条就修改补充一条，不要等待‘成套设备’”；⑪时任全国人大常委会副委员长的陈丕显在六届人大四次会议上的工作报告中提出，“由于全面的经济体制改革和教育科技体制改革正在开展，一些重要的改革还在实践和积累经验的过程中，因此这些法律还需要根据条件逐步制定，在总结经验的基础上，成熟一个制定一个”。⑫ 这说明，高层决策者始终对中国现实有着清醒的把握，对理想化的法律体系构建模式保持着警醒，而我们的立法工作者也始终以此共勉，保证贯彻中央的立法政策。这也是马克思主义辩证真理观中国化的生动实例，真理的相对性决定了我们的认识的暂时性的和阶段性，反映在立法工作上就是“成熟一个，制定一个”。以民法典为例，1949年以来，我国先后制定了四部民法典草案，但时至今日，民法典仍然没有出台，只是在1986年出台了《民法通则》。就像王利明教授所说，这是因为“改革开放以后，鉴于市场经济体制尚未建立，民事审判的经验尚有待于进一步总结，制定民法典的条件并不成熟。因此，立法机关决定在民法典草案第四稿的基础上，根据‘成熟一条制定一条’的原则，首先制定民法通则”。⑬ 这显然是因为立法者认识到制定民法典的条件还不成熟，“民事立法既无旧章可循，又缺乏成熟经验，不可能在短期内制定一部完整的社会主义民法典”。

“先立单项法，后立综合法”，也是审慎立法政策的一种表现。在条件不成熟的情况下，先制定单行法，稳步向前推进，等条件成熟了，再制定综合法，否则

---

⑪ 参见邓小平：《邓小平文选（1975—1982）》，人民出版社1983年版，第137页。

⑫ 陈丕显：《全国人民代表大会常务委员会工作报告——1986年4月2日在第六届全国人民代表大会第四次会议上》，载《人民日报》1986年4月19日，第2版。

⑬ 王利明：《亲历民法通则的制定》，载《中国人大》2011年第7期。

就会犯立法冒进主义的错误。李鹏在担任九届全国人大常委会委员长期间明确提出了“先立单行法,后立综合法(大法)”的立法政策。⑭ 而在此之前,彭真就有论述:“民法不是短期间可以制定的。这不是我们不努力,而是问题本身就十分复杂,加上体制正在改革,实际上有困难。因此,一方面要搞民法,另一方面要搞单行法,民法和单行法可以同时进行。单行法各部门都可以搞,还可以先搞条例、规章、制度或其他行政法规。也可以把民法草案中比较成熟的部分,作为单行法规先提出审议、公布。单行法比较容易搞些。比较灵活,错了也比较好改。民法就比较慎重,制定不久就得改,那就不大好。先搞单行法,成熟了,成熟了再吸收到民法中来。”⑮而我们的不少立法工作确实是按照“先立单项法,后立综合法”的策略进行的。例如民事立法方面,自1949年10月1日以来,中华人民共和国共制定了12部民事法律,但一直没有贸然制定一部民法典。其中《民法通则》也是在先有《婚姻法》《经济合同法》《涉外经济合同法》《继承法》的基础上制定出来的。⑯ 刑事立法也一样,“刑法搞了三十多稿,先有惩治反革命条例、惩治贪污条例,然后再搞刑法典。惩治反革命条例、惩治贪污条例,都是先有实践经验,搞了一段‘镇反’‘三反’‘五反’运动,要全面处理了,怎么处理,根据党的政策和实践经验,才制定出刑法”。⑰

“宜粗不宜细”也是立法者考虑到我国幅员辽阔,各个地方存在多样化和差异化,以及社会处于急速变革转型的现实情况而秉持的一种审慎态度。既不能因为规定得过于详细而使法律难以适应多元化的地方差异,又不能因为规定的太具体使法律为了适应不断变化的社会现实而处于朝令夕改之中。“改批发为零售”同样是认为在我国社会还没有定型的情况下贸然采取编纂法典的方式,很有可能偏离社会现实,莫不如先制定一些单行法规或条例,等条件成熟了再编纂法典,这样才更为稳妥。

---

⑭ 参见李鹏:《立法与监督——李鹏人大日记》(上册),新华出版社、中国民主法制出版社2005年版,第282页。

⑮ 彭真:《论新时期的社会主义民主与法制建设》,中央文献出版社1989年版,第98~99页。

⑯ 参见杨立新:《百年中的中国民法华丽转身与曲折发展——中国民法一百年历史的回顾与展望》,载《河南省政法管理干部学院学报》2011年第3期。

⑰ 彭真:《论新时期的社会主义民主与法制建设》,中央文献出版社1989年版,第76页。

三、贯彻审慎立法政策的法律试行机制之试验方式

为了契合我国渐进式改革的总体方略，在建立社会主义法律体系的过程中立法机关始终秉持一种审慎的立法政策。但这种审慎的立法政策是如何得到贯彻的，法律体系构建的渐进式路径是如何展开的，以及在实际的立法过程中我们形成了哪些具体的实践方式，这些都需要做进一步的说明。笔者认为我们可以用“法律试行”这种机制来概括各种具体的实践方式。“法律试行的宗旨是保证立法的合理性和实效性，因此可以把法律试行制度理解为一个立法通过反复实践的试错过程不断进行自我调节和修正来适应社会环境、接近预期目标的反馈系统。”[18]在容许试错和注重经验学习的意义上，法律试行区别于基于计划理性的整体主义社会系统工程，而更接近波普尔的“渐进式社会工程”。法律试行具有明显的试验主义色彩，它把“实践、认识、再实践、再认识”作为其哲学根据；它容许差异，注重把不同的方案投入社会实践进行检验，然后进行比较和调整，在这种反复的验证过程中求得最大公约数。法律试行的这种试验主义特色，是理解中国法治变革的关键，就如同政策试验是理解中国改革开放的关键一样。[19]

关于法律试行，季卫东教授认为，“关于立法草案以及具体的法律措施的‘试点’、被允许进行法制改革的全面性实验的部分城市的各种规范化模式、经济特区的法律实践以及授权立法、冠以‘暂行’或‘试行’名称的法规、为全国性法典的编纂摸索经验的地方立法、具有法律继受功能的涉外法规以及由此产生的经济方面立法的动态二重结构等”，都属于法律试行范畴，因为它们都是通过试验过程来促进法律体系的渐进性变化的。[20] 但本文所要讨论的法律试行的具体机制显然不涉及这么广的范围，仅仅针对试行立法、试点立法、先行先试这三类典型的立法实践方式做一个简要的讨论。

---

⑱ 季卫东：《法治秩序的构建》，中国政法大学出版社 1999 年版，第 149 页。

⑲ 参见[德]韩博天：《通过试验制定政策：中国独具特色的经验》，载《当代中国史研究》2010 年第 3 期。刘培伟：《基于中央选择性控制的试验——中国改革“实践”机制的一种新解释》，载《开放时代》2010 年第 4 期。王绍光：《学习机制与适应能力：中国农村合作医疗体制变迁的启示》，载《中国社会科学》2008 年第 6 期。

⑳ 参见季卫东：《法治秩序的构建》，中国政法大学出版社 1999 年版，第 151 页。

（一）试行立法

试行立法是指立法机关为了实现特定的立法目的，而颁布一些带有“试行”“暂行”字样的法律、法规。试验性法规侧重从时间维度来检验某项法律、法规的效果，以期为后续的立法行为做准备。在经过一段时间的试行后，立法机关就会根据反馈的经验信息对这些被科尔奈称为“准法律”的试验性法规进行调整，或者将其上升为正式法律，或者予以废止。这些带有试验性质的法律法规，从新中国成立时起就作为一种试错方法而受到当局重视，尤其在改革开放后，更是得到了大规模运用。“在1979～1985年期间公布的713件法律和行政法规中，具有实验性质的暂行、试行法律法规共有182件，比率高达25%。”㉑直到20世纪90年代中后期，随着国家制度化程度的提高以及随后加入世界贸易组织，这种试验性法规的数量才有所下降，但是，“从2004年开始，试行法规的比例一直保持在17%到18%之间”。㉒ 据学者统计，从1949～2009年，这种带有“试行”“暂行”字样的试验法规，全国性法规有370件，国务院部门规章有7981件，地方性法规有456件，地方政府规章有5184件。㉓

需要说明的是，一些试验性法规并不是由立法机关直接颁布的，而是通过授权由被授权机关出台的。例如《民事诉讼法（试行）》就是在得到全国人大的授权后，由五届全国人大常委会审议通过，直到1991年4月9日，修改后的《民事诉讼法（试行）》才由七届全国人大四次会议正式通过施行。全国人大之所以要作出这种授权，显然是希望先由全国人大常委会颁布试行法规，在积累了一定的经验后，再由全国人大正式通过。

1985年4月10日，六届全国人大三次会议授权国务院在经济体制改革和对外开放方面可以制定暂行的规定或者条例。㉔ 关于这次授权，时任全国人大法工委主任的王汉斌做了一个说明，目前“还有不少新的复杂问题超出由行政法

㉑ 季卫东：《论法律试行的反思机制》，载《社会学研究》1989年第5期。

㉒ ［德］韩博天：《中国经济腾飞中的分级制政策试验》，载《开放时代》2008年第5期。

㉓ 该数据引自周望：《中国“政策试验”初探：类型、过程与功能》，载《理论与现代化》2011年第3期。

㉔ 参见《中华人民共和国第六届全国人民代表大会第三次会议关于授权国务院在经济体制改革和对外开放方面可以制定暂行的规定或者条例的决定》，载《中华人民共和国国务院公报》1985年第11期。

规调整的范围，目前还缺乏必要的实践经验，需要探索、试验，由全国人大和全国人大常委会制定或者补充、修改法律的条件还不成熟，实际工作又不能等待”，因此，“这样做，不仅可以适应当前某些实际工作需要，而且可以积累经验，为全国人大和全国人大常委会制定或者补充、修改法律做准备，有利于加快经济立法工作”。同时他也强调，“这些规定或者条例是暂行的，经过实践检验，条件成熟时，再由全国人大或者全国人大常委会制定法律或者作出补充、修改有关法律的决定”。㉕ 全国人大对国务院作出这种授权，同样是希望先由国务院制定暂行法规进行试验、探索，为日后全国人大及其常委会制定法律积累经验。

随着国家法治化进程的推进，这种试验性法规的数量将会逐渐减少，但在国家未定型化之前，这种试验性法规仍然会继续存在。这种试验性法规由于其应对社会变革的灵活性，以及为国家因法律失败而导致权威削弱的危险保留了缓冲空间，一直以来受到持稳、妥务实态度的立法者青睐，但其弊端也是明显的，如在暂行法的比例很高的情况下，规范之间的紧张程度就会增大；试行期限不明确，有的法规试行时间长达十几年；名称不统一，有的过长，有的过短，同一机构使用的名称也不统一；试验法规的效力和普通法律并无两样，即使正式法律也可以被修改和废止，加上“试行”“暂行”纯属多余，等等。㉖ 但这些都不能否认试验性法规在建立中国特色社会主义法律体系过程中曾发挥的重要作用。

（二）试点立法

“试点”是指国家机关在正式出台一项政策或法规之前，为筹备、测试、调整新政策和新法规所使用的一种方法，也就是我们通常所说的“由点到面”。“‘由点到面’是一种成熟的方法论，在中国存在这种土生土长的方法论意味着分散试验具有其深厚的合法性，这种分散试验远远超过了其他威权政体的零星试验。”㉗早在1928年毛泽东、邓子恢进行土地改革试验时，试点方法就已具备了雏形，并由邓子恢最早提出“由点到面”的调控式政策试验，后来在毛泽东的倡

㉕ 王汉斌：《关于“授权国务院在经济体制改革和对外开放方面可以制定暂行的规定或者条例的决定”（草案）》，载《中华人民共和国国务院公报》1985年第11期。

㉖ 参见万其刚：《关于法的名称的两个问题》，载《人大研究》1996年第3期。

㉗ ［德］韩博天：《通过试验制定政策：中国独具特色的经验》，载《当代中国史研究》2010年第3期。

导下，该方法得到了普及。毛泽东之后的邓小平、陈云等中央领导人延续了这一传统，如邓小平把改革开放描述为“大规模的试验”，陈云提倡用“试点”方法进行谨慎的有所控制的政策创新，试验的重要性甚至在 1992 年被写进了党章。[28]这种“典型试验”和“由点到面”的方法，有利于调动地方的积极性，增强中央和地方的互动，实现一种渐进累积式的改革，因此在许多改革领域被广泛使用。

“试点”方法在立法领域也被经常使用，中央在出台某项法律时，往往都要先设立立法试点，然后根据立法试点反馈的信息和经验出台正式法律。以破产法为例，当有部分代表在六届全国人大二次会议上提出制定企业破产法的提案时，企业破产法制度的试点工作就开始在沈阳、武汉、重庆和太原等地进行。1985 年 2 月 9 日，沈阳市政府发布了《沈阳市城市集体所有制工业企业破产处理的试行规定》，这是我国改革开放后第一个地方性的破产法规。随后，沈阳市出现了我国经济体制改革后第一家破产的企业：沈阳市防爆器械厂。这些试点工作为我国 1986 年 12 月 2 日通过的《破产法(试行)》提供了实际经验。[29] 我国的增值税立法也是如此。[30] 新近的房产税改革，也是大致的路子，先在上海、重庆进行改革试点，出台一些地方性法规，再根据试点经验为全国性的房产税立法做准备。可见，在许多法律正式出台前，立法机关都先进行了试点试验，这样既可以降低法律失败的风险，又可以为进一步的立法积累经验，这也是试点立法在我国长期存在的原因。

(三)先行先试

如果说“试点”只是就单项法规进行试验和探索，那么试验区则可以进行多领域的综合性法律试验，它是时间维度和空间维度的结合，它既可以颁布一些试行法规，也可以作为全国立法的试点。试验区既包括得到中央授权的经济特区和各种试验区，也包括得到中央政府默许和鼓励的各个地方政府。试验区最大

[28] 参见[德]韩博天：《通过试验制定政策：中国独具特色的经验》，载《当代中国史研究》2010 年第 3 期。

[29] 参见王欣新：《破产法》，中国人民大学出版社 2007 年版，第 28 ~ 29 页。

[30] 参见张守文：《我国税收立法的“试点模式”——以增值税立法试点为例》，载《法学》2013 年第 4 期。

的特色就是“先行先试”。如果说前两种立法试验因为强调稳妥而略显保守的话，那么这里将要谈到的“先行先试”将因其强调开拓性而体现出创新的一面。“先行先试”并非我国立法传统中早已存在的一种专业法律术语，而是我们根据“先行先试”的应有内涵对我国法律体系形成过程中的一种实践方式所进行的形象概括。“先行先试”是我国 2005 年兴起的综合配套改革中的一个关键词，它旨在鼓励各个综合改革试验区率先进行改革的试验、突破和创新。虽然“先行先试”不时地出现在各种媒体宣传、报道中，但它正式被官方接受并出现在官方文件中，是 2007 年 4 月 26 日上海市出台的《关于促进和保障浦东新区综合配套改革试点工作的决定》（以下简称《决定》）。《决定》指出，“在坚持国家法制统一原则和本市地方性法规基本原则的前提下，市人民政府和浦东新区人民政府可以就浦东新区综合配套改革制定相关文件在浦东新区先行先试”。[31]“先行先试”也得到了中央的认可与强调，“建设自由贸易试验区是一项国家战略，要牢牢把握国际通行规则，大胆闯、大胆试、自主改，尽快形成一批可复制、可推广的新制度，加快在促进投资贸易便利、监管高效便捷、法制环境规范等方面先试出首批管用、有效的成果”。[32]

虽然“先行先试”是近些年才出现的新词，但“先行先试”这种改革方式绝不是最近才出现的新鲜事物，而是在我国改革之初就出现并伴随改革全过程的改革策略。从小岗村的土地包产到户到深圳的“土地第一拍”再到综合改革试验区的建立，都体现了“先行先试”的特色。如前所述，我国的改革开放事业是沿着“摸着石头过河”的渐进式道路进行的，它强调试验性、试错性、开拓性。从“先行先试”的字面意义来看，“先试”具有试验的意味，而“先行”具有创新的一面，这和我国的渐进式改革开放策略是契合的。“先行先试”作为我国改革开放的一种方略，它必然也体现在我国法治事业的建设当中。而在我国法律体系的构建过程中，立法“先行先试”确实也扮演了重要角色，尤其是某些地方性立法，

---

[31] 《上海市人民代表大会常务委员会关于促进和保障浦东新区综合配套改革试点工作的决定》，载上海人大：http://www.spcsc.sh.cn/renda/cwhgb/node9350/u1a1391504.html，最后访问日期：2014 年 2 月 26 日。

[32] 《习近平谈自贸区建设：大胆闯、大胆试》，载新浪新闻：http://news.sina.com.cn/c/p/2014-03-05/200329632189.shtml#alb umpag e = 1，最后访问日期：2014 年 3 月 6 日。

其“先行先试”的痕迹更为明显。正如有学者指出的,“先行先试”特指“某些地方先行一步,进行各种立法尝试和制度实验,为其他地方提供创新的范本,并为全国范围内的深层次改革摸索、积累经验,进而推动整个国家的改革开放进程”。㉝

回顾自我国改革开放以来的立法实践,地方性立法一直是中央立法的智慧和经验来源。许多立法事项,通常是地方进行先行立法,然后中央总结地方立法的经验和教训,颁布全国性的法律。甚至一些地方立法在某种程度上填补着中央立法的空白,走在全国立法的前列。地方立法中“先行先试”的典型就是特区立法。经济特区的建立和特区立法本身就具有“先行先试”的意味,乔石同志就说过,广东省是“立法工作的试验田”。以深圳特区为例,它作为改革开放的立法试验区,许多立法在全国都处于先行的地位。“在深圳制定的特区法规中,大致有1/3的法规是在国家相关法律法规尚未出台的情况下先行先试的,有不少法规在我国立法发展史上写下了重要一笔。”㉞“深圳市地方立法在合伙条例、期货交易条例、经纪人条例、公司条例、建设工程施工招投标条例、市场中介服务机构立法等方面一直走在全国前列。”㉟以公司法的制定为例,早在《公司法》出台前,深圳地区就率先制定了关于公司制度的地方性法规:1993年4月的《深圳经济特区股份有限公司条例》和《深圳经济特区有限责任公司条例》和1993年9月的《〈深圳经济特区有限责任公司条例〉实施细则》。这些条例在时间上都早于《公司法》,在很大程度上都属于探索试验性立法,并且在理论和实践上都为日后的公司立法积累了宝贵的经验。在吸取深圳市两个条例起草和实施的经验基础上,1993年12月第八届全国人民代表大会常务委员会通过了《公司法》,并于1994年7月开始实施。㊱

除特区立法外,其他一些地方性立法也扮演着“先行先试”的角色。20世纪80年代,在全国性的《集会游行示威法》(1989年)颁布之前,《北京市关于游行示威的若干暂行规定》和《广东省集会游行示威规定》就分别于1986年和1988

㉝ 封丽霞:《地方“先行先试”的法治困境》,载《法律方法与法律思维》2010年第6辑。

㉞ 傅伦博:《深圳经济特区立法创新的回顾与思考》,载《深圳特区报》2010年12月21日,第B10版。

㉟ 封丽霞:《中央与地方立法关系法治化研究》,北京大学出版社2008年版,第349页。

㊱ 参见钟明霞:《深圳特区公司立法的回顾与展望》,载《广东社会科学》2000年第5期。

年颁布。还有如《计划生育法》,四川在1987年就制定了《计划生育条例》,而全国性的《计划生育技术服务管理条例》在2001年才由国务院颁布,《人口与计划生育法》在2001年第九届全国人大任期时才出台。从最近几年的地方立法实践来看,地方立法先行的趋势也愈加明显。例如,2000年吉林省的《村民委员会换届选举若干问题的规定》,对村民选举中实行"海选"的程序进行了详细的规定,走在了全国立法的前列。2004年通过的《厦门市最低生活保障办法》和《银川市检察机关法律监督工作条例》填补了我国最低生活保障和法律监督工作无具体操作办法的空白。[37]

相比于中央立法,地方立法的"先行先试"更容易实现由点到面、逐渐深入的"诱致性制度变迁",这与中央的审慎立法政策是一致的。地方立法的"先行先试"一方面因其探索试验性、风险可控性,符合我国法律体系构建的渐进模式而得到中央政府的鼓励和支持;另一方面因其引导社会变革的作用,适应社会发展需要和顺应人民呼声,从而保证了我国法律体系的实践合理性。

四、贯彻审慎立法政策的法律试行机制之国家主导形式

改革开放以来,中国的治理方式正在从总体支配转向技术治理,[38]但是国家依然垄断着大量资源,社会的活力也没有得到充分的激活和释放,因此,中国的改革还是以国家推动为主。即使在一些国家管控相对薄弱的领域,出现了由社会力量推动的制度变革,往往也需要国家的合法性追认,否则就难以得到承认和推广。因此,说我国法律体系的构建具有试验性、渐进性,只是看到了问题的一面,问题的另一面是这种试验始终是由国家主导和推动的,而不是一种由社会推动的自发试验。从提出试验动议到启动试验再到试验效果评估,政府都占据主导地位,社会的力量即使不是被排除也必须被政府整合,才能获得承认。一般来说,这种国家主导的立法试验是通过两种形式实现的,一种是由中央发起的"投放——吸纳——辐射"形式,另一种是地方主导的"先行先试——事后确认"形

---

[37] 参见封丽霞:《中央与地方立法关系法治化研究》,北京大学出版社2008年版,第351~352页。

[38] 参见孙立平、王汉生、王思斌、林彬、杨善华:载《改革以来中国社会结构的变迁》,载《中国社会科学》1994年第2期;另见渠敬东、周飞舟、应星:《从总体支配到技术治理——基于中国30年改革经验的社会学分析》,载《中国社会科学》2009年第6期。

式。无论是那种模式，都需要中央和地方的积极互动，才能实现试验效果，但相对来说，中央始终是最终的控制主体，其拥有绝对的权力决定试验的命运。对于由中央自己发起的试点试验，从试点的选择到最终试验效果的评估，其自然握有控制权。而对于地方立法的先行先试，虽然一开始中央的态度并不明确，但先行先试能否取得合法性却最终取决于中央的表态。

（一）中央发起的“投放—吸纳—辐射”形式

从近代以来，建立民族国家和实现现代化一直是我们所面临的历史任务，而建立民族国家，“不仅要攫取政治上的最高统治权，而且要夺取社会规则的控制权”，[39]这就决定了一个完整统一的法律体系是理想的现代民族国家所不可或缺的要素。1949年以后，尤其是改革开放后，建立一个完备的法律体系就迅速被提上了国家的议事日程。邓小平就说：“现在的问题是法律很不完备，很多法律还没有制定出来。往往把领导人说的话当作‘法’，不赞成领导人说的话就叫作‘违法’，领导人的话改变了，‘法’也就跟着改变。所以，应该集中力量制定刑法、民法、诉讼法和其他各种必要的法律……总之，有比没有好，快搞比慢搞好。”[40]中央高层之所以如此迫切要建立起一套良好的法律制度，一方面是急于告别过去那种无法无天的混乱状态，给老百姓以信心，另一方面是要向世界展示一个新的国家形象，以尽快融入国际社会。在追赶现代化的压力之下，社会各界搁置了意识形态之争，在通过法律变革社会的策略上达成了共识。在确定以经济建设为中心的改革方针后，为了创造一个良好的法制环境吸引外资，立法机关在短时间内出台了大量法规，在这种层层加码的压力之下，就无形中压缩了建立法律体系的时间。

虽然中央政府想急于建立起一套法律体系，但其并没有完全采取一种理性建构的方式，而是通过试行立法、试点试验这样一些方式来实现其目标。因为对于中央来说，在社会处于快速变革的时期，贸然制定一部全国通行的法律风险太大，这不是一种理性的选择。彭真同志就讲道，“对新的重大问题、重要改革，要

---

[39] 黄文艺：《法律体系形象之解构与重构》，载《法学》2008年第2期。

[40] 邓小平：《邓小平文选（1975—1982）》，人民出版社1983年版，第136～137页。

立法,一般需要一个探索、试验阶段,即实际准备过程”。[41] 中央在出台一些重要性的法律之前,一般都要有一个试验阶段,在经过实践检验合理后,再正式颁布。由中央发起的立法试验,可以用“投放—吸纳—辐射”这样一个模式来描述。第一个阶段是中央把各种试验方案投放在不同的环境中进行试错试验,让不同的方案相互竞争接受实践的检验,从中发现最有效或最能得到认可的方案;第二阶段是中央根据实践效果选择那些经得起实践考验的方案作为典型,并根据反馈的经验进行调适,使其具备推广的各种条件;第三阶段是将吸纳并经重新整合后的方案进行“辐射”式的推广,并且在扩散过程中一直密切关注其施行的实际效果,进而反复地吸纳和整合在推广过程中取得的经验,以便对原有方案进行不断修正和调整。[42] 因此,这种试验没有结束一说,而是一个循环过程,所谓的终点又会成为新的起点,这也符合我们“认识—实践—再认识—再实践”的马克思主义实践观,始终“把实践作为检验真伪的唯一标准”。

(二)地方主导的“先行先试——事后确认”形式

就如同在中国经济改革中所扮演的重要角色一样,[43]地方政府在中国法律体系构建的过程中也发挥了“先行先试”的作用,许多中央立法的出台都是奠基于地方立法的经验摸索。许多地方之所以愿意和敢于先行先试,自然离不了相应的制度激励机制,而这种激励机制又和中国的政治体制和治理模式密切相关。由于中国是一种典型的“向上负责”的政治官僚体制,这不同于韦伯所说的理性官僚制,因此上级的认可对地方官员的晋升至关重要。对于地方官员来说,积极地进行先行先试,相比于其他地区进行立法创新,无疑可以增加其晋升的筹码,

[41] 彭真:《论新时期的社会主义民主与法制建设》,中央文献出版社 1989 年版,第 246 ~ 247 页。

[42] 参见周望:《政策扩散理论与中国“政策试验研究”:启示与调适》,载《四川行政学院学报》2012 年第 4 期。

[43] 一些学者认为,正是中国这种“地方分权的威权体制”治理机制,推动了中国经济的发展。这种体制既包含中央政府在干部人事管理上的政治集权,也包含地方政府的财政和行政分权,是政治集权与经济和行政分权的结合体。在这种体制下,各个地方政府有足够的动力进行区域竞争,从而保证了整体的经济效率。具体参见钱颖一许成钢:《中国的经济改革为什么与众不同——M 型的层级制和非国有部门的进入与扩张》,载《经济社会体制比较研究》1993 年第 1 期;张五常:《中国的经济制度》中信出版社 2009 年版;周黎安:《中国地方官员的晋升锦标赛模式研究》,载《经济研究》2007 年第 7 期;周飞舟:《分税制十年:制度及其影响》,载《中国社会科学》2006 年第 6 期。

因为这些立法创新就是呈现在上级面前的一笔耀眼政绩。而对于地方政府来说,在改革初期进行先行先试也可以最大限度地获取改革红利。例如广东在 1987 年年底通过了《深圳经济特区土地管理条例》,按照土地所有权和使用权分离的原则,在全国首次规定实行国有土地的有偿使用和有偿转让,这无疑会让广东省率先享受财政收入增加的改革红利。同时,在地方政府之间的竞争中,健全的法制环境是吸引招商引资的一个重要筹码,这也是激励地方进行立法创新的一个关键因素。另外,如果获得中央授权的各种试验特权,像设立经济特区、综合配套改革试验区等,就会获得各种政策和资源支持,所以地方政府有足够的动力进行先行先试。像近年的综合配套改革试验区,许多地方政府竞相向中央提出了申请,就立法权来讲,综合改革区相比于其他地方享有先行立法权、变通规定权、试错权,㊹这对于地方政府是一个极大的诱惑。

地方立法往往秉持一种"先干再说或者边干边说"的实用主义风格,主张效果优于程序,一般的逻辑是地方先行,事后中央根据实践效果进行合法性确认,并且事实上也时常得到中央的默许和支持。这种行为逻辑可以概括为"先行先试——事后确认"模式,它强调"说明内在于行动"或者说"说明后于行动",行为的后果取决于事后的阐释而不是事前的规则和程序,这与"说明前置于行动"的程序优先模式形成了鲜明的对比。通常来说,"民主法治国家是以立法为核心的,即提前对政策可能带来的影响进行协商审议。在没有颁布法律法规之前,不会采取没有法律依据或试验性的行政措施。即使是在联邦体制下,常被引述的州一级政府的政策创新也都以颁布法律法规为基础('联邦制度试验室'),很少有不经立法就进行的行政试验"。㊺之所以会出现这种反差,固然和我国缺少法治和程序意识有关,但更主要是源于改革实践本身的悖论:改革本就是破旧立新,但又要按旧(的规则)来进行,这着实不易,尤其在我国,要在短时间内实现从计划向市场的巨大转变,就不得不突破现有制度,否则改革根本就难以启动。

而从我国宪法变迁的路径来看,也正好印证了这种"先行先试——事后确认"的行为模式:我们的改革实践一般都是先进行制度试验,然后总结经验,最

㊹ 参见肖明:《"先行先试"应符合法治原则——从某些行政区域的"促进改革条例"说起》,载《法学》2009 年第 10 期。

㊺ [德]韩博天:《中国经济腾飞中的分级制政策试验》,载《开放时代》2008 年第 5 期。

后迫使宪法做出回应，宪法也由此完成了回应型变迁。[46] 因此有学者干脆认为我国宪法就是一部“改革宪法”，“它为认可和推动改革而制定，又因改革而屡屡修改”。[47]

五、经由法律试行机制构建法律体系的“试验—控制”模式

我国立法实践中的法律试行机制具有明显的试验主义色彩，它是立足于中国传统，并在实践中总结经验教训而摸索出来的一套富有中国特色的实践机制。因此可以说，法律试行机制的本质是一种“试验主义”，试验主义不同于作为真理学说的实用主义，它是一种基于行动的改革哲学，说它是一种认识论，毋宁说它是一种方法论。它不以某一理论预设作为出发点和评判标准，而是主张在行动中接受实践检验，把“实践作为检验真理的唯一标准”。这种方法的思想渊源可以追溯至中国传统的实用理性，再到马克思的实践哲学、毛泽东的实践论，一直到邓小平的“摸论”和“猫论”，它反对单纯的理论思辨，而是注重在行动和实践中对何种方案进行反复的比较和验证。它既不同于那种试图模仿自然科学实验检验法律效果的法律试验，也不同于西方社会法律体系建构的自然演化主义。

虽然对于采取实验的方法研究法与社会，一直以来存在反对的声音，但自1960年代以来，美国出现了一种法律实验热，其中尤以彪特尔的实验主义法学为典型。这种法律实验不仅仅是出于立法者对于自然科学精确性的羡慕，也是基于立法的现实需要。但中国法律试行机制明显与这种法律实验不同，“不采取自笛卡尔主客二元论以来的科学哲学的立场，认知对象的客观性由与立法者处于不同位置的复数的他者的相互省察来担保；把法律的执行作为立法过程的延长，强调在审判过程中的规范形成；不仅通过实验群和对照群的设置和比较来归纳符合工具理性的结论，而且兼顾社会的关系结构以及价值层次的权衡调整……法律在作为可变更之物被社会反复体验的过程或者程序之中获得其正当性认可”。[48] 人为控制的痕迹是中国的这种立法试验的明显特征，而这是那些模仿自然科学的准试验极力避免的。

---

[46] 参见江国华：《实质合宪论：中国宪法三十年演化路径的检视》，载《中国法学》2013年第4期。

[47] 夏勇：《中国宪法改革的几个基本理论问题》，载《中国社会科学》2003年第2期。

[48] 季卫东：《法治秩序的构建》，中国政法大学出版社1999年版，第156页。

另外,尽管西方社会也存在法典编纂这样的理性建构主义,但其法律体系的建立往往是经历了一个漫长的自然演进过程,不过这种自然演化却不同于中国的渐进主义。和西方社会更多依靠社会力量推进法治进程相比,中国的法律体系建构更多依靠政府的推动。㊾ 社会中微观主体的自发制度试验往往需要"根据政府的目标函数和约束条件来评估和选择……如果没有政府的许可或授权,也不能自主'进入'可能导致自身利益最大化的制度创新,也难以'退出'由政府做出的制度安排……哪些制度创新被许可,哪些制度创新不予许可,均由政府根据自己的效用和偏好来决定,所以,微观主体的自愿安排始终控制在政府手中"。㊿ 虽然我们强调渐进试错,但整个法律试行过程都是在国家的主导下进行的,并不是一种放任自流的试验,需不需要试验,需要进行哪些试验,都由政府说了算,整个过程都要保证在政府的控制之下。而其中,中央政府的态度又至关重要,其拥有最终的决断权,这不仅表现在其可以自主启动和评价立法试验,还表现在其对地方立法试验合法性的确认上。因此,从这个角度来看,我国的法律体系建构过程又体现出了人为控制和理性建构的一面。

像中国这种单一制的国家,中央必须能够把控全局,只有在尊重这一前提的情况下,各种制度变革才有可能开展。就中国法律体系的构建而言,中央在一开始就定好了基调,并且有严格的时间规划。从十五大报告提出"到2010年形成有中国特色的社会主义法律体系"到2003年李鹏委员长宣布"中国特色社会主义法律体系初步形成",再到2008年吴邦国委员长宣布"中国特色社会主义法律体系基本形成",最后到2011年吴邦国委员长宣布"中国特色社会主义法律体系形成",这说明中央对于法律体系的建立设立了明确的时间表,并通过五年立法规划和年度立法计划逐步予以落实。除了在时间上进行控制外,在内容上中央也始终发挥着导向作用,从改革初期的大规模经济立法为经济发展保驾护航,到后来的社会保障性立法为维稳大局服务,都体现了中央的政策意图。

虽然中央鼓励地方大胆试,放开闯,但它为了能够管控全局,一开始就设置

㊾ 秦前红把这种不同理解为"自治性立法"模式和"变革性立法"模式的区别。参见秦前红:《宪政视野下的中国立法模式变迁——从"变革性立法"走向"自治性立法"》,载《中国法学》2005年第3期。

㊿ 刘培伟:《基于中央选择性控制试验——中国改革"实践"机制的一种新解释》,载《开放时代》2010年第4期。

了各种试验禁区，而地方也知道哪些雷区是不能碰的。即使对于一些地方试验，中央开始也不明确反对，但是一旦它觉得有可能脱离自己的控制范围危害整体利益，它就会利用自己的专断权力予以中止和叫停。“因此中国在制定政策方面的适应能力并不仅仅基于最大限度的反复进行局部试验，更准确地应理解为在分级制度阴影下有远见的政策试验。这些试验服务于上级领导不断提出又不停修改的政治议程。即便是最有胆识或最自私自利的基层官员，也从未完全摆脱这种分级制度的阴影。”[51]实际上我国中央与地方虽然不是绝对的权力从属关系，并且常常出现讨价还价的情形，但这一权力关系的实质仍然是中央政府拥有最后的决定权和支配权，[52]这就使得中央控制整个试验过程成为可能。但中央的这种控制它是一种选择性控制，它会根据不同的情况进行合法性追认，这样我们就容易理解，为什么有些地方的制度创新得到了鼓励，而有些却没有，这也就是改革为什么一直走走停停的原因。[53]

中国改革的一个前提是保证政治秩序稳定，这是一个不允许突破的底线，也就是说中国的改革必须是一个可控的放权式改革。[54] 一直以来，我们强调要发挥“两个积极性”，[55]一方面通过放权让利发挥地方的积极性，另一方面通过分税制、金融改革发挥中央的积极性，但是从根本上讲，中央属于内核，地方属于边层，不可等量齐观。如小平同志就讲道，“我的中心意思是，中央要有权威。改革要成功，就必须有领导有秩序地进行。没有这一条，就是乱哄哄，各行其是，怎么行呢？不能‘你有政策我有对策’，不能搞违背中央政策的‘对策’”。[56]

六、结语

通过上面的讨论，我们发现中国的法律体系确实是经过一步步的试错试验

---

[51] ［德］韩博天：《中国异乎常规的政策制定过程：不确定情况下反复试验》，载《开放时代》2009 年第 7 期。

[52] 参见周雪光：《权威体制与有效治理：当代中国国家治理的制度逻辑》，载《开放时代》2011 年第 10 期。

[53] 参见刘培伟：《基于中央选择性控制试验——中国改革“实践”机制的一种新解释》，载《开放时代》2010 年第 4 期。

[54] 参见徐勇：《内核——边层：可控的放权式改革——对中国改革的政治学解读》，载《开放时代》2003 年第 1 期。

[55] “两个积极性”的提法出自毛泽东的《论十大关系》。

[56] 邓小平：《邓小平文选》（第 3 卷），人民出版社 1993 年版，第 277 页。

建立起来的，因此与中国渐进式改革的方略是相一致的，但由于整个试验过程都是在政府尤其是中央政府的控制之下，这就与西方发达国家的法律体系形成过程形成了鲜明的对比。因此，中国的法律试行机制一方面因其试验性而体现出渐进的一面，另一方面又因其政府主导性而具有明显的人为控制色彩。正是这种双重特点使得中国的法律体系构建过程独具特色，优势与弊端交错纠结在一起。这种构建模式具有当然的优势，既可以在总体改革目标的映照下，不断变换具体的目标和策略以避免“爬行经验主义”，进而保障法律体系的建构不但能够为社会所容忍，而且也能够引导社会朝既定的建设目标渐进；又可以避免单纯的理性建构所带来的法律难以融于社会，形成“法律愈多社会失范现象愈加剧烈”的阶段性影像。因此在这种构建模式的驱动下，在短短的三十余年的发展过程中，当代中国法律体系已经被宣布形成。当然，这种构建模式本身蕴含的当代中国法律体系构建路径与模式的正当性论证，在一定的程度上也给中华民族的民族自信打了一支强心针。弊端同样明显，中央与地方在试验中一旦出现非预期行为或者违背制度逻辑的行为，如中央固守既有制度，拒绝改革，也即“只摸石头，不过河”，地方不予配合或者“利益置换”，试验方法缺少程序性规定等，那么作为构建法律体系基础的试验实践就可能徒具其表而毫无价值，成为一种虚假式的繁荣。当然最主要的问题可能在于法律体系的建构因“路径依赖”而固守成规，而不能有制度的根本创新与突破。

上述双重特点再现了我国法律体系构建模式的实质就是以实践为出发点和最终目的，从实践中总结经验，以实践为判断其实效性的唯一标准，由诸多部门不断试错和反应来构造规范体系以满足社会规则需求。从中国的实践出发，探究解决中国问题的中国方法与模式逻辑地蕴含了法律体系构建的中国模式所具有的天然正当性。这是当代中国法律体系构建的逻辑前提。揭示法律体系构建模式及其逻辑前提的研究，与目前的法律立改废等完善我国法律体系研究相比，这种依赖于中国社会发展过程和法律体系形成经验的渐进模式研究似乎更能揭示我国法律体系构建中存在的深层根本性问题以及陷入的逻辑误区。当代中国法律体系构建模式的中央主导特质需要不间断地控制、权衡与选择，如此的灵活与把握不可能完全予以制度化与法律化，甚至就是以一种非法治化的面目出现。另外由于错误地将短时期的、个别孤立的实践置于理论整体之上，法律体系的构建缺乏理论的关照，很可能陷入唯实践论的境地。如想从根本上完善法律体系，破除“头痛医头，脚痛医脚”的困境，就必须有效地揭露法律体系形成光环下所遮蔽的问题，有针对性地改革与破解既有模式的弊端。唯有如此，我们才能够以更为广阔的视野在分析既有模式弊端的基础上来探究我国法律体系应当如何完善——固化法律体系构建的试验实践程序改变中央与地方的试验任意性、确立法治化的法律体系构建制度、提高理论在法律体系构建中的地位等，以避免仅仅从表象上分析法律体系构建中存在的问题以及据此提出的完善策略，并为我国法律体系的完善提供有针对性的理论指导。法律体系的建构模式是中国“压缩式”发展的缩影和具体展现，其为我们理解中国社会、经济、政治和文化发展，理解改革开放，理解新中国的发展历程提供了一个颇为独特的视角。

治安管理责任、义务与法治化问题思考
——以地方公安立法为视角

杨宗科[*]　张永林[**]

摘　要：各地公安立法中为相对人设定了"治安责任"，这样的规定是否符合法治精神？比较相关概念发现，"职权"与"职责"是公法法律关系中的术语。"权利"和"义务"是私法法律关系中的术语，但在公法、私法法律关系中都可使用。从各地"治安责任"内容来看，实则规定了行政相对人应履行的协助治安管理的义务。治安管理法律关系作为一种行政法律关系，行政主体可以为相对人设定"治安义务"。现行地方公安立法中，将这种协助治安管理义务作为"治安责任"规定缺乏法理依据和上位法依据，也不符合法治要求。基于此，要实现治安管理法治化，离不开对地方公安立法的完善。

关键词：治安管理　行政相对人　治安责任　治安义务　法治

围绕全面深化公安改革总目标，"法治公安"建设是在全面依法治国背景下提出的新命题，符合全面深化公安改革的根本要求，能够适应建设和中国特色社会主义法治体系相适应的现代警务运行机制和执法权力运行机制的需要。在法治公安建设前提下，治安管理法治化是法治公安建设的应有内容。同样，实现治安管理法治化也更有利于治安管理水平提升和法治公安建设。在全面推进依法治国的时代背景下，所谓治安管理法治化，是指通过公安机关对治安管理领域的

---

* 杨宗科，陕西岐山人，法学博士，西北政法大学校长，教授，博士生导师。研究方向：法治理论、立法理论、法学教育、公安法学。

** 张永林，陕西柞水人，法学硕士，陕西警官职业学院教师。研究方向：公安法学、刑法学、治安学。

相关行为以协调、规范和引导,保障治安秩序,使治安管理活动能够在法制轨道上依法进行的实践过程。治安管理法治化实质上是要求治安管理的所有活动须依法规范进行。当前各地公安立法水平各有千秋,要完善和加强各地公安立法,首先需要解决的就是立法理念的问题。

一、问题提出:为治安管理相对人设定"治安责任"是否符合法治精神

(一)治安管理法治化是法治建设的组成部分

1. 加强各行业治安管理意义重大

治安管理是公安工作重要组成部分,治安管理成效直接关系到社会稳定程度。在治安管理领域,尤其是特种行业治安管理一直是公安机关重点管理的领域。因为旅馆业、典当业、公章刻制业、印刷业、生产性废旧金属收购业、报废机动车回收拆解业、开锁业、寄卖业和二手机动车交易业等行业最容易被犯罪分子利用,以落脚藏身或进行销赃,窝赃,伪造证件、公文、印章等违法犯罪活动。从法律层面来看,没有一部法律专门对这些行业进行规范管理。

目前,各地实际经济发展和治安管理特点各不相同,全国范围缺乏统一立法基础,短期内也不可能出台专门的法律对这些行业进行规范。所以,加强地方公安立法工作,规范管理特种行业,于有效治安管理、预防违法犯罪、净化社会风气、维护社会和谐都具有重要意义。

2. 完善地方公安立法是公安改革的需要

随着经济社会快速发展,治安管理领域面临的各类问题需要通过立法途径解决。以特种行业治安管理为例,仅特种行业的范围界定一点,不同时期就有不同范围,在立法时很有必要明确。根据《拍卖法》《旅馆业治安管理办法》《典当业治安管理办法》《旧货流通管理办法》等规定,目前所指的特种行业主要包括旅馆业、公章刻制业、印刷业、典当业、废旧金属收购业、开锁业、拍卖业等行业。这些行业之所以是特种行业是因为这些行业更容易被违法犯罪分子利用从事违法犯罪活动。但人们物质生活和精神生活日益丰富,类似歌舞厅、KTV、咖啡馆、酒吧、按摩房、洗浴中心等经营性休闲服务场所越来越多,这些场所也极易滋生黄、赌、毒问题,严重扰乱正常社会秩序。因此,有必要针对这些行业加强地方立法。

多数地方没有专门针对这些公共服务场所制定相应法规,但有些地方为了加强对经营性服务场所的管理,在出台地方性法规时将其纳入了特种行业治安管理的范畴,为地方公安机关在公共服务场所行使特种行业治安管理职权提供了法律依据。

2015年,中央审议通过了《关于全面深化公安改革若干重大问题的框架意见》及相关改革方案,目标明确提出到2020年,基本形成系统完备、科学规范、运行有效的公安工作和公安队伍管理制度体系。地方公安立法既是地方立法的重要组成部分,也是国家立法的重要组成部分,不仅能够巩固改革成果,也可以为今后国家立法积累有益经验。在不重复立法内容前提下加强和完善地方公安立法,既能满足基层公安机关执法的现实需要,也符合全面深化公安改革总目标的要求。

3.“法治公安”建设要求治安管理法治化

众所周知,治安管理是治安行政管理的简称,目的是维护社会治安秩序,本质上是一种行政管理活动。治安管理的含义,学界有宏观、中观、微观三种不同主张。其中,宏观治安管理指的是社会治安综合治理,主体包含所有与治安管理相关的职能部门;中观的治安管理指公安机关为维护社会治安在其职权范围内所做的与职权有关的所有行为,包括刑事侦查在内;微观的治安管理指的是公安机关除行使刑事侦查职能之外所有的治安行政管理活动。

从当前治安管理制度体系来看,与治安管理行为有关的所有法律、法规、规章、条例等制度都是公安机关进行治安管理活动的依据,国家层面和地方层面均有相应规定。例如为了规范旅馆业治安管理,维护旅馆业治安秩序,保障旅馆、旅客的安全和合法权益,各地人民政府结合本地实际,专门制定有《旅馆业治安管理规定》,目前公安部也正在推动《旅馆业治安管理条例》修订工作。在全面推进依法治国的新时期,于有法可依前提下依法行政已经达成共识,公安机关要提升治安管理水平也不例外,须实现法治化目标。

当然,治安管理法治化须符合社会主义法治基本精神、基本原理,符合加强和创新社会管理的基本目标,能够遵循依法管理与合理创新的有机统一、权力制约与权利保障的有机统一、有效管理与优质服务的有机统一、各司其职与相互衔接的有机统一、程序正当与高效便捷的有机统一等基本原则。

（二）各地方立法中混淆使用“治安责任”与“治安义务”现象普遍

1. 各地立法不区分“治安责任”与“治安义务”

对比各省市类似的特种行业治安管理规定，各地相关立法中对于“治安责任”与“治安义务”的具体内容在理解上有较大出入。较多地方对经营者及其从业人员应当遵守的治安管理规则在具体制度中专门设立“治安责任”一章加以规定。① 有的地方将经营者应当遵守的规定与相关人员应履行的治安职责分别规定。② 有的地方在立法时并不区分“治安责任”与“治安义务”。③ 还有的地方将特种行业经营者及从业者应当履行的义务这部分内容作为“经营管理”的内容专门进行了规定。④

对比发现，各地特种行业治安管理条例中，基本上不区分“治安责任”与“治安义务”。根本原因还是各地立法者对特种行业经营者及其从业人员应当遵守的规定，其性质是“责任”还是“义务”有不同认识。

2. 有地方立法不区分“治安责任”与公安机关职责

近些年，许多地方出台了相应的地方性法规对特种行业治安管理予以规范，但各地立法中对“治安责任”的性质认识并不相同。例如《安徽省特种行业治安管理条例》第12条与《江西省特种行业治安管理规定（试行）》第15条虽然规定了相同的内容，⑤且明确了特种行业的法定代表人或者负责人是本单位的治安

---

① 《江苏省特种行业治安管理条例》《安徽省特种行业治安管理条例》《江西省特种行业治安管理规定（试行）》均设专门“治安责任”一章规定了治安责任人应当履行的职责和应当遵守的规定。

② 《福建省特种行业和公共场所治安管理办法》专门设“治安管理”一章固定了经营者及其从业人员应当遵守的规定，另外专门规定了公安机关、公安民警、治安责任人、保安人员和治安保卫人员职责，将这些专门主体应当履行的职责规定为“治安责任”一章。

③ 《昆明市特种行业和公共场所治安管理条例》只设“治安管理”一章规定了公安机关职责和经营者应当遵守的具体规定，没有谈到“责任”或“义务”。《南宁市特种行业治安管理条例》也是只设“从业规范”一章规定了经营特种行业应当遵守的规定。《广西壮族自治区特种行业治安管理条例》在出台时沿用了南宁市的立法经验。

④ 参见《吉林省特种行业治安管理办法》第三章的规定。在该章的规定中区分了治安防范责任人与共同治安责任人，还具体规定了各类特种行业经营者及其从业人员应当遵守的规定。

⑤ 《安徽省特种行业治安管理条例》第12条与《江西省特种行业治安管理规定（试行）》第15条明确了治安责任人应承担以下治安责任或履行以下职责：（1）制定内部治安保卫制度和岗位责任制，检查治安隐患并进行整改，落实内部治安防范措施；（2）根据单位规模，配备专（兼）职治安员或者按照有关规定配备保安员，组织本单位的治安员、保安员接受公安机关的治安业务培训；（3）对公安机关查处涉嫌刑事案件、治安案件、治安灾害事故予以配合；（4）发生治安灾害事故时，立即报告有关部门，并协助有关部门实施救援、处理，组织抢救伤员、疏散群众，维护现场秩序。经营特种行业的个体工商户，应当履行其治安责任，制定治安防范措施，检查治安隐患并进行整改。

第一责任人,但对于这些具体内容究竟是特种行业治安责任人的“治安责任”还是其职责存有不同认识。其中,《安徽省特种行业治安管理条例》将这些规定表述为治安责任,而《江西省特种行业治安管理规定(试行)》将这些规定表述为治安责任人的职责。但从法理角度来看,可以明确,责任明显不同于职责。

3. 各地公安立法中使用“治安责任”的频率高于“治安义务”

在中国知网以“治安义务”与“治安责任”为关键词进行文献检索,发现目前我国治安学界在研究治安学基础理论时,很少有学者专门对“治安义务”与“治安责任”的理论进行研究。

在治安学学科体系中,“治安义务”与“治安责任”不是治安学的专门术语,这估计与“义务”“责任”通常使用于法学领域有关,而目前并没有形成完整的治安法学或公安法学体系。另外,这样的现状还可能与学者们对“治安”的定义有关,毕竟目前对“治安”的定义尚未形成一个通说观点。治安学界对“治安”的定义有不同角度,概括起来分为六类,分别是秩序说、状态说、手段说、过程说、管理说、问题说。也有学者认为治安的含义同时包含治安秩序和治安工作的意思。

在目前的法律体系中,也没有专门表述。有关“治安义务”与“治安责任”的表述,主要出现在各地制定的相关治安管理条例当中。以各地的特种行业治安管理条例为例,在地方公安立法时,立法者惯常使用“治安责任”的表述,极少数使用“治安义务”的表述。

(三)到底能否为治安管理相对人设定“治安责任”?

2017 年年初,西安市人民政府向西安市人大常委会提出了制定该条例的议案。实际上,此前的西安市立法规划中已经提出了该计划。由于其中涉及西安市到底有没有特种行业治安管理方面的立法权,西安市人大常委会逐级请示了陕西省人大常委会与全国人大常委会。在明确该项立法内容属于地方立法权限之内后,经过会议表决,于 6 月 28 日,西安市十六届人大常委会第三次会议表决通过了《西安市特种行业治安管理条例》。

通过上述分析可以看到,“治安责任”与“治安义务”主要使用在法学领域,作为法律术语,它们的含义应该有所区别。西安市本次立法焦点问题是对“治安责任”的认识问题，⑥在提交的草案和审议稿中都是“治安责任”，但经过笔者极力争取和理论说服，最后立法者接受了“治安义务”的观点，在条例正式颁布时改为了“治安义务”。

以西安市人民政府加强特种行业治安管理立法为例。可以说，“治安义务”的规定是西安市在本次公安立法中的一大创新。当然，从西安市特种行业治安管理条例的立法过程可以看到，关于特种行业经营者在从事经营活动时，其应当遵守的规定内容究竟是“责任”还是“义务”，参与立法的专家还有不同认识。

实际上，对“治安责任”与“治安义务”的认识问题反映了公安立法中的重大理论问题，也是公安法学创建中的现实问题（法治公安建设问题）。将“治安责任”等同于“治安义务”，用“治安责任”替代“治安义务”的习惯做法，是否符合法治的精神和要求，有待探讨。所以，为治安管理相对人即治安责任人设定“治安责任”是否符合法治精神，有无正当依据，正是本文分析的重点。

二、不同专门术语对应着不同的法律关系主体

法律关系是一种社会关系，主要是根据法律规范在人们之间形成的权利义务关系，为法律认可或保护。根据法律关系的主体和法律关系的性质不同，许多

---

⑥ 西安市人民政府法制办公室于2015年4月22日发布了《西安市特种行业和服务场所治安管理条例（草案）》（征求意见稿），按照总则、从业管理、治安责任、执法监督、法律责任、附则的顺序对条例内容进行了体系编排。在治安责任一章中专门规定了治安责任人及其应承担的治安责任，规范了特种行业和服务场所经营者及其从业人员从业规定与实名登记制度，视频监控资料管理要求，服务对象登记要求，物品管理要求，禁止交易、承接的物品，旅馆业、公章刻制业、开锁业治安管理要求，经营性休闲服务场所治安管理规定。2017年4月28日，西安市人大常委会法制工作委员会经市十六届人大常委会第一次会议初审后发布了《西安市特种行业和服务场所治安管理条例（草案）》，进一步征求社会意见。此次发布的内容在体系编排上与2015年4月22日的征求意见稿保持了一致。在治安责任一章，除了将“治安责任人承担的治安责任”一条改为“治安责任人履行下列义务”外，其他内容没有改动。随后西安市人大常委会法工委通过立法调研、公开征集意见和召开专家论证会、座谈会等方式，结合征集到的意见和建议，集中修改了《西安市特种行业和服务场所治安管理条例（草案）》，于2017年6月2日，形成了《西安市特种行业治安管理条例（草案修改稿征求意见稿）》。按照总则、治安安全条件、治安责任、监督管理、法律责任、附则的顺序对条例内容重新进行了编排。在治安责任一章，又将“治安责任人履行下列义务”改为“治安责任人履行下列责任”，将服务对象登记要求、物品管理要求，禁止交易、承接的物品等内容糅合到新增的典当业、废旧金属收购业、机动车维修管理等要求中，将“视频监控资料管理要求”放在了治安安全条件一章。2017年6月28日，西安市十六届人大常委会第三次会议表决通过了《西安市特种行业治安管理条例》，最终确定了总则、许可与备案、治安义务、监督管理、法律责任、附则的编排顺序。在治安义务一章，将治安责任人一条具体修改为履行治安义务的主体，将前述“治安责任人履行下列责任”改为“特种行业的经营者履行下列义务”。

国家将部门法中的法律关系分为三类：公法法律关系，私法法律关系和公私混合法律关系。在不同的法律关系中，有不同的法律关系主体，也对应有不同的专门术语。例如“职权、职责、权利、义务”这些专门法律术语，蕴含着不同法律关系主体。

（一）公法和私法法律关系主体不同

现行法律体系中“职权、职责、权利、义务”等词的法律关系主体是不同的。其中，公法不同于私法之处主要在于公法基本上代表公共利益，私法基本上代表私人利益；公法调整国家机关之间、国家或国家机关与公民、非国家机关法人或社团的关系，调整的是一种纵向的关系；国家或国家机关作为公法法律关系的主要主体，法律赋予其职权，也要求其能够履行职责。私法主要调整公民个人事务和公民相互之间的关系，调整的是一种横向的关系，公民在私法法律关系中享有一定权利，必然也要承担相应的义务。

（二）“职权”与“职责”是公法法律关系中的术语

职权是指职责范围内的支配力量。在我国宪法所确立的法律体系中，职权主要指的是中央国家机关职务范围以内的权力，属于一种政治上的强制力量，通常使用在公法法律关系中，以国家社会的公益为目的。例如《宪法》第3条第4款规定了“中央和地方的国家机构职权的划分，遵循在中央的统一领导下，充分发挥地方的主动性、积极性的原则”。这里的职权可以理解为国家或国家机关具有如何行为或要求他人如何行为的能力或资格，代表的是国家或集体利益。职权的行使直接或间接伴随着国家机关的强制力。

《人民警察法》第6条明确了公安机关的人民警察按照职责分工依法履行的主要职责范围。该条规定于人民警察的职权一章中，该章其他内容同时明确了人民警察履行职责过程中的权力。

《治安管理处罚法》第1条规定，该法制定目的是维护社会治安秩序，保障公共安全，保护公民、法人和其他组织的合法权益，规范和保障公安机关及其人民警察依法履行治安管理职责。第116条规定了人民警察办理治安案件过程中不依法履行法定职责的责任。其中，职责都是法定的，不依法履行职责就要承担相应的法律责任。通过分析,可以看到职责是指职务上应尽的责任。公安机关是维护社会治安的专门机关,法律赋予其职权。

因此,在法律体系中,对公安机关这样的国家机关而言,职权就是职责,二者的内容也是一致的。当然,职责是不同于责任的。在公法法律关系中,责任与权力是相对的。

(三)“权利”和“义务”在有相对人参与的公法法律关系和私法法律关系中都可使用

1.“权力”与“权利”关系密切

“权利”是法学的基本范畴之一,它是宪法或者法律赋予公民的权益。权利主体一般是公民、法人与其他组织。国家机关在进行民事行为时,也能成为权利主体。“权利”通常使用于私法法律关系中,以平等主体利益为目的。

“权利”与“职权”(或者是“权力”)关系密切,二者既相互依存,也能互相转化。二者的区别在于“权力”为公,“权利”为私。但“权利”和“义务”并不限于私法法律关系中使用,毕竟在有相对人参与的公法法律关系中,“权利”需要“权力”的保护或救济。因为“权利”的实现需要国家强制力的支持,而国家机关却可以直接行使“权力”(国家强制力)。

尤其是在治安管理领域的行政法律关系当中,行政法律关系主体一方是国家机关,另一方是行政相对人,主体地位并不对等。对于行政相对人而言,虽然享有行政法上的“权利”,但其行为同时应当服从国家机关的“权力”。

2.“义务”与“权利”相对

很多人认为义务即责任,并认为义务与责任是一对同义词。在商务印书馆出版的《现代汉语词典》中,责任指的是一种职责和任务,包括两个层面的内容:一是分内应做的事,如尽到责任;二是没有做好分内应做的事,因而承担不利后果或强制性义务。义务有三种含义:一是与权利相对,是按法律规定应尽的责任;二是道德上应尽的责任;三是不要报酬的,如义务劳动。通过概念的诠释可以看到,二者在中国语境中还是有一些细微区别的。同样,英文中的“duty”和“obligation”也有不同的使用场合。

义务来源于社会的共同性评价和义务人的承诺。义务规则是社会成员们预先形成的、关于在一定的情况或条件下对个人提出作（或不作）某种行为的要求的、共同协议和约定。而责任不同，它除了包含具体义务外，还包括其他各种责任，如工作责任、法律责任、道德责任，主要被使用在道德、哲学领域。

对权力主体来说，责任同时指向权力主体自身与相对人。对自身而言，国家机关行使权力不能失职，也不能渎职，否则就要承担相应的责任。对相对人而言，对方如果不服从“权力”（即法律要求行使的“义务”），也要承担法律责任。

3. “职权”、“权利”与“义务”使用场合不完全相同

在法学领域，“义务”是“责任”的具体化。公民的法律义务存在客观性的内容，取决于公民在社会中的存在和样式，体现着公民在社会中的被动性和依附性，是把公民与社会体联系在一起的约定。公民的道德责任是公民的自觉意识存在，反映了公民的主动性和参与性。

“权利”与“义务”反映了不同人际关系对同一种利益的表现，“权利”的规范可以转换为“义务”的规范，法规定了某一主体一项权利（义务），也相当于规定了一项义务（权利）。

对于国家机关而言，“职权”是不可放弃的，否则可能构成失职。而“权利”与个人利益直接相关，权利人可以行使也可以放弃。所以，在现有法律体系中，“职权”与“权利”区别明显。“职权”只能使用于公法领域，属于国家或国家机关所有。“权利”和“义务”则更多地使用于私法领域，属公民享有。当然，在有相对人参与的公法法律关系中，“权利”和“义务”也可使用，如行政法律关系中的行政相对人的权利和义务。

实际上，“权力”“权利”“义务”等术语使用主体不同，“义务”与“权利”相对，“责任”与“职权”（权力）相对，二者对应的主体不同。

（四）“治安责任”不是“治安义务”

“义务”即“责任”这种理解在日常生活中是没有问题的，但这种理解只是法理学中广义的“责任”含义。由于“责任”一词本身有不同含义，如果使用广义的含义，对法律义务和法律责任不加区分，那么在理解法律义务与法律责任这两个术语时就会出现一些混乱。

法律责任是个合成概念，其中的责任本身蕴含着谴责的含义。所以，狭义法律

责任论主张它是由违法行为所引起的不利法律后果。使用狭义“责任”概念时,“责任”是不同于“义务”的。在法学领域,更多的人倾向于使用狭义的法律责任的概念,并认为法律责任是第二性义务,是行为人违反第一性义务所引起的义务。

从各地有关“治安责任”规定的实际内容来看,其并非规定了行政相对人违反治安管理的不利后果,却是规定了行政相对人应积极配合作为行政主体的公安机关需要履行的事项,所以,这种协助要求实际上是行政主体为行政相对人设定的一种义务。所以,各地“治安责任”规定的内容其实是行政相对人对公安机关应履行的治安管理协助义务。

三、把行政相对人的协助治安管理义务作为“治安责任”规定缺乏依据

(一)缺乏法理依据

1. 治安管理法律关系是一种行政法律关系,行政相对人应履行“治安义务”

结合前述,“职权”“职责”“权利”“义务”等术语对应着不同的法律关系主体。可以明确,治安管理法律关系是一种行政法律关系(公法法律关系)。治安管理法律关系的主体,应当是公安机关与治安管理行政相对人。各地特种行业治安管理条例实际上调整的是公安机关和特种行业经营者之间的关系,同样是一种公法法律关系;特种行业经营者与服务对象之间形成的是一种民事关系,即“权利”“义务”间的关系,是一种私法法律关系,这并不是主要研究对象。

由于在公法法律关系中,职权具有专属性特点,所以在治安管理法律关系中,公安机关是享有“职权”的主体,这种“职权”是公安机关的治安管理职权,作为行政相对人,不可能享有职权。在特种行业治安管理条例中,特种行业经营者是治安管理的行政相对人,其只能服从行政主体的管理。

在行政法律关系中,行政相对人是行政主体行政管理的对象和参与者,服从行政管理是其一项基本义务。也就是说,行政相对人应当遵守行政主体为其设定的义务。所以,对于治安管理而言,行政相对人应当履行行政主体要求履行的“治安义务”。

2. “治安责任”应是违反治安管理行为主体承担的不利后果

什么是“治安责任”?“治安责任”是自然人或单位违反治安管理规定承担

相应的不利后果吗？

对于特种行业治安管理而言，本质上公安机关主导的一种行政管理活动。公安机关与特种行业经营者是特种行业治安管理法律关系中的主要主体。公安机关作为管理者，代表国家参与管理活动，要求相对人为维护治安履行一定的义务，具有合法性依据，也有权力要求行政相对人履行相应的义务，但义务内容应以法律规定为限。特种行业经营者作为行政相对人，从法理上讲，如果不履行规定义务（第一性义务）行政机关可以直接运用国家强制力强制对方当事人履行义务或接受制裁（第二性义务）。这种因违反第一性义务而产生的第二性义务，正是责任的来源。所以，相对人履行义务不到位应承担相应的法律责任。

在治安管理当中，责任应当是相对人违反治安管理第一性义务产生的第二性义务，这种责任也就是“治安责任”。换句话说，所谓的“治安责任”，应当是违反治安管理行为人违反治安管理行为应承担的不利后果。在特种行业治安管理领域，违反治安管理的行为人主要是特种行业经营的责任人员。

以《江苏省特种行业治安管理条例》为例，该条例第 16 条至第 26 条规定了治安责任的具体内容。其中，第 16 条规定了治安责任人。第 17 条规定：“特种行业经营者及其从业人员应当遵守下列规定：（一）发现违法犯罪嫌疑人员和形迹可疑人员，以及公安机关查缉的物品和有赃物嫌疑的物品，应当立即报告公安机关；（二）对发生在本经营场所的违法犯罪活动，应当及时报告公安机关。特种行业经营者及其从业人员应当按照有关规定参加法律、法规知识和治安安全防范培训，接受公安机关的治安监督检查和治安安全防范指导，配合公安机关开展执法工作。公安机关进行治安培训不得收取培训费用。”三个“应当”明确了上述事项是特种行业经营者及其从业人员必须积极履行的事项，是地方性法规对其直接作出的义务性规定，属于一种特殊义务、第一性义务、积极义务。因此，这里规定的特种行业经营者及其从业人员必须履行的义务就是其治安责任。换一句话说，这里的逻辑即治安责任人应履行的义务就是“治安责任”，即就是“治安责任”并不是违反治安管理规定的自然人或单位承担相应的不利后果。实际上，这样的理解并不符合责任的本质。

3. 用“治安责任”替代“治安义务”并不规范

虽然有关特种行业治安管理的地方公安立法调整的是治安管理工作领域，

但地方立法工作在本质上仍属于国家立法活动，在所适用的地域具有普遍约束力。如果地方公安立法随意创造与上位法体系和精神不相符的法律术语，必然会直接影响法律的严肃性和统一性。从维护国家法律体系完整性角度来看，结合法理的角度对法律义务和法律责任对比分析可以看到，“治安责任”与“治安义务”同属于法律体系中的专门术语，实则有必要区分“治安责任”与“治安义务”之间的关系。

对比各地特种行业治安管理立法，大多在“治安责任”或“治安义务”一章之后设有专章规定法律责任。对比狭义法律责任论观点来理解法律义务本质的逻辑，比较容易理解各地立法中有关“治安义务”与法律责任的性质，也可以明确特种行业治安管理领域里的“治安义务”就是指特种行业经营者及其从业者在经营或从业时应当按照规定履行的义务（前述的协助治安管理义务）。

“治安责任”与法律责任都属于合成词，外延都可以被责任的外延包含，使用范围也应被限定在法律用语之内。但此时若对其中的责任以广义的含义来理解，必然陷入广义责任论与义务本质认识上的模糊状态。多地立法在规定“治安义务”的内容时使用了“治安责任”表述，在理解上给读者带来了困难，并且不符合法律人对法律概念的通常界定。

目前地方性治安管理条例中规定的“治安责任”实际上就是“治安义务”，只是立法者在地方公安立法的时候没有对二词予以严格区分，没有认真考查二词在整个法律体系中应有的含义。目前使用“治安责任”其实是与“治安义务”对应的惯常称呼。

实际上，用“治安责任”替代“治安义务”并不规范，一方面，“治安责任”不是法律语言。在法律、法规中用“治安义务”的表述更为合理，也更为规范。地方公安立法之时完全可以借鉴法理学界对于法律义务与法律责任的辨析方法，统一使用“治安义务”与法律责任这样的专门术语，或者以“治安责任”替代前述所列法规中有关法律责任的规定。另一方面，从本质上来看，“治安责任”或法律责任（均属第二性义务）是违反“治安义务”（第一性义务）所引起的义务。再者，在行政管理过程中，行政主体为相对人设定义务则是被允许的。

（二）缺乏法律依据

法治国家与市民社会紧密相连，以多元的经济形式为基础，要求国家权力必须受到法律限制。如今法治观念深入人心，为了能够促使特种行业治安管理活动规范进行，在全面推进依法治国的时代背景下，实现治安管理法治化，要求地方公安立法必须能够协调处理好公安机关与经营者、特种行业服务对象之间的关系，既要防止国家权力在治安管理过程中不会被不当滥用，又要保障经营活动有序进行。

将公安机关的职权转移给相对人，在行政法领域，不符合行政法基本原则。因为，法律本就没有禁止各地特种行业治安管理立法中相对人不能实施原来“治安责任”中规定的具体内容。毕竟在行政法领域，对于公民和国家机关而言，早已确立了“法不禁止即自由”与“法无授权不可为”的原则。如果地方立法要给公民增加“治安责任”，实际上是将公安机关职权转移给了公民，这样也不符合行政法治基本原则。

另外，职责法定是法治政府的基本原则。公安改革要求建立法治公安，对于法治公安而言，不能把公安机关的责任下移给公民，立法时不能减损公民的法定权利，也不能增加公民的法定义务。

再者，地方立法应当遵循上位法的规定。《立法法》第 6 条第 1 款明确指出，立法应当从实际出发，适应经济社会发展和全面深化改革的要求，科学合理地规定公民、法人和其他组织的权利与义务、国家机关的权力与责任。其中，明确指出“权利”与“义务”的主体是公民、法人和其他组织，“权力”与“责任”的主体是国家机关。按理说，行政相对人只是权利义务的主体，而“责任”主要用于公法法律关系中，使用“治安责任”这一名词，难免让人想到实际上是公安机关将自己的“职权”转移给了相对人。根据《立法法》的规定，任何时候，在特种行业治安管理过程中，“职权”和“职责”都属于公安机关的。对于公民而言，在行政立法时，行政主体可以为其设定协助治安管理的义务，而这种协管义务绝不等同于其享有了“职权”或“职责”。

一些地方制定的特种行业治安管理条例当中，在没有明确“治安责任”主体的情形下，随意创造法律术语，并明确该种责任的承担主体是行政相对人，既不符合“职权”的主体要求，也不符合立法法要求。因此，地方立法中使用“治安责任”有违立法法精神。上述地方公安立法中使用“治安责任”的理念其实体现了警察管制的传统思维，既不符合法治要求，也缺乏法律依据。

四、地方公安立法任重道远，法治公安责任重大

（一）各地公安立法质量亟待提高

从各地公安立法中规定“治安责任”的现象可以看到，许多地方混淆了“治安义务”与“治安责任”。通过法理分析，提醒立法者在立法时，须明晰各术语的主体后才能对应使用。针对各地制定特种行业治安管理立法而言，明确“治安义务”的概念首先要厘清两个基本问题：第一，权力和责任是公法法律关系中的概念，公安机关是治安管理的法定主体，权力和责任应由公安机关行使和承担。第二，公安机关是行政主体，从行政的角度看，可以为相对人（特种行业治安责任人）设定协助治安管理义务。

前述不区分“治安义务”与“治安责任”现象，实际上暴露了当前地方公安立法乃至地方立法水平总体不高，立法质量还有待提升，并且立法过程集中存在以下问题：一是立法理念落后，法治意识不足；二是立法者立法观念陈旧，思维落后，维护法制统一观念不够深入；三是立法技术不够规范，存在大量法律语言随意使用的现象；四是立法过程的立法审查工作流于形式，缺乏实质审查。

（二）治安管理法治化离不开完善的地方公安立法

1. 良法善治同是治安管理法治化的要求和目标

法治是政治文明的重要成果。改革开放推动了法治进程，社会主义市场经济对法治的要求改变了中国共产党传统执政方式，十八届四中全会提出的全面推进依法治国的决定是实现国家长治久安的重大战略。法治包含两个部分的内容，分别是形式意义上的法治和实质意义上的法治。⑦ 执法为民是社会主义法

---

⑦ 形式法治和实质法治二者互相作用，不可或缺。形式法治是对行事方式的要求，要求依法治国，依法办事。实质法治则强调“法律至上”“法律主治”“制约权力”“保障权利”的价值、原则和精神。

治的本质要求,法治追求的目标是通过良法之治实现善治。⑧ 对于治安管理而言,要实现法治化,良法善治既是要求,也是目标。

法律是治国重器,良法是善治的前提。良法善治是依法治国1.0版的升级版,也是现代法治的基本特点。对善治而言,若缺乏良法,法治目标难以达成。

根据《立法法》第6条的规定,可以明确良法的条件,须满足以下五大标准:第一,法律内容合乎实际需要;第二,法律内容能适应经济社会发展和全面深化改革的要求;第三,关于公民、法人和其他组织的权利与义务、国家机关的权力与责任的规定是科学合理的;第四,法律规范是明确、具体的;第五,法律规范有针对性和可行性。这些标准同样适用于治安管理立法。何为善治,现代社会的善治应当是民主治理、依法治理、贤能治理、社会共治与礼法合治,其中,法治是实现国家治理现代化的手段,最终目的是实现人民生活幸福、社会和谐有序以及国家长治久安。

2. 确定地方公安立法质量评价指标

作为地方公安立法,必须能够指导实践、适应实际。这就要求地方公安立法质量必须过关。保证地方公安立法质量,有必要探索一套科学合理的方法。这其中,少不了以下评价指标同时发挥作用。

首先,不得与宪法、法律与其他有关的行政法规的规定冲突,立法的依据、程序、内容等都必须合乎法律规定,即须满足合法性指标。

其次,具有可操作性也是评价地方公安立法质量的一个重要指标,因为经得起实践检验也是衡量立法质量的一个重要标准。

再次,规范的立法技术能够准确反映立法者的立法意愿,规范使用相关法律术语有助于维护法制统一,保障执法者能够有效使用。

最后,地方公安立法须能反映地方实际需要,突出地方特色,无须浪费立法资源重复立法。此外,在地方公安立法之时,应科学制定立法规划,保证立法体系趋向系统化。

3. 完善地方公安立法

特种行业涉及的经营范围在生活中十分常见,与人们生活息息相关,也是我

---

⑧ 对于善治的标准,联合国亚太经济社会委员会在其发布的《什么是善治?》中,提出了8项标准,分别为共同参与、厉行法治、决策透明、及时回应、达成共识、平等和包容、实效和效率、问责。

国市场经济的组成部分。健全、完善的治安管理法律体系是治安管理法治化的前提条件。对治安管理而言,首先要求公安机关行使治安管理权力须有法律依据。要保障特种行业有序经营,必然要求治安管理活动能够实现法治化。针对当前地方公安立法的现状与立法层级普遍较低的现实情况,要实现治安管理法治化的目标,离不开完善的地方公安立法。

具体对治安管理地方立法而言,要实现法治化的目标,必须积极尝试有益的立法做法。

一是最大限度提高地方治安管理立法水平。概括而言,首先,必须确保立法规范性,规范立法语言,保证法言法语规范使用。其次,在立法程序上,贯穿民主立法理念,尽最大限度调动社会公众参与立法。同时,建立立法违宪与违法审查制度,及时对地方公安立法进行合宪性审查与合法性审查。最后,对立法者而言,及时更新立法观念,保证科学立法,确保地方公安立法跟得上时代需要、地方需要。另外,针对地方特点,建立地方良法标准,对地方公安立法质量及时进行评价,可以将是否合乎地方社会发展实际作为检验地方公安立法质量的一大标准。

二是积极探索治安管理立法专业化途径。民主立法在当前地方公安立法中主要体现在草案的修改和立法决策过程中,但是在地方公安法案起草过程中,由于没有专门的立法起草机构和专门法案起草人员,在立法过程中公众参与效果难免欠佳,由此必然导致立法质量大受影响。因此,树立立法服务观念,强化立法责任意识,组建或者聘请一批专门的立法团队,改变专业人士参与的现状为专业人士主导立法,对于提升地方治安管理立法与地方公安立法或许是一大有益尝试。

三是确保地方治安管理立法内容具有可操作性。具体而言,在制定地方治安管理法规时,各地应结合地方特点,围绕地方公安立法目的,除规范执法范围与严格法律责任外,还应将完善执法制度,加强执法队伍建设,改进执法方式,规范执法行为,提高执法素养,加强执法保障、协作配合与执法监督等内容明确写入地方公安法规,加强和完善地方治安管理立法,完善配套法规和规章,确保公安机关在地方治安管理执法过程中有良法可依,最终能达到严格、规范、公正、文明执法的具体要求。

当然,提高治安管理立法质量也是地方公安立法工作积极追求的目标,其中离不开各地对现有经验的总结。较高质量的地方立法可以解决本行政区域特定范围内带有普遍性的问题,能够真正起到促进和保障本行政区域经济社会又好又快发展的作用,同时,对于全面深化公安改革、巩固改革成果、实现依法治国、建设社会主义法治国家方略具有重要的现实意义。地方公安立法指导地方行政管理实践,立法水平越高,对实践的指导作用就越有益。完善、良好的地方公安立法,必须是能够适应时代需要、体现人本理念、合乎现代法治精神的良法。

《立法法》第七条之立法权限贯彻问题
——以《刑法修正案(八)》和《刑法修正案(九)》为基础的分析

王志祥*　融　昊**

摘　要:《立法法》第7条规定了全国人民代表大会及其常务委员会的立法权限,其中涉及全国人大和全国人大常委会在一定条件下可以制定何种性质的法律以及对该法律可以进行何种程度的修改。而近年来,相继出台的《刑法修正案(八)》和《刑法修正案(九)》都是由全国人大常委会以修正案的形式对1997年《刑法》作出的修改与补充。其中对于刑法总则内容的相当规模的变动确有违背刑法基本原则之嫌,进而反映出全国人大常委会在对刑法这一基本法律进行部分修改与补充的过程中存在违反《立法法》第7条关于其立法权限相关规定的问题。因而,对于全国人大及其常委会关于刑法等基本法律的立法权限,有必要进行更加明确的划分,作出更加具体化、可操作性更强的规定。

关键词:《立法法》　立法权限　刑法修正案　刑法总则

一、问题的提出

由2015年3月15日第十二届全国人民代表大会第三次会议《关于修改〈中华人民共和国立法法〉的决定》修正后的《立法法》第7条规定:"全国人民代表大会和全国人民代表大会常务委员会行使国家立法权。全国人民代表大会制定和修改刑事、民事、国家机构的和其他的基本法律。全国人民代表大会常务委员

* 王志祥,北京师范大学刑事法律科学研究院外国刑法与比较刑法研究所所长,教授,博士生导师,法学博士。

** 融昊,北京师范大学刑事法律科学研究院刑法专业硕士研究生。

会制定和修改除应当由全国人民代表大会制定的法律以外的其他法律；在全国人民代表大会闭会期间，对全国人民代表大会制定的法律进行部分补充和修改，但是不得同该法律的基本原则相抵触。”由此不难看出，全国人大享有制定和修改刑法等基本法律的立法权，而全国人大常委会则在满足下列条件的前提下享有补充和修改刑法等基本法律的立法权：(1)时间条件：只能在全国人民代表大会闭会期间；(2)程度条件：只能对基本法律进行部分补充和修改；(3)限制条件：其修改的内容不得同该基本法律的基本原则相抵触。①

自1997年系统修订的《刑法》颁布以来，迄今为止全国人大常委会已颁行了1部单行刑法和9部刑法修正案对其进行修改与完善。正如赵秉志教授所言，“以刑法修正案的方式局部修改完善刑法典，程序灵活、针对性强；同时修正案内容要纳入刑法典，不改变刑法典原有的顺序，又能够充实刑法典。因此，这种局部修改的方式被世界各国普遍认可”。② 可以说，通过全国人大常委会制定修正案的形式对刑法进行修订已经成为我国立法者的共识。③

需要注意的是，2011年2月25日通过的《刑法修正案(八)》开启了全国人大常委会通过刑法修正案修改刑法总则内容的先河。2015年8月29日通过的《刑法修正案(九)》又对这种刑法总则修改方式进行了延续。并且，《刑法修正案(八)》与《刑法修正案(九)》中刑法总则部分的累计修改数为25条，累计修改比例为24.75%，而自1999年12月25日通过的《刑法修正案》以来，刑法分则部分累计修改数为152条，累计修改比例竟高达43.43%。④ 对此，已很难用“部分补充和修改”来概括。另外，《刑法修正案(八)》和《刑法修正案(九)》中的诸多内容，如增设限制减刑型死缓与终身监禁制度，增加“公民个人信息”“极端主义”“特别残忍手段”等需要进一步明确的法律概念等，都可能与刑法的基本原则产生相应的矛盾。凡此种种，揭示了全国人大常委会在对于刑法这一基本法律行使立法权限的过程中可能存在“失范”甚至“违法”的问题。因此，有必要对

---

① 参见常秀娇：《宪政视野中的刑法修正》，载赵秉志主编：《刑法论丛》2013年第1卷，法律出版社2013年版，第106～109页。

② 赵秉志：《中国刑法的最新修正》，载《法治研究》2015年第6期。

③ 参见郭泽强：《从立法技术层面看刑法修正案》，载《法学》2011年第4期。

④ 参见秦前红、刘怡达：《全国人大常委会基本法律修改权之实证研究——以刑法修正案为样本的统计学分析》，载《华东政法大学学报》2016年第4期。

上述现象与问题展开深入的研究。

二、总则性条款的修改问题

一般而言，在一部法律中，总则部分较分则部分而言能够更直接地体现该法律的基本原则。具体而言，刑法典的总则部分大多涉及的便是该法律的基本原则或基本制度。⑤ 因此，对于总则性条款的修改往往会使不特定的多数人成为受影响的群体，进而产生牵一发而动全身的立法效果。这样，自《刑法修正案（八）》以来的总则性条款的修改与变动，就值得我们高度关注。

（一）总则性条款修改的内容

根据对法条的梳理，不难发现，刑法修正案对于我国刑法总则部分的变动至今仍主要涉及对刑事制裁制度的修改与完善。其中，对于死刑制度的修改以及创设保安处分制度等内容最具有代表意义。

1. 死刑制度的改革

首先，我们应当注意到，《刑法修正案（八）》和《刑法修正案（九）》均体现出慎用死刑的刑事政策。继《刑法修正案（八）》废除了 13 个罪名的死刑规定之后，《刑法修正案（九）》又废除了走私武器弹药罪、走私核材料罪、走私假币罪、伪造货币罪、集资诈骗罪、组织卖淫罪、强迫卖淫罪、阻碍执行军事职务罪、战时造谣惑众罪这 9 个罪名的死刑规定。这样，我国就在不到 5 年的时间内总共废除了 22 个罪名的死刑规定，死刑罪名总数由 68 个削减到现在的 46 个。

其次，死刑缓期执行制度得到了进一步完善。《刑法修正案（八）》针对累犯以及犯故意杀人、强奸、抢劫、绑架、放火、爆炸、投放危险物质或者有组织的暴力性犯罪的犯罪分子规定了“限制减刑型死缓”；《刑法修正案（九）》则在分则中对于重特大贪污受贿犯罪规定了终身监禁型死缓。这些规定将我国目前的死刑按照严厉程度的不同，由轻到重分为了四种，即普通死缓、限制减刑型死缓、终身监禁型死缓以及死刑立即执行，也使我国的死刑制度初步形成了衔接有度、轻重分

---

⑤ 参见秦前红、刘怡达：《全国人大常委会基本法律修改权之实证研究——以刑法修正案为样本的统计学分析》，载《华东政法大学学报》2016 年第 4 期。

明的格局,从而从一定程度上有力地解决了我国刑罚体系原来所存在的“死刑过重、生刑过轻”的问题。

最后,《刑法修正案(九)》提高了被判处死刑缓期两年执行的犯罪分子实际被执行死刑的门槛,将死刑缓期执行期间只要有故意犯罪就核准执行死刑的规定修改为只有在故意犯罪、情节恶劣的情况下才核准执行死刑。并且,《刑法修正案(九)》还创设了死刑缓期执行报备制度,即规定“对于故意犯罪未执行死刑的,死刑缓期执行的期间重新计算,并报最高人民法院备案”。这些措施进一步推动了我国的死刑执行制度朝着更加规范化、科学化与精细化的方向转型。

2. 保安处分的增设

保安处分不具有报应的性质且其唯一目的就是对再犯的预防,并伴随着改善和帮助犯罪人的功能。⑥ 这使保安处分区别于强调报应性与预防性相结合的刑罚。

《刑法修正案(八)》为了强化对管制犯、缓刑犯在刑罚执行过程中的监管,在第2条、第11条和第14条中创设性地规定了禁止令制度;《刑法》第37条新增规定,因利用职业便利实施犯罪,或者实施违背职业要求的特定义务的犯罪被判处刑罚的,人民法院可以根据犯罪情况和预防再犯罪的需要,禁止其自刑罚执行完毕之日或者假释之日起从事相关职业,期限为3年至5年。结合以上两项制度的适用条件和保安处分的特征,禁止令制度和职业禁止制度的保安处分性质是十分明显的。由此可以说,在我国废除劳动教养之后,禁止令和职业禁止的增设,标志着我国刑法中犯罪防控的“双轨制”(二元制)正式形成与逐步成熟,对部分犯罪行为法院既可以判处刑罚,还可以根据犯罪人的具体情况,从预防再犯罪的目的出发决定适用保安处分措施。⑦

3. 终身监禁的定位问题

《刑法》第383条第4款规定,因严重贪污、受贿犯罪被判处死缓的,法院根据犯罪情节等情况,可以同时决定在其死缓二年期满减为无期徒刑后予以终身监禁,不得减刑、假释。该规定实际上意味着我国刑法对特重大贪污受贿犯罪确

---

⑥ 参见武晓雯:《论〈刑法修正案(九)〉关于职业禁止的规定》,载《政治与法律》2016年第2期。

⑦ 参见魏东:《刑法总则的修改与检讨——以〈刑法修正案(九)〉为重点》,载《华东政法大学学报》2016年第2期。

立了终身监禁型死缓制度。从表面上看，终身监禁涉及对作为我国刑法分则内容的贪污罪和受贿罪的法定刑设置的修改。然而，终身监禁制度的创设涉及对我国刑法总则中的死缓制度和无期徒刑执行制度的实质性变更。因此，虽然终身监禁从形式上看属于刑法分则的内容，但该制度的增设本质上也属于对我国刑法总则内容的修改。

（二）总则性条款修改中在权限划分和修改程序方面存在的问题

1. 总则性条款修改的权限划分问题

由《立法法》第7条的表述可知，全国人大有权全面修改刑法等基本法律。相对的，全国人大常委会享有的基本法律修改权则应当是一项高度受限的权力，[8]只有同时满足上述时间条件、程度条件和限制条件时才能被行使。然而，我国《刑法》中总则性条文的修改，都是通过全国人大常委会以制定刑法修正案的方式完成的，全国人大并未行使其全面修改权。这种独特的立法现象是目前我国法学学术界的争议焦点之一。对此予以肯定的观点认为，基于立法效率的考量，对于全国人大常委会以通过刑法修正案来修改刑法总则的方式应予以充分的肯定。[9] 对此予以否定的观点则认为，刑法总则中都是具有奠基性的功能作用、统领全局作用以及能够制约刑法分则的原则性规定，对刑法总则内容的补充修改，最好由全国人民代表大会来进行比较妥当。[10] 值得注意的是，无论是支持方还是反对方的观点，都是将刑法总则作为一个整体而笼统化地探讨针对其的修改权限问题。这样的学术争鸣缺乏具体化的深入探究，难免失之偏颇，亦不利于为今后刑法的修订工作提供有益的借鉴。

笔者认为，就修改刑法总则的立法权限而言，必须严格依据《立法法》第7条的规定进行精细化区分。具体而言，应当依据《立法法》第7条关于全国人大常委会修改基本法律的三个前提条件，即时间条件、程度条件和限制条件来判断哪些总则部分的内容应由全国人大独享修改权，哪些总则部分的条文由全国人大常委会行使补充和修改权。

---

⑧ 参见林彦：《再论全国人大常委会的基本法律修改权》，载《法学家》2011年第1期。

⑨ 参见高铭暄：《走向完善的中国刑事立法》，载《法制日报》2011年5月18日，第11版。

⑩ 参见杨兴培：《刑法修正案（九）的得与失》，载《检察风云》2015年第20期。

首先,从限制条件上看,当对于某些总则性条款的修订可能会与刑法的基本原则,尤其是第3、4、5条分别规定的罪刑法定原则、适用刑法人人平等原则和罪责刑相适应原则产生矛盾的时候,这一部分内容的修改权限就应专属于全国人民代表大会。关于这里的"基本原则"的问题,下文将展开重点论述。其次,从程度条件上看,全国人大常委会仅有权对刑法总则进行部分补充与修改。对于此处的"部分",应该进行实质化的解释,即只要对于刑法总则的补充和修改达到了重大的程度——刑法总则修正的条文数量较多、涉及的方面较多或刑法总则修正的内容重大、涉及刑法的基本原则和重要制度,就应该交由全国人大进行表决。⑪ 若以此为标准,无论是死缓的改革还是禁止令等保安处分内容的增设,均意味着《刑法修正案(八)》和《刑法修正案(九)》已经对刑法总则中的刑事制裁体系作出了重大修改。那么,就这些修订的内容而言,就应交付全国人民代表大会审议表决通过。否则,可能会导致全国人民常务委员会越俎代庖的局面,进而致使专属于全国人大的立法权限被虚置,最终则会削弱基本法律立法的民主化程度。最后,全国人大常委会应严格遵守其行使基本法律修改权的时间条件,切忌在全国人民代表大会会议期间越位修法,否则,不仅会使二者的立法权限更加混淆,更会导致严重的违宪问题。

2. 总则性条款修改的程序问题

我国《立法法》第29条第1款规定:"列入常务委员会会议议程的法律案,一般应当经三次常务委员会会议审议后再交付表决。"此规定是对我国立法过程的程序性要求。根据上文论述,对刑法总则内容的变动具有重大影响,因而更应当适用这种严谨的"三读"程序。然而,《刑法修正案(九)(草案)(三次审议稿)》新增的不少条款都只经过全国人大常委会的一次审议即交付表决。而《立法法》第29条之所以对列入常务委员会会议议程的法律案作"一般应当经三次常务委员会会议审议后再交付表决"的规定,其目的显然是让全国人大常委会委员们和社会各方面都可以对立法内容进行更为全面的了解与讨论,从而保证立法的民主性。众所周知,在《刑法修正案(九)(草案)(三次审议稿)》新增的各项规定中,终身监禁制度无疑涉及对刑罚制度的重大变革,因而有必要由各方

---

⑪ 参见赵秉志:《刑事立法研究》,中国人民大学出版社2014年版,第27页。

进行充分的讨论。并且，该制度在修法过程中就引起很大争议，有不少人对刑法增设这一制度持反对态度。然而，终身监禁制度竟然在《刑法修正案（九）》草案的第三次审议稿中才被国家立法机关增加进来。这表明在《刑法修正案（九）》的修法过程中，全国人大常委会和社会各界对这一制度的讨论和研究还不是很充分，其做法有程序违法之嫌，值得进一步改进完善。⑫

不难看出，在全国人大常委会对刑法总则性内容进行修订的过程中产生的此类程序性问题反映出"刑事立法的情绪化倾向"的现象。这具体是指刑事立法被情绪化的舆论或者民意所牵制，造成立法的随意性和盲从性。⑬ 这种现象恰恰揭示了我国立法机关在刑事立法工作中为了回应社会重大关切而过度追求立法效率的问题。该问题若得不到妥善解决，不仅会造成刑事立法质量的下降，长此以往更会削弱刑法本身的谦抑性特征，最终导致其无法树立起作为后盾法和保护法的权威。

三、《刑法修正案（八）》和《刑法修正案（九）》的修改内容对刑法基本原则的背离

《立法法》第 7 条但书部分规定，全国人大常委会对于刑法等基本法律的修改不得与该法律的基本原则相抵触。从法教义学的角度来看，此处"基本原则"的概念明显缺乏明确性。具体就刑法典而言，既可以从形式的角度出发，将基本原则仅解释为《刑法》第 3、4、5 条分别明文规定的三项基本原则，即罪刑法定原则、适用刑法人人平等原则和罪责刑相适应原则；又可以作实质理解，将虽未在刑法典中明文规定但通过一系列总则与分则性条文表现出的原则与共性制度，如主客观相统一原则，纳入"基本原则"的范围中来。前者可称为狭义的基本原则，后者可称为广义的基本原则。无疑，就广义基本原则的部分内容而言，虽然在刑法典中没有凝练性、直接性的高度概括规定，但其对刑法的立法、司法与执法活动同样可以起到重要的指导作用。因此，笔者更倾向于对"基本原则"作实

⑫ 参见赵秉志、袁彬：《中国刑法立法改革的新思维——以〈刑法修正案（九）〉为中心》，载《法学》2015 年第 10 期。

⑬ 参见刘宪权：《刑事立法应力戒情绪——以〈刑法修正案（九）〉为视角》，载《法学评论》2016 年第 1 期。

质性理解。

在探讨《刑法修正案(八)》和《刑法修正案(九)》修改部分与刑法基本原则之间关系的时候,必须首先明确享有判断刑法修正案是否与刑法基本原则相抵触的权力的主体。根据1982年《宪法》第62条第11项(改变或者撤销全国人民代表大会常务委员会不适当的决定)和《立法法》第97条第1项的规定(全国人民代表大会有权改变或者撤销它的常务委员会制定的不适当的法律,有权撤销全国人民代表大会常务委员会批准的违背宪法和《立法法》第75条第2款规定的自治条例和单行条例),全国人民代表大会有权改变或撤销其常委会制定的不适当的法律和决定。由此可以得出如下结论:判断刑法修正案是否与刑法基本原则相抵触的权力专属于全国人民代表大会。在此,就具体层面而言,笔者主要围绕《刑法》第3条规定的"罪刑法定原则"和《刑法》第5条规定的"罪责刑相适应原则"展开重点分析。

(一)与罪刑法定原则相背离的问题

我国《刑法》第3条明文规定了罪刑法定原则,其具体内容为"法律明文规定为犯罪行为的,依照法律定罪处刑;法律没有明文规定为犯罪行为的,不得定罪处刑"。近代启蒙运动以来,罪刑法定原则便一直构成现代刑法体系的基石。罪刑法定通过预先划定刑法所禁止的范围,即划定犯罪圈,为人们提供行为指导,在保障法的稳定性的同时增进了国民对自身生活的可预期性。因此,刑法规范的明确性特征就是罪刑法定原则的应有之义。⑭ 换言之,罪刑法定的明确性原则要求刑法用语应当规范明确。反过来讲,即便犯罪和刑罚皆由法律规定,但是如果其内容不明确,就什么行为是犯罪而言,无论一般国民或法官都不清楚,就不可能达到防止罪刑擅断的目的。⑮ 总之,刑法条文的用语应当确定、具体、规范,刑法条文间的逻辑应当清晰、严密,所以要尽量少地在刑法中使用模糊性法律概念、情节犯以及兜底条款。

所谓模糊性法律概念,是指内涵与外延尚未明确的法律概念。此类法律概

⑭ 参见张明楷:《罪刑法定与刑法解释》,北京大学出版社2009年版,第47页。

⑮ 参见马克昌:《比较刑法原理:外国刑法学总论》,武汉大学出版社2002年版,第73页。

念的出现主要是因为立法者为了使刑法规范进一步回应社会呼吁，实现与时俱进的目标而创设的，或者是因为时代社会的变迁使原本确定的法律概念有了多元化的解释而变得不确定。对于模糊性法律规范，可以通过进一步制定和完善法律规范或借助立法解释与司法解释加以确定。然而，通过对《刑法修正案（八）》和《刑法修正案（九）》具体法律条文的梳理，我们可以发现，其中诸如特别残忍手段、恐怖信息、极端主义、公民个人信息等新创设的法律概念仍存在模糊化的问题，且尚未得到明确性的界定。

所谓情节犯，是指以某些定罪情节如“数额巨大”“造成重大损害”等规定，作为犯罪成立所必备的构成要件的犯罪类型。情节犯中的情节特指定罪情节，区别于量刑情节中的情节。⑯ 由于在司法实践中缺乏一套可操作性强且具体明确的衡量定罪情节的标准，因此，有不少学者认为情节犯不符合罪刑法定主义之明确性要求，并据此认为情节犯存在对罪刑法定主义的冲击问题。⑰ 退一步讲，即使从较为温和的立场出发，我们也不能否认如果情节犯在刑法中所占比例越高，则说明刑法规范越不明确，罪刑法定的实现程度越低。⑱

具体而言，《刑法修正案（八）》和《刑法修正案（九）》增加或变更了大量涉及情节犯的罪名，比如危险驾驶罪、食品监管渎职罪、侵犯公民个人信息罪以及非法持有宣扬恐怖主义、极端主义物品罪等。这些情节犯罪名的大量涌现无疑对于罪刑法定原则在我国刑事法律活动中的贯彻提出了严重的挑战。

所谓兜底条款，是指开放的构成要件在我国刑法典中的表现形式。开放的构成要件特指那些构成要件本身没有指示违法，因而需要在构成要件之外确定专门的违法性特征的犯罪构成要件。⑲ 兜底条款本质上具有不明确的固有属性。其一旦出现在罪状中，如果不加以严格解释与限定，就会与罪刑法定要求的明确性原则相矛盾，进而阻碍罪刑法定原则的贯彻。一些学者甚至认为，此类条款在实质上违反罪刑法定原则，应当被予以禁止。⑳ 笔者认为，罪刑法定原则在

---

⑯ 参见刘艳红：《情节犯新论》，载《现代法学》2002年第5期。

⑰ 参见李翔：《罪刑法定视野中的情节犯命运》，载《江西社会科学》2006年第6期。

⑱ 参见黑静洁：《刑法修正案之立法质量的实证考察》，载《中国刑事法杂志》2010年第5期。

⑲ 参见张明楷：《犯罪构成体系与构成要件要素》，北京大学出版社2010年版，第138页。

⑳ 参见［日］山口厚：《刑法总论》，付立庆、刘隽译，中国人民大学出版社2011年版，第17页。

刑法规范中最重要的表现之一就是通过构成要件确定各种具体犯罪的行为类型,而兜底条款则使得行为的类型性难以确定。因此,在刑法中不应当引入过多的兜底性条款。然而,《刑法修正案(八)》和《刑法修正案(九)》中仍存在相当规模的兜底性条款,它们可被细分为行为兜底条款和主体兜底条款。举例分析如下:

《刑法》第 253 条规定了侵犯公民个人信息罪。该条第 3 款规定:"窃取或者以其他方法非法获取公民个人信息的,依照第一款的规定处罚。"在此,在明确列举侵犯公民个人信息的具体方式之后,又以概括抽象的"其他方法"起到对此类犯罪的实行行为的兜底作用。《刑法修正案(九)》在《刑法》第 260 条后增加一条,作为第 260 条之一,其中第 2 款规定:"单位犯前款罪的,对单位判处罚金,并对其直接负责的主管人员和其他直接责任人员,依照前款的规定处罚。"这里面的"其他直接责任人员"便是一种关于主体兜底条款的规定。

(二)与罪责刑相适应原则相背离的问题

罪责刑相适应原则是我国《刑法》第 5 条所明文规定的一项基本原则,其具体含义是指刑罚的轻重应当与犯罪分子所犯罪行和承担的刑事责任相适应,通俗来讲,即重罪重罚、轻罪轻罚、罪刑相称、罚当其罪。其价值基础不仅是主张犯罪与刑罚的绝对等量的报应主义思想,更蕴含"刑罚不应超过预防未然之罪与遏制再犯之罪的需要"这一功利主义理念。㉑ 该原则不仅对刑事司法工作具有指导意义,更对我国的刑事立法工作起到重要的指导作用。

众所周知,大陆法系国家中的罪刑均衡原则是我国罪责刑原则的重要渊源。受启蒙运动的推动,罪刑均衡原则开始在近现代刑事法律体系中初步得以体现。在当代刑法中,罪刑均衡更是成为各国刑法中难以撼动的基础性原则。在德、日、法等大陆法系国家的刑法总则中,不仅通过设置犯罪构成来确定犯罪主体的条件以及区分故意和过失等主观条件,还通过规定犯罪停止形态、罪数形态与共犯形态等制度来从宏观上确定罪责的轻重;在刑罚种类上,普遍设置了不同轻重

㉑ 参见赵秉志、于志刚:《论罪责刑相适应原则》,载《郑州大学学报》(哲学社会科学版)1999 年第 5 期。

程度的财产刑、自由刑甚至生命刑；在刑罚的裁量上，普遍设置了自首、累犯等量刑情节。㉒ 而罪责刑相适应原则在我国刑法中的确立，不仅增进了我国刑罚体系向规范化、正当化与精细化的方向发展，还通过将行为人因素纳入定罪量刑的考量依据中来进一步推动了我国刑法人文精神的进步，贯彻了“以人为本”的现代法治理念。然而，《刑法修正案（八）》和《刑法修正案（九）》在削减死刑与加重生刑方面表现的不足确有与罪责刑相适应原则抵触的嫌疑。

一方面，在削减死刑方面，虽然我国刑法学界对于死刑在现阶段是否应继续存在的问题仍存在争论，但是，在关于通过贯彻“少杀慎杀”这一慎用死刑的刑事政策来逐步实现废除死刑的目标方面，学界与法律实务界已达成普遍共识。因为从长远来看死刑彻底侵犯了公民（包括犯罪人）的生命权以及免受酷刑和其他残忍、不人道或有辱人格待遇或处罚的权利，㉓不仅有原始社会时期的同态复仇主义之嫌，更是与功利主义要求改造犯罪人的目的截然相悖。所以，逐步废除死刑既是现代人权理念发展与法治文明进步的必然要求，也是在刑事立法工作中贯彻罪责刑相适应原则的必然选择。值得注意的是，《刑法修正案（八）》和《刑法修正案（九）》在不到5年的时间内总共废除了22个罪名的死刑规定，使死刑罪名总数由68个削减到现在的46个。但是，刑法典仍然保留了46个罪名的死刑规定，死刑罪名依然显得过多过滥，并且尚有大量非暴力犯罪并没有在立法上废除死刑。这无疑是与罪责刑原则相矛盾的。

另一方面，在加重生刑方面，《刑法修正案（八）》和《刑法修正案（九）》亦显得过于严苛。这一点突出表现在《刑法修正案（九）》对重特大贪污受贿犯罪增设终身监禁制度。笔者认为，在立法上尚未对“累犯以及因故意杀人、强奸、抢劫、绑架、防火、爆炸、投放危险物质或者有组织的暴力性犯罪被判处十年以上有期徒刑、无期徒刑的犯罪分子”规定终身监禁的情况下而对重大贪污受贿犯罪规定终身监禁，这与罪责刑相适应原则相抵触，是一种典型的“罪刑失衡”现象，从实质上构成对于《立法法》第7条的违反。正如有的学者指出的那样，对贪污犯、受贿犯终身监禁超出了罪责边界，在均被判处死刑缓期执行的情况下，如果

㉒ 参见马克昌：《近代西方刑法学说史略》，中国检察出版社1996年版，第102页。

㉓ 参见赵秉志：《当代中国死刑改革争议问题论要》，载《法律科学》（西北政法大学学报）2014年第1期。

把对贪污受贿犯罪终身监禁的理由归结于其罪责比杀人、强奸、抢劫等暴力性犯罪更深重,至少在常理上难以令人信服;针对贪污受贿犯罪的终身监禁,在特殊预防上毫无意义。因贪污受贿入狱的国家工作人员,都因被褫夺公职而仕途终结,出狱之后,几乎没有再犯贪污受贿犯罪的可能;从教育改造的角度来看,终身监禁意味着犯罪人永远不能重返社会,这只能适用于那些完全没有任何教育改造可能性的犯罪人;退一步讲,即使认为终身监禁的残酷性和不人道没有达到死刑的程度,可以考虑作为死刑的替代刑,仅仅对贪污贿赂犯罪设置终身监禁的立法方式也存在疑问。[24] 由此可见,在刑事立法中加重生刑更应严格遵守罪责刑相适应原则的要求,不得超过必要限度,否则就走向了刑罚人道主义、科学主义和刑罚轻缓化的反面,[25]进而落入"敌人刑法"的窠臼。

四、结语

通过前文对于《刑法修正案(八)》和《刑法修正案(九)》所涉及的立法权限的展开论述,我们可以得出如下基本结论:

首先,全国人大与全国人大常委会均有权对于刑法总则部分的内容进行修改,但是,全国人大常委会对于刑法总则进行修改时应严格遵守《立法法》第7条为其设定的时间条件、程度条件和限制条件,即"在全国人民代表大会闭会期"、"部分修改和补充"以及"不得同该法律的基本原则相抵触"。

其次,由于总则性条文在刑法典中具有总揽全局的作用,当涉及对刑法总则的重大内容进行修改的时候,应将这些内容交由全国人民代表大会审议和表决。全国人民代表大会及其常务委员会在行使《立法法》第7条所赋予的立法权限时,应严格遵守法定程序,如"三读"程序,以确保立法活动的规范化与民主化。

再次,对于《立法法》第7条但书部分规定的"基本原则"应当作实质理解,即不能仅将其解释为《刑法》第3、4、5条所明文规定的罪刑法定原则、适用刑罚一律平等原则和罪责刑相适应原则,而是应该把那些虽未在刑法典中明文规定但通过一系列总则与分则性条文表现出的原则与共性制度纳入此处"基本原

㉔ 参见车浩:《刑事立法的法教义学反思——基于〈刑法修正案(九)〉的分析》,载《法学》2015年第10期。

㉕ 参见魏东:《〈刑法修正案(九)〉之五读五问》,载《法治研究》2016年第2期。

则”的范围中。

最后，《刑法修正案（八）》与《刑法修正案（九）》对于刑法典的修改存在与刑法基本原则相抵触的问题，如其中大量存在的模糊性法律概念、情节犯和兜底条款与罪刑法定原则相矛盾，新增设的终身监禁制度与罪责刑相适应原则相背离。

综上所述，不难看出，《立法法》第7条所规定的立法权限在刑法立法活动中仍存在大量贯彻不到位的问题。在今后对于刑法等基本法律进行修改的立法活动中，不仅应严格遵循《立法法》第7条的规定，更应由有权机关进一步制定更为明确化的细则，增加其可操作性。比如，细化《立法法》的相关条款，明确“部分”和“基本原则”的含义，并通过法律解释的方式明确“抵触”的判断标准、抵触时的处理方式等重要技术问题。㉖ 这样做，不但能平衡立法过程中关于“民主”“效率”等价值的取舍，而且是构建科学规范的立法体系、提升我国立法水平与质量的必由之路。

㉖ 参见韩大元：《“全国人大修改选举法”与基本法律的修改权》，载《法学杂志》2010年第7期。

我国票据法立法理念的反思与重塑

姜　芳*

摘　要:本文从《票据法》第10条"真实交易关系原则"与票据无因性原则之间的规则冲突以及由此所导致的司法实践中"同案不同判"的裁判冲突等迫切现实问题入手,分析揭示我国票据法安全至上立法理念的冲突与错位,从源头上对票据法立法理念进行更新和纠偏,确立以流通为中心的立法理念,明确票据无因性原则,重构以流通理念为核心的票据法律制度。

关键词:票据法　立法理念　流通　安全

一、问题的提出

我国《票据法》自诞生以来,就一直因未明确规定票据无因性原则反而规定第10条"真实交易关系原则"和"对价原则"对票据无因性原则加以根本否定和严格限制而备受争议和质疑。这一做法不但违背了国际通行的票据法理和立法惯例,也违背了票据自身天然具有的、根本的流通属性。《票据法》的这一硬伤导致了制度规范及司法实践上的冲突和混乱,成为扼制我国票据制度和市场发展的桎梏。

(一)规则冲突——票据无因性原则与真实交易关系原则

现代票据法理论认为,票据是一种无因证券,这是票据无因性理论的核心。票据的无因性,是指票据一经签发,其所产生的票据关系就可以独立于产生票据

---

* 姜芳,四川省社会科学院法学研究所助理研究员。

的基础关系,并与后者相分离,票据一经作出就能产生票据权利,无论票据原因关系有效与否,对票据权利的效力不产生影响。建基于萨维尼首创的无因性理论之上、由德国学者巴尔发展出来的票据无因性理论和原则现已普遍为世界各国的票据立法、学说及实务所接受,是目前两大票据法体系的基本理论和制度基础。无论是日内瓦票据法体系还是英美票据法体系对票据的无因性均持肯定态度,并将其视为票据立法的基本原则。可以说,“无因性是现代票据制度的灵魂,票据在商品经济发展中所发挥的作用,都是以票据无因性原则作为基石”。① 现在,除法国囿于历史原因要求票据有因外,各国法律都认为票据是无因证券。票据立法不强调票据当事人之间的资金关系和对价交易关系,甚至即便在法国,“立法机关也在考虑修改票据法以适应社会经济生活的需要并使之符合国际立法通例”。② 我国《票据法》虽未明文规定票据无因性,但从精神实质上是秉承日内瓦统一票据法体系的理念,承认票据无因性原则。票据法司法解释最高人民法院《关于审理票据纠纷案件若干问题的规定》第 14 条“票据债务人以票据法第 10 条、第 21 条③的规定为由,对业经背书转让票据的持票人进行抗辩的,人民法院不予支持”的规定就是对票据无因性具体适用的表现,与国际通行的现代票据理论相契合。

《票据法》第 10 条规定:“票据的签发、取得和转让,应当遵循诚实信用的原则,具有真实的交易关系和债权债务关系。票据的取得,必须给付对价,即应当给付票据双方当事人认可的相对应的代价。”其中的“真实交易关系”和“对价”明显属于票据基础关系的范畴。该条款将票据关系与经济生活中的交易关系联系起来,理论上将签发、取得和转让这三种票据关系与票据基础关系混在一起,使票据关系受票据基础关系效力的影响,违背了票据关系与票据基础关系相分离的基本原理,触及了票据法的核心理论和基本原则——票据无因性原则的底线。从理论角度看,这种票据关系与票据基础关系之间不适当的牵连,违背了公认的票据法原理,否定了票据的无因性。从事实角度看,这种有因性规定极大地

① 张奇:《从票据无因性看我国〈票据法〉的缺憾》,载《法制与经济》2008 年第 10 期。

② 蒋大兴:《〈票据法〉的立法缺陷及其完善》,载《河北法学》1996 年第 4 期。

③ 《票据法》第 21 条规定:“汇票的出票人必须与付款人具有真实的委托付款关系,并且具有支付汇票金额的可靠资金来源。不得签发无对价的汇票用以骗取银行或者其他票据当事人的资金。”

限制了持票人使用票据完成支付的范围,降低了票据的流动性水平。

（二）裁判冲突——形式审查标准与实质审查标准

《票据法》第10条只笼统规定了真实交易关系原则,但对其内涵、法律效果、贴现人及付款人的审查义务、具体的司法审查标准等重要内容却并未予以明确规定。《票据管理实施办法》和最高人民法院司法解释中同样未予规定。只有1997年中国人民银行先后出台的《商业汇票承兑、贴现与再贴现管理暂行办法》(1997年5月22日)第19条④及《支付结算办法》(1997年12月1日)第92条⑤第3项对贴现人审查义务作了简略描述。然而,这两个部门规章之间的规定却并不一致。前者要求审查“增值税发票和商品交易合同复印件”,后者则要求审查“增值税发票和商品发运单据复印件”。单从冲突规范的时间效力上来说,似乎是以后者为准。但从之后中国人民银行的态度和规范性文件的表述上来看,具体的审查要求又每每出现反复。有要求审查“经济合同、增值税发票和发运单据复印件”⑥的,也有只审查“增值税发票、贸易合同复印件,必要时才查验增值税发票原件”⑦的。中国人民银行在真实交易关系审查义务这一问题上的态度和标准反复不定,使法院在票据法律法规及司法解释严重供给不足的情况下,同时也缺乏了统一明确的行业参照标准,这更增加了司法裁判中对真实交易关系的理解适用及审查认定上的困难。

司法实践中,法院对于真实交易关系的审查,始终缺乏理解认识上的共识,同时存在两种截然相反的审查标准:一是较为宽松的形式审查标准,以票据无因性原则为其理论基础,坚持票据关系和基础关系相分离,对基础原因关系只做形式审查;二是较为严格的实质审查标准,以《票据法》第10条作为论证依据,要求对基础关系的真实性作实质审查。不同的审查标准自然会导致“同案不同

④ 《商业汇票承兑、贴现与再贴现管理暂行办法》第19条规定:“持票人申请贴现时,须提交贴现申请书,经其背书的未到期商业汇票,持票人与出票人或其前手之间的增值税发票和商品交易合同复印件。”

⑤ 《支付结算办法》第92条规定:“商业汇票的持票人向银行办理贴现必须具备下列条件:(一)在银行开立存款账户的企业法人以及其他组织;(二)与出票人或者直接前手之间具有真实的商品交易关系;(三)提供与其直接前手之间的增值税发票和商品发运单据复印件。”

⑥ 《关于加强支付结算管理保障银行和客户资金安全的通知》(1999年3月24日)。

⑦ 《关于切实加强商业汇票承兑贴现和再贴现业务管理的通知》(2001年7月24日)。

判”的司法混乱。事实上,我国各地法院在此类票据纠纷中从未形成统一的认识和标准,这种“同案不同判”的司法乱象屡见不鲜。甚至连最高人民法院都曾经分别采用过这两种标准,在不同的判决裁定中作出过彼此矛盾的论证和裁决。在侯马建行案中采用了实质审查标准,认为“……未能提交增值税发票原件的情形下办理了贴现,应认定其未按照正常工作规程尽到审查义务,侯马建行具有重大过失”⑧。而在青岛海晶化工与潍坊银行案中则采用了形式审查标准,认为“……同时审核了商品交易合同及增值税发票复印件,亦对出票行进行了查询;在关涉基础交易关系相关资料的审核中,虽有疏忽,但不构成重大过失”。⑨ 最高人民法院对真实交易关系及票据无因性这种前后矛盾、摇摆不定的态度更是加剧了这种司法混乱。在目前这两种截然对立的“双重”审查标准并行适用的司法环境下,法院最终会采用哪种标准裁判案件完全依法官个人对法律的理解和偏好,当事人很难单凭事实和法律作出可期待的合理预测和判断,裁判过程和结果具有极大的不确定性,这严重伤害了法律和司法的公信力和权威性。追根溯源的话,这种司法上的混乱根源于立法上的混乱,而立法上的混乱又主要根源于立法理念和价值上的冲突和错位,唯有回望矛盾冲突的本源,从源头上对立法理念进行厘清和纠偏。

(三)理念价值冲突——流通与安全的冲突

票据无因性原则与真实交易关系原则的冲突折射出了更深层次的票据法立法理念和价值之间的冲突。流通与安全都是票据法所保障的重要理念价值。票据无因性强调票据的流通价值,而真实交易关系侧重保障支付安全价值。而当二者发生价值冲突时,立法者优先保障的是安全。目前,我国票据法的核心立法理念是保障安全,奉行安全价值至上。《票据法》第 1 条规定:“为了规范票据行为,保障票据活动中当事人的合法权益,维护社会经济秩序,促进社会主义市场经济的发展,制定本法。”可见,我国票据法将安全价值置于首位,其首要价值取向并不在于保护票据权利和促进票据的流通性,而是注重规范票据行为,维护社

---

⑧ 《最高人民法院(2011)民提字第 84 号民事判决书》。

⑨ 《最高人民法院(2013)民申字第 4 号民事裁定书》。

会经济秩序。这种立法理念“决定了整部《票据法》的性格，所有具体制度，不管是票据种类、票据权利制度、票据行为制度，还是票据挂失止付制度，都着重强调票据使用的安全性，忽略票据流通的重要性，这既有悖于现代票据法的发展趋势，也有悖于我国经济生活的现实”。⑩

为了保障票据的安全性，照顾市场经济发展初期票据实践的不成熟，现行《票据法》过度地限制了票据的流通属性，比如，“真实交易关系原则对非商品类交易的排除；对价原则对未支付或未支付相对应对价的持票人权利的否定；严格限制票据的种类，不承认商业本票；不承认票据的交付转让；不承认空白授权票据和空白背书等等规定”，⑪都对票据的流通转让构成了实质性的限制，极大削弱妨害了票据的流通效率。同时，票据法过于重视对银行安全利益的保护，有时甚至不惜牺牲持票人权利和票据流通性。例如《票据法》第8条规定：“票据金额以中文大写和数码同时记载，二者必须一致，二者不一致的，票据无效。”这种简单严苛的票据金额记载方式和判断标准只有利于银行的利益维护和风险防范，却完全否定了票据持有人的权利。事实上，“大多数国家和地区的通行做法是区分不同情况，分别规定在重复记载的数额中以某一数额记载为票据金额，基本不采取直接认定票据无效的做法”，⑫尽可能保护持票人权利，促进票据流通。

二、对安全至上立法理念正当性的反思

我国现行票据法奉行的是安全至上的立法理念，其赖以存在的核心基础是真实交易关系原则。真实交易关系原则对票据流通构成了最核心、最致命的侵害，其无论从理论、现实及法律上都缺乏必要的正当性。

（一）对真实交易关系原则理论正当性的反思

真实交易关系原则的理论基础是18～19世纪英国经济学上著名的“真实票据理论”。我国《票据法》第10条第1款正是基于这一金融理论而创设的。首次系统权威性阐述该理论的是亚当·斯密，他认为，“只要纸币的发行总量不超

---

⑩ 吴京辉：《〈票据法〉修订：私法本性的回归》，载《法商研究》2013年第3期。

⑪ 郑孟状：《论〈票据法〉的修订》，载《宁波大学学报》（人文科学版）2013年第1期。

⑫ 赵新华：《〈票据法〉上票据金额记载规定的立法完善》，载《法学》2011年第9期。

过原本在任何一个经济活动水平下所需流通的金属货币总量,纸币就不会贬值"。[13] 因此,该理论强调,为确保资金的流动性和安全性,银行信贷应以真实商品交易为基础,放款必须以真实票据为凭证,只有如此,银行信贷才不会过剩和产生通货膨胀。具体表现为,为保证银行信贷资金只流向真实的商品生产和交易,银行放款只能对具有真实交易背景且带有自动清偿性质的短期(一般不超过一年)"真实票据"提供贴现和抵押融资。这一理论在相当长时期内支配和指导着商业银行的资产管理和业务经营,直接影响着票据法和银行法的态度和倾向,在自由资本主义时期曾经长期占据统治地位,产生过巨大积极的影响。银行通过信贷控制,尽力使货币供给与真实商品生产流通保持同步,在一定程度上避免了信贷过度扩张导致的货币供给的短缺和通货膨胀。在这一背景下,美国 1913 年的《联邦储备法》正式采纳了真实票据理论,并以此为依据设置了一整套信贷供给与生产流通环节直接挂钩的管控机制。至此,真实票据理论发展至其巅峰。

然而,由于真实票据理论自身的理论局限、垄断资本主义经济外在形势和内在要求的巨大变化,使真实票据理论的缺陷日益凸显。真实票据理论认为存款是商业银行资金的主要来源,但却没有考虑到银行短期存款的相对稳定性和长期存款比重上升的可能性,忽略了商品交易以外的其他放款需求,无法适应资本主义经济发展深化和外部环境变化对贷款需求扩大和贷款种类多样化的要求,使商业银行的业务经营受到极大限制,并不适用于整个商业银行系统。此外,"真实票据""合格票据"易于以人为"空转对倒"方式加以炮制、在审查实践中难以认定和确实执行、自偿性难以有效保障、银行信贷与实际货币需求量之间动态反应滞后等理论和实践上的巨大局限性,使其并不能有效控制票据市场的泡沫,难以阻止信贷的过度扩张。这些局限性在美国 1929 ~ 1933 年的经济大萧条中被充分地暴露出来,真实票据理论终因未能有效发挥货币调节供给功能和扼制恶性通货膨胀而广受批判。美国 1935 年《银行法》的出台及其对"合格商业票据"解除限制的做法,意味着美联储对真实票据理论的正式放弃,也标志着真实票据理论彻底的实践失败。可见,真实票据理论对于宏观意义上金融风险的防范效果并不理想,难以有效抑制"票据空转对倒",同时,它否定票据的无因性,

---

[13] [英]亚当·斯密:《国富论》,唐松日等译,华夏出版社 2005 年版,第 222 页。

对微观意义上的票据流通也产生了极大的阻碍，严重束缚票据市场的健康发展。如今，真实票据理论在金融调控技术、金融法律制度等方面明显落后于时代要求，与现代金融监管调控的理念难以契合，“在货币银行学上早被抛弃，而不再是主流学说，并已被金融界以更合理、灵活、有效的信用控制手段所取代”。⑭

（二）对真实交易关系原则现实正当性的反思

真实交易关系原则的雏形肇始于1988年上海市人民政府颁布实施的《上海市票据暂行规定》。该规定第7条第3款规定：“商业汇票和商业本票的签发，以合法的商品交易为限。”之后中国人民银行的《银行结算办法》沿用并发展了这一规定，提出“签发商业汇票必须以合法的商品交易为基础”。1995年《票据法》将其修改为“真实交易关系”，并确定为一项基本原则。票据法律、法规和司法解释对此仅是点到即止，均没有可供理解和操作指引的进一步具体规定。真实交易关系规范体系⑮主要是由中国人民银行通过规章和一系列行政规范性文件逐步建立起来的。此外，从真实交易关系规范体系的构成可以看出，中国人民银行只在首部《票据法》颁布之后的前两年相继制定了一部行政法规、两部部门规章，其余全部为低层级的行政规范性文件。作为《票据法》第109条明确授权创制行政法规的行政立法机关，在近20年间一直怠于行使高层级的立法权，始终以政策代替法律。并且，由于不够严谨和规范，各规范性文件之间在审查义务等关键性内容要求的表述上经常反复随意变动，缺乏一致性、连贯性，更进一步加剧了对票据无因性原则的冲突和伤害。

尤为值得一提的是，中国人民银行自1997年4月发布《关于进一步加强银行结算管理的通知》开始，之后发布的所有规范性文件中，包括同年颁布的两个规章，均将票据法中的“真实交易关系”替换成为“真实的商品交易关系”，仅仅

⑭ 黄达：《货币银行学》，中国人民大学出版社2000年版。

⑮ 由中国人民银行制定发布的主要有：《关于进一步加强银行结算管理的通知》（1997年4月16日）、《商业汇票承兑、贴现与再贴现管理暂行办法》（部门规章）（1997年5月22日）、《票据管理实施办法》（行政法规）（1997年10月1日）、《支付结算办法》（部门规章）（1997年12月26日）；《关于加强商业汇票管理促进商业汇票发展的通知》（1998年6月2日）；《关于加强支付结算管理保障银行和客户资金安全的通知》（1999年3月24日）、《关于切实加强商业汇票承兑贴现和再贴现业务管理的通知》（2001年7月24日）；《关于完善票据业务制度有关问题的通知》（2005年9月5日）；《关于促进商业承兑汇票业务发展的指导意见》（2006年11月9日）；《关于规范和促进电子商业汇票业务发展的通知》（2016年8月27日）等。

增添了“商品”两个字，就将“真实交易关系”审查范围限缩至“真实贸易背景”审查，而将不属于商品交易范畴，诸如技术、劳务、偿债等其他交易关系排除在商业汇票的使用情形之外。这种对商业汇票适用范围的限缩性解释明显与扩充票据适用范围，为在劳务、技术、服务贸易甚至其他双务法律关系中使用票据的立法初衷相背离，是对上位法的无效篡改，是过度自由解释滥用立法权的表现。中国人民银行的这种“变更”实际上是将审查事项范围恢复到《票据法》出台之前以交易合同作为主要证明依据的状态，这主要是基于对具体审查方法可行性和操作性的考虑。但现实证明，即便将交易范围限缩至商品交易，即便审查合同、发票、运单复印件也根本无法达到审查交易关系真实性的目的。真实交易关系原则这个在草案中根本没有出现、却在立法审议的最后两个月被匆忙加入的条文本身从立法思想的统一到制度设计的衔接都存在先天的不足。

事实上，在最初提交给全国人民代表大会审议的《票据法（草案）》中，并未包含关于票据真实交易关系原则的规定。相反，对票据无因性原则的态度则是明确承认并大力支持的。1995 年 2 月 21 日八届人大常委会第十二次会议上，时任中国人民银行副行长的周正庆作《关于〈中华人民共和国票据法（草案）〉的说明》时专门强调：“票据属于无因证券。根据这一特征，草案没有沿用现行《银行结算办法》关于签发商业汇票必须以合法的商品交易为基础的规定。这是因为，票据关系都是基于一定的原因关系而发生的，如货款的支付、债权债务的清偿等，但票据关系成立后，即与其原因关系相分离。票据关系与票据原因关系是两种不同的法律关系，应由不同的法律进行调整和规范。只要票据符合法定形式，并且依法取得，持票人就享有票据权利，在行使票据权利时，不需要向债务人证明其取得票据的原因。因此，签发票据是否有商品交易或者交易是否合法，不属于票据法规定的内容，应由其他有关的法律加以规范。”⑯然而，1995 年 5 月 10 日八届全国人大常委会第十三次会议审议通过《票据法》时，却已经加入了真实交易关系，并将其列为票据法的一项基本原则了。

这种立法态度上的紧急转向是立法过程中不同立法理念之间冲突与妥协的结

⑯ 周正庆：《关于〈中华人民共和国票据法（草案）〉的说明》，载全国人大网：http://www.npc.gov.cn/wxzl/gongbao/1995-02/21/content_1479950.htm，最后访问日期：2017 年 6 月 12 日。

果。当时我国正处于 1993～1995 年的中华人民共和国成立以来最高最凶险的恶性通货膨胀时期。信贷过度扩张，货币供给过量。在严厉紧缩货币政策和财政政策，整顿金融秩序，遏制通货膨胀的大背景下，立法者出于对经济安全的考虑，衡量之下放弃了票据无因性原则的规定，转而选择了真实交易关系原则。这也就意味着，在流通与安全这两大立法理念第一次发生冲突碰撞时，立法者优先选择了安全，而将流通这一票据基本理念价值置于安全价值之下。这是当时特殊时代背景下的无奈妥协。而这种最后时刻的妥协与变更，也使真实交易关系原则与法案起草机关一以贯之的立法思想并不能系统地融合衔接，其内涵、外延、法律效果等重要制度规定因理论上难以自洽而始终缺位。这种尴尬的立法状况使其难以达致立法初衷，反过来严重影响了其安全价值的有效实现，制造了新的混乱。

现行《票据法》自 1995 年颁布以来，除 2004 年作出较小修正之外，还从未进行过任何大的立法修改，始终奉行着 20 年前确立的以安全为首要价值的立法理念。然而，当初的立法环境与现在的票据市场运行环境早已大相径庭。这种偏颇错位的立法理念也早已成为严重束缚票据法律制度和票据市场健康生长的桎梏，失去了现实正当性的社会基础。

（三）对真实交易关系原则宪法正当性的反思

在流通与安全这两个票据法所追求的价值目标之间，流通是目的，安全是手段。保障安全的最终目的是更好地促进流通，而不是以安全为名任意地限制甚或剥夺票据流通。目前，我国票据法所采用的以真实交易关系原则为基础，以安全为核心至上理念的立法模式，就是在本末倒置、因噎废食。安全至上者所主张的理由不过两点：一是宏观经济安全；二是私主体之间的交易安全。这两者当然要维护，但以过度侵害票据流通为代价来实现，就失去了其法律正当性。

1. 宏观经济安全与比例原则

“票据真实交易关系要求控制社会总体信用规模，防止信用膨胀，确保国家对信贷活动的有序管理，保障宏观经济安全。”⑰然而，仅凭宏观经济安全这一理

⑰ 刘宏华：《票据有因性观念的坚守与超越——对真实交易背景规则的辩护》，载《法学杂志》2007 年第 3 期。

由并不足以自洽地证明其限制或剥夺持票人权利的法律正当性。票据流通权利属于经济自由中财产权的范畴。在宪法中,经济自由是宪法基本权利的重要组成部分,在权利位阶上隶属于自由权的范畴。经济自由与人身自由、精神自由被称为近代资本主义宪法所确认的“三大自由”。⑱ 国家可以因公共利益对公民基本权利予以限制和剥夺,但理论上应接受法律保留原则和比例原则的审查。前者因《票据法》是法律,因此,形式上已符合适用条件,后者则存在明显的瑕疵。

在宪法上比例原则的适当性方面,要求手段与目的相适应。真实交易关系原则为维护金融稳定安全、防范宏观金融风险限制公民票据流通权,手段与目的能够达成一致,这一点并无异议。然而,在比例原则中的最小侵害原则方面则存在一定问题。真实交易关系要求持票人对票据交易关系的真实性负举证责任,这并不是保障宏观经济安全的诸多手段中对持票人权利自由侵害最轻的一种。事实上,有很多手段能够达此目的。比如,“以信用控制和贷款总额监控的方法代替逐笔审查真实性的落后手段,建立明确而灵活的调控指标体系,通过票据融资总量监测和风险控制制度,将票据承兑量计入社会融资总量进行统计,将其纳入金融风险监测范畴”。⑲ 另外,司法实践中,在适用实质性审查标准的情况下,法院对承兑行在交易关系真实性上的审查力度要明显轻于持票人或贴现人的举证责任,这也意味存在更小侵害的手段却没被采用。2016 年央行第 224 号文件《关于规范和促进电子商业汇票业务发展的通知》更进一步取消了电子商业汇票贴现贸易背景审查的规定恰恰印证了这一点,变相说明了事实上存在无须向持票人和贴现人施加真实审查义务的有效手段。⑳ 最后,狭义比例原则要求对所保护的利益和所施加的伤害进行利益衡量,前者明显大于后者方为合比例。前者为宏观经济信贷安全,后者表面为持票人权利,但因严重影响票据的流通性,因而实际最终伤害的是整个票据市场的良性流通和健康运行。二者孰轻孰重,并非明显到轻易能够得出合比例结论的程度。况且,票据法的法律属性为商

⑱ 参见陈蓉:《论经济自由的含义及其价值——以公用事业的市场准入为视角》,载《长沙理工大学学报》(社会科学版)2010 年第 4 期。

⑲ 周学东、戚宇涛、赵颖:《从江苏票据市场看修改〈票据法〉的迫切性》,载《金融纵横》2015 年第 10 期。

⑳ 参见《积极建立健全票据市场体系,更好服务经济金融发展》,载搜狐网:http://business.sohu.com/20160926/n469217046.shtml,最后访问日期:2011 年 9 月 6 日。

法,其私法本性决定了维护公共利益并不是其最高的核心价值;相反,对当事人票据权利的保护才应当是票据立法的终极目标。因此,从理论意义上来讲,真实交易关系原则对持票人权利的限制就失去了其宪法正当性。

2. 私主体间交易安全与法律父爱主义

《票据法》立法之时,采取将票据关系与票据基础关系相结合的方法,而舍弃原草案中的无因性原理的另一个原因是担心不法之徒利用票据进行诈骗活动。[21] 1995 年 5 月 5 日,时任全国人大法律委员会副主任的项淳一在向全国人大常委会所作的《全国人大法律委员会关于〈票据法(草案)〉审议结果的报告》中就曾提出,"许多部门、地方和金融机构提出,票据当事人在签发票据或取得票据时,应当具有真实的商品交易关系或债权债务关系,取得票据的人应当给付相对应的代价。目前票据使用的一个突出问题是,有些当事人签发票据没有真实的经济关系基础,利用票据进行诈骗活动。因此,建议在草案总则中明确规定:'票据的签发、取得和转让,应当遵循诚实信用的原则,具有真实的交易关系和债权债务关系,票据的取得,必须给付对价,即应当给付票据双方当事人认可的相对应的代价'"。[22] 由此可见,真实交易关系原则的另一立法目的是防范票据融资功能的滥用可能造成的微观金融风险,对私主体之间的票据交易安全进行保护。从报告中的问题描述来看,它最初主要针对的是票据签发环节中出票人滥用票据套取银行贷款的行为。也就是说,真实交易关系最初意图保护的对象是承兑银行即付款人的利益。不过从条文最终的规定及实施效果来看,保护对象为付款人和出票人。

立法者为保护出票人、付款人利益对持票人克以强制性法律义务的做法,属于法律父爱主义中的硬父爱主义。硬父爱主义是指管理人出于增加当事人利益或使其免于伤害的善意考虑,不顾当事人的主观意志而限制其自由的行为。善意的目的、限制的意图、限制的行为、对当事人意志的不管不顾,构成这个概念的四个重要组成部分。[23] 借助法律父爱主义的分析方法,我们可以发现,《票据法》

---

[21] 参见谢怀栻:《评新公布的我国票据法》,载《法学研究》1995 年第 6 期。

[22] 《全国人大法律委员会关于〈票据法(草案)〉审议结果的报告》,载《中华人民共和国全国人民代表大会常务委员会公报》1995 年第 4 号。

[23] 参见孙笑侠、郭春镇:《法律父爱主义在中国的适用》,载《中国社会科学》2006 年第 1 期。

真实交易关系原则的确是基于爱和善意限制持票人的行为自治，然而，从其施加义务的对象可见其立法意图中爱和善意的对象是出票人和付款人。立法者要求持票人负交易关系真实性的举证责任是为了防止出票人被骗取票据、冒领款项，付款人被骗取贷款而遭受损失。这种情况属于对与受益者相对的主体自由加以限制的间接父爱主义。

基于法律父爱主义而对自治、自由进行限制，必须具有充分的证成理由。范伯格运用利益衡量原则论证：只有在风险是“如此不合理”的情况下，对当事人自愿行为的直接干预才能被证明为正当的。[24] 这里，真实交易关系所指向的风险明显不属于这种“如此不合理”的情形。在任何私主体之间的交易都有可能存在诈骗的风险，但这里的风险并不明显比其他私法领域更显著。出票人、付款人与持票人为法律地位平等的私主体，其权利为同质同位阶的利益，均没有明显的价值优越性。立法者为保护出票人、付款人权利而限制持票人权利的做法明显不合比例，违背了狭义比例原则。此外，防范票据诈骗犯罪最直接有效的手段是通过《刑法》，而不是《票据法》。《刑法修正案（七）》第5条将票据无原因关系的非法贴现支付结算行为纳入犯罪的规定就是最好的证明。父爱主义式监管诞生于僵化的经济体系，一直为自由的经济体系所不齿。[25] 这种直接的家长式统治，将个人完全作为行为的客体，有“超父爱主义”之嫌，是家长主义哲学的逻辑结果，属于法律父爱主义的过度限制，无法得到正当性证成。

三、重塑以流通为中心的立法理念

流通是票据的根本属性和灵魂，现代《票据法》的生命便在于流通。可以说，现代票据法律制度是在票据流通的基础上建立起来的，其他一切原理原则规则都要服务于票据的流通性。票据的流通性是指除票据上明确记载“不可转让”字样之外，持票人可以不必通知票据债务人、不经其同意，而仅依《票据法》的规定以背书或单纯交付的方式转让、再转让票据，票据权利随票据的转让发生转移。在高度发达的市场经济环境下，票据的各种主要经济功能都是通过流通

---

[24] 参见孙笑侠、郭春镇：《法律父爱主义在中国的适用》，载《中国社会科学》2006年第1期。

[25] 参见蒋大兴：《“父爱主义”式监管正走向复兴》，载法制日报：http://www.legaldaily.com.cn/zmbm/content/2010-02/04/content_2048963.htm? node=20348，最后访问日期：2017年8月30日。

性表现出来并加以实现的。“票据的流通性不但能使传统的支付结算功能得到全面、充分的发挥，更是票据信用功能包括其衍生的融资功能的根本基础”。[26]同时，“票据的许多特性，如文义性、无因性、要式性等，也都是为票据的流通性服务的；票据的转让流通，既可以节省通货，方便交易，促进经济发展”，[27]又可以扩大商业信用的限界和范围。在现实经济生活中，票据功能是否能够得以真正发挥，完全取决于人们对票据接受和使用的意愿和程度。票据使用越普遍则其功能实现程度越高。反之，则难以实现票据的功能和价值，票据法也失去了意义。因此，“如何保障票据的流通性就成为了票据立法中最为关键的核心问题，各国票据制度的设计无不以保障和促进票据的流通为宗旨”。[28] 两大票据法体系虽有诸多差异，但在对票据流通性的承认和重视上却高度一致。可以说，“促进票据流通是票据法的应有之义，是世界上绝大多数国家和地区票据法的立法原则”。[29] 正如我国台湾地区学者郑玉波教授所言，“助长流通乃法律上对于票据所采取的最高原则，票据法的一切制度，无不以此原则为出发点，吾人研究票据法法理之际，非先把握此一原则，则对于票据法上之各种制度，即不能了如指掌，故此四字乃一部票据法关键之所在，非常重要，吾人应时时置诸念头，每遇疑难问题，庶可凭此索解”。[30] 在立法理念的选择上，“当今各国票据法也都始终持久地奉行票据流通主义为其立法本位”。[31] 我国《票据法》对票据的流通性却没有予以充分应有的重视，有许多规定过于严格，不合理地限制阻碍了票据的流通转让，因此，在《票据法》修改完善的过程中，应当牢固树立票据流通性这一持久的立法本位不偏离，明确以流通为中心的立法理念，彻底回归票据法的私法属性。

为确保票据的流通性，票据法应当明确肯认票据的无因性。票据无因性原则是促进票据流通的有效保障，是避免票据权利人权利受到无端干扰的最佳方

---

[26] 董惠江：《票据无因性研究》，载《政法论坛》2005年第1期。

[27] 施天佑：《票据法新论》，法律出版社2015年版，第20页。

[28] 吕来明：《票据法基本制度评判》，中国法制出版社2003年版，第27页。

[29] 吴京辉：《〈票据法〉修订：私法本性的回归》，载《法商研究》2013年第3期。

[30] 郑玉波：《票据法》，三民书局股份有限公司1980年版，第5页。

[31] 李绍章：《票据法性格论：基于票据行为展开》，载《新疆大学学报》（哲学·人文社会科学版）2012年第5期。

式,其在维护票据信用、促进票据流通方面的作用是无可取代的。它将票据效力与票据基础关系相分离,将法律保护的重心由出票人转为持票人,能够有效保护正当持票人的合法权益,充分打消人们对票据使用的不安和顾虑,增加接受使用票据作为支付凭证和信用工具的信心和意愿。票据能否真正实现流通,关键在于对持票人权利的保护程度,持票人交易风险越小、保护程度越高,则票据流通性越强。因而,我国《票据法》应当废除第10条真实交易关系原则的规定,明确肯认票据无因性原则,并在票据无因性原则的基础上重构相关的票据法律制度。值得一提的是,真实交易关系原则虽然缺乏科学性、灵活性和有效性,应当予以摒弃,但其所着重关注的立法目标和价值诉求却具备相当的合理性。不可否认,票据无因性原则客观上确实存在可能被滥用的法律风险。“在票据的职能由单纯的支付结算工具扩张为信用工具和融资工具以后,尤其是商业银行成为票据信用的主要提供者以后,尽管不是金融风险的源头,但票据无因性的确掩盖和纵容了一些票据过度发行带来的金融风险”。[32] 因此,在票据法文本中废除真实交易关系原则,明确规定与国际惯例接轨的票据无因性原则的同时,也要对真实交易关系原则所表达出来的现实关切和价值追求予以综合考虑和切实保障,把对票据无因性的追求和对金融安全和金融稳定的关注结合起来,充分关注“防范金融风险”的立法目标,寻找更为科学、灵活、可行的票据金融风险防范的可替代机制来置换票据真实交易背景原则,并进而实现票据流通与金融安全的适度平衡,努力打造“票据流通顺畅自由,票据权利保障充分,票据泡沫无法生成,票据安全得到保证”的票据流通新局面。

综上所述,我国《票据法》的立法理念应当回归到更契合票据本质的流通性上来。《票据法》更应当与时俱进,及时恢复票据本性,顺应时代需求,正式肯认票据无因性原则,牢固树立以票据无因性为基础保障、以促进流通为终极使命的流通至上的立法理念,使《票据法》尽快摆脱既不符合当下时势,也不具备前瞻性的滞后尴尬的立法状态,真正成为票据流通的保障和助力。

---

[32] [英]约翰·F.乔恩:《货币史》,李广乾译,商务印书馆2002年版,第193~198页。

第四编　改革问题与新兴问题的立法探索

立法、改革、创新的“悖论”与“互动”

郑泰安*

摘　要：研究“立法、创新与改革”的关系本质就是在回应合法性与合理性冲突时该如何妥当处理的问题。三者关系的悖论在于如果所谓的创新与改革具有相应的立法依据和基础，那么该创新与改革就不该是创新与改革，而属于依法办事并可被认为是因循守旧；如果所谓的创新与改革不具有相应的立法依据，那么又可能会面临着违法的质疑。欲分析讨论“立法、创新与改革”的悖论，需要回答何谓“创新与改革”与如何“创新与改革”的问题。通过对创新与改革的类型化思考以及问题属性的转化，可以认为悖论并不总是存在的。

关键词：立法　改革　创新　对象　属性

“立法、创新与改革”的关系问题，在党的十八届四中全会决定中作了相关阐述，①随后2015年立法法修订时，也对该关系问题进行了重点叙述和说明。②从理想模型上，结合设区的市地方立法体制与立法权，“立法、改革与创新”的关系往往遵循着“改革与创新→被个别设区的市地方立法→被多数设区的市地方

---

* 郑泰安，四川省社会科学院副院长，研究员，博士后合作导师。

本文系国家社科基金西部项目“设区的市地方立法体制研究”（项目批准号：16XFX004）、中共四川省委宣传部重大项目、四川省社会科学院重大课题“地方立法的实证研究”（项目批准号：16XW16）的阶段性成果。

① 该决定专门用了一个自然段113个字来阐述实现立法和改革决策相衔接的“立法、创新与改革”的关系问题。

② 2015年3月8日在第十二届全国人民代表大会第三次会议上，全国人民代表大会常务委员会副委员长李建国在《关于〈中华人民共和国立法法修正案（草案）〉的说明》中也用了一个自然段335个字来阐述实现立法和改革决策相衔接的“立法、创新与改革”的关系问题。

立法→上升为法律”的前续初始一般路径和“法律③→再改革与创新→被个别设区的市再地方立法→被多数设区的市再地方立法→法律再修改”的循环往复再造路径。通过这种否定之否定,达到更优化的肯定状态。④ 党的十八届四中全会决定以及修订后的立法法也更多地希望从理想愿景上实现立法、创新与改革之间的优化。

然而,2014年下半年专车服务的出现以及2016年年底共享单车等新生事物的出现,凡此种种,致使当下的实践遭遇了立法、创新与改革之间的冲突,前续初始一般路径和循环往复再造路径中的每一段都存在断裂的可能性。理想愿景被现实所击穿,即如果所谓的创新与改革具有相应的立法依据和基础,那么该创新与改革就不该是创新与改革,而属于依法办事并可被认为是因循守旧;⑤如果所谓的创新与改革不具有相应的立法依据,那么又可能会面临着违法的质疑。于是,立法、创新与改革三者之间不仅不能相容,而且所产生的悖论致使立法(特别是地方立法)受到不敢创新的“紧箍咒”限制与禁锢。本文期冀各地的立法主体应在具有足够充分且正当理由时敢于创新和改革,力图走出“立法、创新与改革”冲突的悖论怪圈。为此,有必要从理论上厘清“立法、创新与改革”三者的关系。

一、何谓创新与改革:与立法的交织和分割

欲化解“立法、创新与改革”的冲突并厘清三者的关系,首先必须要回答何谓“创新与改革”的前提性问题,因为这两个语词与“立法”语词的关联度非常高。关于何谓“创新与改革”,并非一定要通过下定义的方式来具体说明到底什么是创新、什么是改革。应当说,至少可以从三个角度来理解何为创新与改革。

首先,创新与改革属于灵活多样性的概念。秉承笔者一贯采用“语用学”(尤其是“词的用法”)的逻辑思维出发,还会发现原来立法、创新与改革之间的关系甚至可能并不那么泾渭分明,比如再次立法(含修改、废止、解释等)相比先前立法,其本身可能就是一种创新与改革,而且修改、废止、解释等的具体内容也

③ 此处的“法律”就是前续初始一般路径尾端中的“法律”。

④ 参见[德]黑格尔:《法哲学原理》,范扬、张企泰译,商务印书馆1961年版,第91~109页。

⑤ 此处所使用的“因循守旧”一词具有中义性,不具有贬义色彩。

完全可能是一种创新与改革。此时,借助于类型化的研究方法,才能更好地理解何谓“创新与改革”以及与之相对应的“立法”。如果认可再次立法的形式与内容(特别是内容)属于创新与改革,那就可以用一个数学公示来表示,即“一种完成时态的(再次)立法=静态的创新与改革”。“创新与改革”语词的静态用法,可能是平时比较忽略的。从逻辑的周延性角度来讲,既然存在静态的创新与改革,那么也必然存在动态的创新与改革,而这种动态的创新改革,正是我们平常意义上所理解和使用的。应当说,党的十八届四中全会决定原文也是使用“创新与改革”语词的动态用法。此时再回过头来重新审视静态的创新与改革,其在实践中的表现形式又不仅仅是一种完成时态的(再次)立法,其也可能是对动态的创新与改革的描述和总结。在不考虑“立法”语词时,单从创新与改革自身角度而言,动态的创新与改革属于行为层面的用法,静态的创新与改革属于描述层面的用法。归纳而言,创新与改革的类型化用法,与立法语词的交织交错,的确增加了厘清三者关系的难度,但也为某些情况下,创新与改革没有违反合法性,打开了一条道路,毕竟作为再次的立法(静态的创新与改革)其当然可以在体制框架内,作出不同于初始的立法的规定(见图1)。

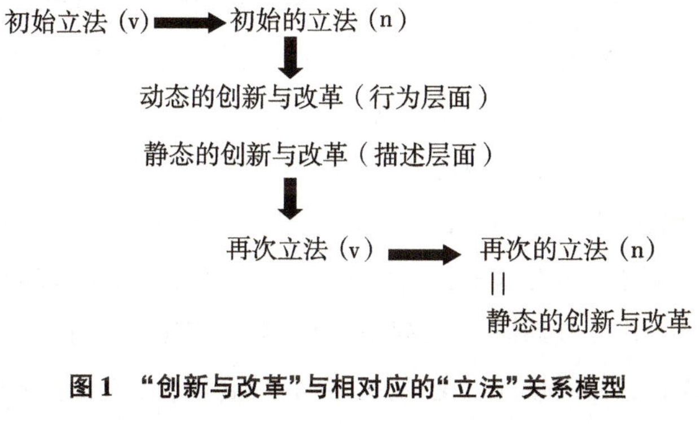

图1 “创新与改革”与相对应的“立法”关系模型

其次,创新与改革是一种需要比较的和需要参照系的概念。创新与改革不仅仅是一种平白的描述,其更是一种需要比较和需要参照系的价值评判。无比较则无所谓创新与改革。结合本课题的研究对象,这种比较需要以规则进行比较,无论是既往的成文规则还是不成文规则均可。当然,最主要的可能还是对照着成文规则即立法来判断是否属于创新与改革,具体操作时可以通过“人无我有、人有我优”八个字来判断。动态的创新与改革或静态的创新与改革,无非是在表明,经过对照,以往的规则在特定的时间、特定的地点中,存在合理性缺失或合理性程度降低的问题,因此才有必要进行创新与改革。进一步延伸和拓展话题来讲,对“立法”的探究,属于合法性范畴;对“创新与改革”的考量,属于合理性范畴,从而研究“立法、创新与改革”的关系本质就是在回应合法性与合理性冲突时该如何妥当处理的问题。说创新与改革是一种需要比较的和需要参照系的概念,依旧是为处理三者关系作出前提铺垫。

最后,创新与改革是一种历时性和共时性概念。一方面,从历时性角度来讲,今天是改革与创新,明天可能就不是改革与创新,抑或今天不是创新与改革,明天就可能是创新与改革。在不同的时间发展阶段中,需要具体判断是否属于创新与改革。当然,这也进一步地表明,与创新与改革相对照的规则特别是立法也处于变动之中。另一方面,从共时性角度来讲,即使处于同一时间段中,此地是一种改革与创新,彼地就不一定是改革与创新。当然,在与创新与改革相对照的规则特别是立法处于静止状态时,其在各个地方仍有不同的形态和内容。两方面归纳起来,均可表明创新与改革在历时性和共时性的维度(时间轴或地点轴坐标)中具有相对性,不是固定不变的。

理解何谓创新与改革的这三个方面相互之间是存在逻辑关联的,灵活多样性与需要比较、需要参照系、历时性、共时性之间不是断裂的。这些都进一步地佐证,创新与改革具有极大的不确定性。

通过对创新与改革的类型化思考,可以认为有些情况下,创新与改革本身就是立法,立法就是创新与改革,此时合理性与合法性高度统一,前面提及的“所谓的创新与改革不具有相应的立法依据,那么又可能会面临着违法的质疑”的悖论就不存在。但在其他情况下,创新与改革就可能是立法的前提和基础,立法是创新与改革的总结和提升。换句话而言,此时合理性是合法性的前提和基础,合法性是对合理性的总结和提升,在合理性上升为合法性之前,确实可能面临着违法的质疑,只不过也仅仅是可能而已。

二、如何创新与改革:从对象的类型化角度分析“立法、创新与改革”关系

党的十八届四中全会中是从立法体制的角度,提出“立法、创新与改革”关系论述的,乃为了弥合合理性与合法性之间的冲突。实际上,该三者关系问题并

不局限于立法体制本身。立法体制只是广义的立法制度的一种，仅仅从立法体制的角度分析“立法、创新与改革”关系，将导致此关系中的“立法”语词的狭隘性。前文对何谓创新与改革进行了铺垫，此部分将叙述何谓立法，以实现逻辑的周延性。强调“大立法”的概念，可以从宏观的角度，有助于进一步厘清“立法、创新与改革”三者关系。

鉴于部分静态的创新与改革实际上就是立法，其本身并不存在回应违法悖论的问题，而剩余部分的静态的创新与改革实际是对动态的创新与改革所进行的描绘。为了讨论的便利，下文所指的创新与改革均是处于行为层面的动态的创新与改革。从创新与改革的对象类型化角度出发，应当说，在整体上，立法体制、立法机制、立法制度都能被突破，都能被创新与改革。只不过，按照“立法根本制度→立法体制→立法具体制度→立法机制”的顺序，序位越靠前，越难被创新与改革，越靠后，越容易被创新与改革。

首先，针对立法体制，鉴于立法体制的核心“立法权限”有纵向、横向之分，这就给“立法、创新与改革”关系的走向带来了诸多的可能性。在纵向上，创新与改革又分为中央对地方层面的创新与改革、中央对中央层面的创新与改革、地方对地方层面的创新与改革、地方对中央层面的创新与改革四种排列组合。至于横向上，首先需要确定立法权限主体，因为中央层面的立法权限主体种类多于地方层面的立法权限主体种类。对此，在立法体制权限划分的简单模型中，按照提取公因式的方式，无论是中央还是地方，至少均具有立法机关和行政机关能够行使立法权，结合创新与改革，意为起码存在立法机关对立法机关作出的创新与改革、立法机关对行政机关作出的创新与改革、行政机关对立法机关作出的创新与改革、行政机关对行政机关作出的创新与改革四种排列组合。由此，通过数学坐标轴，可以建立中央、地方、立法机关和行政机关所围成的简单模型，并能够被区分为四个象限。从箭头所指的方向来讲，越靠近中央一边、越靠近立法机关一边，其合法性程度就越高，这是由立法体制本身所决定的。无论纵向上的四种排列组合与横向上的四种排列组合无论怎么交叉组合，都坚持这一立法体制的基本原理，即越靠近中央一边，其创新与改革就具有合法性，其合法性程度就越高；越靠近立法机关一边，其创新与改革就具有合法性，其合法性程度就越高。因此在判断合理性与合法性冲突时，如果是中央对地方所作出的创新与改革或者是立法机关对行政机关所作出的创新与改革,那么这种创新与改革就符合合法性的要求,不存在违法质疑的悖论(见图 2)。

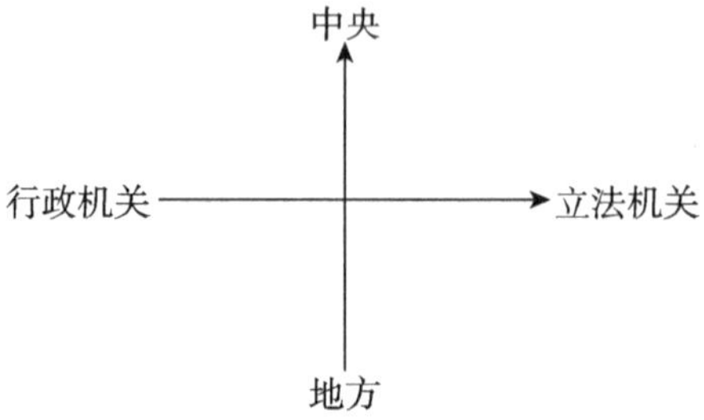

图 2　立法体制中权限划分的简单模型坐标

前述是从立法体制的具体化角度切入得出的结论,但如果将目光锁定在立法体制的整体性上则还会得出一个结论,即立法体制不能在法的适用过程中进行创新与改革,其只能通过立法(修改宪法或立法法)的方式创新与改革。2015 年修改立法法就拓展了立法权限,将原来仅仅 49 个较大的市享有的地方立法权扩至全部 288 个设区的市均享有地方立法权。这种创新与改革就具有合理性与合法性的统一,不存在违法质疑的悖论。

其次,针对立法机制,则随时可以根据相关主体的意志决定在法的制定和适用过程中予以创新和改革,方式灵活。立法机制处于"立法根本制度→立法体制→立法具体制度→立法机制"顺序的最后,是最容易被创新与改革的。对立法机制的创新与改革,往往受到违法质疑的声音最弱,争议的焦点一般落在对立法机制创新与改革的合理性程度上而非合法性质疑上。相关主体对立法机制的创新与改革原则上不存在违法的问题,亦是对违法质疑悖论的打破和击穿。

最后,针对立法制度,需要强调此处的立法制度具有特指性,意为通过法定的立法程序所产生的具体规范。在不与上位法相抵触冲突时,固然从整体而言,可以根据相关主体的意志决定在法的制定过程中予以创新与改革,但如果从法的实施层面来讲,则需要区分规范的类型,来具体判断适用时创新与改革是否存在违法的可能。

第一种规范类型是任意性规范，⑥创新与改革可不依据立法的方式方法，而直接在适用中予以创新与改革。因为任意性规范本身就属于可以通过相关主体另有约定或法另有规定而排除适用的规范，其对于弥补相关主体意思表示欠缺或不明确具有相当程度的价值和意义。如果创新与改革本身就是对相关主体意思表示欠缺或不明确进行弥补，则自然优先于任意性规范的适用，且该适用不违法，不存在违法质疑的悖论。

第二种规范类型是倡导性规范，⑦创新与改革亦可不依据立法的方式方法，而直接在适用中予以创新与改革。理由是倡导性规范仅为提倡诱导相关主体为特定行为的规范，如果相关主体没有为特定行为，国家强力并不会干预。假设创新与改革没有按照倡导性规范所提倡诱导的方式进行，那就说明相关的创新与改革一定在适用中出现合理性更强的理由并比倡导性规范所提倡诱导的行为更能取得更好的实施效果。此时，创新与改革依然优先于倡导性规范的适用，且该适用不违法，不存在违法质疑的悖论。

第三种规范类型是授权第三人规范，⑧其不能在适用中进行创新和改革，只能等待立法的制定、修改、废止和解释。赋予第三人的权利，不能被创新与改革所排除，但对于授予第三人什么样的权利则可以通过立法的方式（另外意义上的创新与改革）予以改变。

第四种规范类型是强行性规范，⑨其不能在适用中进行创新和改革，只能等待立法的制定、修改、废止和解释。强行性规范可以进一步类型化为强制性规范（必须为特定行为的规范）和禁止性规范（禁止为特定行为的规范）。对于强制

---

⑥ 参见王轶：《论合同法上的任意性规范》，载《社会科学战线》2006 年第 5 期；王轶：《〈物权法〉的任意性规范及其适用》，载《法律适用》2007 年第 5 期；王轶：《论物权法的规范配置》，载《中国法学》2007 年第 6 期；王轶：《民法典的规范配置——以对我国〈合同法〉规范配置的反思为中心》，载《烟台大学学报》（哲学社会科学版）2005 年第 3 期。

⑦ 参见王轶：《论倡导性规范——以合同法为背景的分析》，载《清华法学》2007 年第 1 期；王轶：《论物权法的规范配置》，载《中国法学》2007 年第 6 期；王轶：《民法典的规范配置——以对我国〈合同法〉规范配置的反思为中心》，载《烟台大学学报》（哲学社会科学版）2005 年第 3 期。

⑧ 参见王轶：《论物权法的规范配置》，载《中国法学》2007 年第 6 期；王轶：《民法典的规范配置——以对我国〈合同法〉规范配置的反思为中心》，载《烟台大学学报》（哲学社会科学版）2005 年第 3 期。

⑨ 参见王轶：《强行性规范及其法律适用》，载《南都学坛》（人文社会科学学报）2010 年第 1 期；王轶：《论物权法的规范配置》，载《中国法学》2007 年第 6 期；王轶：《民法典的规范配置——以对我国〈合同法〉规范配置的反思为中心》，载《烟台大学学报》（哲学社会科学版）2005 年第 3 期。

性规范所要求的必须为，一旦创新和改革突破了必须为，而实施了排除必须为的行为，那么该创新与改革就违反了合法性的要求。对于禁止性规范所要求的禁止为，一旦创新和改革实施了禁止为，而践踏了法的底线与红线，那么该创新与改革就违反了合法性的要求。

第五种规范类型是混合性规范，⑩当其发挥着补充性任意性规范的功能时，则创新与改革可不依据立法的方式方法，而直接在适用中予以创新与改革，但若其发挥着强制性规范的功能时，则不能在适用中进行创新和改革，只能等待立法的制定、修改、废止和解释。理由与前述内容相同，此处不再赘言。

通过对象的类型化角度来分析“立法、创新与改革”关系，从整体看来，立法体制、立法机制、立法制度都能被突破，都能被创新与改革。其中，立法机制最容易被创新与改革，立法具体制度次之，立法体制再次之，立法根本制度最难被创新与改革。如果从具体细节入手，则会发现：其一，立法体制不能在法的适用过程中进行创新与改革，其只能通过立法（修改宪法或立法法）的方式创新与改革。如果是中央对地方所作出的创新与改革或者是立法机关对行政机关所作出的创新与改革，那么这种创新与改革就符合合法性的要求，不存在违法质疑的悖论。其二，对于立法机制则随时可以根据相关主体的意志决定在法的制定和适用过程中予以创新和改革，不存在违法质疑的悖论。其三，对于立法具体制度，则需要区分制度所凭借的规范类型，当规范类型是任意性规范或倡导性规范时，创新与改革可不依据立法的方式方法，而直接在适用中予以创新与改革，不存在违法质疑的悖论。当规范类型是授权第三人规范或强行性规范时，则不能在适用中进行创新和改革，只能等待立法的制定、修改、废止和解释，否则将面临合法性危机。当规范类型是混合性规范时，则有时可以在适用中创新与改革，而有时却不能在适用中创新与改革。

三、如何创新与改革：从问题属性转化角度分析“立法、创新与改革”关系

设区的市在进行地方立法时，在某些特定情况下，可以将创新与改革是否面

---

⑩ 参见王轶：《论合同法中的混合性规范》，载《浙江工商大学学报》2008年第3期；王轶：《论物权法的规范配置》，载《中国法学》2007年第6期；王轶：《民法典的规范配置——以对我国〈合同法〉规范配置的反思为中心》，载《烟台大学学报》（哲学社会科学版）2005年第3期。

临合法性质疑的价值判断问题，巧妙地转化为程序性和技术性问题，来化解合法性危机。例如，2015 年全国人大常委会就通过授权的方式，暂时对相关试点县(市、区)调整适用《物权法》《担保法》《土地管理法》《城市房地产管理法》等法律的部分规定，[11]许可这些试点县(市、区)进行相应的创新与改革。虽然这个例子并不是全国人大常委会针对设区的市而做出的授权，但却提供了一种新思路，即问题属性的转化，在特定情况下，价值判断问题转化为程序性和技术性的问题有助于妥当协调"立法、创新与改革"三者的关系，击穿违法质疑的悖论。以合法性来巩固合理性，以合理性的试验来最终上升为合法性，实现合法性与合理性的良性互动和优化循环。

这个例子还带来了一个启示，改革与创新经由"先行先试"最终推动普遍性立法，表明合法性最终吸收和汲取的是可复制性、可推广性的改革与创新。这就对改革与创新作了分割或切割，如果设区的市的改革与创新不可复制、不可推广，那么其上升为普遍性立法的价值的可能性就不存在。这是在讨论"立法、创新与改革"三者关系时，需要注意的一个问题。

"世界是一个无穷无尽的'变成'……世界万物处于永恒的流变之中，没有什么是确定的。"[12]诸如专车服务、共享单车等是因应"互联网＋"背景下公众需求而产生的一个新生事物，对出租车行业等利益产生着深远的影响，导致立法、创新与改革之间产生了冲突。毕竟"人类对自己的法律和习惯总是不可思议地依恋不舍的"。[13] 不宜简单地对现有法律法规进行立、改、废，而要综合考量新生事物的正当性(合法性、合理性、有效性)进行妥善处理。

面对新生事物所导致的立法、创新与改革冲突，应当在这个过程中尊重价值取向的多元化。每个利益主体都可能存在不同的价值取向，甚至针对同一个价值都会存在不同的理解。在这种背景下，就更要理性平等地对待不同的价值，引入理性平等的对话机制，价值判断问题没有对错之分。对各种价值取向抱以宽容开放的态度，才能更好地协调与平衡各种利益关系。

设区的市人大及其常委会、人民政府从事地方立法工作时，可巧妙地将价值

---

[11] 如关于集体所有的宅基地使用权不得抵押、农村土地征收、集体经营性建设用地入市、宅基地管理制度等有关规定。

[12] [美]本杰明·卡多佐：《司法过程的性质》，苏力译，商务印书馆 1998 年版，第 14 页。

[13] [法]孟德斯鸠：《论法的精神》(下册)，张雁深译，商务印书馆 1963 年版，第 220 页。

判断问题转化为程序性(技术性)问题,以尽可能地使各方主体达成最低限度的共识。这就需要立法主体针对新生事物要敢于创新,不能畏首畏尾。通过及时立法协商、修改现行立法、授权在一定期限内在部分地方暂停适用法律的部分规定、利用好地方立法权搞试验等⑭进行问题类型转换,保证有意识地创设相关法律规制,⑮深化对立法、创新与改革相衔接的理解和应用,最终契合党对立法、创新与改革的精神和要求。⑯

四、代结语:关于“立法、创新与改革”关系的未竟研究

以上三个方面的论说,无非是想表明,“立法、创新与改革”关系的悖论仅仅是从整体上的一个泛泛的描述,未必符合真实的实际情况,并不是所有的创新与改革,都存在违法质疑的悖论或合法性危机。即使存在合法性危机,在特定情况下,也可通过问题属性转换的方式,弥合合理性与合法性之间的差距。简单来讲,“立法、创新与改革”三者的关系在互动中,未必一定存在违法的悖论。

出于讨论话题所限,研究“立法、创新与改革”的关系本质就是在回应合法性与合理性冲突时该如何妥当处理的问题,因此结合本文的研究对象,讨论了何谓创新与改革以及如何创新与改革,并没有探究何时或要不要创新与改革的问题。实际上,何时或要不要创新与改革的问题依旧是立法问题中的价值判断问题,其并不需要回应合法性与合理性冲突时该如何妥当处理,而仅仅回答合理性本身的问题即可。本文对此问题的回答仅一笔带过,即在不具有足够充分且正当的理由时,应当坚持传统,毕竟传统代表了一种长期的合理的存在。⑰

---

⑭ 按照修订后的《立法法》以及按照党的十八届四中全会依法治国决定的要求,地方立法权在对待新生事物的问题处理上,具有较大的作为和操作的空间。

⑮ 参见[德]马克斯·韦伯:《论经济与社会中的法律》,张乃根译,中国大百科全书出版社1998年版,第71页。

⑯ 党的十八届四中全会决定中提出“实现立法和改革决策相衔接,做到重大改革于法有据、立法主动适应改革和经济社会发展需要”。

⑰ 不能为了守旧而守旧,不能为了创新而创新,对于此话题可以另撰文详细讨论。

国家监察立法的总体思路*

江国华**　何盼盼***

摘　要：在监察体制改革启动之后，构建全面系统的监察立法体系是摆在立法机关面前的重大历史任务。监察立法工作应当预先制定科学的立法规划，在形式一致、价值统一和逻辑严密的要求之下，合理安排各项立法工作的次序，按照“先总后分、急法先立”的思路，首先出台《国家监察法》建立监察制度的基本框架，其次要重点做好宪法修改、《监察委员会组织法》《监察程序法》制定等核心立法工作。在立法过程中，应重点关注监察机关的职责权限、监察手段的使用程序、监察对象的范围、监察权的监督以及监察组织体系的构建等内容。通过“重大改革于法有据”和“重大改革立法有序”两大目标的实现，建立起要素之间各有侧重、互相支撑的国家监察立法体系，以推动监察体制改革的不断深入。

关键词：监察体制改革　监察立法　国家监察法　立法体系　立法次序

党的十八届三中全会提出“重大改革要于法有据”，要求发挥法律在社会变革的过程中的引领和护航作用，①而改革立法正是确保改革在法治的轨道内有序进行的关键，只有将改革决定落实在立法之中，才能够确保改革方案的落地和实现。改革立法工作作为改革的重要中间环节，通过改革立法的制定，不仅能够及时地总结试点工作经验，同时也为改革的继续深入提供了制度根据。为保障

---

* 中国法学会“研究阐释党的十八届六中全会精神”重点专项课题“国家监察立法研究”（课题编号：CLS（2016）ZDZX12）的阶段研究成果。

** 江国华，国家“2011 计划”司法文明协同创新中心首席科学家，武汉大学法学院教授、博士生导师。

*** 何盼盼，武汉大学法学院博士研究生。

① 参见姜伟：《全面深化改革与全面推进依法治国关系论纲》，载《中国法学》2014 年第 6 期。

改革立法作用的充分发挥，我们认为有必要在“重大改革于法有据”这一基本要求之外，增加“重大改革立法有序”这一立法工作层面的要求，以实现在改革合法性之外改革立法的系统化和体系化。国家监察体制改革作为事关全局的重大政治改革，在其改革过程中不仅需要出台相关法律以确保改革的“于法有据”，还应当统筹众多立法项目的推进以实现改革的“立法有序”。具体而言，为实现监察立法工作的体系化，必须预先确定国家监察立法的总体思路，合理安排立法工作的次序和重点，通过立法有序实现法律秩序的动态稳定，以减少立法修改工作对整个法律体系结构的破坏和影响。

一、国家监察立法的理论问题

法律应当是一种体系化的存在，②“法并不是像有时所说的一个规则，它是具有那种我们理解为体系的统一性的一系列规则”。③ 立法体系理论的形成及其在各部门法中的运用是法学理论成熟化的重要标志。这一理论的形成“是作为一种在法律实践和法律科学的不同阶段都应当适用的调控理想而展开的”，④其立基于现代法治对于法律融贯性和科学性的良好追求，表达了立法者对于立法内容及其相互关系所作的理性思考与制度构想。而在此过程中，立法机关所形成的关于立法体系化的设想，就形成了对立法内容如何组织、立法工作如何开展等问题的重要回应，事实上指导着立法的制定和完善过程。

国家监察立法是国家监察体制改革工作的核心工作，基于此次改革的广泛性和深刻性，其立法任务不仅包括了对现有基本法的修改和调整，还涉及专门监察立法的制定和确立，而监察立法工作的最终目标就是构建起涵括行为法、组织法、程序法和救济法等规则在内的综合立法体系。⑤ 观察我国之前所进行的重大体系立法工作，体系化的欠缺直接导致了立法的“碎片化”和立法适用的困

② 参见张文显教授对于法律体系的定义，其认为法律体系是“由一国现行的全部法律规范按照不同的法律部门分类组合而形成的一个呈体系化的有机联系的统一整体”，国内学界大多也持类似主张。参见张文显主编：《法理学》，高等教育出版社2003年版，第98页。

③ 参见[奥]凯尔森：《法与国家的一般理论》，沈宗灵译，中国大百科全书出版社1996年版，第1页。

④ [比]范·胡克：《法律的沟通之维》，孙国东译，法律出版社2008年版，第146～147页。

⑤ 参见姜明安：《国家监察法立法的若干问题探讨》，载《法学杂志》2017年第3期。

难，⑥如碎片化的刑法修正案立法方式已经在实质上破坏了1997年《刑法》本身的外部面相和内部逻辑，⑦再如在消费者保护领域，惩罚性赔偿规则的系统化缺失直接导致了国内惩罚性赔偿规则的适用困难，⑧等等。而对于改革立法工作来说，作为改革的方向指引和制度保障，立法环节中出现的任何问题都会迅速传导至改革实践之中，造成改革步调和方向的错乱，从而直接影响监察体制改革方案的落地和建立。所以，为了确保监察立法的体系化，以往"成熟一个、通过一个"的碎片化立法方式必须停止，立法规划必须提前制定并严格实施。具体而言，在监察立法工作中必须坚持和贯彻以下体系化要求：

其一，形式的一致性。形式的一致性即要求构成监察立法体系的诸项法律规则应当符合系统性和融贯性的外观要求。国家监察立法工作涉及的立法任务种类繁多，有的立法是必须先于改革出台，以确认改革的合法性以及引领改革方向的，而有的立法则要在全部改革结束之后才能进行修改，其主要目的是对改革成果的固定和转化。由于这些立法工作分散于不同的立法领域和不同的改革时期，受特殊的时势和立法背景影响，因此这些立法不可避免地会出现前后规定不相一致，立法的重复或者缺失的问题。为此，就必须要使用体系化的思维和方法，有序安排"监察立法群"中各项立法的立法时机和立法内容，确保整个监察法律制度的内容前后一致，既不遗漏也不重复。

其二，价值的统一性。价值的统一性即要求构成监察立法体系的诸项法律规则在立法目的和价值取向方面是整体统一的。国家监察立法作为我国法律体系中重要的子系统，只有在整体一致的立法价值之上才可能形成体系化的制度实践。胡克认为，法律系统的融贯性应当建立在系统内各要素的内在聚合性之上，具有共享的价值目标。⑨ 例如，对于监察程序法的立法来说，最重要的目标就是规控监察权的行使以保障被监察对象的合法权益，那么在监察立法体系的其他规则中就不能出现要扩大监察范围的条款和表述，以避免统一体系内的价

---

⑥ 参见杨解君：《法治建设中的碎片化现象及其碎片整理》，载《江海学刊》2005年第4期。

⑦ 参见梁根林：《刑法修正：维度、策略、评价与反思》，载《法学研究》2017年第1期。

⑧ 参见刘大洪、段宏磊：《消费者保护领域惩罚性赔偿的制度嬗变与未来改进》，载《法律科学》（西北政法大学学报）2016年第4期。

⑨ 参见［比］范·胡克：《法律的沟通之维》，孙国东译，法律出版社2008年版，第160页。

值冲突与矛盾。

其三，逻辑的严密性。逻辑的严密性即要求构成监察立法体系的诸项法律规则在整体架构上符合一定的逻辑性。逻辑性是体系化的生命所在，也是体系最为直接的表现。⑩ 监察立法的体系化的关键就在于如何将诸多零散的立法有效组织以形成逻辑严密的整体，其工作的难点在于打破“自行其是”的单行立法的封闭结构，使体系内的各要素都具有一定的开放性，从而建立起各要素之间整体的有机联系，在理顺各项立法之间的逻辑关系上，形成周延和自洽的立法体系。

立法体系化程度指示着立法思维和立法技术的理性化和自觉化程度，⑪我们过去的立法工作在实现“有法可依”急切需求下，在一定程度上忽视了对立法质量和立法科学化的追求，当然也未能对立法体系化问题给予充分重视，以至于不少立法领域都出现了立法散乱的问题。此外，由于各项法律规则之间缺乏必要的体系化安排，立法体系内各要素的聚合程度很低，这严重阻碍了立法实效的发挥。在中国特色社会主义法律体系已经基本建成的当下，认真对待立法的体系化问题，提高立法的体系化水平，应当成为立法部门下一阶段工作的重点所在。在中央启动了事关全局的监察体制改革之后，立法部门应当有效运用体系化的立法思维，合理组织和科学安排监察立法的各项要素，促进体系内各要素的相互支持和良好配合，通过“重大改革于法有据”和“重大改革立法有序”两项立法任务的达成，实现立法工作对改革保驾护航，促进监察体制改革的有序进行。

二、国家监察立法的基本思路

按照体系化的立法工作要求，国家监察立法工作首先要解决的问题是，监察立法体系内应当包含哪些要素，以及这些要素如何科学组织等问题。⑫ 为此，有必要在厘清监察立法的应然范围的基础上，对监察立法体系内各项立法的相互关系，以及各项立法在现有法律体系中的角色与地位等内在关系做一全盘的考

---

⑩ 参见王利明：《中国民事立法体系化之路径》，载《法学研究》2008年第6期。

⑪ 参见马新福：《法理学》，科学出版社2004年版，第121页。

⑫ 参见钱大军、卢学英：《论法律体系理论在我国立法中的应用》，载《吉林大学社会科学学报》2010年第4期。

虑，并通过体系化思维和方法的运用，科学安排立法工作的重点、次序，以确保监察立法工作的有序进行，早日建立科学完善的监察立法体系。

（一）监察立法的任务描述

国家监察立法工作包括以下具体内容：

1. 修改《宪法》：基于国家监察改革已经突破了现有的权力格局，成为了由人大产生、与"一府两院"相平行的重要国家机关，为此，国家监察立法工作首先就要对当前的《宪法》进行修改，在宪法层面对改革进行合宪性的确认，并借此固定由改革所触发的宪制秩序的变动。《宪法》修改的重点是在《宪法》第三章国家机构条款中，设置专门一节对监察委员会的机构性质、职权范围等核心内容进行规定，并对与改革内容相冲突的部分条款进行修改。

2. 制定《国家监察法》：从立法内容上来看，《国家监察法》将对作为国家公权力的监察权的行使，以及作为国家机构的监察机关的活动作出规定，基于其规定对于国家监察体系形成以及权力架构确立的重要作用，应当以全国人大或全国人大常委会通过。《国家监察法》的重点是对监察组织、监察对象、监察职权、监察程序等内容进行规定。

3. 制定《监察委员会组织法》：监察委员会作为重要的国家机关，有必要仿效人大以及"一府两院"的立法实践，制定监察委员会的组织法，专门规定国家监察委员会的组织体系问题。《监察委员会组织法》是对宪法中监察委员会条款的延伸和具化，通过组织法的制定，将在充分其宪法地位和机构属性的基础上，进一步明确监察委员会的组织架构、上下级隶属关系、内部横向关系、人员选任资格及选任方式。

4. 制定《监察官法》：监察机关的权力行使较为复杂和特殊，其既包括了职务犯罪侦查，又要进行一般的纪律检查和廉政监督，为此，有必要根据监察工作的特点和需要，建立有别于普通公务员的单独职务序列。比照《法官法》和《检察官法》的规定，明确监察官的职责、义务和权利，人员选任和奖惩，职业保障和申诉控告等内容，以推进监察队伍的专业化和职业化建设。

5. 制定《监察程序法》：通过完善的行为程序来监督和约束公权力的行使，

是近现代法治实践的基本经验。⑬ 监察机关在监督国家公职人员和国家机关的同时,其所行使的监察权力也必须得到严格的监督和羁束,以解决"谁来监督监督者"的诘问。为此,有必要制定专门的监察程序法,重点明确监察委员会各项职权行使的程序,以及12项保障措施和职权手段的使用方式,建立监察公开、管辖、回避以及证据核查制度。

6. 修改《刑事诉讼法》:改革之后,随着检察院的职务犯罪侦查权的转隶,目前《刑事诉讼法》的大量规定都亟需进行修改,以明确监察委员会对刑事司法过程中的主体地位。具体而言,总则中对于刑事诉讼任务的分配以及侦查环节中的相关规定都需要进行逐一修改,第二章第十一节"人民检察院对直接受理的案件的侦查"也要面临根本修改。

7. 修改《人民检察院组织法》《检察官法》:改革中检察机关反贪反渎和职务犯罪预防部门的整体转隶,将对现有的检察机关组织架构产生重大影响,为此,势必要根据改革内容,修改检察院组织法中关于其职权范围和组织结构的规定。此外,也要相应地对《检察官法》第6条之检察官的职责规定进行修改。

8. 修改《全国人民代表大会组织法》《地方各级人民代表大会和地方各级人民政府组织法》《各级人民代表大会常务委员会监督法》《选举法》《国务院组织法》《公务员法》《人民警察法》《国家安全法》《监狱法》《审计法》《预算法》《证据法》《治安管理处罚法》《地方各级人民政府机构设置和编制管理条例》《行政处罚法》《行政复议法》《人民法院实施〈刑事诉讼法〉细则》《人民检察院刑事诉讼规则》《公安部刑事诉讼规则》:在监察体制改革之后,涉及原行政监察机关职责的条款都面临着相应的修改,此外,由于监察委员会也将由各级人大选举产生,成为与"一府两院"相平行的国家机关,人大制度的相关规定也面临着部分修改。

(二)"先总后分"的立法思路

监察体制改革所涉及的立法任务十分繁重,仅法律层面的立、改、废内容就有十多项,而且从立法逻辑上看,至少要出台规范监察行为、组织、程序,救济方

---

⑬ 参见季卫东:《法律程序的意义》,中国法制出版社2012年版,第37页。

面的法律文件才完成对监察立法体系的基本建构。但就目前的改革实践情况来看，由于对改革方案缺少具体的细化和明确，监察体制改革试点工作面对着方向不清和性质不明的问题，尤其是对于“调查”职权的具体范围以及“留置”手段的使用方式等焦点问题，急需监察立法的及时跟进，为改革实践提供制度的指引和保障。因此，同时出台相关法律的做法肯定是不切实际的，要平衡监察改革的实践需求和监察立法的体系化要求，就必须要合理安排监察立法工作先后顺序与轻重关系，以统筹立法资源的使用，保证监察立法工作的体系化、系统性和科学性。在此考虑之下，可以采用“先总后分、急法先立”的思路，即先行制定《国家监察法》和修改《宪法》，而后再分别出台《监察委员会组织法》《监察官法》《监察程序法》，以及对相关法律进行修改等。

围绕建立集中统一、权威高效的监察体系这一根本目标，国家监察立法工作的重点应放在对现行《宪法》的修改以及国家监察法“三部曲”（作为行为法的《国家监察法》，作为组织法的《国家监察委员会组织法》以及作为程序法的《国家监察委员会程序法》）的建立上。根据目前的监察工作的实践需求，按照“急法先立”的原则，应当先出台作为“国家监察基本法”的《国家监察法》和修改《宪法》的相关规定，并以此作为整个监察立法体系建构的基础和总纲，为后续立法提供基本的制度依据。根据中央“重大改革必须于法有据”的要求，监察立法工作首先要解决监察体制改革的合宪性和合法性问题。为此，在监察立法工作中首先应当通过修改《宪法》的方式，明确监察委员会的性质与地位，规定其基本的组织制度和职权范围，从而为监察制度建立提供最为基本的宪法依据。在此之后，应当重点研究和出台《国家监察法》。从理论上看，《国家监察法》承担的是“行为法”的角色，但为了应对实践需要，权宜之下须适当延展其范围，使其在对监察权的行使过程作出基本规定之外，也要对监察组织法、程序法的内容进行初步的规定。换言之，《国家监察法》将作为整个监察立法体系的“总纲”，对监察组织、监察对象、监察职权、监察手段和监察程序等内容进行全面系统的规定。

《宪法》修改和《国家监察法》的立法任务完成之后，就应当适时出台《监察委员会组织法》《监察官法》《监察程序法》。在承接《宪法》规定的基础上，《监察委员会组织法》将对宪法授权的内容进行具体规定，重点为厘清监察机关的职权性质、组织体系和组织原则等，从而建立起监察机关的组织框架，形成与

《国务院组织法》《地方各级人民代表大会和地方各级人民政府组织法》《法院组织法》《检察院组织法》相匹配和协调的组织法规定。与之相应地,《监察官法》作为对监察组织法中人员选任和管理制度的补充,将以建立有别于普通公务员的监察官人员管理和保障法律制度为核心,形成与《公务员法》《法官法》《检察官法》相协调和匹配的人员管理规定。而在《国家监察法》和《监察委员会组织法》出台之后,《监察程序法》作为补强对监察行为法的程序性规范,应着眼于监察机关3项职权和12项保障措施的具体内涵和适用方式,以规范和约束监察权的行使,防止监察权的滥用和不受监督。

在完成了国家监察制度的核心立法任务之后,可以适时对与监察制度改革关系作为密切的相关法律进行修改。根据2017年4月11日全国人大常委会委员长会议所修改通过的《2017年立法工作计划》,2017年8月将初次审议《人民检察院组织法》的修改草案,⑭这意味着《检察院组织法》将成为监察体制改革之后率先进行修改的基本法律,其修改对于改革内容的具化和立法转化具有重要的拓新意义,同时也将为之后其他监察立法工作提供制度参考和借鉴。但值得注意的是,《检察院组织法》的修改事实上早已启动,⑮受司法改革影响而启动的修法工作又要直面鉴于监察改革对检察职权调整的现实需要,所以,为防止两次改革在修法过程中的相互掣肘,必须审慎处理"两法"的修改事宜,既要对员额制改革、司法责任制改革等成果进行固定,也要解决反贪反渎和职务犯罪预防职权的转隶问题,以调和改革实践与立法完善之间的可能矛盾。此外,由于本次改革在事实上改变了《刑事诉讼法》关于检察机关职权的基本规定,所以《刑事诉讼法》也将面临着在2012年大修之后的再次重大修改,当然有学者认为对于基本法的修改理应保持一定合理的时间间隔,以避免对法律体系的稳定性造成破坏,但基于刑事诉讼法在刑事司法过程中的重要地位,为了不人为地给监察改革

⑭ 参见《全国人大常委会2017年立法工作计划》,2016年12月12日第十二届全国人民代表大会常务委员会第八十四次委员长会议原则通,后在2017年4月11日第十二届全国人民代表大会常务委员会第九十三次委员长会议修改。参见中国人大网:http://www.npc.gov.cn/npc/xinwen/2017-05/02/content_2021068.htm,最后访问日期:2017年5月3日。

⑮ 《检察院组织法》和《检察官法》的修改在2015年就被列入了《十二届全国人大常委会立法规划》,由全国人大内司委组织和负责修改工作。在2017年3月十二届全国人大五次会议上,张德江委员长称2017年将重点修改《人民检察院组织法》《人民法院组织法》等法律。参见2017年《全国人民代表大会常务委员会工作报告》。

的落地制造法律实施与适用的难题，有必要在改革试点结束之后尽快启动对刑事诉讼法的修改工作。除此之外的立法工作内容，由于受改革影响不大，可以集中地进行简单的技术处理，保障法律体系内的立法协调与统一。

三、国家监察立法的重点内容

在监察立法清单之中，修改宪法、制定《国家监察法》《监察委员会组织法》《监察程序法》等，为监察立法的体系化提供了基本的制度框架和规则指引，对于监察法律制度的形成具有关键的基石作用。为此，这些具有准据性意义的立法应当成为建构监察立法体系的重点所在。

（一）修改宪法

十八届四中全会《中共中央关于全面推进依法治国若干重大问题的决定》（以下简称《决定》）提出“重大改革要于法有据”，“所有立法体现宪法精神”，作为事关全局的重大政治改革，监察改革必须满足基本的合法性与合宪性要求。改革方案提出，“监察委员会由本级人民代表大会产生，对本级人民代表大会及其常务委员会和上一级监察委员会负责，并接受监督”。由此，监察委员会将由人大直接产生，成为与“一府两院”在法律地位上相并行的重要国家机关。而在改革中吸收了行政监察权和部分检察职权的监察委员会，实际上已经构成了我国权力架构中新的权力单元，更改了现有的人大制度之下由“一府两院”分享国家权力的宪制框架。⑯ 对于这样的改革内容，现行《宪法》显然没有相关的制度准备和释宪空间。所以，为保障改革的合宪性，有必要对现行《宪法》进行相应修改，但《宪法》作为国家的根本大法，是国家法律秩序和社会秩序形成与维护的根本保障，⑰从国家发展与稳定的全局出发，必须审慎考虑修宪的范围和强度，以确保现有宪法秩序的稳定。此外，在修宪过程中还必须要区分清楚宪法问题和法律问题，不属于宪法问题，就无须通过修宪的方式进行规定。在这样的考虑之下，可以考虑在国家机构一章中设专节，对监察委员会的宪法地位、职权范

---

⑯ 参见林彦：《从“一府两院”制的四元结构论国家监察体制改革的合宪性路径》，载《法学评论》2017年第3期。

⑰ 参见周叶中：《宪法学》，高等教育出版社2011年版，第375页。

围和组织架构进行明确，与之相应地，要在《宪法》总纲中增加相关规定，并在人大职权中增加对监察机关人员任职与罢免的相关表述。具体而言，宪法修改要明确以下内容：

1. 明确监察委员会的性质和宪法地位

《宪法》中的国家机构条款一般就是对特定机构属性和宪法地位的根本确认，如国务院在《宪法》中的定位是最高国家行政机关，检察院的定位是国家法律监督机关等。为此，在监察体制改革中，作为对改革合宪性的根本保障和确认，监察委员会的机构性质就必须在《宪法》中予以明确规定。对于监察委员会的性质问题，改革方案中的表述为“国家反腐败工作机构”和“行使国家监察职能的专责机关”。[18] “反腐败工作机构”一般是指为了打击腐败犯罪而成立的专门机构，该表述显然无法作为机构属性用在宪法对于监察委员会的规定之中。而“行使国家监察职能的专责机关”这一说法只是对监察委职权的一般描述，其背后所蕴含的权力现象是监察委吸纳了部分行政权和检察权之后，将行使独立于与行政权和司法权之外的监察权。因此，可以从其行使的职权出发，认为监察委员会就是我国的监察机关，而之后所要成立的最高监察委员会即为就是最高国家监察机关。作为专职行使监察权的国家机关，监察委员会在法律地位上也将与由人大产生的“一府两院”相平行，形成“一府一委两院”(“一委”即监察委员会)的国家机构新格局。

2. 规定监察委员会的组织架构

组织架构是国家机关设置和运行的重要内容，一般包括隶属关系、领导方式、机构设置、人员构成、任职资格及任免方式等内容，但其中具有宪法意义、能够决定该机构基本面貌的内容主要为隶属关系、领导方式、机构设置等内容。从改革内容来看，“国家监察委员会由本级人大产生，对本级人大及其常委会和上一级监察委员会负责，受本级人大及其常委会和上一级监察委员会监督”。根据此表述，学界大多认为监察委员会在领导方式上将与人民检察院的“双重领

---

[18] 方案提出，“深化国家监察体制改的目标，是建立党统一领导下的国家反腐败工作机构”，“由省(市)代表大会产生省(市)监察委员会，作为行使国家监察职能的专责机关”等说法，参见姜洁：《中办印发〈关于在北京市、山西省、浙江省开展国家监察体制改革试点方案〉》，载《人民日报》2016年11月8日，第3版。

导”模式类似，即监察委员会在对同级人大及其常委会负责的同时，也要对上级监察委员会负责。[19] 但值得注意的是，我国宪法对于检察机关纵向组织关系的规定，除了“地方各级人民检察院对产生它的国家权力机关和上级人民检察院负责”之外，还在第132条规定了“最高人民检察院领导地方各级人民检察院和专门人民检察院的工作，上级人民检察院领导下级人民检察院的工作”。这事实上是在下级检察院要对上级检察院负责的关系之外，通过上下级领导关系的建立增强了其对下级机关的领导和控制。而对于监察委员会的纵向组织关系来说，现有规定并不能完全推出其将与检察机关“双重领导”模式一致，换言之，上下级监察委员会之间到底是领导与被领导的关系，还是借鉴行政机关和党的纪检机关领导性更强的下级服从上级的关系，还需要在改革实践中予以试验和明确。此外，监察机关的机构设置也必须在宪法中予以明确，可仿效司法机关的机构设置，在中央建立最高监察委员会作为国家最高监察机关，在地方分别设置省级、地市级和区县级监察委员会作为地方监察机关。考虑到特殊领域监察的专业需求，可设置军事监察委员会和专门的监察委员会，负责不同领域的监察工作。

3. 明确监察委员会的机构职责

根据改革方案，监察委员会将对“所有行使公权力的公职人员”履行“监督、调查、处置”三项职责。此外，《决定》还赋予了监察委员会谈话、讯问、询问、查询、冻结、调取、查封、扣押、搜查、勘验检查、鉴定、留置12项措施手段。由此，监察机关的法定职责就是对公权机关履职活动、公职人员贪腐行为行使监督、调查和处置之权。而至于其“监督、调查、处置”职责的具体内涵，以及12项监察手段的适用方式和程序，则需要在《国家监察法》《监察委员会组织法》《监察程序法》中分别予以明确。除此之外，监察委员会作为重要国家机关，还需要承担宪法上对其他国家机关作出的一般职权内容，如监察委员会可以向全国人民代表

---

[19] 参见秦前红：《监察体制改革的逻辑与方法》，载《环球法律评论》2017年第2期。当然，也有学者指出，国家监察委上下级领导方式不同于人民检察院，“未来国家监察机关的体制应该具有比检察机关内部领导关系的领导性更强的特性”，但从当前的改革试点方案来看，还尚且无法断定两机构的模式到底有何不同，在没有新的改革文件出台之前，应当认为监察委员会还是采取了类似检察机关的“双重领导”模式。参见姜明安：《国家监察法立法初探》，载《中国法律评论》2017年第2期。

大会或者全国人民代表大会常务委员会提出议案;统一领导地方各级国家监察委员会的工作,规定中央和省、自治区、直辖市的国家监察委员会的职权的具体划分;改变或者撤销地方各级国家监察委员会不适当的决定和命令等。当然,作为重要国家机关的监察委员会自然也将享有监察法规的制定权,地方各级监察委员会和专业监察委员会将根据《立法法》所规定的立法权限,享有地方监察法规和监察规章的制定权。

(二)制定《国家监察法》

鉴于试点地区对监察立法的迫切需求,作为监察基本法的《国家监察法》有望最先出台,[20]而在此背景下,即将出台的国家监察法事实上将包括了组织法、行为法和程序法的基本内容,但从建构监察立法体系的角度来讲,基本法与宪法、基本法与重要的单行法、基本法与配套性法律之间必须要有立法内容的区分,否则不仅会导致的立法内容的重复,还会影响到立法的体系化和科学化程度。为此,先行出台的《国家监察法》必须明确自身的立法重点和立法方向,既要避免对宪法文本的简单重复,又要为后续立法留足空间。具体而言,围绕规范国家监察行为这一核心,《国家监察法》的立法应当重点做好以下工作:

1.细化监察职权的规定

按照我国立宪实践经验,宪法中所规定的监察委员会职责应该只是对其职权的抽象列举,对于各项职权的具体内涵和运作程序则难以作出明确规定。为此,国家监察法的必须要对监察委员会“监督、调查、处置”三项职责进行细化规定:(1)监督权,即“监督检查公职人员依法履职、秉公用权、廉洁从政以及道德操守情况”,监察委员会在统合了原行政监察权和检察机关的部分法律监督权之后,既能够对所有行使公权力的公职人员进行监督,也可以对公权力活动和行使过程展开全面监督。(2)调查权,即“调查涉嫌贪污贿赂、滥用职权、玩忽职

[20] 在2017年刚结束的全国“两会”中,全国人大常委会法工委相关负责人已经公开表示,将《行政监察法》修改为《国家监察法》作为今年全国人大的立法重点工作,已经列入了2017年的立法工作计划之中。参见全国人大常委会法工委副主任许安标就“国家监察法立法的相关情况”答记者问,其在新闻发布会中提到,“将行政监察法修改为国家监察法,这是今年的立法重点……拟于2018年3月提请十三届全国人大一次会议审议”等国家监察法的立法情况。6月24日,全国人大常委会已经分组审议了监察法草案。

守、权力寻租、利益输送、徇私舞弊以及浪费国家资财等职务违法和职务犯罪行为”,作为监察委员会的核心职权,其包括了一般调查权和特殊调查权两种形式,一般调查权是对公职人员的违法乱纪行为进行调查,而特殊调查权只针对于职务犯罪行为,即来源于检察机关在改革中转隶的职务犯罪侦查和预防权。当然,监察委员会调查权虽然可以分为党纪和行政调查以及职务犯罪侦查两个层面,但其“调查”和“侦查”的属性并不是截然分开和相互对立的。㉑ 换言之,监察委员会的调查权事实上是既包括“调查”属性,也包括“侦查”属性,既可以认为其是监督权的一种,也在事实上具有了司法权的特性。(3)处置权,即“对职务违法和职务犯罪行为作出处置决定,对涉嫌犯罪的,移送检察机关依法提起公诉”。与调查权相对应,处置权也将分为对一般的违法违纪行为的处置和对涉嫌职务犯罪行为的处置,如果是违反党纪和行政纪律,监察委员会可以直接对违纪违法的公职人员进行警告、记过、降级、撤职和开除公职等处分,或者以向相关单位提出监察建议的方式对其进行处置。但如果有公职人员涉嫌职务犯罪,监察机关就不能享有最终的处分权,而必须由司法机关行使终局的处分权。㉒

2. 明确监察权行使的基本手段

为规范监察权的行使,必须要对监察委员会现有的12项履职手段进行具体规定。鉴于谈话、讯问、询问、查询、冻结、调取、查封、扣押、搜查、勘验检察、鉴定等手段都可以在刑事诉讼法或者党的纪律监督规则中找到可供参考的规范,所以,留置手段的使用方式和程序就成为了该项立法的重点所在。㉓ 在当前的法律规范中,与留置手段的内涵较为相近的是《警察法》中第9条所规定的“留置盘查”措施,其规定“经盘问、检查,有下列情形之一的,可以将其带至公安机关,经该公安机关批准,对其继续盘问”,随后又具体规定了留置的时间和留置后的处理措施,即“对被盘问人的留置时间自带至公安机关之时起不超过二十四小

㉑ 参见秦前红:《监察体制改革的逻辑与方法》,载《环球法律评论》2017年第2期;秦前红、石泽华:《监察委员会调查活动性质研究——以山西省第一案为研究对象》,载《学术界》2017年第6期。

㉒ 参见吴健雄、李春阳:《健全国家监察组织架构研究》,载《湘潭大学学报》(哲学社会科学版)2017年第1期。

㉓ 对此,学界主要出现了三种观点:一是认为留置可以作为强制措施的一种监察手段;二是认为留置是对当前纪委和监察机关“双归”“双指”进行规范化的一种监察手段;三是认为留置是兼具强制措施性质和调查取证措施性质的一种监察手段。参见姜明安:《国家监察法立法初探》,载《中国法律评论》2017年第2期。

时，在特殊情况下，经县级以上公安机关批准，可以延长至四十八小时，并应当留有盘问记录。对于批准继续盘问的，应当立即通知其家属或者其所在单位。对于不批准继续盘问的，应当立即释放被盘问人"。鉴于目前"双规""双指"手段由于缺乏规范和监督而饱受诟病的情况，在留置措施的相关立法中，有必要对其适用的范围和方式进行限定，对于在何种情况下可以采取留置措施以及如何采取留置措施进行充分的说明。而根据《刑事诉讼法》和《警察法》的相关规定，我们认为留置的时间应当严格限定，一般情况下对被监察对象的留置时间自带至监察机关之时起不超过24小时，在特殊情况下，经上级监察机关批准，最多延长至48小时，对于批准继续盘问的，应当立即通知其家属或者其所在单位，以实现对被监察对象基本人权的保障。

3. 明确监察对象的范围

改革方案提出，监察委员会要对"所有行使公权力的公职人员"实行监督，但如何理解"公权力"和"公职人员"，又如何确认监察对象的具体范围，在社会上还存在一定争议。例如现任监察部副部长肖培将"所有行使公权力的公职人员"概括为了六大类：一是《公务员法》所规定的国家公职人员，具体包括中国共产党机关、人大机关、行政机关、审判机关、检察机关、民主党派机关、工商联机关的公职人员，以及参照公务员管理的人员；二是由法律法规授权，或者由行政机关委托行使公共事务职能的公职人员；三是国有企业的管理人员；四是公办教育、科研、文化、医疗、体育事业单位的管理人员；五是社会自治组织中的管理人员；六是其他依法行使公共事务职能的人员。㉔ 而马怀德教授则认为"行使公权力的公职人员"包括但不局限于《刑法》中的"国家工作人员"和《公务员法》中的"公务员"，并将其概括为了以下九类人员：中国共产党各级机关工作人员；各级人民政府工作人员；各级司法机关工作人员；各级人大机关工作人员；各级政协机关工作人员；民主党派各级机关工作人员；法律法规授权组织内行使国家公权力的国家工作人员；科教文卫体等事业单位的工作人员；国有企业管理人员。㉕ 至于监察对象的范围到底如何，还有待立法部门的进一步的研究，但必须

㉔ 参见《监察部副部长肖培：国家监察委员会将监察六大对象》，载人民网：http://fanfu.people.com.cn/n1/2017/0109/c64371-29009575.html，最后访问日期：2017年3月6日。

㉕ 参见马怀德：《〈国家监察法〉的立法思路与重点》，载《环球法律评论》2017年第2期。

要强调的是,监察对象的确定不能有损其他机关的职权的独立行使。[26] 总的来说,监察对象的范围应当以是否行使国家公权力作为判断标准,对于科教文卫单位中不行使国家公权力的普通公职人员,就不宜纳入国家监察的范围,以避免监察权的滥用。为此,我们认为监督对象的范围还是应以相关法律法规规定的人员类型为主,具体而言,"所有行使公权力的公职人员"应包括《公务员法》所规定的国家公职人员、法律法规授权组织内行使国家公权力的国家工作人员,以及国有企业和科教文卫体单位中的行使国家公权力的管理人员等。

4. 完善监察组织的规定

在监察委员会组织法无法及时出台的情况下,《国家监察法》必须承担起搭建基本的监察组织架构和确立基本的监察组织制度的任务。当然,国家监察法中规定的组织法内容还是应当与日后的监察组织立法有所区别,以发挥其在监察立法体系中的不同功能。具体而言,国家监察法须对以下监察组织内容进行规定:(1)明确监察机关的纵向组织关系,即要明确中央和地方各级监察委员会的隶属关系,明确各级监察委员会与同级人大的隶属关系,细化改革《决定》关于"监察委员会对(本级人民代表大会及其常务委员会和)上一级监察委员会负责,并接受监督"的规定;(2)明确监察机关的横向组织关系,即要明确监察委员会内设机构的设置及其权责分工;(3)明确监察机关的人员任免程序,即要明确各级监察委员会主任、副主任以及组成人员的任免程序,在各级监察委员会的主任由同级人大选举产生之外,规定监察委员会的副主任与成员的提名和任免程序。

5. 加强对监察权的监督

改革后的监察委员会"位高权重"如果没有必要的监督程序,就不可避免地导致监督机构的自我腐败和堕化。因此,为了破解"最后的监督者"难题,《国家监察法》必须将监督监察权的行使作为立法重点,以建立起一套行之有效的监督制约机制,防止监察权自身成为权力的脱缰野马。[27] 为此,监察委员会应当接受以下监督:(1)人大监督:作为由人大产生的监察委员会,当然需要接受来自人大的监督。在监督的限度上,为了确保庞大的监察权不被滥用,人大对其的监

---

[26] 例如秦前红教授就指出,监察委只能对人大的工作人员进行监督,而不能对人大代表进行监督,否则将会有损代议制民主的实现。参见秦前红:《监察体制改革的逻辑与方法》,载《环球法律评论》2017 年第 2 期。

[27] 参见江国华、彭超:《国家监察立法的六个问题》,载《江汉论坛》2017 年第 2 期。

督必须是全面而严格的，除了正常的人事任免之外，还应进行听取和审议监察委员会的工作报告、询问和质询、特定问题调查以及撤职等监督。（2）司法监督：检察机关作为法定的法律监督机关，有权对监察委员会调查终结后移交给检察院的案件进行审查和监督，有权对于不属于犯罪的案件进行撤销或者不予批捕。检察机关还可以对监察委员会作出的决定或者采取的强制措施进行广泛的法律监督。人民法院也可以通过审判活动对监察委的行为作出监督。（3）社会监督：有必要在监察立法中专门对社会公众如何监督监委会进行规定，发动社会力量参与到监督监察权行使的活动中来，并着力强化社会监督的有效性和效力。（4）内部监督：内部监督主要是指监察委员会内设机构对监察权行使情况的监督，在监察机构建立之初，就应当将内部监督的设置放在中心位置，采取一切手段防止纪检监察机构“灯下黑”，确保内部监督的效力落到实处。（5）党的监督：通过纪委与监察机关的合署办公，党的纪律监察机构有权对监察机关中具有党员身份的领导干部行使纪律监察权，但值得注意的是，对监察委员会的监督应由上级党委和纪委进行，以避免同级监督的监督不力。

（三）制定《监察委员会组织法》

监察组织法的立法工作首先要解决的是其立法必要性的问题，在已经有《国家监察法》和《宪法》中规定监察委员会的组织体系的情况之下，是否还需要再耗费立法资源去制定专门的监察组织法。我们认为监察组织法的立法是必要的，理由主要有这样几点：一是从立法内容上看，其虽然与《国家监察法》的组织法规定有所交叉，但不可否认的是，这样的内容交叉远远不足以构成两者的重复或者重叠，事实上在两者独立的立法领域之外所可能交叉的内容，也会因为两者立法宗旨的不同而有不同的侧重；二是从立法惯例来看，为重要的国家机关制定组织法是我国立宪实践的惯常做法，监察委员会作为由人大产生、在法律地位上与“一府两院”相平行的重要国家机构，没有理由不制定单独的组织法。[28] 在此

---

[28] 从相关国家和地区的监察立法经验来看，不少地方也都采取了《监察法》和《监察组织法》分立的模式，如我国台湾地区的“监察法”就在对监察权的类型以及各类权力行使的方式、程序等等作出规范之外，另立了“监察院组织法”对监察院的权力来源、人员资格、职权以及内部体制作出规定。参见马岭：《关于监察制度立法问题的探讨》，载《法学评论》2017年第3期。

前提之下，作为规范监察机关组织架构的基本法，《监察委员会组织法》应重点做好以下工作：

1. 形成以“垂直领导”为主的双重领导体制

根据全国人大常委会作出的试点决定，“监察委员会对本级人民代表大会及其常务委员会和上一级监察委员会负责，并接受监督”，对于同时接受同级人大和对上级监察委的双重监督的关系该如何落实，以及监察机关上下级关系到底为领导关系、监督关系还是隶属性更强的服从关系，监察组织法必须给出回答。观察我国以往的双重领导体制的实践，㉙由于检察机关必须接受地方人大的监督，造成了检察权在行使过程中不可避免地受到地方政府和人大的不当干预，对此，有必要对现有的“双重领导”体制进行优化，形成更加注重上下级领导关系的、以“垂直领导”为主的“双重领导”模式。具体而言，可以在《监察委员会组织法》中进行如下规定，在中央和地方分别设立最高国家监察委员会和地方各级国家监察委员会；其中最高监察委员会对全国人大及其常委会负责并报告工作，地方各级监察委员会对人大及其常委会负责并报告工作；最高监察委员会领导地方各级监察委员会的工作，上级监察委员会领导下级监察委员会的工作，各级监察委员会在业务上只接受上级监察委员会领导。通过对“双重领导”体制的修正，避免地方政府对监察委员会履职的不当干预，确保监察权的独立公正行使。

2. 建立专业和高效的监察内设机构

内部机构设置是完成机构职责的必要组织保障，机构的日常运行和职责离不开内部机构的良好配合与协调有效。观察我国已有的组织法立法，对于内部机构设置的规定往往非常简单。例如，《检察院组织法》中规定“最高人民检察院根据需要，设立若干检察厅和其他业务机构。地方各级人民检察院可以分别设立相应的检察处、科和其他业务机构”，而在《国务院组织法》中甚至都未直接

㉙ 例如《检察院组织法》中在作出“最高人民检察院对全国人民代表大会和全国人民代表大会常务委员会负责并报告工作。地方各级人民检察院对本级人民代表大会和本级人民代表大会常务委员会负责并报告工作。最高人民检察院领导地方各级人民检察院和专门人民检察院的工作，上级人民检察院领导下级人民检察院的工作”这种原则性规定的同时，还通过各级检察院检察长的任命程序将该原则性的规定予以具体落实。

出现内部机构设置条款，只有对国务院直属机构设置的简单规定。[30] 作为专职监督权的重要机关，监察委员会未来将承担起职务犯罪侦查和党内监督、行政监督的重要职责，而这些职权的不当行使无疑会对公民的基本权利带来影响，故而出于限制监察委员会权力以及保障公民基本权利的考虑，有必要在监察委员会组织法立法之时就明确其内部的机构设置，使国家监察权的运行明明白白地向社会公开，防止享有监察权的监察机构自己享有不受监督的特权。此外，在检察机关相关部门转隶之后，也必须通过制定组织法的方式对其内设机构的设置予以固定，以实现机构改革的顺利过渡。在以上考虑之下，内设机构的设置应当以保障监察活动的专业和高效为核心，根据监察权的自身属性和监察行使各个阶段的特点，科学设置监察委员会之下的内设机构，可以廉政监督部、调查部、预防部、案件管理与审查部4个业务机构为核心，在由其根据工作需要，设立若干业务局和科室，以确保机构组织的有序和高效。

3. 明确国家监察委员会的人员选任资格

根据改革试点方案，试点地区检察机关的反贪反渎预防部门将采取整体转隶的方式实现人员隶属关系的改变，而在此职能转隶之后，监察委员会就既可以进行职务犯罪侦查，又可以进行一般的纪律检查和廉政监督，其权力种类和内容的复杂性就决定了其工作人员选任要求可能出现的多样性和特殊性。换言之，对于不同机构内行使不同种类监察权的工作人员，应当作出具有针对性的专业化选任要求。当然，在人员转隶的过程中，还要特别注意检察机关反贪反渎和职务犯罪预防部门相关人员的转隶问题，即是否相关部门所有工作人员都要进行转隶，如果不是的话，又要按照何种标准进行选任，以及如何处理其转隶人员的原有编制和检察官员额等具体问题。对于监察人员的选任和管理，组织法中必须作出明确回应，通过建立有别于普通公务员的专门职务序列的方式，对监察官的职责、权利与义务、人员选任、奖励、惩戒、考评、职业保障、工资福利待遇等管理与保障措施进行规定。

---

[30] 参见《国务院组织法》规定，“国务院可以根据工作需要和精简的原则，设立若干直属机构主管各项专门业务，设立若干办事机构协助总理办理专门事项”。

（四）制定《监察程序法》

改革后的监察委员会在实现了反腐败资源的集中之后，也必将面临着如何对其权力行使进行规控，以防止其权力的滥用和对公民权利的侵害的现实问题。立基于此，有必要在《国家监察法》对其权力行使的基本规定之外，另立专门的监察程序法为监察权的运行设定基本程序规则，通过正当程序的构建，使监察机关的监察行为都能够受到法律的约束。[31]

1. 确立监察公平、公正、公开原则

为规范监察权的行使，监察程序立法首先应当确立监察权行使的基本原则，以明确监察权行使的基本准据和方向，具体而言，就是要确立监察公平、监察公正和监察公开的原则。（1）监察公平：其要求在监察活动中必须坚持法律面前人人平等，依法保护监察对象的各项程序权利和实体权益，尤其是确保被监察人的基本人权的实现，禁止非法拘禁和刑讯逼供，不得强迫被监察人自证其罪。（2）监察公正：其要求在监察活动的各个阶段和各个方面，以及从主体到客体，从内容到形式，从实体到程序，从静态到动态，都能够达到一种公正合理有序的状态。[32] 具体而言，监察公正原则要求监察机关严格监察行为，确保其证据调查、事实认定和最终处置都符合程序和实体上的公正要求。（3）监察公开：公开是权力运行的当然要求，也是现代法治国家的重要标志。非公开不足以彰显正义，非公开不足以保障公平，秘密主义和暗箱操作只能损害监察机关的权威和正当性，监察公开不仅是实现正义的基本方式，也是确保监察公正和监察公平的可靠制度保障。

2. 确立监察权行使的基本制度

正当程序原则作为公权力运行的必须要求，其既是监察公开、监察公平、监察公正原则的理论渊源，也是进行监察程序立法所必须重视的重要制度参考。传统的正当程序原则有两个基本要求：一是任何人不得做与自己有关案件的法官，由此利害关系人或者心存偏见的人不得参与到相应判决或者决定[33]；二是任

[31] 参见姜明安：《正当法律程序：扼制腐败的屏障》，载《中国法学》2008年第3期。

[32] 参见曹建明：《公正与效率的法理研究》，人民法院出版社2002年版，第614页。

[33] H. W. R. Wade, *Administrative Law*, Oxford University Press, 1988, p. 466.

何人在遭受不利的公权力影响时，有获得告知、说明理由和提出申辩的权利，必须提前为接受相应判决或行为不利影响的人提供辩护和异议的机会。[34] 由此，在监察权行使的过程中就需要建立科学的管辖制度、回避制度和公开制度、监察权行使不受干预制度，以保证“任何人不得做与自己有关案件的法官”要求的实现；建立听取申辩制度、全程录音录像制度、律师参与制度，以保证遭受不利公权力影响的公民可以有获得告知、说明理由和提出申辩的权利。具体如下：

（1）管辖制度：监察委员会对职务违法和职务犯罪行为的侦查和处置，必须符合相应的管辖要求，建立相应的管辖制度，以确保监察权行使的有序和公正。一般而言，管辖制度主要分为级别管辖和地域管辖两种，在级别管辖上，首先应明确国家监察委员会和各级地方监察委员会的职能分工，以及建立在特定情况下指定管辖和移送管辖的制度，同时为防止调查权的滥用，须明确调查权的行使应由省级监察委员会决定；在地域管辖上，要明确划分同级监察委员会之间案件受理的权限和分工，确立由被监察对象工作单位所在地的监察委员会管辖的基本制度。

（2）回避制度：回避制度理论实质就是要求任何人不得做自己案件的法官，公权力的行使本身就应当满足这一基本的正当程序要求，而且由于监察委员会作为国家反腐败工作的核心机构，其主要活动就是处理公职人员的贪污贿赂、滥用职权、玩忽职守、权力寻租、徇私舞弊以及浪费国家资材等职务违法和职务犯罪行为。相比一般案件来说，监察委员会所要处理的案件更容易受到各方的不当干扰，为此，在监察程序立法中必须确立严格的回避制度，保障监察权的行使不存偏见和歧视，被审查人或检举人的近亲属、主要证人、利害关系人或者存在其他可能影响公正审查审理情形的，均应当主动回避，不得参与相关审查审理工作。

（3）监察权行使不受干预制度。由于职务违法和犯罪案件的特殊性，监察对象通常具有较高的社会地位和复杂的人际关系，为了防止其利用自身的影响力和人脉关系妨碍办案，保证监察活动对腐败行为治理的有效性和威严性，有必要仿效禁止领导干部违规过问司法案件处理的做法，建立监察工作不受外部干

[34] 参见[英]丹宁：《法律的训诫》，杨百揆等译，法律出版社1999年版，第102～104页。

扰的保障机制，形成领导干部干预监察活动、插手具体案件处理的记录、通报和责任追究制度。此外，监察机构的独立性也是我国监察制度发展过程中一以贯之的重要传统。[35]

（4）监察活动公开制度：没有任何权力可以不受监督的存在，为回应社会对于监察权监督的需要，有必要将在监察公开原则之下确立更为具体的监察活动公开制度，以将监察公开的要求贯彻在监察权行使的各个阶段，对国家监察权力行使的全过程进行充分的公开，详细规定各环节需要向社会公开的内容范围，必须严格控制涉及国家机密和个人隐私的内容范围，并规定公开的时限和方式，确保相关信息可以及时充分有效地为社会知晓。

（5）听取申辩制度。陈述和申辩的权利是任何人在其权益要受到克减之时，必须享有的被告知、可陈述、申辩和得到辩护的权利。这一权利对于被监察对象的基本权利保护来说至关重要，是监察工作是否合法正当的重要体现。为此，在监察程序立法中有必要在重要决定作出之前设置法定的听取被监察对象陈述和申辩的环节，以保证监察工作的公正进行。

（6）全程录音录像制度。全程录音录像制度是防止刑讯逼供，保障被监察对象人权不受侵犯的重要制度。随着我国《刑事诉讼法》的重大修改，全程录音录像逐渐在司法活动的各个环节中得到了建立，人民检察院和公安部纷纷就讯问中录音录像制度出台了细则规定。国家监察机关在改革后也要行使职务犯罪的侦查权，有必要在国家监察程序立法中确立全程录音录像制度，要求在职务犯罪案件办理过程中，凡涉及对被监察对象的讯问，都必须按照全面、全部、全程的要求，按照审、录分离原则，在其进入讯问场所后立即启动，而且要对讯问过程不间断地录音录像。

（7）律师参与制度。根据正当程序原则的要求，任何人在遭受不利的公权力影响时，都应当享有进行陈述和辩护的权利。但由于被监察对象在接受调查期间往往人身自由会受到一定的限制，调查取证活动不便进行，难以为辩护收集到充分有效的相关证据和事实，普通的嫌疑人因不掌握专业的技能，无法实现有

---

[35] 参见朱福惠：《国家监察体制之宪法史观察——兼论监察委员会制度的时代特征》，载《武汉大学学报》（哲学社会科学版）2017 年第 3 期。

效的自我辩护，在此情况之下，律师在监察活动中的参与就是非常必要的。正如有学者指出的那样，如果监察委员会的“调查活动包含了侦查，并且在程序上与检察院的审查起诉阶段相衔接，那么公职人员接受调查时就应当允许辩护律师介入”。[36] 鉴于此，我国监察程序立法中应该按照刑事诉讼法的相关规定，保障律师有效参与到监察活动中来，为被监察对象提供法律服务，以确保监察工作的合法进行以及保障被监察对象的基本权利。

---

[36] 陈光中：《监察体制改革需启动系统修法工程》，载财新网：http://china.caixin.com/2017-01-17/101044638.html，最后访问日期：2017年3月22日。

完善我国监察体制改革相关立法的路径选择

——以国外监察制度类型考察为视角

李　娟*

摘　要：在我国行政管理体制改革不断深化、社会主义市场经济日益发展的形势下，国家监察体制改革遇到了许多新情况、新问题，也面临新的机遇和挑战。本文以国外监察制度为研究视角，对瑞典的议会监察专员制度、日本的行政监察制度、韩国的监审合一制度等类型进行介绍和探讨，通过考察这些监察制度在组织形式、职责范围、权限范围等方面的特点，分析比较我国监察制度发展过程中存在的不足，对我国监察体制改革的相关立法，从完善相关法律法规、提高监察机构地位、保障监察职权的行使、明确监察对象的范围等方面提出建议。

关键词：国外监察制度　制度类型　监察体制改革　路径选择

一、引言

十八届中央纪委六次全会上，习近平总书记指出，"要完善监督制度，做好监督体系顶层设计，既加强党的自我监督，又加强对国家机器的监督"，"要坚持党对党风廉政建设和反腐败工作的统一领导，扩大监察范围，整合监察力量，健全国家监督组织架构，形成全面覆盖国家机关及其公务员的国家监察体系"。2016年11月中共中央办公厅印发《关于在北京市、山西省、浙江省开展国家监察体制改革试点方案》指出，"国家监察体制改革是事关全局的重大政治改革，是国家监察制度的顶层设计"。监察体制改革是党中央作出的重大战略部署和

* 李娟，武汉大学法学院访问学者，广东省社会科学院法学研究所研究员。

决策，加强党对反腐败工作的统一领导，通过整合行政监察、预防腐败和检察机关查处贪污贿赂、失职渎职以及预防职务犯罪等工作力量，建立集中统一、权威高效的国家监察体系，实现对所有行使公权力的公职人员监察全覆盖。几个世纪以来，许多国家与地区为加强本国监察工作也在不断完善监察法律制度，并形成了一些比较成熟的制度类型。这些监察制度是社会长期发展的产物，有着鲜明的资本主义国家政治、文化、历史烙印，但其中所包含的某些原理具有一定的普适性，体现了人类政治文明的共性特征。因此，研究借鉴国外监察制度的实践经验，对进一步完善我国的监察制度具有一定的现实意义。

二、对国外主要监察制度实践的考察

综观世界各国，由于国家的政治体制、国家制度、历史发展的差异，各国的监察制度也有很大的差异。目前国际上通行的监察制度主要有议会类监察专员制度、政府行政监察制度、监审合一制度等。[①] 这几类监察制度虽然不能涵盖所有的监察制度类型，但却是许多国家通常使用的监察制度。许多民主和法制健全的国家还不止一种监察制度，而是几种监察制度同时并存，相互作用，以保证国家监察全方位覆盖。

（一）议会监察专员制度——以瑞典为例

瑞典的议会监察专员制是世界上最早的由议会专职监督行政和司法机关的制度。之后这种制度迅速被许多国家所效仿，发展比较成熟的国家有英国、加拿大、澳大利亚、荷兰、菲律宾、泰国、罗马尼亚等。以瑞典为例：

瑞典议会监察专员制可以追溯到18世纪该国的“大法官”制度。1709年，瑞典和俄国发生了战争，结果瑞典战败，国内的政局动荡不安，官吏贪污腐化。为了制止这种混乱局面，国王在1713年任命了一名监督百官的代理人，这就是“大法官”。1809年，瑞典议会仿效国王设立大法官的做法，在当年制定的宪法中规定设立一名监察专员，1968年将议会监察专员增至三人，1975年，瑞典议会

① 理论界在介绍国外的监察制度时往往把议会、司法机关及其政府内部对行政机关及其公务的监督统称为“监察”，而我国界定的国家监察仅仅指政府内设行政监察。

法规定议会监察专员为四人,其中一人为首席监察专员,具体负责监察专员署。

监察专员的监察对象包括:法院、行政机关及地方和区域性政府机构及其公职人员和雇员、工作涉及公共权力行使的其他个人以及公共企业中的官员和雇员等,几乎包括了中央和地方的所有机构及其人员。四位监察专员分别是负责司法事务监察专员、负责强力机关以及国家税收及海关等的监察专员、负责医疗保健以及未成年人保护的监察专员、负责资源环境、涉外事务、宗教事务的监察专员。但监察专员的监察范围也有其界限,一方面,《议会监察专员指令法》中明确规定了不属于监督对象的主体,如议员、央行董事会成员。另一方面,《政府组织法》中确立了公共权力部门及法院的独立性,要求监察专员在监察时不得影响公共权力机关及法院的工作,更不能干涉其合法行使权力。根据《议会监察专员指令法》,瑞典监察专员的职权范围如下:(1)调查权。监察专员可以采取需要的各种调查措施,如根据案件调查的需要出席庭审、参加政府会议、查阅相关记录和文件等。(2)建议权。监察专员可以向政府或议会提出为了促进法律一致性和妥当性的建议。(3)起诉权。监察专员可以在政府官员玩忽职守时对其直接提起控诉。(4)批评权。当发现监察对象行为不当时给予批评,也可被视为一种惩戒。(5)公开调查结果权。监察专员的所有报告连同申诉人的申诉书,都必须向媒体开放。每年监察专员还要向议会提交年度报告,当年的监察事项汇编也是向社会公开发布。

议会监察专员制度主要特点如下:第一,监察专员的地位比较独立。监察专员由议会设立,薪水和经费由议会直接管理,监察专员只需对议会负责,在议会的监督下开展工作,而议会对监察专员的监督也仅限于对监察专员进行原则性的指示,并不插手监察专员的具体工作。由于议会、政府和法院不得干涉其独立行使职权,因此,很大程度上保证了监察专员的独立性。第二,议会对监察专员的任职资格要求严格,一般都是精通法律的专家才能胜任监察的职务。第三,监察范围与权限方面比较广泛,不仅对政府各部门的违法或不合理的行政行为进行监察,还对中央政府的主要职能部门进行监察。监察专员不仅拥有调查权、批评权、视察权、建议权,还有起诉权和公布调查结果权。

瑞典议会监察专员在行使其监督职能方面积累了许多成功经验,特别是监察专员公开调查结果的权力,通过披露公众通过政府信息无法全面获取的信息,在很大的程度上督促政府信息的公开，一方面利于监察工作的进一步发展，另一方面则是对政府工作透明公开提出更高的要求，有利于推动政府主动提高公共管理能力。这些成功经验对我国监察职能的完善具有积极的借鉴意义。

（二）政府行政监察制度——以日本为例

政府行政监察制度是政府内设专门监察机构，有的为单设机构，有的划归行政部或其他部门领导，由于设置不同，工作侧重点也不同。典型的代表国家主要有日本、美国、俄罗斯等。以日本为例：

第二次世界大战后期，日本开始成立监察机构。1947年成立中央行政监察委员会，1948年将中央行政监察委员会和内阁行政调查部合并成立了行政管理厅，作为首相府的直属机关，下设管理部和监察部。② 第二次世界大战以后，随着社会经济的发展，日本先后出台了《行政管理厅设置法》《行政对话委员会法》《改正行政管理厅设置法部分内容的法律》等一系列行政法规，以及规范公务员行为的《国家公务员法》《地方公务员法》《关于整肃政府机关纲纪的决定》《政治伦理纲领政治伦理纲领》等法规。1957年，监察部更名为行政监察局，作为总务省所属部门。日本通过设立行政监察局、地方行政监察机构以及人事院和各类行政审议会等实施行政监察与监督。2001年，日本的行政机构改革，把总务厅、邮政省、自治省合并起来统称为总务省，原来设立在总务厅下的行政监察局改名为总务省行政评价局。行政监察局下设计划调查、行政对话两个部门和10名高级监察官。③ 这些高级监察官主要负责制定监察计划，分管内阁各省厅的监察事务和对地方监察机构的业务指导。作为总务省的派出机构，日本各地还设有7个管区行政监察局、1个行政监察支局和39个行政监察事务所，其行政监察层次较为清晰，形成了从中央到地方设立行政评价局、人事院、行政审议会等机构，从不同方面对行政机关和工作人员进行监督。日本行政监察局拥有调查权、劝告权和建议权，对政府制定的政策及其实施的效果进行评估，提出改进建议和意见以及改善行政管理的措施。监察对象包括国家行政机关、公共事业团

② 参见侯志山编著：《外国行政监督制度与著名反腐机构》，北京大学出版社2004年版，第216页。

③ 参见宋振国、刘长敏等：《各国廉政建设比较研究》，知识产权出版社2013年版，第239页。

体、公共企业团体,其特点是监察事而不监察人。监察官由内阁总理大臣从有学识和富有经验的人士中选择任命,分管日本内阁各省、各厅的监察事务。

日本行政监察制度的特点如下:第一,拥有较高的地位和权威。如日本行政监察制度吸收了瑞典议会监察专员制度的优点,赋予监察机关较高的地位和权威。作为政府内设监察机构,日本政府内部监察与专司监察相结合使监察活动更具合理性和公性。第二,监察人员素质较高。日本的监察官由内阁总理大臣从有学识和富有经验的人士选择任命,分管日本内阁各省、各厅的监察事务。

日本监察机关设置于政府内部,优势在于熟悉政府的运作,便于监察工作的开展。但也有不利之处,如果监察机关如果缺少相应的独立性与权威性,容易受制于政府。我国现行的行政监察制度也是政府内设的一种制度,根据我国国情和经济社会的发展也有自己的特色,特别是在保证政令畅通、维护行政纪律,提高行政效能,促进政府的勤政等方面发挥了积极作用,但同时也存在一定的缺陷和局限性。

(三)监审合一监察制度——以韩国为例

国家行政监察机构与财务机构监审合一,是较为特别的一种监察制度。通过对行政机关日常运作、工作人员绩效表现及财务运转状况统一监察,可以达到监察资源的整合。采用这一类监察制度的有墨西哥联邦监察部、韩国监察院、波兰最高监察院等。以韩国为例:

1948 年韩国新政府成立,根据新《宪法》及《政府组织法》分别设立了国家审计院和监察委员会。由于审计院和监察委员在实际工作中有重叠之处,1955 年韩国修正《政府组织法》,撤销了监察委员会。1961 年韩国再次修改《政府组织法》,又恢复设立了监察委员会。1963 年,韩国政府将监察委员会与国家审计院合并为监察院,作为韩国的最高监察和审计机关,专司行政监察的职能,检查政府财政预算收入、支出决算,政府部门及法律规定机构的账目,以及行政机关和公务员的行政管理职能。韩国《宪法》中专门就监察院的职能、权利义务、法律地位及组织机构等进行了规定。监察院院长经国会同意后由总统任命,任期四年,可连任一次。监察院每年对政府财政预算收入、支出决算进行审计,并于次年向总统和国会报告结果。④ 监察院的经费独立，如果对其年度经费预算进行调整，须在国务会议上经监察院长同意。⑤ 1995年修订的《监察院法》对监察院的组织、权限、审查要求等方面内容进行了详细规定。韩国监察院由包括监察院长在内的7名监察委员参加的监察委员会和事务处组成，监察院长同时担任监察委员会主席。为保证监察院工作的独立和权威性，监察委员不能兼任议会议员、公务员以及其他有报酬的职务，且监察委员不能加入任何政党组织，不能参与政治活动。

韩国审计合一监察制度特点：第一，监察机构独立性强。监察院既不隶属于议会，也不隶属于政府，享有较高的独立性和权威性。监察机构直接对总统负责，在组织人事、经费上享有较高的自主权。第二，监察院同时具有监察和审计的职能。监审合一方式表现在：一是法律依据相同；二是人员机构相融；三是职责权限相通；四是监察处理结果相关。

韩国监察院通过审计合一扩大了监察部门的权力范围，同时使监察机关能够掌握更多的信息，提高监察机关的权威性及执行的合理性，这保证了行政监察机关对监察对象的经济监督，提高了监察机关的工作效率，对查办经济案件十分有利。我国目前监察和审计职能分别由监察机关和审计机关行使，这两种监察同属于政府内向监督。在实际工作中，两者有时也相互配合，联合办案。而韩国监审合一制度同时管住钱和权，将审计与行政监察合二为一且独立于政府，不仅可以解决行政监察缺乏独立性的问题，还可以解决监察机关职能权限有限的问题。⑥ 因此，这一制度也是值得我们研究和借鉴的。

三、新中国成立以来我国监察制度的演进及其反思

随着我国经济的快速发展，社会转型的加速以及改革已进入深水区阶段，腐败发生率也在逐年增多，变得更为隐蔽、更为多样化，由此，我国也在不断加强对监察法律制度的建设。

④ 参见国家审计署法制司、外事司、科研所编译：《世界主要国家审计法规汇编》，中国时代经济出版社2004年版，第37页。

⑤ 参见皮纯协、潘枯周、王英昌：《中外监察制度简史》，中州古籍出版社1991年版，第80～81页。

⑥ 参见曾祥华：《各国行政监察制度的完善及其借鉴意义》，载《行政与法》2006年第7期。

(一)1949 以来我国监察制度的演进

1949 年 9 月 27 日,政协第一次全体会议通过了起临时宪法作用的《共同纲领》规定,政务院设立人民监察委员会,在各级地方政府设置各级人民监察委员会。同时《中央人民政府组织法》规定,在政务院设监察委员会,作为中央行政监察机关。1949 年 12 月 16 日,政务院决定在各大行政区设监察委员会。

1954 年 9 月,根据《国务院组织法》的规定,政务院改组为国务院,人民监察委员会改为监察部。各省、自治区、直辖市和设区的市人民委员会成立监察厅、局、处,县和不设区的市由上级主管监察机关派出监察组,全国范围内建立起了系统的监察体系。在领导体制方面,地方各级监察机关受同级政府和上级监察机关的双重领导。

1959 年 4 月 28 日,第二届全国人大第一次会议通过了《关于撤销监察部的决议》,全国各级监察部门被撤销。受"左"倾思想影响,国家的管理体制调整,新中国监察制度从此陷入停滞阶段。

1982 年 12 月 4 日,我国第四部《宪法》通过,《宪法》规定,国务院"领导和管理民政、公安、司法行政和监察等工作",重新确定了行政监察的地位。

1986 年 12 月 2 日,第六届全国人民代表大会第十八次常务委员会会议通过《全国人民代表大会常务委员会关于设立中华人民共和国监察部的决定》,恢复国家行政监察体制,设立国家监察部。1987 年 8 月 18 日,国务院下发《国务院关于在县以上地方各级人民政府设立行政监察机关的通知》,全国各级行政监察机关逐渐恢复重建起来。

1993 年 2 月,党中央、国务院批转《关于中央纪委、监察部机关合署办公和机构设置有关问题的请示》,此后,按照"三个有利于"的原则,⑦将中纪委和监察部正式合署办公,履行党的纪律检查和行政监督两项职能的体制,这是我国在监督领域所做的一次重大改革。

---

⑦ "三个有利于"原则,即有利于中央和各级党委的统一领导下,进一步强化党的纪检和政府行政监察职能;有利于国务院和各级政府继续加强对行政监察工作的指导,便于监察机关领导班子继续向政府负责;有利于避免纪检、监察工作的重复交叉以及精简机构和人员。参见赵贵龙:《中国历代监察制度》,法律出版社 2010 年版,第 170 页。

1997年5月9日,颁布《行政监察法》,规定了我国行政监察制度实施双重领导体制,监察机关受上级监察部门和同级政府部门的领导。

2004年9月17日,颁布《行政监察法实施条例》,扩大了职权范围,行政监察机关被赋予一定的处分权,强化纪律检查、行政监察,并使两个职能形成合力,增强监督力度。⑧

2010年6月25日,第十一届全国人民代表大会常务委员会第十五次会议通过修改的《行政监察法》和党中央批准《关于中央纪委、监察部合署办公和机构设置的有关问题的请示》。经过修改,使行政监察的对象、方式、监察程序更完善具体。

(二)我国监察制度存在的问题与反思

我国监察制度存在如下问题与反思:

第一,独立性和权威性不够。在我国现行行政监察系统内的双重领导体制下,⑨行政监察机关具有双重身份,一方面是监督行政机关的行使者,另一方面又是同级人民政府的被领导者,在监察干部的任免、调动、配备以及工作经费都是由同级人民政府管辖,因此,监督机关的独立性还不够。由于监察机关是对掌握权力和应用权力的人实施的监督,就必然要求监督者具备比被监督者更高的权威性,更好的权威并不是说地位一定要比被监督者高,而是具有某种权威性,才能保证行政监察机关实施有效的监督。目前,行政监察体制内存在一种现象:看得见的无权管,有权管的又不能管。一个鲜明的例证是:在众多被查处的省部级高官中,没有一个是由同级监察部门发现的。

第二,监察范围和职权不够明确。《行政监察法》和《行政监察法实施条例》

⑧ 党的十八届三中全会后,中纪委监察部进行了机构改革,整合了6个内设机构:将办公厅、监察综合室整合为办公厅;将党风政风监督室(国务院纠正行业不正之风办公室)、执法和效能监督室整合为党风政风监督室(国务院纠正行业不正之风办公室);将预防腐败室(国家预防腐败局办公室)和外事局整合为国际合作局(国家预防腐败局办公室)。新设了3个内设机构:2个纪检监察室;1个纪检监察干部监督室。重新组建了2个内设机构:在干部室基础上组建了组织部;在宣传教育室基础上组建了宣传部。在这次改革中,中央纪委监察部机关内设机构共27个,总数依然保持不变。

⑨ 我国《行政监察法》第7条第2款规定,县级以上地方各级人民政府监察机关负责本行政区域内的监察工作,对本级人民政府和上一级监察机关负责并报告工作,监察业务以上级监察机关领导为主。可见,我国监察机关实行的是双重领导体制。

规定了国务院和地方监察机关的管辖和职责范围。此外，从监察部联合两高、公安部或者人社部、财政部等部门一起下发的用以指导或规范政府部门工作的规定及办法中，⑩也可以看出监察范围非常广泛，基本涵盖了国家行政的各个方面，但实际工作中，行政监察到位的远远小于规定范围。《行政监察法》赋予监察机关的职权仅限于检查调查权、监察建议权、要求予以协助权、作出监察建议以及作出监察决定的权力五个方面。⑪ 但从国外经验来看，监察机关有权受理一切控告国家机关，企事业单位及其工作人员的申诉案件，并有权进行调查、视察、批评、建议、直至提出起诉。相比之下，我国行政监察机关所拥有的职权范围过窄。

第三，监察力度和透明度不够。2010 年 10 月 1 日修订的《行政监察法》没有对有关部门和人员不采纳监察建议的法律责任进行规定。监察机关除了执行和配合中央的专项治理或特别规范的事项外，更多的是履行了受理申诉、举报的职责，而对执行法律、政策、政令的监察力度不够。对不执行、不正确执行国家法律、法规和政策以及决定、命令的人或事很少查处，也很少就此类问题提出监察建议，更少就此类问题作出监察决定和给予行政处分。虽然监察机构有广泛的监察范围，但监察力度却不够。我国各级行政监察机构的运行过程及结果处于一种不公开或部分公开的状态，公众对监察的具体运行程序及其结果缺少了解渠道。

第四，监察救济程序缺乏。《行政监察法》和《行政监察法实施条例》中对能够立案的情形进行了规定，⑫在初步调查时，需明确是否属于违反行政纪律以及是否属于该监察机关的管辖范围，但是对于调查或者立案请求被驳回的情况未

---

⑩ 例如在《监察部、人事部关于在惩戒工作中分工协作问题的通知》《海关总署、监察部关于海关和行政监察机关在查处走私案件中加强协作配合的通知》《中国证券监督管理委员会、监察部关于在查处证券期货违法违规违纪案件中加强协调配合的通知》等中所指监察范围包括：国家各级行政机关、法律、法规授权的具有公共管理事务职能的组织及国家行政机关依法委托的组织和国家行政机关公务员及国家行政机关依法委托从事公务的人员。

⑪ 参见胡建淼主编：《中国现行行政法律制度》，中国法制出版社 2011 年版，第 523 页。

⑫ 《行政监察法》第 31 条规定，"对需要调查处理的事项进行初步审查；认为有违反行政纪律的事实，需要追究行政纪律责任的，予以立案"；以及"重要复杂案件的立案，应当报本级政府和上一级监察机关备案"的规定。《行政监察法实施条例》第 29 条规定："对违反行政纪律行为进行初步审查，应当经监察机关领导人员批准。初步审查后，应当向监察机关领导人员提出报告，对存在违反行政纪律事实并且需要追究行政纪律责任的，经监察机关领导人员批准，予以立案。"

有明确的规定。在决定初步调查时,事实证据等内容都尚待查明,此时对于监察对象的信息适当保密,不易于对外界完全公开。但是立案程序缺少对应的监督措施,如出现“该立不立”或“不该立而立”的情况,而侵害到合法权益人的权利时,法律法规中则找不到合法依据来杜绝此种情况的发生。

四、完善我国监察制度改革的路径选择

国外各类监察制度都是和当地的政治制度相关联的,虽然其政治制度与我国国情相异,但我们可以通过考察监察法律制度,找出可资借鉴的方面,从而进一步健全具有中国特色的行政监察法律制度。

(一)完善相关法律法规是加强国家监察的制度保障

监察制度处于国家制度体系之中,监察职能的有效执行离不开法律制度的完善。前述各国无一例外地都制定了较为完备的法律制度,以规范行政机关及公务人员的行为,严肃查处违法行为。只有健全的法制才能够保证监察机关的独立性、权威性,通过立法明确规定监察机关职责、权限、方式手段,为监察机关的运行提供法制保障。我国应加强法律的修改与完善:一是修改《人民检察院组织法》《国务院组织法》《地方各级人民代表大会和地方各级人民政府组织法》《刑事诉讼法》《行政监察法》等。二是制定《国家监察法》《监察委员会组织法》。三是尽快制定相配套的法律法规,如《行政监察法实施细则》《国家公务员法》《财产申报法》《行政程序法》。根据监察部门监察工作的日常行为,把些程序性的处理监察案件的工作方式、方法、手段等纳入相关法律。

(二)提高监察机构的地位是保证监察效力的重要保证

为了保证监察的有效,法制健全的国家大都会给予监察机构很特殊的地位和权力,目的就是要使外部的干扰减少到最小,保证监督的效力。同时,国外监察制度实践也证明,监督机构的独立性和权威性是其能发挥效力的最主要的保证,这其中的独立并不仅仅是指不同的部门,而是在人事权、财政权上都要做到独立,即使无法完全独立也应做到相对独立,否则各方面都受制于他人。为了构建相对独立的监察监督制度,监察体制改革所为之的便是将监察权从行政权与

检察权当中“剥离”出来，从而形塑出与行政权、审判权、检察权平行并列的监察权，尤其是让监察权独立于行政权之外。⑬ 而且一定要减少内部的管理层级和上级的领导层级，可以尝试实行垂直领导体系，从中央到地方，覆盖全国、全地区的行政监察网络，破除地方势力的阻碍，使行政监察机关不会受到同级政府的影响，只对中央监察机构或行政首长负责。把建立监察机关的独立性和权威性作为行政监察体制改革的原则。宪法也应该赋予监察机关独立的地位，只有较高的职权才能保证其监察工作的全面有效。

（三）完善监察职权的行使是有效开展监察的重要手段

为保障行政监察权的行使，上述各国的监察机关几乎都被赋予了较大的权限，并得到了社会各方的广泛支持。除基本的检查权、调查权、批评建议权之外还有控诉权、公开调查结果权、经济处罚权等，这些职权因其具有一定的非强制性与强制性相结合的特点，所以在以权力监督权力的过程中才能够起到有效的制约效果。而我国仅赋予监察机关检查权、调查权、建议权及行政处分四项权力。因此，应积极推进我国监察体制的改革，不断丰富和扩充监察对象、监察内容、监察范围，在扩展监察机关的职能的同时，赋予监察机关更多的监察职权，如赋予监察机关处罚权和公开调查结论权，从而使监察职能更为完整，增强监察力度。另外，对于行政权的监督检查，重点是要进行预防与惩处，但是与行政权力机关不是绝对对立的关系，监察机关的诸多工作还需要行政机关的理解、协助、配合与支持，否则监察机关的工作将举步维艰。所以监察机关行使职能时，要积极与各个行政机关进行交流与沟通，听取其意见，逐步完善监察工作。

（四）明确监察范围是实现监察全面覆盖的重要依据

借鉴国外监察实践经验，监察范围应该包括监察对象的范围以及监察对象进行的相关活动。尽管各国监察体制的不同会在一定程度上改变监察对象的范围，但明确监察范围是监察范围执行的重要依据。我国监察对象范围规定在《行政监察法》及其《实施条例》中，尽管从制度层面正逐渐完备，也正在努力实

---

⑬ 秦前红：《监察体制改革的逻辑与方法》，载《环球法律评论》2017 年第 2 期。

现监察范围全覆盖,[14]但当下仍急需进一步拓宽监察内容,一方面,应加强对行政机关人员行政不作为的监察力度,严厉纠正查处怠政懒政的情况,绝不允许在其位不谋其职的现象再度恶化;另一方面,加强对行政机关行为的公开化与透明化,进一步扩展行政监察的内容。对于行政机关是否按照法定程序行使职权,以及行为过程及结果的信息要及时跟进,对于相关信息要通过各种途径对外公布,使行政监察更为全面、更具方向性,更加有效地防治腐败,更好地实现国家监察的目标。

总之,监察体制改革欲以解决之困境,可归纳为如何整合资源、独立监察、扩大覆面、法纪衔接,最终健全国家监督组织,形成全面覆盖国家机关及其公务员的国家监察体系,这也是探索适合国情的监察制度的核心和关键。[15] 从国外监察制度发展趋势来看,高效完备的监察体制一般都具有较完备的法制机制、执行机制、激励保障机制等。因此,我国行政监察体制的改革也应该向体制机制的健全方向发展,注重制约与监督权力运行中的监察制度建设。

---

⑭ 2017年1月9日,在国新办举行的中央纪委发布会上,监察部副部长肖培首次披露国家监察委的监察范围。国家监察委对所有行使公权力的公职人员实行监察全覆盖,主要包括六大类人员:国家公务员法所规定的国家公职人员;由法律授权或者由政府委托来行使公共事务职权的公务人员;国有企业的管理人员,公办的教育、科研、文化、医疗、体育事业单位的管理人员;群众、自治组织中的管理人员;其他依法行使公共职务的人员。

⑮ 参见秦前红:《困境、改革与出路:从"三驾马车"到国家监察——我国监察体系的宪制思考》,载《中国法律评论》2017年第1期。

国家监察体制改革之省思

侯　宇*

摘　要：当前，为了反腐倡廉而对以往分散的监察体制予以全面的改革具有正当性。但是，鉴于国家监察体制改革关乎国家权力的重新架构，这种顶层制度设计必须具有合宪性。由于国家监察体制改革是对现行宪法的突破与创新，因而必须透过重新制宪或修改宪法的方式作出。然而，是否重新制宪或修宪端视对制宪权与修宪权性质的理解。在当下的政治状况下，全面修宪或许是最适宜之举，唯此监察制度改革才符合"重大改革与法有据"的要求，才是遵循依法治国方略的合宪性安排。

关键词：监察委员会　国家权力　修宪　制宪

2016 年 11 月 7 日，中共中央办公厅印发了《关于在北京市、山西省、浙江省开展国家监察体制改革试点方案》。根据该方案，将成立在党统一领导下的国家反腐败工作机构；三地监察委员会由省（市）人民代表大会产生，作为行使国家监察职能的专责机关；党的纪律检查委员会、监察委员会合署办公；将建立监察委员会与司法机关的协调衔接机制。该方案还提出，这三地的监察体制改革要"从体制机制、制度建设上先行先试、探索实践，为在全国推开积累经验"。2016 年 12 月 25 日，第十二届全国人民代表大会常务委员会第二十五次会议所作出了《全国人大常委会关于在北京市、山西省、浙江省开展国家监察体制改革试点工作的决定》（以下简称《决定》）。随后，各地也都如火如荼地开展监察制

* 侯宇，法学博士，郑州大学法学院副教授。

度改革探索工作，全社会也都热火朝天地热议对监察制度，其中不乏臧否。虽然主流都持盛赞监察委员会的创新，但是盛赞之虞，我们应对监察制度这种关乎根本国家制度的变革进行审慎思考，必须从宪法的宏观视野考量这一制度安排的正当性与合宪性，以及如何在既有的政治制度架构监察委员会这一全新的制度，从而在最小改革的冲击下形塑与完善当下的国家制度、政治制度。

一、监察委员会设立的正当性

习近平总书记在第十八届中纪委六次全会上指出，“要完善监督制度，做好监督体系顶层设计，既加强党的自我监督，又加强对国家机器的监督”，“要坚持党对党风廉政建设和反腐败工作的统一领导，扩大监察范围，整合监察力量，健全国家监督组织架构，形成全面覆盖国家机关及其公务员的国家监察体系”。由此可见，监察委员会制度的设立旨在通过重塑监督制度达到廉政建设和反腐败。

大凡任何一项制度的创设与存续都必须具备正当性，否则该项制度难以长久维系或自持。虽然有人对监察委员会在制度是否应当设立存在疑虑或质疑，但是无论从理论还是从现实的视角，监察委员会的设立具有充足的正当性。

首先，原监督机构叠床架、反腐乏力。我国现行的监督体制是由各级人大、各级纪委、各级国家监察机关、各级司法机关（主要是各级检察机关）、国家预防腐败总局、国家审计署构成。无论从理论还是现实而言，人大是我国监督体系的核心。但是，鉴于人大的会期制度而由其常委会具体履行此项职能，然而人大常委会同样囿于其会期制度，加之人大及其常委会实际地位的虚置化，从而导致人大监督不仅只是流于形式，而且几乎未发挥实际监督效果。而其他监督机构不仅职能重叠、各自的权力边界模糊，而且其执法的依据大相径庭、具体标准各异。因此，有学者指出，此现象是“同体监督乏力、异体监督缺失、党纪国法断层、监察资源分散、对象难以周延”。① 如此现状使各监督机制不仅难以有效衔接配合，反而使它们相互制掣，对监督造成无形的阻力和障碍甚至造成“一把手监

① 秦前红：《困境、改革与出路：从“三驾马车”到国家监察——我国监察体系的宪制思考我国监察体系的宪制思考》，载《中国法律评论》2017年第1期。

督”的难题,进而导致监督乏力乃至形同虚设。除此之外,我国还存在以人民政协为主导的民主监督、②群众监督③和舆论监督。④ 然而,由于民主监督的非权力监督本质以及尚未有配套的制度,人民群众、各社会团体和新闻媒体所进行的群众监督和舆论监督更是无力监督。因此,整个监督体系虽然从形式上异常复杂,不仅涵盖面广而且监督主体和方式也多样化,但是实际效果却令人失望。

其次,检察权的设置与运行的弊端凸显,检察监督机制异化。在监督领域,检察机关的职权主要体现在:对于直接受理的国家工作人员利用职权实施的犯罪案件进行侦查;对于公安机关、国家安全机关等侦查机关侦查的案件进行审查,决定是否逮捕、起诉或者不起诉。显而易见,检察机关集侦查主体与侦查监督主体于一身的做法,既无法从理论上自圆其说,也无法回应现实中检察权由此而异化的现象。不仅如此,检察机关既拥有刑事司法侦查权,又享有决定是否逮捕、起诉或者不起诉等纯粹意义上的司法权,还享有对除自己及人大之外的任何国家机关进行监督的法律监督权。由此带来的问题是,检察机关享有如此众多性质迥异的权力,直接违背了《宪法》所确立的权力制约原则。⑤ 综观世界各国检察制度模式,多以检察机关为行政机关,且被赋予的权力是以行政权为主辅以有限的具有司法性质的侦查权,而且这种侦查权还要受到来自法院的司法权的审查。各国对司法机关的监督也鲜有赋予检察机关,而是由独立的专门机构进行,这也是联合国有关公约的要求。⑥ 因此,检察机关拥有的权力种类如此之多而且权力高度集中,检察权既有行政权的运行机关非但不保持谦抑反而不断地扩权,向各个领域扩张。“权力导致腐败,绝对的权力导致绝对的腐败”,古今中

② 民主监督是中国共产党领导的多党合作和政治协商的主要内容。而且,在十八届六中全会审议通过新修订的《中国共产党党内监督条例》首次强调“党内监督和外部监督相结合”(第6章),明确规定各级党委应当支持和保证“人民政协依章程进行民主监督”(第37条)。

③ 群众监督的依据源于《宪法》第27条“一切国家机关和国家工作人员必须……倾听人民意见和建议,接受人民监督”。第41条规定:“中华人民共和国公民对于任何国家机关和国家工作人员,有提出批评和建议的权利;对于任何国家机关和国家工作人员的违法失职行为,有向有关国家机关提出申诉、控告或者检举的权利……”《中国共产党章程》第38条第5项规定:“正确行使人民赋予的权力……自觉地接受党和群众的批评和监督……”

④ 舆论监督源自《宪法》第35条“中华人民共和国公民有言论、出版、集会、结社、游行、示威的自由”。

⑤ 《宪法》第135条规定:“人民法院、人民检察院和公安机关办理刑事案件,应当分工负责,互相配合,互相制约,以保证准确有效地执行法律。”

⑥ 如1985年联合国《司法独立基本原则》、2006年联合国《班加罗尔司法行为准则》等。

外之殷鉴不可不察。

再次,原监督制度滋生地方保护主义使监督乏力。由于各级其他地方监督机关在人、财、物方面都受制于地方,即便实行半垂直领导的检察机关在人事任免上也要尊重地方的意见,因此现有的监督机制无法有效地遏制地方腐败。更有甚者,地方"一把手"乾纲独断外,无法对其进行有效的监督,进而在地方"一把手"的操控下,监督实质是以党纪取代国法,检察机关的反贪、渎职职能异化,尤其在刑事司法反腐领域,检察机关集侦查权与公诉权于一体形成同体监督的异象,法院亦是对地方指示亦步亦趋,监督机构非但未成为反腐倡廉的中流砥柱,反而在某种程度上成为地方黑、恶势力的保护伞。其附带的后果更是极大地削弱了司法公信力。

最后,监察制度是历史理性回归。监察制度对我国并非陌生的制度,它滥觞于周朝,兴于秦汉,隋唐时趋于于完备。隋朝设"监察御史"代替皇帝对百官进行监督。随后,历朝都延续并不断强化该制度。⑦ 孙中山先生所设计"五权宪法"中,就将监察制度作为一项重要的国家权力与制度予以架构。1927年,在中国共产党第五次全国代表大会上首次设立中央监察委员会。它不同于我国封建时代的监察制度,不是听命于皇权、服务于皇权的专制机构,而是保证在中国共产党的领导及人民当家作主的党内纪律检查和监督机关。随后,围绕着人民代表大会制度,我国形成了党内监督与政府监督及群众、舆论监督的多种监督形式。鉴于原监督机构叠床架、弊端丛生,而且有悖于权力制约这一社会主义宪法原则,因此,此次监察制度改革将纪委与监察委员会合署办公,不再是应对反腐倡廉的权宜之计,而是回归中国共产党监察设置的初衷,在新的历史现实下不再完全依附于党内监督,而是将其国家反腐的制度重器予以架构。

综上所述,监察委员会制度是历史发展的必然,完全具有正当性,它有利于推动我国政治文明建设,从而为经济、文化的进一步发展提供制度保障。

二、监察制度改革的合宪性保障

如前所述,监察委员会将以往分散、各自为政的监察机构进行资源整合,并

---

⑦ 参见张晋藩:《中国古代监察思想、制度与法律论纲——历史的经验》,载《环球法律评论》2017年第2期。

将监察权从行政权及司法权中剥离出来，成为与“一府两院”相并列的第四种权力。鉴于依法治国的根本要求以及“凡属重大改革都要与法有据”的精神，监察制度改革无疑打破了原来宪法所确立的“一府两院”国家权力架构，它必须在合宪性制度安排的框架内进行，从而为改革提供合法性源泉。

(一)监察制度改革必须在既有的宪法规定的框架内进行

凡属改革无一不亟须解决“破”“立”问题。“不破不立”，在既有的制度与规定已经成了社会前进阻碍的情形下，貌似恪守规则的墨守成规做法将成为改革的羁绊。但是，在依法治国的新形势下，依据“凡属重大改革都要与法有据”的精神，监察制度改革必须在《宪法》所规定的权限和程序下进行。首先，《宪法》第67条并没有赋予全国人大常委会设立国家监察委员会的决定的空间。“全国人大常委会在全国人大闭会期间应有权作出关于设立国家监察委员会的决定”的认识是基于对现行《宪法》有关规定的误解。⑧ 不仅如此，鉴于监察制度的设立是对国家权力的重新配置，从现实来看，亟须通过变更《宪法》相关规定才能找到创设此种新的国家权力架构的依据；从理论而言，越过变更《宪法》的试点(实验)行为属于对《宪法》的无形修改。⑨ 而根据《宪法》第62条以及《立法法》第7条第2款的规定，修宪权专属于全国人大，全国人大常委会仅拥有释宪权。因此，在中央作出《关于在北京市、山西省、浙江省开展国家监察体制改革试点方案》的决定后，第十二届全国人民代表大会常务委员会第二十五次会议所作出的《决定》，显然僭越了全国人大的权力，有悖于宪法的规定，这无疑是一个遗憾。虽然囿于全国人大的会期限制，全国人大常委会所作出的及时授权改革试点决定具有合理性，但是鉴于法治对于权限和程序的基本要求，这种无形修改应

⑧ 参见童之伟：《将监察体制改革全程纳入法治轨道之方略》，载《法学》2016年第12期。然而，马怀德教授却认为，此次人大常委会的授权于宪法有据。参见马怀德：《国家监察体制改革的重要意义和主要任务》，载《国家行政学院学报》2016年第6期。

⑨ 我国在改革开放初期引入市场经济时，鉴于当时《宪法》第15条第1款依然规定的是“国家在社会主义公有制基础上实行计划经济”，由此引起了学界对宪法“无形修改”的争论。对此可参见卫夏：《宪法的“无形修改”浅析》，载《法学评论》1986年第4期；倪正茂：《驳“无形修改”宪法论》，载《法学评论》1987年第3期；张卫华：《再论宪法的“无形修改”兼答倪正藏同志》，载《法学评论》1987年第4期。另可参见常安：《改革、修宪与宪法理论论争——现行宪法颁布30周年之际的一个学术史回溯》，载《法律科学》2012年第6期。

让位于按照法定权限和程序进行的修宪行为。[10]

（二）监察制度改革应在党政分开的原则下进行

如何坚持党的领导始终是挥之不去的话题。虽然在人们的传统观念中，“政府”涵盖了党的机关，但是，党政分开既是早在1986年，邓小平针对政治体制改革就指出，“首先是党政要分开，解决党如何善于领导的问题。这是关键，要放在第一位”。但是，这种党政分开不同于西方国家的党政绝对分开，而是相对的分开，实质上是党政分工。因为，中国共产党始终是执政党，在政治上始终要坚持党的领导，但是党不能因此而干预政府的工作，党对政府的领导是将党的政策通过人大的法律与决议以及政府的决定予以贯彻和落实。从历史经验观之，党政不分弊大于利，它不仅使党始终处于日常行政事务的最前沿，而且成为各方矛盾的焦点，而且以党代政有“名不正言不顺”之嫌。党政分开可以使党以超脱的、总揽全局的地位从容扮演着各方“协调员”的角色，从而有效地解决矛盾、掌控全局。

在当下的新形势下，党和国家的治理体系包括两个方面依规治党和依法治国两方面的内容。[11] 因此，必须对党规法治化，坚持“纪法分开、纪在法前、纪严于法”，而治国理政依据的是宪法、法律和法规。对于监察制度改革而言，“要把全面从严治党与全面深化改革、全面依法治国有机结合起来，通过制定国家监察法，赋予监察委员会必要的调查权限，使党的主张成为国家意志……随着我国法律体系的完善，所有政纪均已成为国家立法，政府依法行政，党纪与法律之间没有中间地带，要实现法治建设的与时俱进，体现依规治党和依法治国有机统一，巩固党的执政之基，完善治理体系、提高治理能力”。[12]

（三）监察制度改革与检察制度必须有效地衔接

众所周知，检察机关拥有公诉权、侦查权（主要是针对职务犯罪的侦查权和普

---

[10] 当然，这种修宪行为可以全国人大授权监察制度改革的方式进行，待到经验与时机成熟后，再对宪法文本进行正式的有形修改。

[11] 参见《王岐山：构建党统一领导的反腐败体制提高执政能力完善治理体系》，载观察者网：http://www.guancha.cn/politics/2017_03_06_397295.shtml，最后访问日期：2017年3月21日。

[12] 同上。

通犯罪的侦查指导权）和诉讼监督权（主要是抗诉和监所监督权）三项权能。然而，“监察体制改革的任务是加强党对反腐败工作的统一领导，整合行政监察、预防腐败和检察机关查处贪污贿赂、失职渎职以及预防职务犯罪等工作力量，成立监察委员会”。⑬ 由此可见，检察机关的反贪污贿赂局、反渎职侵权局，以及预防职务犯罪部门将转隶监察委员会，这些部门的职能也一并整体被转移。《刑事诉讼法》第18条第2款所赋予检察检察机关对贪污贿赂、渎职侵权等职务犯罪所享有的不完全侦查权（只有侦查决定权，而没有执行权），⑭也将因此而不复存在。由此必然导致检察权及检察机关的性质发生质的改变，以往人们将检察权视为司法权或法律监督权、检察机关为司法机关或法律监督机关的看法即将成为历史。鉴于检察机关的主要职能以转变为代表国家进行公诉为主，辅之以抗诉和监所监督职能，因此应借鉴世界多数国家的经验与做法，⑮将检察机关定性于履行有别于其他行政机关执行法律职能的特殊的行政机关，检察权只是一种特殊的行政权。

（四）国家监察委员会的性质与职权

鉴于《决定》明确指出“如涉嫌职务犯罪的，移送检察机关依法提起公诉”，由此可见，国家监察委员会不拥有司法权，它不能被视为司法机关或法律监督机关。加之国家监察委员会的主要职能是反贪污、反腐败，而不是如同以往的检察机关那样具有法律监督机关的地位，因此，有学者提出国家监察委员会被定位为执法监督机关，而非司法机关。⑯ 国家监察委员会自然应拥有监督、调查、处置等权力。但是，原来由检察机关作为法律监督机关所拥有的刑事司法侦查权，应由国家监察委员会拥有的具有行政性质兼具一定司法性质的调查权取而代之，

---

⑬ 《王岐山：构建党统一领导的反腐败体制提高执政能力完善治理体系》，载观察者网：http://www.guancha.cn/politics/2017_03_06_397295.shtml，最后访问日期：2017年3月21日。

⑭ “贪污贿赂犯罪，国家工作人员的渎职犯罪，国家机关工作人员利用职权实施的非法拘禁、刑讯逼供、报复陷害、非法搜查的侵犯公民人身权利的犯罪以及侵犯公民民主权利的犯罪，由人民检察院立案侦查。对于国家机关工作人员利用职权实施的其他重大的犯罪案件，需要由人民检察院直接受理的时候，经省级以上人民检察院决定，可以由人民检察院立案侦查。对于国家机关工作人员利益职权实施的其他重大的犯罪案件，需要由人民检察院直接受理的时候，经省级以上人民检察院决定，可以由人民检察院立案侦查。”

⑮ 法国和德国是大陆法系检察制度典范，德国检察权突出其行政性，法国侧重于司法性而拥有一定的侦查权；英美法系国家的检察权相对独立，但在性质上有别于司法权，其作用是代表国家启动公诉程序。参见何勤华：《西方检察权发展简论》，载《人民检察》2012年第11期。

⑯ 参见马怀德：《国家监察体制改革的重要意义和主要任务》，载《国家行政学院学报》2016年第6期。

即“拥有调取资料和证据、勘验、扣押、查封、进入场所或驻地等调查权,以便充分发挥监察和反腐败的职能……在制定《国家监察法》时,应当整合调查措施并使其法律化,将调查权统一赋予国家监察委员会”。⑰ 但是,无论从学理还是实务观之,虽然搜查、调取、勘验检查等具有一定的侦查权性质(原检察机关针对职务犯罪的具有司法性质的特殊调查权),国家监察委员会是否因此而享有有限的侦查权尚存疑问。鉴于国家监察委员会制度主要依托原行政监察制度,辅之于纪检监察制度,吸纳部分检察职能(反贪污贿赂、反渎职侵权),由此演变而来,因此国家监察委员会在性质上应属于行政机关。但是,由于国家监察委员会采取与党委合署办公的模式,因此其性质为国家行政机关兼党的机构。⑱ 不仅如此,由国家监察委员会专门机关反腐的做法是对我国人民代表大会理论的丰富和发展,将原本属于人民代表大会的监督权委托给国家监察委员会行使,从而使人民代表大会从事无巨细的繁杂事务中脱身而专注于立法活动。

国家监察委员会的职能涵盖原纪委职能,其执法活动是以政府反腐与纪委纪律惩戒活动双线并行,其措施既包括党内纪律惩戒措施又包括作为国家执法机关的处置措施,对于未构成犯罪的案件是通过党内纪律惩戒与行政处理建议的方式为之。因此,为了使国家监察委员会能够顺利协调党内纪律惩戒与法律制裁的关系,国家监察委员会不宜拥有侦查权,而是通过具有特殊行政性质的调查权灵活处理各类案件。

根据《决定》,国家监察委员会可以采取谈话、讯问、询问、查询、冻结、调取、查封、扣押、搜查、勘验检查、鉴定、留置等措施,其中的冻结、查封、扣押、搜查以及“留置”属于监察强制措施。但是,鉴于“留置权”是民法中担保的固有概念,在此援用“留置权”概念会对既有法律概念造成混乱,因此不宜采纳。⑲ 从本质上而言,毕竟国家监察委员会所行使的权力具有高度的行政兼具司法性质,其为

---

⑰ 参见马怀德:《国家监察体制改革的重要意义和主要任务》,载《国家行政学院学报》2016年第6期。

⑱ 由行政机关充当反腐机构并非孤例,香港(廉政公署)与新加坡(贪污调查局)均是通过特殊行政机关进行反腐的典范。

⑲ 综观世界各国法学理论与司法实践,留置这一悠久、成熟的制度的对象是物,绝非针对人,针对人的措施通常有拘留、逮捕、监视居住、拘役等。若将留置作为针对人做出的强制措施,此举将人物化、极度贬损人格进而有辱人的尊严之嫌,将有悖《宪法》第33条第3款“国家尊重和保障人权”以及第38条“中华人民共和国公民的人格尊严不受侵犯。禁止用任何方法对公民进行侮辱、诽谤和诬告陷害”的内涵。

国家机关兼具党的机构。于是,所谓的“留置”实乃“双规”的异相,本质上与《行政强制法》规定的行政强制措施相契合,也能够将所谓的“留置”界定为“监察特别强制措施”。国家监察委员会通过监察强制而采取的监察强制措施具体包括视居住、强制传唤、查封、扣押、搜查、冻结等,若对监察强制措施不服,当事人可以提起复议或直接起诉,但复议或起诉不影响强制措施的进行。

此外,对于国家监察委员会拥有的处置权而言,在制定《国家监察法》时,应参照《行政监察法》对此的规定,即如若监察对象违纪、违法情节轻微时,国家监察委员会可给予相应的行政处分,而对于违纪、违法情节严重构成犯罪的,须移送检察机关提起公诉。[20] 检察机关经审查认为有必要,可根据《刑事诉讼法》第148条第2款规定的“技术侦查权”[21]而对案件进行补充侦查申请,补充侦查由公安机关执行。唯此,才能真正践行《宪法》第135条所确立的权力制约原则,即人民法院、人民检察院、公安机关和国家监察机关办理刑事案件,尤其在办理涉及国家公务人员刑事案件中,应当分工负责,互相配合,互相制约,以保证准确有效地执行法律。由此使监察制度与检察制度有效衔接,才能最终避免国家监察委员会因位高且过于权重而无法对其权力进行有效制约的困境。

(五)应将国家监察委员会的产生与对其的监督纳进行审慎架构

国家监察委员会应由人大产生、对人大负责,但是如何产生?其所有组成人员是如同法官、检察官那样由人大任命?其负责人是通过选举还是由人大任命?国家监察委员会是采取垂直还是半垂直领导机制?鉴于国家监察委员会具有行政与司法的双重属性,其“位高权重”,必然要受到监督与制约,否则将成为“脱缰的野马”而恣意妄为。从学理上而言,无论国家监察委员会的负责人是采取人大任命还是选举方式,各级人大及其代表都有权对其同级国家监察委员会的

---

[20] 诚如有学者指出,“监察委员会是反腐败的工作机构,不行使审判权、检察权,对职务犯罪等行使的部分侦查权并不是作为主体行使,如需要对职务犯罪提起公诉,还是由检察机关行使公诉权。监察委不直接进入刑事诉讼程序,其行使的主要职权是针对行政机关的权力与其他公职行为,其侦查权是有限的”。参见韩大元:《论国家监察体制改革中的若干宪法问题》,载《法学评论》2017年第3期。

[21] 该款规定:“人民检察院在立案后,对于重大的贪污、贿赂犯罪案件以及利用职权实施的严重侵犯公民人身权利的重大犯罪案件,根据侦查犯罪的需要,经过严格的批准手续,可以采取技术侦查措施,按照规定交有关机关执行。”

相关人员提起罢免,甚至可以根据《宪法》第71条的规定针对同级国家监察委员会的某些重大违法行为成立特定问题调查委员会启动调查、问责程序。㉒

（六）监察制度改革应促进司法改革平稳进行

国家监察委员会是对包括人民法院、检察院在内的所有行使公权力的公职人员均实施监察,实现监察对象全覆盖。鉴于审判独立是联合国诸多公约及国际律师协会（IBA）制定的公约所确立的公认原则,㉓我国也是这些联合国司法独立公约的缔约国,因此,如何在保证审判独立的前提下强化对以法院为首的司法机关的监督成为此监察制度的关键之一,也关乎正在进行的司法改革的顺利进行。根据联合国及国际律师协会的司法独立公约,对法官的纪律惩戒（监督）应由独立的机构进行。而国家监察委员会是与行政权（国务院）、审判权（法院）、法律监督权（检察院）并行的“第四种权力”,因此其独立性要求无疑可以满足。只是鉴于司法的高度专业性、司法既判力以及对司法公信力的根本要求,对司法机关监督的启动程序及监督标准须更加严格。此外,对司法机关监督也只能采取事后监督的方式,以避免事中监督可能对正常司法程序造成的不当干扰、干预进而对审理结果造成干预。

三、监察制度改革的路径选择

《宪法》第3条第3款规定:“国家行政机关、审判机关、检察机关都由人民代表大会产生,对它负责、受它监督。”欲使监察制度改革于法有据,即具有宪法上的依据,必须在第3款中将“监察机关”添列其中,并对《宪法》第62、63、67、

㉒ 《宪法》第71条第1款规定:“全国人民代表大会和全国人民代表大会常务委员会认为必要的时候,可以组织关于特定问题的调查委员会,并且根据调查委员会的报告,作出相应的决议。”

㉓ 联合国制定的司法独立专门公约有:1985年联合国《司法独立基本原则》、1989年联合国《世界司法独立宣言草案》（又称《赛弗宣言》）、1989年联合国《有效实施司法独立基本原则的程序》、1994年联合国《媒体与司法独立关系的马德里准则》、2005年联合国《法院人员行为准则》、2006年联合国《班加罗尔司法行为准则》、2007年联合国《加强司法行为基本原则》、2010年联合国《有效实施班加罗尔司法行为准则的措施》以及2013年联合国人权委员会《司法机关、陪审员和参审员的独立和公正及律师独立决议》。国际律师协会制定的公约有:1982年国际律师协会《司法独立最低标准》、1983年魁北克《司法独立宣言》、1990年《司法职业独立标准》和2015年《斯科普斯司法独立国际标准》。

80、86、91、109 条作出相应修改，删去其中关于政府审计机关的规定。㉔ 此外，《宪法》第三章关于“国家机构”的规定也必须增加一节以对“监察机关”做出宏观制度安排，即对监察机关的地位与性质、人员组成、组织结构、任期、监察权的内容及行使原则等宏观规定。于是乎，变更现行《宪法》成了唯一途径。然而，就宪法理论与实践而言，变更《宪法》有两种途径：修宪或制宪。究竟修宪抑或制宪，须视对制宪权的理解，而不能泛泛、一概而论。

从学理上而言，关于制宪权性质尤其关于制宪权与修宪权是否存在区别，始终存在两种截然不同的认识。秉持“国民主权”与“法律公意说”，法国基本上将制宪权权与修宪不加严格区分。只是，西耶斯认为国民意志是合法性的源泉，是自由独立的，事前规定修宪机关和程序本身就是不正当的，宪法修改被当作制宪权的活动，修宪权本身就是制宪权的保管人；而卢梭则认为，修宪权与制宪权同属于一个机关，依据同一程序行使。㉕ 1793 年法国《人权宣言》第 28 条直截了当地反映了这一思想：“人民始终有权再次审视、修改、变更宪法。一个世代不能让将来的世代服从其法律。”㉖美国深受这种思想影响，其宪法理论与实践对制宪权与修宪权不加区分。受法国学说的影响，德国一度将制宪权、修宪权与立法权等同。然而，施密特依据其决断主义而将制宪权视为“凭借其实力或权威，可对自身的政治存在样式和形态做具体的总决断，从而可在整体上确定政治统一体的实际存在”。㉗ 在以合法性原理为支柱的近代国家中，制宪权一般由最初的制宪行为在宪法中将其自身予以组织化、从自然状态转化为依据法的形式的权力。㉘ 修宪权是作为宪法所创设的一种权力，㉙它是“制度化的制宪权”，作为制宪权进入法秩序的表现形式，被视作防止始源性制宪权破坏法秩序的手段。修宪权是永久性的始源性权力的卫兵。㉚ 而日本在衣钵德国学说的基础上，由芦部信喜提出“不应以卢梭的主权绝对性和施密特的决断主义为前提，也不应以

㉔ 参见秦前红：《监察体制改革需修宪保障》，载新浪财经：http://finance.sina.com.cn/roll/2016-12-13/doc-ifxypcqa9526782.shtml. 其实，还包括对现行《宪法》第 81、84、89、101、107、129、135 条的修改。

㉕ 参见[日]芦部信喜著：《制宪权》，王贵松译，中国政法大学出版社 2012 年版，第 19 页。

㉖ 同上书，第 20 页注 3。

㉗ 同上书，第 33 页。

㉘ 参见[日]芦部信喜著：《制宪权》，王贵松译，中国政法大学出版社 2012 年版，第 44 页。

㉙ 同上书，第 34 页。

㉚ 同上书，第 45 页。

国家法人学说和法律实证主义理论加以认识”,[31]纵然“制宪权是创造法秩序的权力,因而存在于实证法之前,‘处于国家之外’”,[32]但是,制宪权“是受到法治国家根本价值(是否称其为根本规范、自然法、永久性规范并不是问题)的拘束,亦即在规范上受到制约”。[33] 芦部信喜同样坚持修宪权是制度化的制宪权,只不过宪法的全面修改是制宪权的启动,部分修改是修宪权的启动……无论是全面修改还是部分修改的权力,修宪权都是作为制度化的制宪权而从属于始源性制宪权的意志。[34]

我国宪法学通说认为制宪权与修宪权存在本质的区别,修宪权同样是一种独立的国家权力。但是,有学者指出,应该区分两种意义的制宪权。第一种是人民第一次行使制宪的权力,这是一种狭义的制宪权的概念。第二种制宪权包括人民的制宪权,以及人民在统一的宪政秩序下修改宪法的权力,我们称之为广义的制宪权。[35] 还有学者指出,“修宪权的地位低于立宪权的观点,只是停留于制定宪法行为与修改宪法行为在逻辑时序上的先后顺序来构造的,并没有充分的逻辑基础,宪法修改权不能低于宪法制定权的价位,而只能是等价位的。宪法修改权是与宪法制定权结合在一起的,是宪法制定权不可分割的权能内容之一。它在行为性质上与宪法制定行为的性质是一致的,在价值属性都属于一种权利,而不是国家权力”。[36] 有学者更进一步指出,我国大多数学者之所以把修宪权看作是一种独立的国家权力,究其原因或许就在于把原本是人民委托修宪机关行使的“制度化制宪权”看作是人民授予修宪机关行使的职权,从而陷入了国家机关可以以自己所有的职权去变更人民所有的制宪权、人民代表反而高于人民本身的理论困境。[37]

由此可见,如若坚持制宪权有别于修宪权,那么对于监察制度改革这种打破宪法既有规定、创设新的国家权力及制度安排的做法,鉴于其属于一种新的政治

[31] 参见[日]芦部信喜著:《制宪权》,王贵松译,中国政法大学出版社2012年版,第45页。

[32] 同上书,第35页。

[33] 同上书,第37页。

[34] 同上书,第48页。

[35] 参见陈斯彬:《试论制宪权和修宪权的同质性》,载《华侨大学学报》2007年第1期。

[36] 莫纪宏:《现代宪法的逻辑基础》,法律出版社2001年版,第231~232页。

[37] 参见贺日开:《修宪权受制性的法理沉思》,载《法学评论》2006年第3期。

决断与国家制度建构，应求助于国家始源性权力即启动制宪权以满足人民主权的诉求。如若主张制宪权仅在程序上及权力始源性或源于委托而有别于修宪权，那么仅须通过修宪既可以进行监察制度改革。[38] 也有学者仅从国家宏观政策考虑此问题，提出“在不修改宪法的情况下设立国家监察委员会亦是可行的。因为根据宪法相关条文，国家一切权力属于人民，人民代表大会是人民行使权力的最高机关，人民代表大会可以制定有关国家机构方面的基本法律，等等。因此，人民代表大会授权或者通过制定《国家监察法》设立国家监察委员会也是可行的。从长远来看，改变现行国家机构的设置体制，由‘一府两院’改为‘一府一委两院’，还是有必要修改宪法”。[39]

我国自改革开放以来，已对现行宪法进行过四次重大修改。首先，此次不仅面临着监察制度的创设，而且司法制度改革在不断探索司法辖区有别于行政辖区的做法，对此也倒逼理论和现实应在《宪法》中对此作出修改予以回应；同样，计划生育已不再适应现实的发展，《宪法》也应对此回应。其次，什么是国有、国有的范围也与民众的利益息息相关，亟需《宪法》予以界定。再次，鉴于宗教活动屡屡冲击国家正常秩序、宗教语言和文字泛滥社会，《宪法》也必须正视宗教问题以及将维护官方语言和文字上升为宪法层面；国家主席制度也不合时宜，面临着如何重塑我国国家元首制度的迫切要求。“宪法时刻”时刻似乎到来，制定一部新《宪法》的机遇似乎已经成熟。又次，就另一角度而言，制宪时代的先贤以及当时的人民共同一次行使的决断可以约束后世，其前提是这种决断高度抽象并具有普世的共识，然而一旦后世与前世的最高政治决断出现无法弥补的裂痕或决裂，那么重新制定一部新《宪法》必然提上议事日程以期达成或凝结新的共识。当下，对社会国家权力如何构成已有了崭新的认识（从以往的“三驾马车”到现在的“四权分立”的国家权力构成与运作模式）。最后，从立法技术而言，如若增加“国家监察委员会”一节，修改相应十多个条款，加之国家主席等规

---

[38] 当下，许多学者都坚持透过修宪而赋予监察制度改革以合法性，如童之伟：《将监察体制改革全程纳入法治轨道之方略》，载《法学》2016 年第 12 期；韩大元：《论国家监察体制改革中的若干宪法问题》，载《法学评论》2017 年第 3 期；秦前红：《困境、改革与出路：从“三驾马车”到国家监察——我国监察体系的宪制思考我国监察体系的宪制思考》，载《中国法律评论》2017 年第 1 期；林彦：《从“一府两院”制的四元结构论国家监察体制改革的合宪性路径》，载《法学评论》2017 年第 3 期。

[39] 马怀德：《国家监察体制改革的重要意义和主要任务》，载《国家行政学院学报》2016 年第 6 期。

定的修改，一次做出如此大的《宪法》条款改动，且通过修正案技术使增加条款无法正常植入宪法文本，那么就必须对《宪法》条文进行重新编排。基于此修改技术考量，非修宪无以提供正当性与合法性。总之，从学理上而言，必须启动重新制宪的程序以使国家权力架构具有最高合法性即合宪性。

就本质上而言，修宪与否是一重大政治决断，依照制宪权与修宪权存在本质区别理论，人民必然要出场目睹这一神圣时刻并表达去政治诉求；然而，依照制宪权与修宪权同一理论，仅须通过全面修宪的方式消解那种全民热烈参与诱发的政治不可控态势。因此，选择制宪还是全面修宪这种最高政治决断须综合考量并权衡方能慎重做出。如果基于重新制宪的政治风险较大且欲避免通过制宪激化潜在的矛盾并试图以对整个社会、政治最小的冲击方式为之，再加之如若坚持制宪权与修宪权无本质区别的理念出发，局部修宪甚至全面修宪无疑是明智之举。诚如有学者所言，"尽管承载政治决断和价值决断的'立宪时刻'具有重要的历史意义，却显然无法通过此一劳永逸的解决当下的根本政治分歧，并找到宪法真正的'正当性'基础。而且，那种认为存在一种理想化的'立宪时刻'的想法也无疑是天真的……事实上，任何历史上的所谓立宪时刻都不是这么理想化的，立宪无疑是一个过程，通过不断的实践、解释、判例、冲突与冲突之解决而不断得以丰满。宪法是不断需要自我证成的，因为每个时代都会遇到新的政治、社会问题以及新的价值冲突的形式，这就需要宪法不断做出价值权衡，在连续性与突破性之间、在秩序与决断之间不断保持平衡"。[40]

无论是通过修宪还是制宪进行监察制度的创新，除了宪法需要进行相应的变更外，其他法律同样需要进行相应的"立改废"。具体来说：修改《全国人大组织法》《全国人民代表大会和地方各级人民政府组织法》《地方各级人民代表大会和地方各级人民政府组织法》《各级人民代表大会常委会监督法》《立法法》《人民检察院组织法》《国务院组织法》《刑事诉讼法》《审计法》《人民警察法》《监狱法》《公务员法》《治安处罚法》等，废止《行政监察法》并制定《监察委员会

[40] 李忠夏：《从制宪权角度透视新中国宪法的发展》，载《中外法学》2014年第3期。

组织法》《国家监察法》。[41]

四、结束语

综上所述,监察制度改革势在必行,但是它牵一发而动全身,对此我们必须予以慎重。变更现行《宪法》是监察制度改革的不二法门。但是,究竟采取制宪还是修宪的方式,将是对我们政治智慧的考验。我们须考量:整个社会是否业已形成了新的共识,或者说社会发展是否亟须凝聚与塑造新的共识,是否亟需一部对改革开放乃至中华人民共和国成立以来的全面总结,从而为后续发展提供最高法上的依据以及合宪性保障;重新制宪(立宪时刻)或全面修改《宪法》的时机是否来临?

以往那种屡屡打破制度、冲破法律界限与禁区的做法在依法治国的背景下已倍显得不合时宜,摸着石头过河的日子一去不返了。从宪法的稳定性而言,每隔数年的良性违宪或伤筋动骨式的《宪法》修改仅仅是特定状况下的无奈之举或权宜之计,此绝非常态化之举。"宪法改革"[42]已步入如英雄迟暮时代,"改革宪法"时刻已悄然而来。制定或全面修改成一部能够长久适用、不做频繁修改的宪法势在必行,社会变革倒逼使亟需稳定性与信仰力极高的高级法的合法性确认与保障。如此,不仅真正做到"凡属重大改革都要与法有据",而且还将避免出现以往那种"良性违宪"丛生的无奈现象,使未来发展建立在《宪法》这个坚实的社会稳定器之上。

---

[41] 参见童之伟:《将监察体制改革全程纳入法治轨道之方略》,载《法学》2016 年第 12 期。秦前红教授也持此观点,参见秦前红:《监察体制改革需修宪保障》,载新浪网:http://finance. sina. com. cn/roll/2016 - 12 - 13/doc-ifxypcqa9526782. shtml,最后访问日期:2017 年 3 月 21 日。

[42] 参见夏勇:《中国宪法改革的几个基本理论问题》,载《中国社会科学》2003 年第 2 期。

通过法律授权实现重大改革于法有据：制度发展与完善进路

申海平*

摘　要：改革的法律授权作为实现重大改革于法有据的路径，已由十八届四中全会《中共中央关于全面推进依法治国若干重大问题的决定》明确规定。我国改革的法律授权经历了从授权立法到直接授权改革的历史转变。与法律的立、改、废方式相比，通过法律授权实现重大改革于法有据更具有优势。在改革的法律授权制度建立和完善中，全国人大及其常委会应当成为授权的主体，被授权主体应当限制为全国人大常委会、国务院、最高人民法院、最高人民检察院、中央军委、省级人大及其常委会和政府、经济特区人大及其常委会和政府。既应当有自下而上的申请授权，也应当有全国人大及其常委会的直接授权。申请法律授权，既应当符合授权条件，也应当遵循正当程序。为实现改革法律授权的法治化和规范化，全国人大有必要尽快制定一部改革授权法。

关键词：改革　法律　授权

十八届四中全会《中共中央关于全面推进依法治国若干重大问题的决定》（以下简称《决定》）明确提出要做到重大改革于法有据，对处理好改革与法律的关系设定了标准，也为法学界结束多年来违宪改革是否合理的争鸣提供了契机。① 对

* 申海平，法学博士，上海对外经贸大学法学院讲师。

① 有关该争鸣可参见郝铁川：《论良性违宪》，载《法学研究》1996年第4期；《社会变革与成文宪法的局限性》，载《法学研究》1996年第6期；童之伟：《"良性违宪"不宜肯定》，载《法学研究》1996年第6期；童之伟：《宪法实施灵活性的底线》，载《法学》1997年第5期；童之伟：《重提"违宪改革合理说"宜审慎》，载《法学家》2007年第4期。

如何实现重大改革于法有据，十八届四中全会《决定》提出了两条明确的路径：其一是法律的立、改、废；其二是“实践条件还不成熟、需要先行先试的，要按照法定程序作出授权”。按照法定程序作出授权，其实质是通过立法进行授权，即对改革进行法律授权。2015 年 3 月修正的《立法法》第 13 条确立的暂时调整或者暂时停止法律部分适用的制度，为此种情形的法律授权奠定了一定法律基础，但一些授权也遭受学界诸多质疑。② 与法律的立、改、废方式相比，法律授权应当成为一种实现重大改革于法有据的主要方式。为此，有必要对改革的法律授权进行考察，并对其制度的具体设计予以探讨。

一、改革的法律授权：从授权立法到直接授权改革

通过立法授权，实现重大改革于法有据，并不是近期有之。早在 2000 年《立法法》颁布实施之前，全国人大及其常委会就多次通过立法授权立法，实现了许多重大改革的于法有据。在 1983 年至 1985 年三年中，全国人大及其常委会先后三次作出决定，授权国务院对有关改革开放的事项制定行政法规。③ 在 1981 年至 1996 年的十多年间，为推进和保障经济特区建设，全国人大及其常委会先后五次以专门的决定或者决议形式授权经济特区立法。④ 这种法律授权是一种授权立法的模式，其实质是授予特定机关立法权，通过立法推进改革。由于这种

② 参见刘志刚：《暂时停止法律实施决定的正当性分析》，载《苏州大学学报》（法学版）2015 年第 4 期；郑磊、王逸冉：《全国人大常委会“试点授权”要素论——基于〈立法法〉第 13 条的规范性思考》，载《浙江社会科学》2017 年第 8 期。

③ 三次授权分别为：《关于授权国务院对职工退休退职暂行办法进行部分修改和补充的决定》（1983 年 9 月 2 日第六届全国人民代表大会常务委员会第二次会议通过）、《关于授权国务院改革工商税制发布有关税收条例草案试行的规定》（1984 年 9 月 18 日第六届全国人民代表大会常务委员会第七次会议通过）、《关于授权国务院在经济体制改革和对外开放方面可以制定暂行的规定或者条例的决定》（1985 年 4 月 10 日第六届全国人民代表大会第三次会议通过）。

④ 五次授权分别为：《关于授权广东省、福建省人民代表大会及其常务委员会制定所属经济特区的各项单行经济法规的决议》（1981 年 11 月 26 日第五届全国人民代表大会常务委员会第二十一次会议通过）、《关于建立海南经济特区的决议》（1988 年 4 月 13 日第七届全国人民代表大会第一次会议审议通过）、《关于授权深圳市人民代表大会及其常务委员会和深圳市人民政府分别制定法规和规章在深圳经济特区实施的决定》（1992 年 7 月 1 日第七届全国人民代表大会常务委员会第二十六次会议通过）、《关于授权厦门市人大及其常委会和厦门市人民政府分别制定法规和规章在厦门经济特区实施的决定》（1994 年 3 月 22 日八届全国人大二次会议通过）、《关于授权汕头市和珠海市人民代表大会及其常务委员会、人民政府分别制定法规和规章在各自的经济特区实施的决定》（1996 年 3 月 17 日第八届全国人民代表大会第四次会议通过）。

授权并没有直接授权进行改革,而是授权进行立法,因此是对改革的一种间接授权。2000年《立法法》第9条和第65条等条款正式确立了我国的授权立法制度,对国务院和经济特区的授权立法作出了规定,使授权立法有了法律基础。

2012年,改革的法律授权转向以法律直接授权改革。2012年,全国人大常委会以决定方式授权国务院在广东省暂时调整部分法律规定的行政审批。⑤ 该授权决定,改变了以往授权立法推进改革的方式,进而以暂时调整法律部分适用的方式为改革创造了空间。这种法律授权是对改革的直接授权。2013年至2015年《立法法》颁布之前,全国人大常委会先后三次以决定方式分别授权国务院暂时调整有关法律规定。⑥ 2015年3月修正的《立法法》第13条正式确立了暂时调整或者暂时停止法律部分适用的制度,为此种情形的法律授权奠定了法律基础。除以暂时调整或者暂时停止法律部分适用的方式授权改革外,全国人大常委会针对一些现行法律没有规定但又需要先行先试的具体制度,以决定方式直接授权国务院、最高人民法院、最高人民检察院等进行改革试点。目前,授权改革的试点已包括刑事案件速裁程序试点、人民陪审员制度改革试点、公益诉讼试点、药品上市许可持有人制度试点、刑事案件认罪认罚从宽制度试点、国家监察体制改革试点等多个领域。⑦ 这种法律授权,也是对改革的一种直接授权。

---

⑤ 参见《关于授权国务院在广东省暂时调整部分法律规定的行政审批的决定》(2012年12月28日第十一届全国人民代表大会常务委员会第三十次会议通过)。

⑥ 三次授权分别为:《关于授权国务院在中国(上海)自由贸易试验区暂时调整有关法律规定的行政审批的决定》(2013年8月30日第十二届全国人民代表大会常务委员会第四次会议通过)、《关于授权国务院在中国(广东)、中国(天津)、中国(福建)自由贸易试验区以及中国(上海)自由贸易试验区扩展区域暂时调整有关法律规定的行政审批的决定》(2014年12月28日第十二届全国人民代表大会常务委员会第十二次会议通过)、《关于授权国务院在北京市大兴区等三十三个试点县(市、区)行政区域暂时调整实施有关法律规定的决定》(2015年2月27日第十二届全国人民代表大会常务委员会第十三次会议通过)。

⑦ 参见《关于授权最高人民法院、最高人民检察院在部分地区开展刑事案件速裁程序试点工作的决定》(2014年6月27日十二届全国人大常委会第九次会议通过)、《关于授权在部分地区开展人民陪审员制度改革试点工作的决定》(2015年4月24日第十二届全国人民代表大会常务委员会第十四次会议通过)、《关于授权最高人民检察院在部分地区开展公益诉讼试点工作的决定》(2015年7月1日第十二届全国人民代表大会常务委员会第十五次会议通过)、《关于授权国务院在部分地方开展药品上市许可持有人制度试点和有关问题的决定》(2015年11月4日第十二届全国人民代表大会常务委员会第十七次会议通过)、《关于授权最高人民法院、最高人民检察院在部分地区开展刑事案件认罪认罚从宽制度试点工作的决定》(2016年9月3日第十二届全国人民代表大会常务委员会第二十二次会议通过)和《关于在北京市、山西省、浙江省开展国家监察体制改革试点工作的决定》(2016年12月25日第十二届全国人民代表大会常务委员会第二十五次会议通过)。

改革的法律授权,从授权立法逐步转变到直接的授权改革,这是与我国社会主义法治建设的进程紧密相关的。在20世纪80年代初期,正是改革开放全面展开之际,而当时我国的法律数量有限,诸多改革需要法律保驾护航,但全国人大及其常委会在短时间内难以满足这样的立法需求。在此种情形下,通过授权立法,实现改革的于法有据,便是一种现实的选择。例如,1985年全国人大授权国务院在经济体制改革和对外开放方面可以制定暂行的规定或者条例后,国务院依此授权制定了几十甚至上百的税收暂行条例、银行管理暂行条例、私营企业暂行条例、土地使用权出让暂行条例、审计条例、价格管理条例、乡村与集体所有制企业条例、国家预算管理条例等。⑧ 这些授权立法,实现了重大改革的于法有据。2011年,中国特色的社会主义法律体系已经形成,国家和社会生活各方面总体实现了有法可依。这时的改革往往需要突破现有法律的束缚。因此,暂时调整或者暂时停止法律部分适用的方式恰逢其时。但对一些现行法律没有规定,但又需要先行先试的具体事项,为使改革试点具有法律依据,则采取了直接授权的方式。

需要指出的是,在我国,对改革的授权,也有非法律方式的授权。例如,自2005年以来,国家先后批准上海浦东新区等12个地区开展综合配套改革试验。⑨ 这种对实验区的批准,也是一种改革授权,但这种授权,并不是一种法律授权,因此,尽管是对改革的授权,但这些改革并不能突破法律,只能在法律框架下进行。当然,也有学者认为,国务院对于这种"先行先试"的授权,在某种程度上是国务院把自己行政立法权限的一部分授予给改革地方,当改革遇到障碍来自行政法规或是效力位阶低于行政法规的地方性法规或规章时,则应当承认拥有先行先试权的地方有权对成为障碍的法律规则进行变通规定或执行。⑩ 但通过查看能查询到的国务院或者发改委的批准文件,还难以得到上述结论。从浦东的理解来看,目前浦东新区综合配套改革并不具备对行政法规进行变通规定

⑧ 参见万其刚:《立法理念与实践》,北京大学出版社2006年版,第149页。

⑨ 参见吴建有:《国家综合配套改革试验区要能进能退》,载《中国经济时报》2015年9月2日,第2版。

⑩ 参见王诚:《改革中的先行先试权研究》,法律出版社2009年版,第87页。

或执行的权力。[11] 此类授权,并不是改革的法律授权。

二、改革的法律授权:实现重大改革于法有据的主要路径

"改革是社会主义制度的自我完善,在一定的范围内也发生了某种程度的革命性变革。"[12]改革不管是制度的自我完善,还是一种革命性的变革,必然涉及对现行的制度加以变动和调整。这种变动与调整,有的是在法律规定的框架内进行的,[13]有的与法律所规定的原则或者具体条文相违背。当改革与法律所规定的原则或者具体条文相违背时,要实现改革于法有据,要么进行法律的立、改、废,要么通过法律授权改革。

通过法律的立、改、废,也可以解决重大改革于法有据的问题。但由于这种方式的诸多弊端和不足,并不能成为当下我国实现重大改革于法有据的一种常用方式。首先,它对于法律稳定性的破坏是极为严重的。如果法律修改废止过于频繁,则无法树立起其权威,很难形成稳定的法律秩序。"法律所以能见成效,全靠民众的服从,而遵守法律的习性须经长期的培养,如果轻易地对这种或那种法制常常作这样或那样的废改,民众守法的习性必然削减,而法律的威信也就跟着削弱了。"[14]其次,改革还是一个试错过程,是否确需立法、修法或者废法还存在不确定性。直接的立法、修法或者废法,一旦改革有误,有可能导致法律再次被动。最后,可操作性差,难以满足当前改革的需要。由于立法程序的启动和运作环节多、时间长,成本相当高昂。如果改革都通过立法、修法和废法的方式解决,我国全国人大及其常委会在有限的会期内,即使不行使其他职权,也难以完成这些任务。当然,由于地方性法规、规章的修改和制定相对于宪法、法律而言较为简单易行,因此,修法、立法方式对于化解改革与地方性法规、规章的冲突具有一定意义。例如,上海市人民政府在行政事业性收费清理中,就以政府规

---

⑪ 参见季明、叶国标:《从"实验田"走向"攻坚标兵"》,载《浦东发展》2006 年第 9 期。

⑫ 邓小平:《邓小平文选》(第 3 卷),人民出版社 1993 年版,第 142 页。

⑬ 在法律制度框架内的改革,不仅不与法律相冲突,而且许多改革还受到法律的支持、鼓励和保障。例如,《规章制定程序条例》第 5 条就规定,制定规章,应当体现改革精神。《行政许可法》第 21 条授权地方人民政府报国务院批准后在本行政区域内停止实施行政许可制度的规定,第 24 条委托实施行政许可的规定,第 25 条相对集中行政许可权的规定等,都是支持进行行政许可改革的条款。

⑭ [古希腊]亚里士多德:《政治学》,吴寿彭译,商务印书馆 1965 年版,第 81 页。

章的方式停止执行市政府规章中涉及有关行政事业性收费的规定，以提请市人大常委会作出停止执行地方性法规中有关收费规定的方式，解决了行政事业性收费改革中停止征收相关收费项目的难题。⑮ 但由于地方性法规、规章规定事项有限，以执行上位法为主，其立、改、废并不能成为解决重大改革于法有据的主要方式。

相反，通过法律授权，实现重大改革的于法有据，具有更多优势。首先，法律授权方式能够使改革在尽可能短的时间内获得合法性。改革往往具有紧迫性，法律的立、改、废因程序等问题难以有效率地回应这种要求。其次，法律授权方式可以维护法律的稳定性。它可以将改革限定在一个可控的范围内，不致引起全局的法律秩序的变化与震荡，因而可减少对现有法律秩序的冲击，维护法律的稳定性。最后，法律授权方式有利于对改革的风险控制。通过法律授权，不仅有利于授权机关掌握改革的总体情况，便于实现对改革的监督，而且即使改革最终以失败而告终，影响也可以限制在法律授权的范围内。这样，可以在减少改革成本的同时，避免因采用修法、立法后需再次修法或废止相应法律的风险。

三、改革的法律授权制度的完善进路

2015 年《立法法》对原有授权立法制度进行了相应修改，明确了授权决定的内容和授权立法的期限，并规定了暂时调整或者暂时停止法律部分适用制度。相比而言，这些规定的进步意义自不待言，但仍存在诸多问题。对于授权立法制度而言，《立法法》本身的规定仍然存在诸多矛盾冲突，该制度的法律适用仍将存在诸多问题。⑯《立法法》第 13 条规定的暂时调整或者暂时停止法律部分适用制度，由于其局限性，要通过该制度实现重大改革于法有据仍存在不少问题。⑰ 为更好地实现重大改革于法有据，发挥改革的法律授权方式的作用，防止因不当授权给法治所带来的危害和给改革带来的混乱，当前亟须推进改革法律

---

⑮ 参见《上海市人民政府关于停止执行 8 件市政府规章中涉及有关行政事业性收费规定的决定》（2008 年 6 月 6 日上海市人民政府令第 3 号）和《上海市人民代表大会常务委员会关于停止执行两件地方性法规中涉及有关行政事业性收费规定的决定》（2008 年 4 月 24 日上海市第十三届人民代表大会常务委员会第三次会议通过）。

⑯ 参见郑泰安、郑文睿：《授权立法的体系化思考：冲突与化解》，载《理论与改革》2015 年第 5 期。

⑰ 对此，本文将在以下结合改革的法律授权制度设计予以具体阐述。

授权的制度化和规范化。以下,对改革的法律授权制度的几个核心要素逐一加以探讨。

(一)授权主体

改革的法律授权主体,是指有权作出授权决定的机关。作为立法活动的法律授权,只有拥有法律制定权的机关方可进行。相应地,改革需要的法律依据,只有该法律的制定机关方有权授权。在我国,按照《立法法》的规定,具有法律制定权的国家机关包括法律制定机关全国人大及其委员会,行政法规制定机关国务院,地方性法规制定机关省、自治区、直辖市的人大及其常委会、设区的市的人大及其常委会,以及规章的制定机关国务院各部委、直属机构和省、自治区、直辖市和设区的市人民政府等。

那么,改革的法律授权,是否《立法法》所规定的法律制定机关都有必要成为授权机关?从我国改革的法律授权实践来看,目前曾就改革作出授权的立法机关包括全国人大及其常委会和省级人大常委会。何种机关有必要成为授权主体,主要取决于改革的需要。从理论上而言,改革需要法律授权,既可能需要全国人大及其常委会授权,也有可能需要由规章制定机关授权。但结合改革的实际需求和我国的立法体制、权限划分以及立法程序的难易,全国人大及其常委会应当成为重大改革法律授权的主体。这一认识,主要基于以下两项理由:

第一,是解决重大改革于法有据的现实需要。在目前中国特色的社会主义法律体系已经形成的情况下,改革所要突破的,主要是全国人大及其常委会制定的法律;需要授权的改革,立法的权限在全国人大及其常委会。在此情形下,其他主体的授权已远远不能满足改革的需要。如以各地的综合配套改革为例,所要解决的是深层次的社会、经济与政治体制改革的重大难题。其改革之难度、深度、广度,与以往的经济特区改革相比,可谓有过之而无不及。国务院授权,已难以满足这些综合配套改革的需要,而由全国人大或其常委会授权,则是更好的一种解决方式。⑱ 特别应当指出的是,对于属于全国人大职权范围内的改革授权,应当由全国人大作出,全国人大常委会不能也不应作出授权。例如,国家监察体

---

⑱ 参见王诚:《改革中的先行先试权研究》,法律出版社2009年版,第91页。

制改革是关涉人民代表大会制度建设之全局的重大政治改革，由全国人大授权展开这项改革试点，在宪法学上有合理的解释空间，若由全国人大常委会授权则缺乏合理的解释空间。[19] 这样，全国人大常委会通过的国家监察体制改革的授权决定在合宪性上存在瑕疵，并不能完全解决该重大改革于法有据的需要。

第二，是保障重大改革能深入进行的需要。按照我国的立法体制和立法权限划分，全国人大及其常委会以外的立法主体，其立法权限非常有限。根据《立法法》第65条的规定，国务院可以制定行政法规的事项范围仅限于为执行法律的规定需要制定行政法规的事项和《宪法》第89条规定的国务院行政管理职权的事项。根据《立法法》第73条的规定，地方人大及其常委会可以制定地方性法规的事项范围仅限于为执行法律、行政法规的规定，需要根据本行政区域的实际情况作具体规定的事项和属于地方性事务需要制定地方性法规的事项。其他有关立法主体的权限就更为有限。这些立法主体由于权限有限，能为重大改革提供法律支持的空间就会有限，进而将束缚改革的顺利进行。全国人大及其常委会的授权，则可以大大扩展改革者的权限范围，从而能给予改革更大的空间，有利于改革的顺利进行。

（二）被授权主体

在改革的法律授权中，被授权主体就是接受授权进行改革的主体。我国改革的主体，主要是各级政府及其所属机关。同时，各级人大、审判机关、检察机关也可以成为改革的主体。从以往通过授权立法方式授权改革来看，全国人大及其常委会授权的最低层级的主体为经济特区人大及其常委会和政府。对于直接授权改革，截至2017年6月27日，十二届全国人大常委会共作出了15项授权决定。其中，明确国务院为被授权主体的有8项，明确最高人民法院和最高人民检察院为被授权主体的有4项，明确中央军事委员会为被授权主体的1项，明确相应各级人大为被授权主体的2项。[20]

---

⑲ 参见童之伟：《将监察体制改革纳入法治轨道之方略》，载《法学》2016年第12期。

⑳ 鉴于知识产权法院和监察委员会由相应人民代表大会产生，因此《关于在北京、上海、广州设立知识产权法院的决定》和《关于在北京市、山西省、浙江省开展国家监察体制改革试点工作的决定》两项改革的被授权主体确定为相应各级人大。

在改革的法律授权中，被授权主体承担着改革推进的重任，其选择应当慎重。从当前我国授权改革的需要来看，在改革的法律授权中，被授权主体应当包括全国人大常委会、国务院、最高人民法院、最高人民检察院、中央军委、省级人大及其常委会和政府、经济特区人大及其常委会和政府。原因如下：首先，全国人大作为最高国家权力机关，进行任何改革，自行决定即可，不需要予以授权。其次，对于被授权改革主体的选择，要考虑到改革有序开展的需要。如果被授权改革主体层级过低，就会出现被授权改革主体众多、监督距离过远等诸多问题，容易陷入混乱。对于政府作为被授权改革主体，以国务院、省级政府和经济特区政府为宜。同样，地方人大作为被授权改革主体，其主体层级也不宜过低，以省级人大及其常委会和经济特区人大及其常委会为宜。最后，对于法院、检察院的改革，由于司法、检察制度的特殊性，宜由最高人民法院、最高人民检察院作为被授权改革主体，而不宜由低层级的法院、检察院作为被授权改革主体，以避免不必要的混乱。

被授权改革主体限制在全国人大常委会、国务院、最高人民法院、最高人民检察院、中央军委、省级人大及其常委会和政府、经济特区人大及其常委会和政府，对于其他层级较低的人大、政府及其机关和司法、检察机关，如需进行改革，则应鼓励他们向已获得改革授权的机关提出申请，获得改革的资格，或者按照程序向适格的被授权主体提出改革的建议，由适格主体向有权授权主体提出授权申请。

（三）授权程序

从改革的启动来看，既有自下而上的改革，也有自上而下的授权改革。对于改革的法律授权而言，既可以有自下而上的申请授权，也可以直接由全国人大及其常委会授权。

从当前其他类型的授权改革的启动情形来看，以自下而上申请授权方式居多。例如，近年来的综合配套改革实验区的设立，一般都是由相关地方提出申请，由国务院或者国家发改委批复、批准。改革的法律授权，不是限制各类改革，而是为了鼓励改革，因此该制度应该鼓励适格主体主动申请获得授权。对于申请授权改革的，全国人大常委会应当向全国人大提交申请，其他适格主体应当向全国人大常委会提交申请。如果改革需要由全国人大常委会授权的,由全国人大常委会审查批准。如果改革涉及宪法或者基本法律的,则应由全国人大常委会提请全国人大授权。全国人大或者其常委会认为申请符合授权条件的,则应予以批准。批准决定应指明授权改革原因和理由、被授权主体、授权改革的具体事项范围、期限等,以最大限度地明确授权界限。

在申请授权的程序中,需要考虑的是,由于全国人大及其常委会功能的多样性和会期的有限性以及改革的复杂多样性,面对为数众多的适格地方人大、政府改革主体的申请授权,有必要建立由国务院及其所属部门进行初审的制度。我国《宪法》第 62 条规定全国人大有 15 项职权,《宪法》第 67 条规定全国人大常委会有 21 项职权。同时,全国人大每年只举行一次会议,会期 10 天左右;全国人大常委会每两个月举行一次会议,每次 10 天左右。当前我国的改革是全方位、多层次的,面对全国各地的改革要求,如果全部由全国人大或者其常委会详加审查,实难完成。对于地方的改革授权申请,可以规定由国务院进行初审。最高人民法院和最高人民检察院的申请,则无需初审,直接由全国人大或其常委会进行审查,决定是否批准。

对于自上而下的改革合法授权,其程序则较为简单,即由全国人大或其常委会直接授权,赋予改革的权力。

(四)申请授权的条件

申请改革的法律授权的,应当至少符合四个条件:一是改革的动机良好、目的正当;二是改革创新需要突破既有法律,或者需要国家层面创设新的法律制度作为依据;三是国家层面立法或者修法的时机尚不成熟;四是地方或者部门具备改革的条件。

改革的申请主体,应当对上述条件进行充分论证,在论证中应当经过公众参与、专家论证、风险评估、法律审查,申请的提出必须经过集体讨论决定。其中的法律审查,主要是看改革是否能够在现有法律框架中进行,可能需要突破哪些法律障碍,或者需要哪些法律支持。改革授权申请的初审机关,应当对申请按照审批条件进行审查,必要时,应当组织进一步的论证。全国人大常委会在受理申请后,也可以再行组织论证,以决定是否予以批准或者提交全国人大决定。

四、结语

改革的法律授权作为实现重大改革于法有据的路径，经历了从授权立法到直接授权改革的历史转变。与法律的立、改、废方式相比，通过法律授权实现重大改革于法有据更具优势，应当成为实现重大改革于法有据的主要途径。但目前改革的法律授权制度，在授权主体、被授权主体和授权程序等方面还存在不少问题。为实现改革法律授权的法治化和规范化，全国人大应尽快制定一部以鼓励地方和部门根据本地区、本部门实际推进改革为原则，以要求改革试点获得合法授权为前提的改革授权法，对改革法律授权制度作出具体规范。这部法律的制定，不仅可以为改革的法律授权提供全国统一的法律规范，消除多头授权所可能带来的改革的无序，实现改革的可控性，还可以大大节约相应的立法资源。[21]

---

[21] 目前许多地方已出台促进改革创新的地方性法规，如《上海市人民代表大会常务委员会关于促进创新驱动、转型发展的决定》(2012年6月7日上海市第十二届人民代表大会常务委员会第三十四次会议通过)、《天津市人民代表大会常务委员会关于鼓励促进改革创新的决定》(2015年3月24日天津市第十六届人民代表大会常务委员会第十七次会议通过)、《深圳经济特区改革创新促进条例》(2006年3月14日深圳市第四届人民代表大会常务委员会第五次会议通过)、《广州市人民代表大会常务委员会关于促进改革创新的决定》(2016年8月24日广州市第十四届人民代表大会常务委员会第五十五次会议通过)。

第五编　立法理论与立法方法

彭真主持新中国民法起草的理论与经验*

朱力宇**　化国宇***

摘　要：彭真主持了新中国的民法起草工作，其理论与经验是新中国立法工作的宝贵财富。他提出民法起草工作要坚持走群众路线，遵循民主集中制，多谋善断；要参考借鉴古今中外的法律规定和实践经验；要坚持一切从实际出发，符合中国实际，注意中国的特殊性等重要的立法指导思想。在新中国的民法起草过程中，针对中国社会的特殊性，他提出了一系列具体的立法思路：民法起草要注意群众的风俗习惯；注意处理好社会发展对民法的迫切需求与法律严肃性和稳定性的矛盾；民事程序法先于民事实体法出台符合中国实际需要；坚持"两条腿走路"的立法工作方针等。

关键词：彭真　新中国民法起草　民法典　理论与经验

学界关于彭真思想理论的研究已不在少数，而且其中不乏优秀的研究成果。史学界、政治学界和法学界均有一批学者进行研究。① 当前学界关于彭真民主法制思想的研究主要集中于人民代表大会制度、地方自治、立法以及法律监督等

---

* 教育部人文社会科学研究专项任务项目"中国特色社会主义人权理论体系研究"（16JD710023）；2015年中国人民公安大学教学改革项目"中国法制史课程教学改革研究"（2015JY05）。

** 朱力宇，中国人民大学法学院教授，博士生导师，彭真民主法制思想研究所所长。

*** 化国宇，中国人民公安大学法学院讲师，法学博士，彭真民主法制思想研究所兼职研究员。

① 关于彭真思想的研究成果综述可参见朱力宇、彭君：《彭真与新中国的民主法制建设——关于彭真民主法制思想研究的综述》，载《政法论丛》2013年第2期。

思想领域。② 他的立法思想则一直以来是法学学者关注的重点。彭真在我国改革开放、社会主义法制发展初期，亲自抓宪法修改和刑法、民法和诉讼法起草工作，为今天我国建成社会主义法律体系奠定了坚实的基础。他在领导全国立法的过程中，不断总结经验，提出了一系列关于社会主义法制的指导思想和理论，是国家民主法治建设的宝贵财富，值得进一步深入研究。

就目前已有的关于彭真立法思想的研究中，主要关注其一般立法思想、宪法制定思想和刑事立法思想，③而对其民事立法思想尤其是民法起草思想关注不够。在彭真担任全国人大常委会委员长期间，民法起草由于面临经济体制改革方向尚不确定、学界思想不统一和人民关注程度高等特殊问题，较其他法律起草更为复杂，彭真关于民法起草的思想也因而较其他部门立法更具有针对性和特殊性。

在制定新中国民法的问题上，他提出了一系列前所未有的起草思路，开创了现代立法活动的中国实践。在效果上，不仅丰富了新中国的民事立法理论，也对新中国的民法起草起到了巨大的助推作用。他甚至早在新中国民法起草之初，就已规划了宏大的中国特色民法典建构之路。这些都是需要为后世所注意和继承的。在进一步实行依法治国，建设中国特色社会主义法治国家的今天，尤其是在中国民法向法典化迈进的大背景下，进一步深入系统的归纳总结彭真的民事法起草经验，无疑具有重要的现实意义和理论意义。

一、民法起草要遵循民主集中制，多谋善断④

我国《立法法》第 5 条规定："立法应当体现人民意志，发扬社会主义民主，

② 参见王汉斌：《彭真同志对我国社会主义民主法制建设的卓越贡献》，载《中国法学》1997 年第 6 期；谭晓钟：《论彭真的人民代表大会制度思想》，载《毛泽东思想研究》2010 年第 6 期；徐百尧：《彭真对新时期人大选举制度建设的贡献》，载《当代中国史研究》1997 年第 4 期；[美]牛铭实：《彭真与中国地方自治的再起》，载《浙江学刊》2007 年第 1 期；朱力宇：《彭真对我国立法理论的重要贡献》，载《法学》2000 年第 2 期；朱力宇、易有禄：《彭真民主立法思想及其对立法实践的影响》，载《求实》2008 年第 9 期。

③ 参见朱力宇：《彭真对我国立法理论的重要贡献》，载《法学》2000 年第 2 期；许崇德：《彭真对现行〈宪法〉若干理论创新问题的贡献》，载《法学》2007 年第 1 期；刘松山：《彭真与宪法监督》，载《华东政法大学学报》2011 年第 5 期；高铭暄：《刑事立法工作的宝贵经验———学习〈彭真文选〉摘记》，载《法学杂志》1993 年第 4 期；宋振全：《论彭真的刑法思想》，载《广西民族学院学报》(哲学社会科学版)1998 年第 1 期。

④ 参见《关于立法工作》，载《彭真文选》，人民出版社 1991 年版，第 507 页。

坚持立法公开,保障人民通过多种途径参与立法活动。"该条款被看作是立法民主化原则的正式渊源。而这一原则在国家立法实践活动中的确立要远早于《立法法》的规定,至少可以追溯到彭真1979年后主持全国人大立法工作期间。当时他指出,民法起草要遵循民主集中制,且不止一次地强调过这一原则,"关于立法的原则……民法通则……要在高度民主的基础上达到高度的集中"。⑤ 在彭真看来,民主集中制不仅仅是党和国家的组织原则,同样也适用于立法活动。这一经验应当是进行立法工作的指导思想。立法不仅仅是一种专门的技术工作,也是一项重大的社会抉择,尤其是在民法起草问题上,这一要求尤为紧要。作为基本法律,民法的地位十分重要,而其内容不仅涵盖财产所有、婚姻继承、侵权赔偿等方面,更是涉及千家万户及每个公民的切身利益。从一定意义上说,起草民法的重要任务之一,就是在认识各方利益的基础上,做出选择和协调。因而坚持民主集中制是民法起草的必然要求。而要做到民法起草的民主化,彭真认为必须做到以下几个方面。

(一)坚持走群众路线,实现民主基础上的"多谋"

彭真认为,包括立法工作在内,"群众路线是我们一切工作的根本路线"。⑥"少数人谋,是片面的。广泛征求意见,各有各的看法,这很自然,因为各有各的经验,看问题有不同角度,经过讨论才能比较一致……怕有不同意见,听不进不同意见,是心虚的表现。真理总是越辩越明……所以,还是走群众路线好。"⑦在民法起草方面,怎么走群众路线,实现民主基础上的"多谋",彭真曾在不同场合⑧提出了自己的看法。

首先,是多数人来"谋",即参与立法主体的广泛性,要将专家参与立法与吸收群众意见相结合。参与立法的主体要能够代表群众,代表群众的各个阶层。在我国,人民民主专政宪法确立了国家的一切权力属于人民的原则,只有人民才

⑤ 《关于人大常委会工作》,载《彭真文选》,人民出版社1991年版,第569页。

⑥ 《关于立法工作》,载《彭真文选》,人民出版社1991年版,第507页。

⑦ 同上。

⑧ 彭真1985年在省、自治区、直辖市人大常委会负责同志座谈会上的讲话和1981年在民法座谈会上的讲话中都谈到了立法如何走群众路线,实现民主基础上的"多谋"的问题。

是真正的主权者,[9]也必然是行使立法这一重大主权行为的主体。因此彭真指出,立法不仅要集中委员们、代表们的意见,还要听取干部、工人、农民、专家、知识分子等各方面的意见。“全国人大常委会开会,请各省、自治区、直辖市的同志来,共谋国家大事,这是个好办法。”[10]在彭真的倡导下,在《民法通则》的起草过程中,第一次正式开启了立法机关专家、实际工作部门的专家和民法学者相结合的起草先例。起草工作的所有参与者,深切体会了人民的意愿,尽自己最大的努力将中国人民应当享有的民事权利悉数写进了《民法通则》。[11]

其次,是多考虑和接纳不同人的“谋”,即包容多元化的立法建议。他认为,立法工作在进行调查研究时,要征求意见,而只要征求意见,就会议论纷纷,因此,有些意见是不同的,甚至是针锋相对的。现在与过去的看法不同,城乡、工农间的看法不同,社员之间、干部、知识分子、专家之间看法不同。这都是正常的,事物在矛盾中才能发展。彭真说:“立法就是要有不同意见,要让大家知道立法中的不同意见,才能有针对性地解决问题。”同时,不同意见越多,就更方便进行比较,对不同意见进行鉴别,民法才可能搞得更好。在当时,受计划经济惯性思维的影响,经济法学界对起草《民法通则》持反对态度,认为国营企业、集体企业的横向经济活动应由经济法来调整。对于经济法学界的不同声音,彭真十分重视,认为凡是有说服力的意见,都要接受,并要求法工委尽快召开一次在京的经济法专家座谈会,认真听取他们对制定《民法通则》的意见。他同时也指出,《民法通则》的制定不能因为有人反对就停止,但是,应当允许和欢迎别人提反对意见,反对意见可以进一步公开,立法民主化就要在这方面有体现。彭真的立法思想坚持了马克思主义的态度,实事求是,他指出切不要以为自己的意见无论对错,都不能改变,不要思想僵化,要按实际情况办事,坚持真理,随时修正错误,使认识能比较符合实际。[12]

最后,就是要为多数人“谋”,即要切实反映人民的意志,全面体现群众的利

---

⑨ 朱力宇、化国宇:《“法律面前人人平等”应涵盖立法平等》,载《求实》2012年第7期。

⑩ 《关于立法工作》,载《彭真文选》,人民出版社1991年版,第507页。

⑪ 参见《彭真传》编写组编:《彭真传·第四卷(1979—1997)》,中央文献出版社2012年版,第1547~1548页。

⑫ 参见《在民法座谈会上的讲话》,载《彭真文选》,人民出版社1991年版,第423页。

益。立法要体现人民的意志,从根本上说是由我们社会主义的国家制度的本质决定的。我国《宪法》第 2 条规定:“中华人民共和国的一切权力属于人民。”我国的立法活动,实质上是有关国家机关代表人民行使立法权的活动。正如彭真同志所指出的,立法要面向人民,为了人民,这是由我们的国家性质和经济制度决定的。⑬ 同时,为多数人谋,不仅仅是为了体现社会主义的优越性,也符合立法活动的普遍规律。人民意志和群众利益,在立法上即体现为最广泛的法律需求,立法的最终目的也无非就是为了满足这种法律需求,只有反映人民的意志,全面体现群众的利益的法律供给才能满足最大多数的法律需求,也才能实现科学立法的目的,实现立法效果效益的最大化。因而彭真主张,立法工作走群众路线不仅要求认真听取群众意见,体现人民群众的利益和意志,还要从立法结果方面考虑时时、处处方便人民群众。⑭ 在为多数人“谋”,为人民而谋方面,彭真曾就民事审判效率做过非常朴素的表达:民事案件“既要处理得正确,又要尽可能处理得快些,越快越好……把案子搞快些,比长期拖延影响生产、工作、学习要好,这也是个群众观点问题”。⑮

立法工作为什么要坚持走群众路线,实现民主基础上的“多谋”,彭真同志认为主要有两点原因:

第一,民主立法有助于补强立法的正确性和科学性。法律是要十亿人遵守的,制定法律时只有把各方面的矛盾、问题、意见摆出来,很好研究,吸收正确的,抛弃错误的,把正确的意见集中起来,才有可能使法律比较符合实际,能够行得通。⑯ 因此,只有“鼓励大家讲不同的意见,敢于争鸣”⑰,才能“使我们制定的法律能够避免或少出一些错误”。⑱

第二,法律通过民主论证,尤其是专家的民主论证,有助于保持法律的稳定性和权威性,避免立法后频繁删补。他以民法为例论证民主立法的重要性:“民法,我们从五十年代就搞,一直有不同意见……民法通则已经搞了多年,原来觉

---

⑬ 朱力宇、张曙光:《立法学》,中国人民大学出版社 2001 年版,第 73 页。

⑭ 参见朱力宇:《彭真民主法制思想研究》,中国人民大学出版社 1999 年版,第 160 页。

⑮ 《民事诉讼起草中的几个问题》,载《彭真文选》,人民出版社 1991 年版,第 402 页。

⑯ 参见《在民法座谈会上的讲话》,载《彭真文选》,人民出版社 1991 年版,第 424 页。

⑰ 《在民法座谈会上的讲话》,载《彭真文选》,人民出版社 1991 年版,第 424 页。

⑱ 同上。

得差不多了,我们把全国的民法专家和司法界、实际工作部门和地方的同志找来,有一百八十多人,一起讨论,结果又增加了四十条,删去十五条,原来有不同意见的人也同意了。事前把各种不同的意见考虑到了比较好,起码比制定以后又有意见,这里改一点,那里改一点,要好得多。”⑲

（二）在高度民主的基础上达到高度的集中,做到“善断”

彭真同志讲,多谋不是少数人谋,而是大家谋。自然“善断也不是少数人断,而是大家断。人大常委会是集体行使权力,集中多数人的正确意见,集体决定问题。根本原则还是民主集中制。这样解决问题,才能比较实际”。⑳

为了能够制定出一部比较科学的民法典,在起草《民法通则》过程中,《民法通则》草案曾先后印发中央和地方各部门、法律院校和法学研究机构,广泛征求意见,所有正确的意见均得到了采纳。《民法通则》起草工作的民主,还突出体现在第一次正式开启了立法机关的专家、实务部门的专家和民法学者相结合的起草先例,充分发挥了三者的长处,使起草工作达到最佳的效果。彭真同志十分重视民法学者和民法学,为了保证起草工作的科学性,他建议专门成立一个专家咨询小组,小组由佟柔、江平、魏振瀛、王家福四位民法学者组成。在此基础上,力求制定出一部真正反映和集中民意的民法典。这一系列举措表明,彭真同志在民法起草中坚持的是高度民主基础上的高度集中,即“立法要很客观,在高度民主基础上,尽可能把所有的正确意见集中起来,才能达到高度集中”。

之所以需要高度民主上的高度集中,是因为高度民主无法产生“善断”。无休止的民主讨论不会产生实际决断,不同的意见最终需要集中起来。彭真同志及其领导下的全国人大常委会之所以能够真正做到高度民主基础上的高度集中,与他们的法律专业知识也是分不开的,这也是“善断”的前提。彭真同志早在1929年就开始与法律结缘。他在华北局做地下工作时曾遭到国民党逮捕,当时在狱中彭真同志开始对国民党的《六法全书》作了一些系统的研究,一方面可以运用法律武器和敌人作斗争,另一方面也是对法律有一个全面的了解。从那

⑲ 《关于人大常委会工作》,载《彭真文选》,人民出版社1991年版,第569页。

⑳ 《关于立法工作》,载《彭真文选》,人民出版社1991年版,第507~508页。

个时候起，彭真同志就开始接触法律、经济、军事、外交等方面的一些系统的知识，但据傅洋先生（彭真之子）回忆，彭真同志对法律方面有特别的兴趣。彭真同志1936年出狱，1938年任晋察冀边区的书记，1940年8月他就主持制定出了中共中央北方局关于晋察冀边区施政纲领，并且根据这个纲领提出要把晋察冀地边区建立成一个新民主主义、新社会的雏形。现在看来，这个纲领实际上是边区第一部新民主主义形式的宪法文件。彭真同志后来主持北京市的政法工作，新中国成立以后，又长期主管了北京市和中央的政法工作，包括主持全国人大常委的工作。他的法制实践对他的法律专业修养和法制思想的形成起到了非常大的作用。㉑

在20世纪80年代初那个百废待兴的特殊时期，一部法案的出台，与领导人的法学素养和政治决断是分不开的。当时，人们对于民法知之甚少，因此在起草过程中争议很大。也有人坚决反对把"法人"概念写入民法典。还有人认为把知识产权写入民法典就是把知识私有法定化，最后草案不得已只好把"知识产权"变通为"智慧成果权"。反对意见最激烈的是经济法学者，甚至上书中央要求不要制定《民法通则》，而应制定《经济法大纲》。第六届全国人大常委会特别是担任委员长的彭真同志审时度势，根据自己的专业知识和经验，尤其是从市场经济道路选择的高度，认为在中国颁布民法的时机已经成熟，最终坚定不移、排除重重阻力和障碍，使《民法通则》获得通过。因此法案的最后颁行，彭真委员长是当时最重要的推手。中国政法大学江平教授回忆说："今天回过头来看，这场争论绝不是什么'意气之争'、'领地之争'，这场争论背后的实质，是中国经济走向之争，是中国经济改革中计划作用与市场作用之争。"㉒旅美学者周大伟曾坦言："整个民法通则的制定和颁布过程，自始至终都带有强烈的中国特色——一次规模空前的全民讨论，一群学者的执着坚守、一次对立学派的绝地反击和一位领导人的重要指示，然后是一场旷日持久的学术争论的偃旗息鼓。"㉓这个例子也是对彭真同志"善断"思想的绝佳阐释。

㉑ 参见傅洋先生2005年9月22日在中国人民大学法学院作的《彭真委员长与民法通则》的报告。

㉒ 江平：《沉浮与枯荣——八十自述》，法律出版社2010年版，第311页。

㉓ 参见周大伟先生2009年11月12日在中国人民大学法学院作的《佟柔先生和中国法学教育》的报告。

二、民法起草要参考借鉴古今中外的法律规定和实践经验

民法与民众的现实生活息息相关，因而具有相当的复杂性和地方知识性。因其复杂性，必须多参考多借鉴国内外的相关经验，不能轻率决断；因民事生活受到地方文化、传统的深刻影响，又必然是一种地方性知识，必须考虑中国不同于西方国家的具体法律需求。因而彭真认为，起草民法参照国外各种民法典能很快搞出几百条，如果不符合中国实际，就不能解决问题。彭真同志在直接领导全国人大及其常委会的民法起草工作中，就我国的立法工作应该正确处理好总结本国经验与吸收、借鉴外国经验的问题，进行过多次论述。其中心思想是：在立法中，我们既要认真总结、充分体现我国历史上和现实中的经验，也要重视借鉴、合理吸收外国历史上和现实中的经验。但是，这些总结、体现、借鉴和吸收必须从中国的实际出发。㉔

（一）注重实际情况的调查研究

制定民法是将实际的民事经济关系涵摄进入法律文本并使之规范化的过程，因而立法必须反映现实的真实需求。彭真同志认为，民法"要以现实的经济关系为基础"，起草民法自然就需要"研究现实的社会经济关系"。㉕ 彭真同志强调现实的情况很复杂，现在我们不仅是处在社会主义社会这个历史过渡期间，而且正处在大调整的过渡期间，政治、经济、文化等各个方面的情况都在变化，面临着大量的新问题，而且有很多是根本性的问题。以当前的问题来说，经济体制正在调整和改革，许多试点的企业正在取得经验。农村社队联产计酬的生产责任制正在搞，还有政社分不分的问题等，这些都需要调查研究。特别是对重大的、有争议的问题，更需要充分进行调查研究。他还身体力行，在起草工厂法（全民所有制企业法）时，亲自到浙江、上海、江苏和东北三省进行调查研究。㉖。

㉔ 参见朱力宇：《彭真民主法制思想研究》，中国人民大学出版社1999年版，第160页。

㉕ 《在民法座谈会上的讲话》，载《彭真文选》，人民出版社1991年版，第422页。

㉖ 参见王汉斌：《彭真同志对我国社会主义民主法制建设的卓越贡献》，载《人民日报》1997年10月27日，第3版。

（二）借鉴中国民法史和先前经验

针对民法的制定，彭真同志谈到研究民法史的重要性。他指出研究问题、立法，不能割断历史。我国历史上并非没有民法，风俗习惯中也有很多民法的因素，即习惯法。民法本身"有自己的发展历史和体系"。㉗ 起草民法要"研究我国历史的实际，研究我国的民法史，批判地吸收其中好的有用的东西"。㉘

此外，彭真同志更为重视总结我国新民主主义革命和社会主义革命时期的有益经验。他认为在土地革命战争时期、抗日战争时期和解放战争时期，我们根据地的经验是很丰富的，如在解决民事纠纷领域，对马锡五审判方式的经验就要很好地加以总结。彭真同志还很重视法律制定以后在实施中产生的经验，他说，"无论民法，还是刑法，执行机关在第一线，他们有切身的经验。不吸收这方面的经验，集思广益，把意见统一起来，这个法不容易搞得更好"。㉙

（三）辩证地参考外国民法，借鉴外国经验

在法律全球化时代，比较法在法律起草中发挥着极为重要的功能。比较法，作为立法起草的前提，即借鉴外国法的活动。㉚ 彭真十分强调在立法活动中对外国法的借鉴。在全国民法座谈会上谈到外国民法时，彭真同志指出，"我们还要研究外国的民法"。研究对象既包括资本主义国家的民法，也包括社会主义国家的民法。"资本主义的民法比封建主义的进步，社会主义的民法比资本主义的进步，并且有本质的不同。""它们有很多经验可供我们借鉴，凡是好的、对我们有用的，都要吸收。"㉛因此全国人大常委会法制委员会（法工委的前身）成立之初，他就指示要收集主要资本主义国家的法律和法学杂志。当时，还发电报给我国一些驻外使馆，请他们帮助购买有关书籍。㉜

㉗ 《在民法座谈会上的讲话》，载《彭真文选》，人民出版社 1991 年版，第 423 页。

㉘ 同上。

㉙ 彭真：《立法要面向十亿人民，为了十亿人民》，载《论新中国的政法工作》，中央文献出版社 1992 年版，第 269 页。

㉚ 参见［芬］马蒂·尼米沃、化国宇、郭欣欣：《立法起草与比较法》，载《东方法学》2012 年第 3 期。

㉛ 《在民法座谈会上的讲话》，载《彭真文选》，人民出版社 1991 年版，第 423 页。

㉜ 参见宋汝棼：《回忆彭真同志抓经济立法二三事》，载《中国人大》2004 年第 7 期。

在对待外国经验的态度上，彭真同志坚持要客观、辩证地看待。他强调借鉴外国经验要"以四项基本原则，以历史发展的客观规律"为标准，"对中国社会主义有益的就吸收，对糟粕、毒素要抛弃，要批判"。[33] 国际的实践经验，如果适合我国的实际情况，表明是可行的或有把握的，我们可以加以借鉴。在《民法通则》起草的过程中，对于社会主义国家的有关立法经验，他提出，由于在生产资料所有制的社会主义改造基本完成以后，怎么过渡到共产主义，现在还没有一个国家有全面的成功的经验，我们也没有全面的、系统的解决办法，所以有些问题，从苏联、从其他国家可以找到些借鉴的经验，但不可能找到能够根本解决我们的问题的完整的答案。

中外合资经营企业法的制定是成功借鉴外国民事立法方面的典型案例。1979年改革开放之初，虽然我国当时还未办过中外合资企业，但是彭真领导法制委员会借鉴国外的经验和做法，尤其是列宁在新经济政策时期实行的租让制，成功地制定出了中外合资经营企业法，为当时的对外开放提供了重要的法律依据。

总之，彭真认为在立法过程中，"对外国的经验，不管是社会主义国家的，还是资本主义国家的，不管是英美法系，还是大陆法系，以及对我国的历史的经验，都要参考、借鉴。但是，要根据我国的实际情况，吸收其中对当前立法工作有益的好的东西，吸取精华，抛弃糟粕"。[34]

三、民法起草要符合中国实际，注意中国的特殊性

彭真同志1981年在民法座谈会上谈到，立法必须从中国的实际出发，调查研究现实的实际和历史的实际。他指出，"我们的民法是中华人民共和国的民法，不是苏联、东欧的民法，也不是英美、欧洲大陆或者日本的民法。我国的民法从哪里产生？要从中国的实际产生"。[35] 外国的合理经验要吸收，但不能照抄。只有从我国实际出发，按照社会主义法制原则，制定的民法，才能行得通。在谈

---

[33] 彭真：《发展社会主义民主，健全社会主义法制》，载《论新中国的政法工作》，中央文献出版社1992年版，第295页。

[34] 同上书，第396页。

[35] 《在民法座谈会上的讲话》，载《彭真文选》，人民出版社1991年版，第421页。

到法自身的体系与实际情况的关系时，他打了个比方，将其比喻为母子关系，中国的实际和十亿人民群众是民法体系的基础和来源，是母亲，而实际产生的法律法理是儿子。立法要从实际出发，同时法也有自己的体系，但如果两者不一致，法还是要服从实际情况。

彭真还说："我们中国的民法最早是由德国人和日本人来帮助起草的，这个里面接受了很多德国和日本的东西，但是从家庭亲属关系等方面，哪怕国民党时期的民法也是和西方不一样的，这也说明我们的立法必须从中国的实际出发。"㊱

因此，彭真同志一再强调，起草民法，要认真进行调查研究，了解中国不同于其他国家的具体实际，同时要学会马克思主义的世界观和方法论，要客观全面本质地看问题，避免主观地、片面地、表面地看问题。根据彭真同志的要求，在审议每一项法律草案时，法工委的都要到地方进行调查研究，将法律草案印发地方和有关部门书面征求意见，或者召开有地方、部门、法律专家和实际工作者参加的座谈会，这样才能比较全面地反映中国实际。

在民事法律的起草过程中，中国的确有很多的实际情况是非常特殊、前所未有的。彭真同志审时度势，在从实际出发、实事求是的基础上，针对民法起草中面临的中国特殊性问题，提出了几条具体的指导思想。

（一）民法起草要注意群众的风俗习惯

彭真同志多次提出，"立法必须从中国的实际出发，调查研究现实的实际和历史的实际"。就民法起草而言，现实的实际就是要调查研究现实的社会经济关系。㊲ 而调查研究历史的实际，彭真同志以民法起草为例，提出对许多民事关系如继承、分家等，都要注意群众历史形成的风俗习惯。他认为所谓的旧礼教就包含着群众中的大量风俗习惯，实际上也是民法的一部分。"国民党虽然有民法，但在农村恐怕也不曾起多大作用，那里还是按风俗习惯、老的传统办事的多。"㊳"因此，对群众中的风俗习惯和传统不要小看，要很好的调查研究，忽略

㊱ 参见傅洋先生 2005 年 9 月 22 日在中国人民大学法学院作的《彭真委员长与民法通则》的报告。

㊲ 参见上文对于彭真同志关于"调查研究现实的社会经济关系"思想的论述。

㊳ 《在民法座谈会上的讲话》，载《彭真文选》，人民出版社 1991 年版，第 422 页。

了，就很难行得通，特别是在农村。”[39]但他同时也指出，“当然，对风俗习惯要站在无产阶级的立场，最大多数人民最大利益的立场具体分析，抛弃其中封建的落后的东西，吸收好的、有用的东西”。[40]

（二）注意处理好社会发展对民法的迫切需求与法律严肃性和稳定性的矛盾

法的严肃性是指法律必须具有权威，法律的制定、修改和废止都必须遵循严格的法定程序，颁布的法律必须得到严格实施，不打折扣，不因人因言而废法废制。法的稳定性是指法律、法规一经制定和实施，就应当在一定时期内保持相对不变，绝不能朝令夕改。[41]

面对经济体制的转型，民法起草复杂且缺乏经验等困难，考虑到法的严肃性和稳定性问题，彭真提出制定民法既要积极，又要慎重的主张。他指出，“民法就要比较慎重，制定不久就得改，那就不大好”。[42] 在改革开放的新时期，亟须制定一批基本法，立法任务艰巨，工作量很大，但是，由于实际情况正处于改革变化中，许多工作还只是试验和积累经验阶段，立法只能跟随实践经验亦步亦趋，不能主观片面地贪多求全。我们要根据实际的需要和可能，有计划、有步骤地进行立法工作，做到既积极又慎重，不能匆忙、草率立法，以保持法律的严肃性和稳定性。[43] 彭真同志鼓励大家：“一个要积极，一个要耐心。刑法搞了三十多稿，先有惩治反革命条例、惩治贪污条例等单行条例，都是先有了实践经验……才制定出法。民法没有经验，恐怕时间要更长些，要经过更多的反复修改……法总是不能一下搞完善的，能写多少写多少，以后成熟了，再补充。”[44]总之，一方面，立法要积极、抓紧，不能慢慢腾腾；另一方面，又要慎重，不成熟的不能立法。[45]

这种不贪大求全，“成熟一个立一个”的指导思想虽然有利于维护法律的严

[39] 《在民法座谈会上的讲话》，载《彭真文选》，人民出版社1991年版，第422页。

[40] 同上。

[41] 参见朱力宇：《彭真民主法制思想研究》，中国人民大学出版社1999年版，第154页。

[42] 《在民法座谈会上的讲话》，载《彭真文选》，人民出版社1991年版，第424页。

[43] 参见《在第六届全国人民代表大会第一次会议上的讲话》，载《彭真文选》，人民出版社1991年版，第476～477页。

[44] 《民事诉讼起草中的几个问题》，载《彭真文选》，人民出版社1991年版，第403页。

[45] 参见彭真：《做好省级人大常委会的工作》，载《论新时期的社会主义民主与法制建设》，中央文献出版社1989年版，第199页。

肃性和稳定性，但是另一个问题又出现了。由于当时经济体制改革正在进行，民商事关系发展很快，现实中存在对民商事法律的需求，但是由于民商事关系又处在一个不断变革的过程中，加之经验不成熟，却又不具备立法条件。为了解决这一矛盾，以彭真同志为核心的委员长会议认为需要由全国人大授权国务院在经济体制改革和对外开放方面可以制定暂行规定或者暂行条例，[46]待经验成熟之后再由全国人大制定法律。这一创举既维护了立法的严肃性和稳定性，又能够解决经济体制改革和对外开放工作的实际需要。实践证明，上述做法对维护法的严肃性和稳定性是有利的。

（三）民事程序法先于民事实体法出台符合中国实际需要

1979 年 9 月，全国人大法制委员会成立了两个法律起草小组：民法起草小组和民事诉讼法起草小组。由于条件尚不成熟等原因，民法的制定工作被暂时搁置起来，但是民事诉讼法的起草却已经相对成熟。那么，在实体法尚未制定和颁行的情况下，是否可以先行制定和颁行民事诉讼法？

起草小组的学者认为，民事诉讼法有其自身独特的价值和意义，人民法院适用民事单行法规，也需要程序法的规范，而且在国际上，民法和民事诉讼法的颁布顺序并没有一定之规，两法有同时公布的，有先颁布民法后颁布民事诉讼法的，也有先颁布民事诉讼法而后颁布民法的（如匈牙利）。民法和民事诉讼法颁布的先后顺序如何，应取决于本国的具体国情。[47]

而当时的国情是，虽然没有一部统一的民法典，但实体法意义上的民事法规还是大量存在的，人民法院适用这些实体法规，就必须按照程序法的规定进行。随着改革开放，法院需要审判的民事案件大量增加，因而对民事诉讼法的需求也是十分迫切的。如果因为民法的暂时搁浅而推迟出台民事诉讼法，必然也会在某种程度上放缓中国社会的经济发展和改革开放进程。

针对学者们的意见，彭真同志高瞻远瞩，认可了“可以在民法通过之前先公布民诉法”。[48] 民事诉讼法是程序法，不同于民法、刑法等实体法，不直接涉及实

---

[46] 参见《关于立法工作》，载《彭真文选》，人民出版社 1991 年版，第 504 页。

[47] 参见柴春元：《民诉法：先于实体法颁布》，载《检察日报》2009 年 9 月 2 日，第 4 版。

[48] 《民事诉讼起草中的几个问题》，载《彭真文选》，人民出版社 1991 年版，第 403 页。

体利益,较民法更为容易通过,因而可以“由全国人大常委会通过试行,试行修改后,再提请全国人大正式通过”。[49] 最终,立法机关采纳了学者们的意见。

(四)起草民法典的复杂性和长期性要求制定民法要坚持“两条腿走路”的立法工作方针

彭真同志十分重视制定民事和经济方面的法律。早在1981年刚刚开始起草民法时,彭真同志就敏锐地察觉到“民法不是短期可以制定的”。他说:“这不是我们不努力,而是问题本身就十分复杂,加上体制正在改革,实际上有困难。”制定完整的民法典条件不成熟,彭真提出采取“零售”的方法,即一方面继续制定民法,另一方面同时制定单行法,民法和单行法可以同时并进,成熟一个制定一个,也可以把民法草案中比较成熟的部分,作为单行法规先提出审议、公布。成熟多少写多少,不成熟的不要定,也不一定要十分完备,以后还可以补充。”[50] 由此形成了“两条腿走路”的立法工作方针。

在他的主持下,全国人大及其常委会相继制定了《婚姻法》《经济合同法》《商标法》《专利法》《继承法》。随着各类单行法的颁布,立法机关实际已经意识到其所面对的问题:随着改革开放进一步扩大,商品经济越来越活跃,民商事生活逐步成为一种常态,面对新兴的民商事问题与纠纷,因缺乏基本的法律依据,法院审判活动捉襟见肘,已威胁到正常法律秩序的建立和司法机构的权威。但当时,一方面是立法能力的不足,另一方面,对民法的紧迫需求无法给予充足的时间,因而制定一部完备的民法典的时机并不成熟。正值此时,彭真同志及时提出了从中国实际出发,在民法典第四稿的基础上,再制定一部总则性质单行法,即概括性的民事基本法律(《民法通则》)的主张。“(《民法通则》)草案可以对比较成熟或者比较有把握的问题作出规定,一些还不成熟、把握不大的问题,可以暂不规定。”[51]在彭真同志的亲自领导下,完成了《民法通则》的制定工作。它规定了民法的基本原则、公民(自然人)制度、法人制度、民事法律行为和代理制

---

[49] 《民事诉讼起草中的几个问题》,载《彭真文选》,人民出版社1991年版,第403~404页。

[50] 《在民法座谈会上的讲话》,载《彭真文选》,人民出版社1991年版,第424页。

[51] 王汉斌:《关于〈中华人民共和国民法通则(草案)〉的说明——1986年4月2日在第六届全国人民代表大会第四次会议上》,载《中华人民共和国国务院公报》1986年第12期。

度、民事权利制度、民事责任制度、诉讼时效制度、涉外民事关系的法律适用制度。这实际上是一部小民法典，正式确立了新中国的民法制度，为中国的改革开放、经济发展、社会进步、人民权利维护奠定了法治基础，提供了坚实法律保障。

基于“正反合”定律的良法重述

刘风景*

摘　要：黑格尔提出的正反合逻辑定律，是准确理解良法的重要进路。良法包含真、善、美三个维度，从而衍生出其下位的真法、善法和美法。与此相对应，良法对立物的劣法就有假法、恶法和丑法。识别假法、恶法、丑法，对良法理论的构建具有不可替代的方法论价值。在立法过程中，采取各种措施努力消除劣法，改进立法质量，可以达致更高水平的良法。立良法，行善治。良法只有转化为善治，才是真实意义上的良法。

关键词：良法　正反合定律　善治

党的十八届四中全会《中共中央关于全面推进依法治国若干重大问题的决定》提出：“法律是治国之重器，良法是善治之前提。”就执政党而言，良法系重大理论创新，对其进行系统的阐述，对于建设中国特色社会主义法治国家具有重要的指导意义。无疑地，对良法的认知与把握，有多个视角。德国哲学家黑格尔提出的正反合逻辑定律，是理解良法的重要进路。在黑格尔看来，辩证法是由正题、反题与合题组成的，正题必然地派生出它的对立面—反题，最终二者都被扬弃而达到统一的合题。与其他事物一样，良法也要经历“正—反—合”的辩证发展过程。因此，正反合定律可为我们研究良法现象，增加新的观察视角和分析工具，从而有助于深化理论认识、拓展法治实践。

* 刘风景，华东政法大学教授。

一、正题：良法的含义

关于良法，吴经熊指出："'公道'是以'真'为基础；以'美'为理想；而以'善'为方法，具备了真，善，美，法律才能夸耀他的结晶！——'公道'"。① 符合公道的法律才是良法，而良法又具体呈现为真、善、美三个维度。沿着这个进路，我们可将良法进一步分解为三个侧面：尊重并体现客观规律之真法，契合政治伦理的善法以及形式科学合理的美法。

第一，体现客观规律的真法。社会物质生活条件培植了人们的法律需要，同时又决定着法的本质。马克思恩格斯在《共产党宣言》中论述到资产阶级观念时明确地指出，"你们的法不过是被奉为法律的你们这个阶级的意志一样，而这种意志的内容是由你们这个阶级的物质生活条件来决定的"。② 要认清法的本质，认识法产生和发展的规律，就必须深入到社会物质生活条件之中。

真法应当符合事物本质。在法学领域，经常会提出从"事物本质"推导出正确规则的要求。米开朗琪罗应该也是从敲打每一块大理石中隐约地预见了大卫雕塑的模样，并从大理石中把这雕像刻画了出来。而法学人士按照"事物本质"做出的决断，和米氏的方法是一样的。可是，虽然理念可以给材料定型，但这种材料中的理念体验是一种直觉的偶然巧合现象，而不是认识事物的方法。因此我们认识该问题的方法仍然是，应然定理不能运用归纳法从实然事实中得以证明，而只能运用演绎法从另外一些应然定理中推导出来。③ "在我们对事物进行整理安排之前，我们必须深入它们之中，谛听它们的声音。"④从根本上说，事物本质决定着立法者的选择，它已然把某个结果强加给了立法机关。"立法者应该把自己看作一个自然科学家。他不是在创造法律，不是在发明法律，而仅仅是在表述法律，他用有意识的实在法把精神关系的内在规律表现出来。如果一个立法者用自己的臆想来代替事物的本质，那么人们就应该责备他极端任性。同

---

① 吴经熊：《法律艺术化》，载孙莉主编：《东吴法学先贤文录·法理学卷》，中国政法大学出版社 2015 年版，第 421 页。

② 《马克思恩格斯选集》（第 1 卷），中共中央马克思恩格斯列宁斯大林著作编译局编译，人民出版社 2012 年版，第 417 页。

③ 参见［德］G. 拉德布鲁赫：《法哲学》，王朴译，法律出版社 2005 年版，第 8～9 页。

④ ［德］H. 科殷：《法哲学》，林荣远译，华夏出版社 2002 年版，第 152 页。

样,当私人想违反事物的本质恣意妄为时,立法者也有权利把这种情况看作是极端任性。”⑤事物本质即是一种法,是立法者的主观意志无法左右的自在之物。

第二,契合政治伦理的善法。以社会物质生活条件为基础、符合事物本质,只是良法的必要条件,而非充分条件。马克思指出:“从前的研究国家法的哲学家是根据本能,例如,功名心、善交际或者虽然是根据理性,但并不是社会的而是个人的理性来构想国家的。现代哲学持有更加理想和更加深刻的观点,它是根据整体观念来构想国家的。它认为国家是一个庞大的机构,在这里,必须实现法律的、伦理的、政治的自由,同时,个别公民服从国家的法律也就是服从他自己的理性即人类理性的自然规律。”⑥善法并非中性概念,它具有特定的价值规定性,应符合崇高的政治伦理。“法理学的核心问题是道德原则问题,而不是法律事实或战术问题。”⑦查士丁尼的《法学总论》即明言:“法学是关于神和人的事物的知识;是关于正义和非正义的科学。”“法律的基本原则是:为人诚实,不损害别人,给予每个人他应得的部分。”善法应符合特定的伦理准则、道德观念。

善法应具有民主性,充分体现广大人民的意志。“只有当法律是人民意志的自觉表现,因而是同人民的意志一起产生并由人民的意志所创立的时候,才会有确实的把握。”⑧少数统治者的专断意志也可能成为法律,但绝不能成为良法。体现绝大多数人的利益与意志,是良法的最重要根据。

自由是法律的基本价值,善法应保障公民自由。“法律不是压制自由的措施,正如重力定律不是阻止运动的措施一样。因为作为引力定律,重力定律推动着天体的永恒运动;而作为落体定律,只要我违反它而想在空中飞舞,它就要我的命。恰恰相反,法律是肯定的、明确的、普遍的规范,在这些规范中自由获得了一种与个人无关的、理论的、不取决于个别人的任性的存在。法典就是人民自由的圣经。”⑨为了保障自由,法律不能干预人的思想。“追究倾向的法律,即没有

---

⑤ 《马克思恩格斯全集》(第1卷),中共中央马克思恩格斯列宁斯大林著作编译局编译,人民出版社1995年版,第347页。

⑥ 同上书,第228页。

⑦ [美]罗纳德·德沃金:《认真对待权利》,信春鹰、吴玉章译,上海三联书店2008年版,第21页。

⑧ 《马克思恩格斯全集》(第1卷),中共中央马克思恩格斯列宁斯大林著作编译局编译,人民出版社1995年版,第349页。

⑨ 同上书,第176页。

规定客观标准的法律,是恐怖主义的法律;在罗伯斯比尔执政时期,国家在危急情况下所制定的就是这样的法律,在罗马皇帝们在位时期,国家在腐败不堪的情况下所制定的也是这样的法律。凡是不以当事人的行为本身而以他的思想作为主要标准的法律,无非是对非法行为的实际认可。"⑩法律只是调整人的外在行为的规范,如果以人的思想作为追责的对象,即为执法者任意出入人罪提供了借口,公民的自由就得不到有效的保障。

良法还意味着立法者应诚实守信。"法律不应该逃避说真话的普遍义务。法律负有双重的义务这样做,因为它是事物的法理本质的普遍和真正的表达者。因此,事物的法理本质不能按法律行事,而法律倒必须按事物的法理本质行事。但是,如果法律把那种未必能叫作违反林木管理条例的行为称为盗窃林木,那么法律就是撒谎,而穷人就会成为合法谎言的牺牲品了。"⑪法与道德有着十分密切的联系,它们互相渗透、互相制约、互相保障。法律能够维护社会的基本的道德秩序,也需要从社会道德中寻求自己的正当性资源。立法者诚实守信而不欺瞒愚弄百姓,法律才能发挥积极的作用,法治才能获得实质性推进。

第三,具有科学形式的美法。马克思说:"动物只是按照它所属的那个种的尺度和需要来构造,而人懂得按照任何一个种的尺度来进行生产,并且懂得处处都把内在的尺度运用于对象;因此,人也按照美的规律来构造。"⑫良法的形式要求,也就是其实证因素,是法律制度在形式上所具有的优良品质。"如果说民法只是以法的形式表现了社会的经济生活条件,那么这种准则就可以依情况的不同而把这些条件有时表现得好,有时表现得坏。"⑬法律有它自己的一般特性如国家意志性、行为规范性、权利义务性、国家强制性等,以及由此产生的其他特性如普遍性、公开性、确定性、不溯及既往性、相对稳定性、继承性等。法律有自己的一系列特有的范畴如法律关系、法的渊源、法的效力、违法与犯罪、法的责任

---

⑩ 《马克思恩格斯全集》(第1卷),中共中央马克思恩格斯列宁斯大林著作编译局编译,人民出版社1995年版,第120页。

⑪ 同上书,第244页。

⑫ [德]马克思:《1844年经济学哲学手稿》,中共中央马克思恩格斯列宁斯大林著作编译局编译,人民出版社2000年版,第58页。

⑬ 《马克思恩格斯选集》(第4卷),中共中央马克思恩格斯列宁斯大林著作编译局编译,人民出版社2012年版,第417页。

等,这些都有自己的特征和构成要素以及此事物区别于彼事物的特定界限,都有它的客观性、必然性和应然状态。

美法对语言也有着特定的要求。“彻底的清晰达畅同时就是美。”⑭好的法律语言在我们心理引起一种反应,作用在我们的精神波长上。我们在自身之内有一个和法律语言的发送器相同波长的接收器。就如同士兵们按照鼓点行军一样,我们是被法律语言的结构、韵律和声音迷惑住了。“语言承载着我们基因中继承的文化感觉;我们对法律的服从,乃是源于一种两厢情愿的内在冲动,我们把这种冲动当做道德义务甚至是快乐来体验。法律在我们体内引起共鸣。法律是我们自己的;我们现在要做我们应该做的,因为我们与之相和谐。没有任何自由的法律体系能没有这一点而有所发展。”⑮优美的法律语言,可改变社会成员对于法律的束缚性、约束性、压迫性的消极意象,将权利义务内化为内心的自觉追求,从而主动地遵守、信仰、爱护、捍卫法律。

综上所述,作为承载价值的词汇,良法内置着真善美的因素,它就是真善美之法。良法在内容上,必须合乎调整对象自身的规律;在价值上,必须体现公平正义原则和民主原则;在形式上,必须具有科学性。但是,理想与现实总是有距离的,由于各种复杂的原因,现实社会中并非所有的法律都是良法,因而,需要人们细查明辨,拒斥排除。

二、反题:良法的对立物“劣法”

在概念上,良法有广义和狭义之分。广义的良法是指对社会发展起积极作用的法。狭义的良法是指通常所说“恶法非法”命题中与“恶法”相对的法。广义的良法就是“真、善、美”的法。“真”是指法的内容的合规律性,即符合事物性质,反映时代精神,适应客观条件。“善”是指法的价值的合目的性,即体现人类正义,实现人民利益,促进社会进步。“美”是指法的形式的合科学性,即结构严

---

⑭ [德]古斯塔夫·拉德布鲁赫:《法律智慧警句集》,舒国滢译,中国法制出版社2016年版,第142页。

⑮ [德]伯恩哈德·格罗斯菲尔德:《比较法的力量与弱点》,孙世彦、姚建宗译,清华大学出版社2002年版,第165页。

谨合理，体系和谐协调、语言规范统一。⑯ 如果采广义的良法概念，即意味着它有真、善、美三个维度，从而衍生出其下位的真法、善法和美法，相应地，良法的对立物就有假法、恶法和丑法。考虑到汉语中"良"的反义词是"劣"，因此，与广义的良法相对应，良法的对立物不仅仅是恶法，还有假法与丑法，它们统称为劣法。

第一，主观任性的假法。假法，也称错法，是与经济社会发展相脱节，不能符合实践需要，以致无法同整个社会系统相适应的法律文件。在我国，有的法律未能全面反映客观规律，针对性、可操作性不强；有的法律规定，已不适应形势环境的变化和事业发展的要求，需要修改、废止或解释；有的地方领导"拍脑袋"决策，搞立法上的"形象工程""政绩工程"，一些不该立的法仓促上马。就经济法而言，"假法"主要有：有碍于经济发展和市场机制正常实现的法；不能站在社会整体角度平衡各种利益的法；不能与国家政策协调、配合的法；不尊重民间社会规范的法；与社会主流价值不相吻合的法。⑰ 依凭立法者主观意志而制定出来的法律，很可能不符合其自身规律，不能充分发挥其应承担的社会职能，甚至可能起负作用，阻碍社会的发展，成为"假法"。例如，美国内华达州立法机关曾制定这样一项法律，要求每一政府官员买一双"科约特"的耳朵带到办公室来。科约特是一种类似小狗的吃羊的野生动物，而在内华达州养羊是一项重要的产业。政府鼓励购买科约特的耳朵旨在刺激人们猎获科约特，以便减少科约特的数量。然而，农民们却开始在他们的栏中家养科约特。他们能够这样做，而且把那些耳朵卖给政府能够赚取不少利润。法律并没有使科约特数量减少，反而导致了其数量的增加。⑱ 再如，沈阳市人大常委会在 1994 年 7 月通过了《沈阳市关于禁止燃放烟花爆竹的规定》，同年 9 月又经辽宁省人大常委会批准，于 1994 年 12 月 1 日起实施。在它不满 4 周岁的 1998 年 8 月，沈阳市人大常委会又通过了《关于废止〈沈阳市关于禁止燃放烟花爆竹的规定〉的决定》。这部地方性法规由生到死的历程，昭示着与社会物质生活条件、人们的觉悟程度及道德水准想脱

---

⑯ 参见李步云、赵迅：《什么是良法》，载《法学研究》2005 年第 6 期。

⑰ 参见史际春、孙天承：《论"错法"现象：以经济法领域为中心》，载《南京师范大学学报》2015 年第 2 期。

⑱ 参见[美]安・塞德曼等：《法律秩序与社会改革》，时宜人译，中国政法大学出版社 1992 年版，第 34 页。

离的法律,是无法真正地发挥作用的,很快即被废止。

第二,德行缺失的恶法。“假法”“错法”的问题是不能保障和促进经济、社会、政治、文化等全面协调发展,并不存在重大的道德瑕疵,直观上“恶”性不彰。“当一个人做错事的时候,并不是因为他本性恶劣或无能,而是因为他不知道更多的知识。”⑲而“恶法”是一种偏离法律应然道德基准的法现象,它与正义相对立,缺失正当价值构成和优良道德基础,与“作为正义原则”的之整体相悖。如果说“假法”是立法者不能审时度势而主观臆断的产物,那么“恶法”就是坏心招大祸。⑳ 两者比较,恶法为害尤甚,人们对其要保持高度的警惕。“凡正义根本不被追求的地方,凡构成正义之核心的平等在实在法制定过程中不被承认的地方,法律不仅仅是‘非正确的法’,它甚至根本上就缺乏法的性质。”㉑在我国,有的法律没有充分体现民主立法原则,没能全面反映人民意愿;有的法律制定和修改由主管部门动议和起草,部门权力和利益直接体现在法律草案之中;有的部门对规定自身责任和义务的立法积极性不高,导致一些重要立法迟迟不能出台。更有甚者,立法腐败现象也时有出现,它表现为立法者在法律起草、审核、修改或解释过程中违反自己担负的法定职责,以权谋私、贪赃枉法,使公共利益或他人利益受到损害的行为。2010年5月21日,商务部条法司官员郭京毅以受贿845万元被判处死刑缓期二年执行。郭京毅在商务部任职22年期间,一直是外资并购项目审批领域的关键人物,几乎参与和主管了中国此前20多年来的外资法律法规的起草和修订工作。2003年出台的《外国投资者并购境内企业暂行规定》,由于规定不够明确具体,可操作性差,导致政府一度对外资并购监管不力。为此,2006年又出台了《关于外国投资者并购境内企业的规定》,一些关键性条款仍然非常模糊,这为郭京毅等人在其后几起并购案件的审批中贪赃枉法、上下其手提供了可能。

还有,那些表面上似乎没什么瑕疵,但行为导向错误、拉低社会道德水准的

---

⑲ [美]汉斯·摩根索:《科学人对抗权力政治》,杨吉平译,上海译文出版社2017年版,第12页。

⑳ 参见史际春、孙天承:《论“错法”现象:以经济法领域为中心》,载《南京师范大学学报》2015年第2期。

㉑ [德]古斯塔夫·拉德布鲁赫:《法律智慧警句集》,舒国滢译,中国法制出版社2016年版,第33页。

法律,也难称善法。例如,诱发“假离婚”现象频发的各类法律,就需要人们认真的审视。“假离婚”就是婚姻双方当事人在并不具有离婚的真实意思的情况下,为了规避法律,追求某种不正当利益,相互串通,弄虚作假,共同故意欺骗婚姻登记机关或法院,而解除婚姻关系的行为。其真实原因主要有:转移财产、恶意赖账,逃避赔偿责任,逃避房屋拆迁补偿,骗取低保,逃避计划生育处罚,骗取商品房购买指标,出国等。“假离婚”从表面上看,夫妻双方都是通过婚姻登记机关或人民法院办理的离婚手续,也都持有有关机关出具的离婚证、法律文书等。对此,固然可归咎于当事人法治意识不强、道德水准低下,但是,更深层次的分析发现,立法不够严谨审慎,权利义务内容设置不合理,不当地刺激放大人性丑恶的一面,成为“假离婚”等不道德行为产生的制度诱因。

第三,形式粗陋的丑法。有些法律对调整的问题还不明确、有缺项,没有作出必要的规定;法律、行政法规、地方性法规、规章之间相互冲突,上下左右关系不够协调。其中,下位法与上位法的“抵触”情形,所带来的负面影响特别突出。这主要有:上位法有明确的规定,与上位法的规定相反的;虽然不是与上位法的规定相反,但旨在抵消上位法的规定,即搞“上有政策下有对策”;上位法没有明确规定,与上位法的立法目的和立法精神相反的;违反了本法关于立法权限的,越权立法的;下位法超出上位法规定的处罚的种类和幅度。“法律乱七八糟,含义不清,使主张公道的人不知道自己应该站在哪一方面,只好由心血来潮作出决定。法律订得神秘、含糊、复杂,说明立法者故意设置陷阱,引人入彀。法律应该写得清楚明白,使应该守法的人一目了然。”㉒法律规定模糊、抽象、矛盾,会给法律执行者滥用权力、徇私枉法、不负责任提供了空间。法具有一般性,它通过普遍性地告知人们可以做什么、禁止做什么、必须做什么,而对人的行为进行规范和指引。法律是针对一类人、一类事而立的,是对其调整的对象反复适用的社会规范。那些针对某个人、某件事而立的规定,只是个别命令,不配称为法律,更不是良法。立法技术粗糙、规定不细致的“丑法”,往往会对法的内容、法的价值产生负面影响,进而蜕变为“假法”“恶法”。

在观察良法时,眼光应常常光顾其对立物——劣法,在两者之间循环往复、

㉒ [法]霍尔巴赫:《自然政治论》,陈太先、眭茂译,商务印书馆1994年版,第282页。

彼此对照,可使研究具有明显的问题意识,充满学术张力。目前,绝大部分学者都热衷于对良法的正面论述,而对劣法则少有关注。实际上,在良法理论的构建完善过程中,对假法、恶法、丑法等劣法进行认识和把握,具有不可替代的方法论价值。首先,良法的存在离不开其对立物。毛泽东指出:“人们历来不是讲真善美吗? 真善美的反面是假恶丑。没有假恶丑就没有真善美。”㉓真善美之法与假恶丑之法是对立统一的。它们是良法理论两个分离的、相反的成分,是两个互相排斥的对立面。同时,它们又是相互依存、相互对照的。良法与劣法都不可能孤立存在和发展。它们的存在和发展都必须以另一方的存在和发展为条件,每一方只有在与另一方的联系中才能获得其自身的本质规定性。其次,良法的认识需要反向比照其对立物。“没有什么对象可以单单就其本身而得到理解。它总是需要对立面,唯有通过比照其他对象方可获得承认。”㉔对良法现象的认知,如果没有其对立物的比照,将是片面的、肤浅的。“术语都是通过其正在使用的对称(反义)词来获取某种特定涵义的。”㉕良法概念正是借助其对立物,通过“伪法”“恶法”“劣法”等反义词来界定的,而且,从假恶丑之法的角度,对良法进行反向把握,更容易在多元的社会之中形成共识。“对于完美的善的性质是什么,有理性的人永远都会意见分歧,但对于经验教导我们应试图防止的邪恶,人们则少有异议。”㉖或许,对真善美之法人们的认识具有一定的主观性,难免出现“公说公有理婆说婆有理”的意见分歧,但对什么是劣法则更容易达成共识。形成社会共同的良法观念,可减少内耗、增进团结,是推进法治建设的强大力量。最后,良法的形成需要其对立物的转身推进。“只有我们一看到恶行,便该马上防止它们再度发生,我们的任务很清楚:发明并支持用来制止(或减缓)这些恶行的权利。”㉗单纯的良法是一种完满的、静止的状态,而在遭遇到“伪法”“恶法”“劣法”时,人们才会产生强烈的改变的冲动。对于劣法,人们是忍无可忍的,会采取各种措施即时予以清除。“因为合法的发展不可能没有法律的发展,因为

㉓ 中共中央文献研究室编:《毛泽东文集》(第 7 卷),人民出版社 1999 年版,第 280 页。

㉔ [德]施塔姆勒:《现代法学之根本趋势》,姚远译,商务印书馆 2016 年版,第 140 页。

㉕ [奥]欧根·埃利希:《法社会学原理》,舒国滢译,中国大百科全书出版社 2009 年版,第 483 页。

㉖ [美]艾伦·德肖维茨:《你的权利从哪里来?》,黄煜文译,北京大学出版社 2014 年版,第 71 页。

㉗ 同上书,第 73 页。

法律的发展不可能没有对法律的批评,因为对法律的任何批评都会在公民的脑子里,因而也在他的内心,引起与现存法律的不协调,又因为这种不协调给人的感觉是不满,所以,如果报刊无权唤起人们对现存法定秩序的不满,它就不可能忠诚地参与国家的发展。"㉘物极必反,触底反弹。现实中存在的损害社会成员利益,导致触目惊心的严重后果的各种法律制度,可反向激发人们对良法的激情与渴求。毛泽东指出:"真的、善的、美的东西总是在同假的、恶的、丑的东西相比较而存在,相斗争而发展的。"㉙对假恶丑之法的厌恶、批判、消灭,可成为追求真善美之法的强劲动力。"法律不是针对善,而是针对恶来制定的。一项法律越是在它的接受者那里以恶性为前提,那么它本身就会越好。"㉚良法是由问题倒逼而产生,又在不断解决问题中持续地改进完善的。

三、合题:立良法行善治

在正反合定律看来,合题是在正题、反题基础上的超越与创新,是事物经过肯定、否定和新的肯定的螺旋式发展过程的关键环节。真善美之法是立法所意欲制定的,但在法制实践中难免会出现各种假恶丑之法,采取各种措施改进立法质量,可以达致更高水平的良法。在善治的形成过程中,良法居于主动地位。"如果认为在立法者偏私的情况下可以有公正的法官,那简直是愚蠢而不切实际的幻想!既然法律是自私自利的,那么大公无私的判决还能有什么用处呢?法官只能一丝不苟地表达法律的自私自利,只能无所顾忌地运用它。在这种情况下,公正是判决的形式,但不是它的内容。内容已被法律预先规定了。"㉛立法是法治建设的根本,它规定了司法、执法和守法的性质与方向。"忠实地实施一项差劲的制定法不可避免地会使事情变得更糟而不是更好。"㉜立良法,行善治。

㉘ 《马克思恩格斯全集》(第1卷),中共中央马克思恩格斯列宁斯大林著作编译局编译,人民出版社1995年版,第427~428页。

㉙ 中共中央文献研究室编:《毛泽东文集》(第7卷),人民出版社1999年版,第230页。

㉚ [德]古斯塔夫·拉德布鲁赫:《法律智慧警句集》,舒国滢译,中国法制出版社2016年版,第105页。

㉛ 《马克思恩格斯全集》(第1卷),中共中央马克思恩格斯列宁斯大林著作编译局编译,人民出版社1995年版,第287页。

㉜ [美]凯斯·R.桑斯坦:《权利革命之后:重塑规制国》,钟瑞华译,中国人民大学出版社2008年版,第96页。

良法是善治的必要条件，但不是善治的充分条件。在社会治理过程中，良法仅仅为善治提供了可能，而非必然导致善治。在制定良法之后，还要通过严格执法、公正司法、全民守法，转化为和谐的社会秩序。“天下之法，不难于立法，而难于法之必行。”只有把良法贯穿于政治、经济、文化、社会和生态建设之中，方可谓之善治。仅停留于纸面状态的“良法”，就是一张无法兑现的支票。良法只有转化为善治，才是真正意义上的良法。

第一，去伪存真。在最终意义上讲，法律是由特定的社会物质生活条件决定的，社会的物质生活条件决定了法的本质和内容。“自然科学从法那里借来了自然法则这样一个基本概念，尔后又回报以自然法。和自然法则一样，法律法则也不能为人类发明，而只能为人类所发现；不能为人类所规定，而只能为人类所确定。和自然法则的效用一样（‘但地球终究是在转动着！’），法律规则的效力也超越了人类立法者的任意。面对科学认识的自然法，偏颇的人为规则必然消失，就像面对公之于众的真实，被揭穿的错误必须消失一样。国家立法将成为一种科学的理论观点与其他科学理论并存，法哲学家则取代了立法者的地位。”㉝由于政治、法律、哲学、宗教、文化等的发展在以经济发展为基础的同时，它们彼此间又都相互影响，因此法律反映社会的经济、政治、文化、科技活动的特定内容，也要受到道德、宗教、习惯等的影响。

立法者应抱有审慎的心态，慎重行使立法权，不能通过立法随便介入社会生活。“一个国家的高层政策决策者不仅要知识渊博，更须了解自己并非无所不能。历史上最大的政策失误都是因为领导人过度高估自己的知识和能力。”㉞在影响法律存在发展的诸多因素中，经济是最具决定意义的方面。在市场经济条件下，适度的法律调整，应在个人尽可能大的自由选择与国家尽可能小的主动干预的基础上确定。党的十八届三中全会决定指出：“经济体制改革是全面深化改革的重点，核心问题是处理好政府和市场的关系，使市场在资源配置中起决定性作用和更好发挥政府作用。”这一表述对市场的地位和作用进行了重新定位，表明相对于政府的干预，市场这只“看不见的手”更有力量。违背市场规律、任

㉝ ［德］古斯塔夫·拉德布鲁赫：《法律智慧警句集》，舒国滢译，中国法制出版社 2016 年版，第 37 页。

㉞ ［印］考希克·巴苏：《政策制定的艺术》，卓贤译，中信出版社 2016 年版，第 187 页。

意干预经济发展的法律,绝不能成为良法。真法必须适应社会物质生活条件,立法者不能任意创设法律规则。"我们必须认识到,这个世界上许多最有害的行动的根源,常常不是那些恶人,而是那些品格高尚的理想主义者;更有甚者,即使是全权主义这种野蛮状态的基础,也是由那些高尚且善意的但却从不承认自己酿成的后果的学者奠定的。"㉟社会秩序从根本上说不是由人的智识预先设计的,个人的理性是由相应的社会生活状况所决定的,人类社会中绝大部分社会关系和社会秩序都是社会主体在相互博弈、分散决定的基础上逐渐形成的。社会秩序主要不是人工设计的,而是人们在行动中自发形成的。个人是自己利益的最佳判断者、实现者,任何其他主体都不能越俎代庖,社会正是建立在各个主体对各自利益的关心和追求的基础上,才使社会财富总量不断提高。凡是个人能够做得很好的事情,就应该由个人自主处理;只有那些个人无法很好解决的事情,才由国家出面。在社会生活的许多领域,尤其是经济领域,主要由分散的、多元的公民、组织自主地进行利益判断、行为选择,比政府集中地、统一地作出的整齐划一安排,更能收到良好的社会效果。各类社会关系应该尽可能由个人自主处理,国家、法律作为个人自由选择的派生、补充,其地位、作用是第二性的。就中国最高立法机关而言,当下应加快立法进度,分清轻重缓急,突出重点领域的立法项目,积极推进民法典的编纂,抓紧制定深化国家监察体制改革的重点立法、税收法定原则方面的立法、有关改革举措实施规划和年度任务部署的相关立法。

第二,避恶求善。长期以来,受法律实证主义的影响,法学患上了道德盲目症。对此,德国法学家拉德布鲁赫忠告人们:"不要指望任何人能够根据客观性和规律性这样的价值来回答法的终极性问题和解决法的最为困难的问题。"㊱法律不同于规律,规律属于不以人的意志为转移的客观范畴,而法律则属于社会意识现象,是客观见之于主观的东西,是具有主观能动性的社会意识。"法学家面临的多数问题涉及解决方法的合理性、实质公正性或者合目的性,因此不能简单

㉟ [英]弗里德里希·冯·哈耶克:《法律、立法与自由》(第1卷),邓正来译,中国大百科全书出版社2000年版,第108页。

㊱ [德]古斯塔夫·拉德布鲁赫:《法律智慧警句集》,舒国滢译,中国法制出版社2016年版,第23页。

地用'对'或'错'来评价的。"[37]相对于真法而言,善法则是良法的最重要关切。"为了建构权力,为了使法律变成真正'应当的意见'而不仅仅是对如何使用暴力的描述,我们必须为单纯的国家存在添加价值维度,必须'授予'它的命令以特殊光环,必须把基本的规范构成绝对的命令。换句话说,我们必须不仅仅讨论国家的权力,还有讨论国家的合法性。"[38]只有那些为人们内心所体认的权威和秩序,才具有合法性,并获得人民的尊重与信仰。

有德行的善法,体现了社会公众的道德要求,其主要不是依靠武力来强制推行,而是靠人们的认同而自觉遵守。"正像政治权力把常备的强制工具作为暴力资源随时备用一样,法律也必须作为正义的来源而始终在场。但是,如果法律被用于任何政治理由的话,这种正义来源就会出现枯竭。"[39]一个国家的法律体系或者具体法律制度,只有被认定为良法,方能证明其具有正当性、合法性。"我们遵守法律,不仅仅因为我们被迫遵守法律,而且因为我们感到遵守法律是正确的。甚至在我们知道遵守法律并不有利于我们个人的直接利益时,在我们知道我们可以不遵守法律而不会因此受到惩罚时,依然感到有责任遵守法律。我们这样做,因为法律原则通过自身的协调反映了我们的道德情感,使法律获得了道德特征,获得了道德权威。这些是以强制力为后盾的规则的集合体所不能享有的。正是法律的这种由法律原则所给予的道德特征,给予了法律特别的权威,也给予了我们对法律的特别尊敬。"[40]法律的权威源自人民的内心拥护和真诚信仰。只有体现人民意志的法律,才是善法,方能获得人们的认可尊重,为形成良好社会关系、社会秩序提供坚实的制度基础。

登特列夫指出:"法律并不仅是行为的一个尺度,还是关于行为之价值的一种宣告。"[41]善法应该引导社会成员积极向善,提升社会的道德水准,引导人们选择正直、诚实的生活方式。例如,我国《刑法》原第360条规定嫖宿幼女罪,其目

---

[37] [德]伯恩·魏德士:《法理学》,丁晓春、吴越译,法律出版社2013年版,第130页。

[38] [意]登特列夫:《自然法:法律哲学导论》,李日章等译,新星出版社2008年版,第240页。

[39] [德]哈贝马斯:《在事实与规范之间:关于法律与民主法治国的商谈理论》,童世骏译,生活·读书·新知三联书店2003年版,第178页。

[40] [美]罗纳德·德沃金:《认真对待权利》,信春鹰、吴玉章译,上海三联书店2008年版,中文版序言第21页。

[41] [意]登特列夫:《自然法:法律哲学导论》,李日章等译,新星出版社2008年版,第94页。

的是对尚不具有自主能力的14周岁以下的幼女的身心健康进行特殊保护。但在实践中该罪名却成为有的犯罪者逃避更重刑罚的法律依据，使嫖宿幼女罪的法律规定成为实质上的恶法，为此《刑法修正案(九)》将此罪名予以废除。2016年12月9日，习近平在中共中央政治局第三十七次集体学习时强调，要加强相关立法工作，明确对失德行为的惩戒措施。要依法加强对群众反映强烈的失德行为的整治。对突出的诚信缺失问题，既要抓紧建立覆盖全社会的征信系统，又要完善守法诚信褒奖机制和违法失信惩戒机制，使人不敢失信、不能失信，引导全社会崇德向善。立法机关应做好法律的立改废释工作，把社会主义核心价值观的要求体现到法律之中，形成有利于培育和践行社会主义核心价值观的法律保障。

在良法的形成过程中，立法机关担负着最为重要的职责。"研究既存社会现象并据此决定应当用何种方式达成正义法目的是立法机构的事情。"[42]中国是社会主义国家，应坚持民主立法原则，使法律充分体现广大人民意志。民主立法的核心在于为了人民、依靠人民。"在一个民主社会里，立法之所以被赞成，不是因为它获得了具有超人的魅力的领袖的支持，而是因为此刻立法靠剔除偏见的理由和证据说服了公众。"[43]中国立法应当发扬社会主义民主，保障人民通过多种途径参与立法活动。要恪守以民为本、立法为民理念，贯彻社会主义核心价值观，使每一项立法都符合宪法精神、反映人民意志、得到人民拥护。在立法过程中，各级立法机关发扬民主，集中民智，反映民意。立法机关应将人民追求美好生活的期待，通过正确的立法原则、立法指导思想，通过有效的立法体制、立法机制和立法技术，规定在良法之中，为社会的善治奠定坚实的制度基础。[44]

第三，弃丑逐美。"法律制度所考虑的，不是要人们都像哨兵一样时时刻刻目不转睛，而是要他们偶尔也能够无忧无虑地天天观瞧灿烂的星光、盛开的花木和此在的必要性及美感。"[45]良法的形式标准是指法律制度在形式上所具有的优良品质，包括逻辑严谨、简明扼要、明确易懂、和谐一致等。良法的制定有赖于采

---

[42] [德]施塔姆勒：《正义法的理论》，夏彦才译，商务印书馆2012年版，第147页。

[43] [美]安·赛德曼、罗伯特B.赛德曼编著：《法律秩序与社会改革》，时宜人译，中国政法大学出版社1992年版，第94页。

[44] 参见刘风景：《马克思恩格斯的良法理论与中国实践》，载《马克思主义与现实》2015年第2期。

[45] [德]古斯塔夫·拉德布鲁赫：《法律智慧警句集》，舒国滢译，中国法制出版社2016年版，第10～11页。

取科学的方法，因此提高立法技术也非常重要。立法技术是指“对立法目的、政策及原则等思想架构，赋予适当之表达言辞文字，并有体系地将法律修文编纂起来之技巧”。[46] 立法技术包括法律的结构设计、法律之间的衔接和协调、法律规范的构造、法律的宣示条款和规范条款的配合、法律效力的表达、法律责任的适当、法律语言的准确和精练，等等。立法者只有熟练掌握并运用立法技术，才能保证立法质量。

良法还需要通过事后的违宪审查制度来予以实现与维护。恩格斯指出：“在现代国家中，法不仅必须适应于总的经济状况，不仅必须是它的表现，而且还必须是不因内在矛盾而自相抵触的一种内部和谐一致的表现。”[47]党的十八届四中全会决定要求，一切违反宪法的行为都必须予以追究和纠正。完善全国人大及其常委会宪法监督制度，健全宪法解释程序机制。加强备案审查制度和能力建设，把所有规范性文件纳入备案审查范围，依法撤销和纠正违宪违法的规范性文件，禁止地方制发带有立法性质的文件。有关机关应加强备案审查制度和能力建设，对新制定的行政法规和司法解释逐件审查，有重点地对地方性法规进行主动审查，依法修改、废止不符合良法要求的法律法规。

四、余论

良法具有合规律性的内容、合目的性的价值、合科学性的形式，是人们希冀的应然之法。良法有真、善、美三个维度，进而析出真法、善法和美法。相应地，良法对立物的劣法就有假法、恶法和丑法。良法遵循否定之否定的路径，屡遭障碍、曲折前行。良法不是固定不变的，它必须随着社会物质生活条件的变化而不断发展完善。而且，人们追求良法善治的努力是无止境的，对良法的期待值也越来越高。“良好是卓越的大敌”，“差不多是完美的克星”。良法理论包含着何为良法的实质标准与形式标准，可为批判实证法提供理性标尺。运用良法的标准，对现行法律进行检视与审查，发现存在的问题与不足，并有针对性地找到相应的对策，能够推动法律的持续发展。当下中国特色社会主义法律体系已经形成，法

---

[46] 罗传贤：《立法技术应注意避免之瑕疵》，载林锡山主编：《立法原理与制度》，立法院法制局（台湾）2002年版，第367页。

[47] 《马克思恩格斯选集》（第4卷），人民出版社2012年版，第610页。

治建设正在扎实推进，我们不能因为已经取得的成绩而沾沾自喜、故步自封，应该为建设更高水平的良法善治而不懈奋斗。

良法是人之所欲，但法治实践中劣法也不可能完全禁绝。"任何法制都几乎不可能体现绝对的善"。[48] 在整个法律体系基本合理的前提下，人们应当理性地看待立法的某些问题，分清本质与末节。理想主义、浪漫主义的良法观，悬置、漂浮于空中，不接地气，必然会招致对法治的失望乃至绝望。"我们踏上了光滑的冰面，没有摩擦，因此在某种意义上条件是理想的，但我们也正因此无法前行。我们要前行；所以我们需要摩擦。回到粗糙的地面上来吧！"[49]对一些制定得不尽完善、存有瑕疵的法律，应当客观地观察分析，保持一定的耐心，运用法治思维和法治方法予以改进。更何况，许多法律的真、善、美成分与假恶丑因素是混杂在一起的。有的真善美或者假恶丑，转换视角就可能有完全不同的评价。再者，由于社会利益、价值观的多元化，每个人对良法的认知并不完全相同。"在我的想象中从来还没有某项制定的法律能完完全全地合乎社会每一个人或每一部分人的口味。"[50]断不能轻易地将自己的主观意见，作为评判法律好坏的标准。"如果存在直觉的'好法'，那就可以忽视任何法律、任何法令。如果今天可以将《宪法》丢在一边，那明天就可以将《刑法》丢在一边，重要的是要决定，某种法律文件受否是真正人道的、民主的和公正的。可谁是法官呢？在我们这个时代，什么是公正？捍卫哪个居民团体的利益呢？是暴发户的还是退休者的，是莫斯科人的还是外地人的，是民主派的还是民族爱国者的？关于这一点，没有任何标准。"[51]无政府主义是法治的天敌，如果它在人们头脑中占上风，将导致社会的无序混乱。"几乎任何一套规则都好于无规则。"[52]基于法治的立场，任何人的愿望、信念或见解，都必须通过法定程序、载体，才能转变为有约束力的法律规范。

---

[48] [法]托克维尔：《论美国的民主》(上卷)，董果良译，商务印书馆2012年版，第16页。

[49] [英]维特根斯坦：《哲学研究》，陈嘉映译，上海人民出版社2001年版，第70页。

[50] [美]乔治·华盛顿：《华盛顿选集》，聂崇信等译，商务印书馆1985年版，第280页。

[51] [俄]B. H. 库德里亚夫采夫：《论法的理解与法制》，载《外国法译评》1994年第3期。

[52] [美]道格拉斯·C. 诺斯：《经济史中的结构与变迁》，陈郁等译，上海三联书店1994年版，第24页。

形式法治视野中的“中华民族”*

李占荣** 唐 勇***

摘 要:“中华民族”既是一个有着特定内涵的民族学概念,也是一个成熟的政治概念和法律概念,但还不是一个宪法概念。作为法律概念的“中华民族”,主要具有宣示意义而非规范意义。只有将“中华民族”写入《民族区域自治法》中,才能从基本法律层面构建“中华民族”共同体,进而为“中华民族”入宪创造条件,最终为实现国家统一和维护国家统一确立法律规范系统。

关键词:形式法治 中华民族 民族区域自治法

“中华民族”既是一个有着特定内涵的民族学概念,也是一个成熟的政治概念和法律概念。民族学界的基本共识是:中华民族是与中国在长期的历史过程中相互塑造而成为一个不可分割的统一整体,是国族意义上的民族,即政治民族。从形式上看,它是由“中华”和“民族”这两个词组合而成,是中西合璧的产物;从现实构成看,中华民族是中国各民族的总称,“我国56个民族都是中华民族大家庭的平等一员,共同构成了你中有我、我中有你、谁也离不开谁的中华民族命运共同体”。① 在我国的政治实践中,中国共产党始终以中华民族伟大复兴为己任,团结带领全国各族人民经过90多年艰苦奋斗,把贫穷落后的旧中国变

* 本文系国家社科基金“‘多民族国家’解决民族问题的宪法回应机制研究”(项目编号15BMZ001)的阶段性成果。

** 李占荣,浙江财经大学法学院院长,浙江财经大学地方立法与法治社会研究院院长,教授,博士生导师。

*** 唐勇,浙江财经大学法学院副教授。

① 罗宇凡:《中华民族一家亲 同心共筑中国梦——以习近平同志为总书记的党中央亲切关怀下全国各族人民团结奋斗实现历史性跨越》,载《中国民族》2015年第10期。

成日益走向繁荣富强的新中国。特别是改革开放以来,中华民族伟大复兴展现出光明前景。党的十三大在系统阐述社会主义初级阶段理论时提出了“实现中华民族伟大复兴”的概念,党的十五大、十六大、十七大、十八大均明确强调要“实现中华民族伟大复兴”。习近平总书记在参观《复兴之路》展览的讲话中指出:“现在,大家都在讨论中国梦,我以为,实现中华民族伟大复兴,就是中华民族近代以来最伟大的梦想。”②可见,实现中华民族伟大复兴的中国梦已经成为全党和全国各族人民的共同使命。早在2014年10月23日,习近平总书记所作的《中国共产党第十八届四中全会报告》和会议通过的《中共中央关于全面推进依法治国若干重大问题的决定》,其主题是“全面推进依法治国”,目的是“全面建成小康社会、实现中华民族伟大复兴的中国梦”。可见,我国的法律实践已经将“中华民族伟大复兴的中国梦”融入法治目标。由于历史文化传统不同、政治体制殊异,中国法治的语境与肇始于西方发达国家的法治的语境存在一定的差异。“尽管我们可能对其内涵的理解和理念的立场不同甚至完全对立,但法治仍是当今世界上最具正当性的一种政治理念。”③因此,用法治的尺度测量国家与民族的历史维度、确认国家与民族的关系具有历史与逻辑的双重正当性。

迄今,尽管法治仍是一个颇为模糊的概念,但从最基本的意义上讲,法律必须具有形式合理性,即形式法治。“形式法治简单讲,就是法律的统治,就是依法办事。”④形式法治首先要求建立一套完备的法律规范体系,将需要由法律调整的社会关系纳入其中,必要时上升为法律关系。尤其是在宪法关系和基本法律关系中,应当明确哪些主体是宪法关系的主体和基本法律关系的主体,对于国家政治生活和社会生活中带有全局性、整体性的至关重要的主体,必须纳入基本法律关系甚至宪法关系之中。同样,宪法关系和基本法律关系的客体以及内容也必须由宪法部门和基本法律部门作出明确规定。由于我国的《教育法》《反分裂国家法》和《慈善法》先后将“中华民族”写入其中,可见形式法治视野中的“中华民族”已经从一个一般的法律概念上升为基本法律概念,但是在国家的根本

② 张烁:《承前启后　继往开来　继续朝着中华民族伟大复兴目标奋勇前进》,载《人民日报》2012年11月30日,第1版。

③ Brian Tamanaha, *On the Rule of Law: History, Politics, Theory*, Cambridge University Press, 2004: 91.

④ 刘作翔:《不能把形式法治看得太低》,载《民主与法制》2013年第8期。

大法——《宪法》中没有体现，甚至在调整民族关系的基本法律——《民族区域自治法》中也没有“中华民族”这个概念。因此，“中华民族”尚不是一个宪法概念，仅仅是一个不完全的基本法律概念。⑤

一、“中华民族”是一般的法律概念和不完全的基本法律概念

在我国现行立法体制中，宪法具有最高的法律效力，基本法律的效力其次，“基本法律之外的其他法律”⑥的法律效力再次。当下，“中华民族”已经在基本法律和“基本法律之外的其他法律”中有所表述（见表1）。

表1　法律文件中“中华民族”的显性表述

法律文件	最初立法		修改情况
	通过时间	最初表述	
《教育法》	1995年3月18日	第7条　教育应当继承和弘扬中华民族优秀的历史文化传统，吸收人类文明发展的一切优秀成果	修改后此条未变动
《老年人权益保障法》	1996年8月29日	第1条　为保障老年人合法权益，发展老年事业，弘扬中华民族敬老、养老的美德，根据宪法，制定本法	修改后此条未变动
《文物保护法》	1982年11月19日	第1条　为了加强国家对文物的保护，有利于开展科学研究工作，继承我国优秀的历史文化遗产，进行爱国主义和革命传统教育，建设社会主义精神文明，特制定本法	2002年10月28日修改为：第1条　为了加强对文物的保护，继承中华民族优秀的历史文化遗产，促进科学研究工作，进行爱国主义和革命传统教育，建设社会主义精神文明和物质文明，根据宪法，制定本法

⑤　笔者认为，在一个自洽自足的法律体系中，一些至关重要的概念比如“社会主义市场经济”“人权”不但在宪法层面有所表述，在基本法律层面，如果必要，该基本法律也应当将这些重要的概念纳入其中。《民族区域自治法》与“中华民族”概念之间具有天然的高度相关性，《民族区域自治法》中没有“中华民族”这个概念是一大缺憾，因此笔者称之为“不完全的基本法律概念”。

⑥　这是笔者根据我国《立法法》的规定和立法体制的理论概括出来的一个法理学概念。《立法法》第7条规定：“全国人民代表大会和全国人民代表大会常务委员会行使国家立法权。全国人民代表大会制定和修改刑事、民事、国家机构的和其他的基本法律。全国人民代表大会常务委员会制定和修改除应当由全国人民代表大会制定的法律以外的其他法律……”据此，笔者从法理上将立法体制梳理为：全国人民代表大会制定基本法律，全国人民代表大会常务委员会制定“基本法律之外的其他法律”。值得注意的是，我国法理学界尚没有对我国立法体制的这些关系进行过清晰的梳理，立法实践中也确实存在诸多应当由全国人大制定并通过的法律，却又全国人大常委会制定通过。地方立法中，人大与常委会的立法权限更加混乱。

续表

法律文件	最初立法		修改情况
	通过时间	最初表述	
《反分裂国家法》	2005 年 3 月 14 日	第 1 条　为了反对和遏制“台独”分裂势力分裂国家，促进祖国和平统一，维护台湾海峡地区和平稳定，维护国家主权和领土完整，维护中华民族的根本利益，根据宪法，制定本法	未修改
《非物质文化遗产法》	2011 年 2 月 25 日	第 1 条　为了继承和弘扬中华民族优秀传统文化，促进社会主义精神文明建设，加强非物质文化遗产保护、保存工作，制定本法	未修改
《广告法》	1994 年 10 月 27 日	第 3 条　广告应当真实、合法，符合社会主义精神文明建设的要求	2015 年 4 月 24 日修改为：第 3 条　广告应当真实、合法，以健康的表现形式表达广告内容，符合社会主义精神文明建设和弘扬中华民族优秀传统文化的要求
《国家安全法》	2015 年 7 月 1 日	第 1 条　为了维护国家安全，保卫人民民主专政的政权和中国特色社会主义制度，保护人民的根本利益，保障改革开放和社会主义现代化建设的顺利进行，实现中华民族伟大复兴，根据宪法，制定本法	未修改
《国家勋章和国家荣誉称号法》	2015 年 12 月 27 日	第 1 条　为了褒奖在中国特色社会主义建设中作出突出贡献的杰出人士，弘扬民族精神和时代精神，激发全国各族人民建设富强、民主、文明、和谐的社会主义现代化国家的积极性，实现中华民族伟大复兴，根据宪法，制定本法	未修改
《慈善法》	2016 年 3 月 16 日	第 5 条　国家鼓励和支持自然人、法人和其他组织践行社会主义核心价值观，弘扬中华民族传统美德，依法开展慈善活动	未修改

续表

法律文件	最初立法		修改情况
	通过时间	最初表述	
《中医药法》	2016年12月25日	第2条　本法所称中医药，是包括汉族和少数民族医药在内的我国各民族医药的统称，是反映中华民族对生命、健康和疾病的认识，具有悠久历史传统和独特理论及技术方法的医药学体系	未修改

显然，从形式法治的视角来看，作为基本法律之外的其他法律概念的“中华民族”是在三种语境中使用的。一是在中华民族优秀传统语境中使用的，主要有：1995年3月18日第八届全国人民代表大会第三次会议通过了《教育法》，其第7条第一次将“中华民族”写入其中；1996年8月29日第八届全国人民代表大会常务委员会第二十一次会议通过的《老年人权益保障法》，是第二部将“中华民族”写入其中的法律；2011年2月25日，中华人民共和国第十一届全国人民代表大会常务委员会第十九次会议通过的《非物质文化遗产法》，是第四部直接将“中华民族”写入其中的法律；2016年3月16日，第十二届全国人民代表大会第四次会议表决通过的《慈善法》，是第七部直接将“中华民族”写入其中的法律；2016年12月25日，第十二届全国人民代表大会常务委员会第二十五次会议通过的《中医药法》，是第八部直接将“中华民族”写入其中的法律。另外，《文物保护法》和《广告法》通过修改，先后将“中华民族”写入其中，也是在中华民族优秀传统的语境中使用的。二是在中华民族根本利益的语境中使用的：2005年3月14日，第十届全国人民代表大会第三次会议通过的《反分裂国家法》，是第三部直接将“中华民族”写入其中的法律，也是我国首部关于台湾海峡两岸关系的法律，于当天经中华人民共和国主席胡锦涛签署立即予以实施，其主要内容是鼓励两岸继续交流合作，但同时也首次明确提出了在三种情况下为了维护中华民族的根本利益，中国大陆可用“非和平手段”处理台湾问题的底线。三是在中华民族伟大复兴的语境中使用的：2015年7月1日，第十二届全国人民代表大会常务委员会第十五次会议通过新的《国家安全法》，是第五部直接将“中华民族”写入其中的法律；2015年12月27日，第十二届全国人民代表大会常务委员会第十八次会

议通过的《国家勋章和国家荣誉称号法》,是第六部直接将"中华民族"写入其中的法律。

在我国的法律体系中,上述10部表述了"中华民族"的法律要么是基本法律,要么是"基本法律之外的其他法律",所以"中华民族"已经是一个一般的法律概念和不完全的基本法律概念,但还不是一个宪法概念。同样,以上三种语境中的使用的"中华民族",都是宣示性的应用,表述的重点都不是"中华民族",而是将"中华民族"作为一个定语使用,并非规范意义上的主体。鉴于《民族区域自治法》是与"中华民族"概念具有最高关联度的基本法律,只有将"中华民族"写入《民族区域自治法》,才能将"中华民族"上升为完全和真正意义上的基本法律概念。

二、应当将"中华民族"写入《民族区域自治法》

民族区域自治制度是我国的基本政治制度之一。"当今世界,有多个国家实行不同类型的民族区域自治、半自治或联邦制度。比较而言,我国的民族区域自治制度是最成功的。"⑦《民族区域自治法》是落实宪法原则与规范、调整民族关系、解决民族问题的基本法律。如前所述,"中华民族"目前只是一个"不完全的基本法律概念",将其写入《民族区域自治法》之中具有紧迫性。

将"中华民族"写入《民族区域自治法》,有利于澄清部分民众长期以来将"中华民族"等同于汉族的错误认识,为开创新时期民族工作的新局面创造良好的主观认识条件。历史学的研究早已表明,"中华民族"的族体起源具有多元性。自夏朝国家观念开启以来,"华夷无别",无论是汉族的前身"华"还是少数民族的前身"夷",都是"中国诸华"。只是秦汉以后,由于秦人和汉人融合的"华夏"以正统自居,长期统治中国,便将其他诸华称为"诸夷",但都同属中国。此后的两千多年,国家统一不断得到巩固和发展,成为中国历史发展的主流和本质,而分裂是非主流,汉族与"诸夷"不断在争夺国家权力的过程中竞相成为正统。只是由于汉族人口最多,建立的中央王朝也最多,而匈奴、鲜卑、吐蕃、回鹘、

⑦ 杨圣敏:《民族区域自治制度保障国家统一和民族进步》,载《人民日报》2017年7月26日,第7版。

契丹、女真、蒙古、满等族群也在局部地区甚至全国范围内建立过政权。元清两朝,由于是少数民族掌握国家政权,汉族的民族主义情绪十分强烈,有过极端理论学说出现。例如1904年,梁启超在《历史上中国民族之观察》一文中指出:"今之中华民族,即普遍俗称所谓汉族者。"⑧但是,他也承认,从历史演变的角度观察,"中华民族"是中国境内的所有民族,汉满蒙回藏等为一家,是多元混合的。辛亥革命之后,中华民国成立,"中华民族"一词的含义已经不再是专指汉族,而是指当时中国国境内的所有民族,包括汉族、满族、蒙古族、回族和藏族等民族。

1949年以后,进行了民族识别。从1950年开始,到1983年结束,共识别了55个少数民族,加上汉族,中国共有56个民族,不但在学术上形成了"'中华民族'多元一体"的共识,而且在政治生活中恪守"'中华民族'是我国各民族的总称的原则"。党的十八大以来,习近平总书记多次就民族工作做出重要指示,深刻回答了新形势下我国民族工作中的重大理论和实践问题,形成了以"中华民族一家亲,同心共筑中国梦"为核心理念的民族工作思想理论体系,成为以习近平同志为核心的党中央治国理政的新理念、新思想、新战略的重要组成部分,开辟了马克思主义民族理论中国化的新境界,为开创我国民族工作的新局面提供了强大的思想指引。

然而,部分民众长期以来将"中华民族"等同于汉族,这里既有大汉族主义的思想作祟,也有地方民族主义兴风作浪,导致了"中华民族"认同的虚无,从而严重影响了各族人民对国家的认同。民族区域自治制度是我国的一项基本政治制度,《民族区域自治法》是落实民族区域自治制度基本法律保障。作为一个基本法律和宪法性文件,在《民族区域自治法》中写入"中华民族",不但能够首当其冲地在民族自治地方开展"中华民族"观念的法治宣传,也能够较好地在全民中开展"中华民族"观念的普及教育活动。当前,"中华民族"作为一个法律概念,已经体现在《教育法》《反分裂国家法》等10部法律之中,为"中华民族"概念写入《民族区域自治法》奠定了基础、创造了法律条件。在这些法律之中,"中华民族"仅仅是一种观念的宣示,只有将"中华民族"写入《民族区域自治法》中,才

---

⑧ 梁启超:《历史上中国民族之观察》,载《饮冰室合集》(专集第十一册),中华书局2015年版,第7298页。

能形成关于“中华民族”的法律原则和法律规范，有利于澄清民众尤其是民族地区部分各族群众长期以来将“中华民族”等同于汉族的错误认识，为“中华民族”最终入宪奠定法律基础。

《民族区域自治法》中没有“中华民族”这个概念，已经给我国的政治、法律和国家统一等问题带来了以下一系列显现的或潜在的负面影响：第一，《民族区域自治法》中没有“中华民族”这个概念，弱化了中国共产党的宪法地位。《中国共产党章程》总纲明确规定：“中国共产党是中国工人阶级的先锋队，同时是中国人民和中华民族的先锋队。”《宪法》序言也明确指出了中国共产党的执政党的宪法地位：“中国共产党领导的多党合作和政治协商制度将长期存在和发展。”既然中国共产党也是“中华民族”的先锋队，那么，“中华民族”的宪法地位将是中国共产党作为执政党的宪法地位的重要基础之一。在“中华民族”入宪不可能一蹴而就的情况下，将“中华民族”写入《民族区域自治法》这个基本法律之中，有利于在民族自治地方更好地实现党的领导。第二，《民族区域自治法》中没有“中华民族”这个概念，割裂了各民族与中国的历史与现实联系。中华民族“多元一体”的历史与现实格局表明，中国是中华民族创造的家园。《民族区域自治法》序言重述了《宪法》序言的规定，重申“中华人民共和国是全国各族人民共同缔造的统一的多民族国家”。这里的全国各族即56个民族是“多元”，统一于“中华民族”这个“一体”。也就是说，这里的“统一”是指民族统一，而民族统一的成果就是“中华民族”统一，而“中华民族”统一是国家统一的充要条件。显然，《民族区域自治法》中没有“中华民族”这个概念，割裂了各民族与中国的历史与现实联系。第三，《民族区域自治法》中没有“中华民族”这个概念，既造成了“民族团结”没有目标，也造成了无法界定民族分裂主义的客体，以及无法找到反对“民族分裂主义”的宪法性法律依据。《民族区域自治法》序言中将民族团结作为一项原则，《教育法》《公务员法》《城市居民委员会组织法》《村民委员会组织法》《国家通用语言文字法》《教师法》《非物质文化遗产法》《邮政法》《境外非政府组织境内活动管理法》中明确规定了促进民族团结的条款。然而，民族团结不只是克服主体间性问题，其最重要的目标是形成各民族的民族共同体和命运共同体——中华民族。《民族区域自治法》第9条第2款明确规定禁止制造民族分裂的行为，《刑法》《治安管理处罚法》《反恐怖主义法》《电影产业促进法》《网络安全法》《境外非政府组织境内活动管理法》《广告法》《邮政法》《集会游行示威法》《商标法》等法律也明确禁止各类制造民族分裂的行为。然而民族分裂主义到底在分裂什么？事实上，民族分裂主义从根本上，就是分裂中华民族这个大家庭，最终达到分裂国家的目的。当前，我们面临着“台独”“藏独”和“疆独”甚至“港独”等民族分裂主义的挑战。可见，只有将“中华民族”写入《民族区域自治法》，才能更加有效地反对民族地区的民族分裂主义。

将“中华民族”写入《民族区域自治法》的具体立法方案的重点是修改其序言。“法律序言不是所有规范性文件的必备要素，只有重要的制定法或某些具有特殊性的立法文件，需要以一定方式表明立法背景及理由时，才采用序言这一结构。”⑨《民族区域自治法》在我国的法律体系中属于基本法律，其重要性不言而喻。同时，民族区域自治制度是我国多民族国家的一项特殊的制度安排，所以《民族区域自治法》设置了较长的序言，分别规定了民族去政治制度的政治地位、基本原则、作用、国家义务和法律地位。“中华民族”作为一个一般的法律概念，将其写入《民族区域自治法》、上升为基本法律概念的首要任务是在序言中加入这个概念，形成统领全局的理念性、原则性规定，为“基本法律之外的其他法律”生成民族法律规范提供逻辑前提。具体而言，包括以下三个方面的修改方案。

（一）《民族区域自治法》序言第一段修改方案

原表述：“中华人民共和国是全国各族人民共同缔造的统一的多民族国家。民族区域自治是中国共产党运用马克思列宁主义解决我国民族问题的基本政策，是国家的一项重要政治制度。”

建议修改为以下三个段落：

第一段：“中华人民共和国是全国各族人民共同缔造的统一的多民族国家，是中华民族的家园。”

第二段：“中华民族是中国各民族的总称。中华民族由汉族、蒙古族、回族、藏族、维吾尔族、苗族、彝族、壮族、布依族、朝鲜族、满族、侗族、瑶族、白族、土家

⑨ 孙国华主编：《中华法学大辞典·法理学卷》，中国检察出版社1997年版，第96页。

族、哈尼族、哈萨克族、傣族、黎族、傈僳族、佤族、畲族、高山族、拉祜族、水族、东乡族、纳西族、景颇族、柯尔克孜族、土族、达斡尔族、仫佬族、羌族、布朗族、撒拉族、毛南族、仡佬族、锡伯族、阿昌族、普米族、塔吉克族、怒族、乌孜别克族、俄罗斯族、鄂温克族、德昂族、保安族、裕固族、京族、塔塔尔族、独龙族、鄂伦春族、赫哲族、门巴族、珞巴族、基诺族等五十六个民族组成。"

第三段："民族区域自治是中国共产党运用马克思列宁主义解决我国民族问题的基本政策，是国家的一项基本政治制度。"

修改理由：通过增加中华人民共和国是"中华民族"家园的表述和对"中华民族"的界定，既规定了中华民族的法律构成，也从法律上将 56 个民族与国家勾连起来了。

(二)《民族区域自治法》序言第四段最后一句修改方案

原表述："在维护民族团结的斗争中，要反对大民族主义，主要是大汉族主义，也要反对地方民族主义。"

建议修改为："在维护中华民族团结的斗争中，要反对大民族主义，主要是大汉族主义，也要反对地方民族主义。"

修改理由：将"民族团结"修改为"中华民族团结"，也意味着第一次将"中华民族团结"上升为一个法律概念，这有力地克服了将民族团结限定为民族之间的团结的局限性，淡化了以往强调 56 个民族关系的间性，强化了作为国家民族的"中华民族"的整体性，开辟了"中华民族团结"新格局。

(三)《民族区域自治法》序言第五段修改方案

原表述："民族自治地方的各族人民和全国人民一道，在中国共产党的领导下，在马克思列宁主义、毛泽东思想的指引下，坚持人民民主专政，坚持社会主义道路，集中力量进行社会主义现代化建设，加速民族自治地方经济、文化的发展，建设团结、繁荣的民族自治地方，为各民族的共同繁荣，把祖国建设成为高度文明、高度民主的社会主义国家而努力奋斗。"

建议修改为："民族自治地方的各族人民和全国人民一道，在中国共产党的领导下，在马克思列宁主义、毛泽东思想的指引下，坚持人民民主专政，坚持社会主义道路，集中力量进行社会主义现代化建设，加速民族自治地方经济、文化的发展，建设团结、繁荣的民族自治地方，为中华民族的共同繁荣，把祖国建设成为高度文明、高度民主的社会主义国家，实现中华民族的伟大复兴而努力奋斗。”

修改理由：将各民族的共同繁荣修改为“中华民族”的共同繁荣，意在强调中华民族的整体性，是贯彻落实习近平总书记“增强中华民族共同体意识”的有力举措。自2012年12月以来，习近平总书记数十次系列重要讲话中都强调了“实现中华民族伟大复兴的中国梦”，而《民族区域自治法》作为调整民族关系的基本法律，应当率先将这一目标纳入其中，成为全民族最大的法益。

三、构建少数民族语言中的“中华民族”概念，助推“中华民族”入宪

2008年西藏“3·14”严重暴力犯罪事件和2009年新疆“7·5”严重暴力犯罪事件之后，笔者撰写《论“中华民族”入宪》和《宪法的民族观——兼论“中华民族”入宪》两篇论文，首次提出且详细论证了“‘中华民族’入宪”的观点，⑩并设计了具体的详细方案，通过全国政协委员雷后兴先生向全国政协十一届二次会议递交了提案，⑪发起讨论，引起较广泛的社会关注。学术界经过多年的热烈讨论和探索积累，逐步形成的共识是“中华民族”入宪具有必然性。中国社会科学院民族学与人类学研究所原所长郝时远研究员也坦言：“中华民族成为宪法概念也是迟早的事情。”⑫

然而，在“中华民族”入宪问题上，存在诸多错误的学术观点。自从笔者2008年10月率先提出“‘中华民族’入宪”的学术观点以后，引起了学术界的一些专门讨论。在这些讨论中，存在若干错误的学术认识。有学者认为，“国歌是词曲的统一体，2004年3月14日，第十届全国人民代表大会第二次会议正式将《义勇军进行曲》作为国歌写入宪法。从这个意义上说，‘中华民族’已然入宪”。⑬这种观点的不妥之处在于：第一，无视学术问题的具体语境，有自说自

---

⑩ 参见李占荣：《论“中华民族”入宪》，载《社会科学战线》2008年第10期；《宪法的民族观——兼论“中华民族”入宪》，载《浙江大学学报》（人文社会科学版）2009年第3期。

⑪ 参见《全国政协委员：“中华民族”应入宪》，载《钱江晚报》2009年3月4日，第A3版。

⑫ 郝时远：《关于中华民族建构问题的几点思考——评析第二代民族政策’说之五（中）》，载《中国民族报》2012年4月20日。

⑬ 夏引业：《“中华民族”入宪与统一之国家观念建构》，载《金陵法律评论》2014年春季卷。

话、自言自语之嫌。笔者最初提出"'中华民族'入宪"这一概念时，严格界定了其含义："所谓'中华民族'入宪，是指将'中华民族'这个概念写入我国宪法，在宪法中确立'中华民族'的政治法律地位。"⑭既然讨论"'中华民族'入宪"，就应该在同一个对话平台上、同一个语境中展开。第二，有悖于宪理常识。第十届全国人民代表大会第二次会议正式将《义勇军进行曲》作为国歌写入《宪法》，只是第136条第2款的规定："中华人民共和国国歌是《义勇军进行曲》"，这并不意味着在宪法的文本中有"中华民族"这个概念。如果按照这样的逻辑，根据《宪法》第31条的规定制定颁行的《香港特别行政区基本法》第5条规定了香港特别行政区保持原有的资本主义制度和生活方式五十年不变，是否意味着在我国，"资本主义"入宪了呢？另外，在一些全国性和国际性学术会议的讨论组中，笔者也注意到，有些学者认为，《反分裂国家法》和《民族区域自治法》均属于宪法性文件，只要将"中华民族"写入了其中，也就完成了"'中华民族'入宪"。无论如何，笔者认为无论从形式上还是实质上，这些都无法替代"'中华民族'入宪"，即将"中华民族"写入《宪法》文本之中。

学术界还有一股表面上认同"中华民族"，实际上淡化甚至否定"中华民族"的思潮。有学者将"中华民族"认定为复合民族，强调"中华民族"是"由汉族和55个少数民族'合'为中华民族，但各民族'合'而未'化'，各民族又都保持着各自的民族特征"，⑮从而得出"中华民族不是民族实体"⑯的错误结论。显然，使用这个"合"字，实际上暗示"中华民族"的形成是强力合成的结果，否定了"中华民族多元一体格局的建构是一个漫长的历史进程，古代数千年间'五方之民'迁移交往、冲突交融，近代以来各民族仁人志士浴血奋战，维护中国的独立、统一和主权，逐渐形成了中华民族命运共同体和中华民族多元一体格局"⑰这一基本规律。

使用这个"化"字，暗示对少数民族的同化，事实上，这种说法属于无中生

---

⑭ 李占荣：《论"中华民族"入宪》，载《社会科学战线》2008年第10期。

⑮ 金炳镐、裴圣愚、肖锐：《中华民族："民族复合体"还是"民族实体"？》，载《黑龙江民族丛刊》2012年第1期。

⑯ 同上。

⑰ 周竞红：《在继承和创新中维护中华民族大团结》，载《中国民族教育》2015年第1期。

有。从政治、法律、民族政策三方面来看，国家在政治上强调“中华民族”的“多元一体”，在法律上尊重和保护少数民族的合法权益，在民族政策上实施对少数民族的优惠[18]和照顾，不知何来的“化”？当前，中华民族“多元一体”不但是一个主流理论共识，也是被官方认可的理论体系。2014 年 9 月 28 日至 29 日召开的中央民族工作会议指出：“各民族共同开发了祖国的锦绣河山、广袤疆域，共同创造了悠久的中国历史、灿烂的中华文化。我国历史演进的这个特点，造就了我国各民族在分布上的交错杂居、文化上的兼收并蓄、经济上的相互依存、情感上的相互亲近，形成了你中有我、我中有你，谁也离不开谁的多元一体格局。”[19]习近平总书记也曾经指出，“加强中华民族大团结，长远和根本的是增强文化认同，建设各民族共有精神家园，积极培养中华民族共同体意识。中华民族的发展史也是文化多元一体发展的历史。正确认识多元与一体的关系，是增进文化认同、巩固和发展社会主义民族关系、培养中华民族共同体意识的前提和基础。”[20]前引“中华民族不是民族实体”的说法谬误的原因在于，民族是发端于西方国家的一个政治学概念而非人类学概念，是威斯特法利亚体系建立以来为“民族—国家”理论服务的一个政治学范畴，该理论体系的构建直接导致了近代西方民族国家的普遍建立。如英吉利民族建立英国、法兰西民族建立法国、西班牙民族建立西班牙共和国，这些建立了自己国家的民族当然是民族实体。1949 年以后，受前苏联这个联邦制国家的影响，在单一制的中国模仿开展了民族识别，当然地使用了“民族”这一概念。事实上，我们的 56 个民族，实际上就是西方人类学意义上的“族群”，而“中华民族”这一概念，才是国际政治学意义上的“民族”，因此，我们认为，曾经建立了中华民国和建立了中华人民共和国的“中华民族”当然是“民族实体”。应当清醒地意识到：在我国，法律和政策均体现了对少数民族自我认同的尊重、保护和支持。构建中华民族共同体的主要意义在于抵消

---

[18] 有学者公开否定党和国家的长期以来贯彻实施的民族政策的优惠照顾性质，认为我国的民族政策不是优惠照顾，而只是“保障”。参见林艳、秉浩：《民族政策价值取向：是优惠照顾还是一般对待?》，载《黑龙江民族丛刊》2012 年第 6 期。

[19] 《中央民族工作会议暨国务院第六次全国民族团结进步表彰大会在北京举行》，载《人民日报》2014 年 9 月 30 日，第 1 版。

[20] 转引自孙秀玲：《正确认识“多元一体”是培养中华民族共同体意识的关键》，载《红旗文稿》2016 年第 10 期。

西方国家倡导的“民族—国家”理论，预防其运用该理论分裂中国的阴谋，强调中华民族认同与少数民族本民族认同并行不悖，其对内界限仅以维护国家统一和中华民族大家庭的团结为限度。㉑ 许多学者总认为强调“中华民族认同”就会削弱甚至取代“本民族认同”。这完全是一种多余的顾虑，因为国家为保护少数民族的自我认同与合法权益提供了制度性保障。当然，“为了防止程序以及法治流于形式，还有必要鼓励现实中的个人带着自己的社群身份认同积极参与政治社会的生活”。㉒

还有学者强调，“民族与政治属性结合构成不可分割的观念共同体，同时也是以政治属性为核心的整合的客体。政治属性消失了，民族也就不存在了，纯粹的文化属性不可能维系共同体的自我认同”。㉓ 其实我国的56个民族本身就是民族识别这个政治活动的产物，其政治性不言而喻，加上国家根据民族历史、民族地理、民族识别的结果已经满足民族发展的需要，实施了民族区域自治制度，并由专门的基本法律——《民族区域自治法》来保障实施。因此，在我国，根本不存在民族与政治属性结构“分割”的问题，更不存在少数民族的“政治属性消失”和用“纯粹的文化属性”维系少数民族“共同体的自我认同”的问题。该学者还从源头上将“中华民族”认同虚无化，主张国家“最恰当的做法是用‘中国人民’、‘中国人’取代‘中华民族’的通常用法，而‘中华民族’只作为民族结合体概念——‘中华各民族’来使用”。㉔ 即便如此，该学者还罔顾事实，声称“尽管‘中国人民’和‘中国人’认同的构建无论从理论到实践都是一个复杂、漫长的过程，但只有经过这个过程的构建，才会使中国迎来以国家、国民认同为主的时代，民族认同也有可能处于自然的、中性的状态”。㉕ 早在中华人民共和国成立初期，《中国人民政治协商会议共同纲领》就已经已构建了“中国人民”“中华人民共和国人民”“全国人民”等一系列概念，迄今为止，正式称谓的“中国人民”和俗

㉑ 我国《宪法》序言明确指出，“一九四九年，以毛泽东主席为领袖的中国共产党领导中国各族人民，在经历了长期的艰难曲折的武装斗争和其他形式的斗争以后，终于推翻了帝国主义、封建主义和官僚资本主义的统治，取得了新民主主义革命的伟大胜利，建立了中华人民共和国……维护了国家的独立和安全……在维护民族团结的斗争中，要反对大民族主义，主要是大汉族主义，也要反对地方民族主义”。

㉒ 季卫东：《论法律意识形态》，载《中国社会科学》2015年第11期。

㉓ 都永浩：《当前我国民族问题理论研究的主要思潮》，载《满族研究》2014年第4期。

㉔ 同上。

㉕ 同上。

称的“中国人”在全世界使用了将近70年，怎么能够认为这种认同还没有构建起来，还要经过“漫长的过程”呢？另外，从国际政治的视角来看，国家认同与国族认同具有一体性，对中华人民共和国的认同与对中华民族的认同具有不可分割性，因此不会出现“以国家、国民认同为主的时代，民族认同也有可能处于自然的、中性的状态”的现象。

在学术反省的同时，我们应当积极构建并通过官方确认联合国工作语言和我国主要少数民族语言中的“中华民族”概念。联合国工作语言是在联合国的会议纪要、官方文件，以及有关记录、事务中使用的语言，共有英语、汉语、法语、俄语、阿拉伯语与西班牙语六种语言。如前所论，“中华民族”概念主要是在对外宣示意义上使用的，而这种宣示的机会也是很少的，联合国工作语言和其他外语中也很少能够主动使用到这个概念。因此，我们通过官方组织专家确定“中华民族”的英译、法译、俄译、阿拉伯语译与西班牙语译概念是可行的。从职能划分来看，由于国家语言文字工作委员会没有设置专门的中文外语译写规范工作机构，可以由外语中文译写规范部际联席会议专家委员会来具体实施。确立了“中华民族”外语译写规范用语之后，由国家语言文字工作委员会的组成单位[26]在各自的工作职责范围内负责对外发布和监管规范使用。我国少数民族语言中的“中华民族”概念的使用时比较混乱的，要么没有这个概念，要么与汉族混同。由于国家民族事务委员会肩负着少数民族语言文字的管理工作，可以由其组织少数民族语言文字专家，确立少数民族语言文字中“中华民族”概念的规范用语，尤其应当率先在藏语、维吾尔语、蒙古语和壮语中确立，然后逐步在其他18个经常使用的少数民族语言文字中展开。

---

[26] 国家语言文字工作委员会的组成单位包括：教育部、中宣部新闻局、外交部办公厅、教育部语言文字应用管理司、科技部基础研究司、工业和信息化部软件服务业司、国家民委教育科技司、公安部出入境管理局、民政部区划地名司、交通运输部运输司、商务部流通业发展司、文化部文化科技司、国家卫生计生委、海关总署办公厅、工商总局、质检总局产品质量监督司、新闻出版广电总局、新闻出版广电总局宣传司、体育总局科教司、国家旅游局人事司、国务院侨办、国家互联网信息办公室、中科院、社科院语言研究所、国家公务员局培训与监督司、总政宣传部、全国总工会宣传教育部、共青团中央书记处、全国妇联宣传部、中国残联。参见《国家语委组成单位和人员名单》，载中国语言文字网：http://www.china-language.gov.cn/jg/jgjxx/201704/t20170412_5218.html，最后访问日期：2017年9月17日。

立法不作为的存在逻辑、识别困难及认定依据*

代水平**

摘　要：立法不作为在各国的法律治理中普遍存在，其主要缘由是立法裁量的客观存在、利益团体为了维护既得利益、立法活动本身存在的集体行动困境、对"非法治方式"的效率偏好以及立法能力不足等。由于立法责任的边界难以明确厘定、立法条件的判断容易各执一词、立法懈怠行为的认定存在困难以及立法不作为与民权损害之间不存在直接的因果关联，导致立法不作为的识别存在较大困难。立法部门负有立法责任，客观上具备了立法条件和能力，不作为的行为使得民权得不到保障作为其认定依据不可或缺，具体可通过立法评估等方式针对个案来认定。

关键词：立法不作为　存在逻辑　识别困难　认定依据

引言

私人主体的行为有勤懒之别，公共权力的行使亦有积极和消极之分，通常冠以"作为"和"不作为"之称。前者可表现为秉公为民的积极履责行为，或者滥用权力戕害民权的乱作为，后者则意味着权力行使的怠惰。与"乱作为"相比，人们对"不作为"的关注不多，殊不知其危害也很大。从权力划分的角度来看，司空见惯的是"行政不作为""司法不作为"，"立法不作为"较少谈及，甚至对"立法不作为"的存在真伪都莫衷一是。中国特色的社会主义法律体系在我国已经

---

* 司法部国家法治与法学理论研究项目(立法公众参与的集体行动困境及其解决机制，编号：15SFB5001)；陕西省教育厅科学研究项目(立法公众参与——公共选择理论的视角，编号：13JK0082)。

** 代水平，西北大学副教授，从事立法学、国际私法学研究。

形成，从根本上实现了从无法可依到有法可依的历史性转变。进一步推动法治国家建设的重要任务是修订完善相关法律法规，提升立法质量。2015 年新修订的《立法法》将立法权限向设区的市下放，各地在积极推进地方立法。在立法热的背景下，我们有必要对立法不作为是否存在、如何识别及其认定依据进行冷思考。

一、立法不作为的存在逻辑

明确的概念界定是判断其存在逻辑的前提。何为立法不作为？在立法上，几乎没有哪个国家在法律文件中予以界定，更多的是学理上的探究。在美国，称"立法不作为"为"立法怠慢"，在德国和我国台湾地区叫"立法怠惰"。所谓"立法怠惰"，"应系指宪法课予立法者立法或修法的义务，立法者无正当理由而不履行该作为而言"。[①] 类似地，我国学者杨福忠把立法不作为界定为"作为代议机关的国会、议会或者人民代表机关，依据宪法有立法义务，但却基于种种原因而不予履行的行为"。[②] 由此可见，立法不作为概念本身很简单，顾名思义，就是立法机关不积极履行立法职责的行为。尽管"立法不作为"在各国的法律治理中普遍存在，也是各国立法学上一个十分重要的问题，但真正开始研究则始于 20 世纪初的德国、日本。此后，很多国家对这一问题进行了不同程度的研究，至今争议较大的问题是立法不作为的存在逻辑，即它是否存在以及为什么会存在。问题的科学回答既需要理论逻辑的推导，也需要考察具体的立法实践。

(一)立法裁量的客观存在

经济基础决定上层建筑，法律滞后于社会生活是客观规律。从某种程度上讲，任何国家的法律均存在一定的滞后性。换句话说，立法需求永远赶不上立法供给，供不应求是常态，如果把这种情况称为"立法不作为"，则过于严苛且很不合理，科学的态度是需要给予立法主体以考虑和选择的余地，即所谓"立法裁量"。立法裁量是指"立法机关在是否立法以及如何立法时享有某种程度的判

---

① 许宗力：《浅谈立法怠惰》，载许宗力：《宪法与法治国行政》，台北，元照出版公司 2007 年版，第 521 页。

② 杨福忠：《立法不作为侵权赔偿：国家赔偿责任形式的新发展》，载《政治与法律》2008 年第 9 期。

断、评价及决定的自由”。③ 权力行使一旦有了自由裁量,就容易出现“公说公有理婆说婆有理”各执一词的局面,这就为立法不作为的判断带来天然的困难,当然也是立法不作为存在的一个重要逻辑。

实践中,不少法律法规迟迟不出台或者不废止,遇到的首要问题便是对立法时机的判断,而立法时机是否成熟的判断通常是富有争议的。典型示例如下:第一,我国房地产税的立法。此法的立法进程较为缓慢,主要是因为其牵涉的面比较广,有关方面对此比较慎重。④ 第二,《个人信息保护法》的制定。据统计,我国目前已出台涉及个人信息保护方面的法律、法规将近有70余部,另外还有不少部门规章和地方法规。但是,这些碎片化的立法难以撑起保护个人信息的大伞。制定专门的个人信息保护法律历经多年,却仍然难产。⑤ 第三,《民间文学艺术作品著作权保护条例》。1990年颁布实施的《著作权法》第6条明确规定“民间文学艺术作品的著作权保护办法由国务院另行规定”。有关部门多次启动民间文学艺术作品的保护办法的制定工作,但至今二十余年过去了,关于民间文学艺术作品的著作权保护办法依然未能出台。⑥ 从废止法律的角度来看,关于死刑存废的争论较为激烈。就我国来说,大都认为不存在废止死刑的社会条件,而反对者则提出若干废除死刑的理由和建议。以上种种确有争议的立法事项,事关错综复杂的利益关系,导致立法裁量的客观存在,此时的立法不作为不可避免,其存在也有一定的正当性。

(二)维护既得利益

法律是利益的调节器,立法关涉利益的初始分配。不容否认的事实是,各国的立法都不同程度地受到利益集团的影响。在我国,部门利益法制化也较为多见,最为典型的是公路收费、环境立法。以公路收费为例,《公路法》早就取消了养路费的征收,规定“国家采用依法征税的办法筹集公路养护资金,具体实施办

---

③ 杨福忠:《立法不作为侵权赔偿:国家赔偿责任形式的新发展》,载《政治与法律》2008年第9期。

④ 参见《房地产税立法呼声渐高为何进展缓慢》,载《法制日报》2015年3月17日,第4版。

⑤ 参见《个人信息保护立法为何“停摆”》,载《中国青年报》2012年5月23日,第3版。

⑥ 国家版权局起草了《民间文学艺术作品著作权保护条例(征求意见稿)》,于2014年公开向社会征集意见,近三年过去了,似乎又处于搁置状态。

法和步骤由国务院规定",但具体实施办法十几年来一直未见。倒是在2004年发布了《收费公路管理条例》,2015年交通部就该条例向社会征集修订意见,核心依然是收费将持续较长时间。之所以通过依法征税筹集公路养护资金的具体实施办法迟迟不能出台,最主要的原因是我国公路处在大规模建设时期,建设、养护的资金需求巨大,那么,需要追问的是,资金缺口过大的原因是什么?各省市公路的规划与建设是否科学合理?公路建设、养护的成本有无大幅度缩减的可能?多起交通厅局长因贪腐而落马意味着什么?在信息化较为发的今天,为何公路收费站依然在招收大批不必要的收费人员并因此而形成巨大的人工成本?所有上述情形均与部门利益密切关联,如此,让交通部门主导出台相关税收征管办法,自然会一拖再拖,不作为是他们的明智选择。类似地,在环境立法领域,同样存在为部门利益相互争权夺利的情况。有研究者指出,"地方环境立法一面世就被烙上了深深的地方立法保护的印记。长江流域各省市无序发展给长江生态环境带来巨大威胁即是典型例证"。⑦

(三)集体行动困境

法律是公共产品,立法是典型的集体行动。立法部门的立法活动最终落实到具体的立法者手里,立法者的"理性人"角色会导致工作中的主管惰性。根据美国学者R.肯特·韦弗(R. Kent Weaver)的观点,决策者的动机有三种,即追求好评、追求合理性政策和回避责难。经过大量的数据统计实证研究之后,他发现决策者通常并不是追求好评最大化的人,而是追求责难最小化的人,在想要获得好评、政策合理性和回避责难相比,决策者更优先考虑选择回避责难的立法模式。⑧ 我国近一两年来网约车发展速度很快,亟须规范。但是交通部等相关部委出台了一个指导性的管理办法。⑨ 具体管理规范由各省市根据实际情况来制定相应的管理办法。但是,实际情况是,各省市在出台规范时在一定程度上存在着"回避责难"的情况。据粗略统计,北京、上海、天津等133个城市已公布出租

⑦ 唐卫彬、刘亢等:《诸侯经济阻碍长江产业链自然延伸》,载《党政视野》2015年第1期。

⑧ R. Kent Weaver, The Politics of Blame Avoidance, *Journal of Public Policy* 6:371–398, 1986.

⑨ 交通运输部、工业和信息化部、公安部、商务部、工商总局、质检总局、国家网信办7个部门于2016年7月27日联合颁布了《网络预约出租汽车经营服务管理暂行办法》部令。

汽车改革落地实施细则，如果以设区的市的数量为依据，意味着还有一多半的城市尚未出台具体实施细则。[⑩] 从部分城市已经出台的实施细则和尚在征集意见的情况来看，立法者处于想要实现多重目标但又试图回避责难的困境之中。地方政府一方面要维护既得利益、保证社会稳定；另一方面，又要回应社会需求、解决群众出行难。类似地处理“改革、发展、稳定”的棘手难题还有很多，立法部门在集体行动困境面前，往往把怠惰拖延作为不得已的“明智”选择。

（四）“非法治”方式的效率偏好

法律的滞后性要求公共权力在应对社会的秩序需求时，需要一定程度的灵活性。这种灵活性集中体现在用政策暂时替代法律，政策既可表现为较为宏观的宣示与倡导，又可表现为具体的规范性文件。在法治传统较为缺失的国家，尤其像我国这样有较强政治动员能力的国家，政府对“非法治”方式的效率有着特别的偏好。长期以来，存在一种以中共中央和国务院或者以各自办公厅的名义，通过联合发文或合署重要文件、决议和意见来部署有关工作，这往往可以在短时间内实现目标。正因如此，使立法机关放松了自己的工作任务。具体以出版自由、结社自由为例，这是我国宪法赋予公民的权利，但时至今日，尚未制定相应的法律。多年以来，结社自由在宏观鼓励与微观限制的夹缝中缓慢成长，或许这样处理与我国社会发展的阶段性特征更相适应，但更为重要的考虑应该是政府可以根据社会发展态势在促进公民社会成长（宽松）与保持大局稳定（严控）之间进行较为灵活的“相机抉择”，如果制定了相关的法律，必然会导致“非法治”方式难以运用，也就失去了对效率的把控。从 1987 年国务院发布《关于严厉打击非法出版活动的通知》开始，此后多年发布过多个类似文件，[⑪]最高人民法院、最

---

⑩ 参见《133 个城市公布网约车新政　打车贵、打车难“回潮”》，载《人民日报》（海外版）2017 年 8 月 21 日，第 5 版。

⑪ 如《中共中央办公厅、国务院办公厅关于整顿、清理书报刊和音像市场严厉打击犯罪活动的通知》（1989 年 9 月 16 日）；《中共中央办公厅、国务院办公厅关于加强和改进书报刊和影视音像市场管理的通知》（中办发〔1994〕19 号，1994 年 11 月 7 日）；《关于进一步加强和改进出版工作的报告》（1995 年 4 月 12 日中共中央办公厅、国务院办公厅转发新闻出版署党组的报告）；《国务院办公厅关于坚决取缔非法出版活动的通知》（1996 年 1 月 25 日）；《国务院办公厅关于进一步加强对有关出版物管理的通知》（1998 年 8 月 26 日）。

高人民检察院也发布过相关“通知”。[12] 为何不从制定法律入手，而是不断发布一些零散的“通知”，从某种意义上讲，可能由于这种“非法治”方式更有效率，能够在短时间内取得较好效果，于是不注重完善相关立法也就顺理成章了。

（五）立法能力不足

能力不足自然会导致行为懈怠，在任何人类活动中均有体现。立法内容的确定需要用智慧来对利益进行合理的分配与平衡，立法程序的履行需要用耐心来对各方利益诉求进行理性回应，立法技术的运用需要从熟练语言运用和体例安排，所有这些均需要立法者具备较高的素养和能力。客观来讲，导致立法不作为的一个重要原因是立法能力的不足，这种情况下，不是立法机关主观上不愿意立法，而是客观上缺失相应的立法能力。具体表现为：一是不能较好地把握立法需求；二是不能开展广泛的立法调研、立法论证；三是难以起草较高质量的法律草案；四是立法技术跟不上，即便立法，重复和抄袭的成分很大。造成这些情况的原因主要是绝大多数立法机关在机构、编制、人员方面存在较大缺口。例如，我国新获准立法权限的设区的市很多处于“三无”状态。即便有了法制工作委员会等机构，但配置的工作人员往往并无直接的立法工作经验，立法能力短时间内难以提升。部分地方实际上有立法需求，但相关地方性法规的出台缓慢，与立法能力不足直接相关。

二、立法不作为的识别困难

立法不作为的概念说来简单，立法实践中的不作为现象也是客观存在的，但是，真正识别起来并不容易，这也是对立法不作为的存在逻辑持否定态度的一个重要原因。具体来说，导致立法不作为识别困难的原因主要有以下几个方面。

---

[12] 《最高人民法院　最高人民检察院关于摘要转发〈依法查处非法出版犯罪活动工作座谈会纪要〉的通知》［1988年11月11日法（研）发〔1988〕28号］；最高人民法院　最高人民检察院　公安部《关于严厉打击非法出版犯罪活动的通知》（1991年1月30日）；最高人民法院　最高人民检察院　新闻出版署　公安部　国家行政管理局《关于进一步严厉打击非法出版活动的通知》（1991年12月23日，91新出联字第23号）；最高人民法院《关于严厉打击有关非法出版物犯罪活动的通知》（1998年3月27日，法发〔1998〕4号）。《关于审理非法出版物刑事案件具体应用法律若干问题的解释》（1998年12月11日，最高法法释〔1998〕30号）。

(一)立法不作为的责任边界难以明确厘定

一般认为,立法不作为的构成要件首要的是立法部门负有立法义务或者说承担立法责任,而立法责任的边界通常难以明确厘定。任何国家立法权的行使均需要适度分权,既有中央立法权与地方立法权之分,也有立法机关把部分立法权限授予行政机关,特别是20世纪以来,各国的行政立法占据重要地位。以我国为例,全国人民代表大会及其常委会、国务院、国务院各部门、地方人大及其常委会、地方政府均有立法权限,每个层级的立法主体均享有特定的立法权限。社会事务的繁杂及立法语言本身的不周延导致立法责任的划分很难明确具体。以中央立法和地方立法的权限划分为例,依据《立法法》《地方组织法》等规定,地方性法规除了执行法律、行政法规的规定而制定具体规定的事项外,再就是针对地方性事务来制定地方性法规。但何为"地方性事务"则没有进一步明确。再以地方人大和其常委会的权限划分为例,根据《立法法》第76条之规定,"规定本行政区域特别重大事项的地方性法规,应当由人民代表大会通过",但何为"特别重大事项"同样语意不明。2015年新修订的《立法法》进一步扩展了地方立法权限,所有设区的市在"城乡建设与管理、环境保护、历史文化保护等方面的事项制定地方性法规",学界对这几个方面的理解产生了诸多疑问,立法实践中,也存在把握不准的疑虑和突破上述规定的实例。总而言之,立法责任的不明确,必然会导致立法不作为的识别会有困难。

(二)立法不作为的条件判断容易各执一词

法律不是凭空产生的,必须以一定的社会条件为基础。正如马克思所言,立法者只是在表述法律。在立法过程中,理想的状态是在具备相应的社会条件时,适时制定、修改乃至废止相关法律。但是,实际情况是,人们对立法条件的判断特别容易见仁见智,发生分歧十分普遍。在这种情况下,立法者很有可能以不具备立法条件为由,怠于履行立法责任。以我国环境保护领域的立法为例,《固体废物污染环境防治法》第49条规定"农村生活垃圾污染环境防治的具体办法,由地方性法规规定",但是各地很少有关于农村生活垃圾污染防治的地方立法。究其原因,很重要的一点是对立法条件是否具备的判断,包括农村生活垃圾污染防治的必要性及可行性的争议。必要性需考虑农村生活垃圾污染的危害及严重程度，可行性需要考虑环境污染的执法安排及污染防治责任的分配。所有这些很难制定有整齐划一的标准，且与特定地区的经济发展水平及人们的环境保护意识密切相关，是否具备立法条件很大程度上是人们的主观判断，在各执一词的情况下，自然难以对立法部门是否存在立法不作为作出判断。

(三)立法不作为的行为认定存在较大困难

立法不作为不可能是永远不作为，实际上是一种暂时懈怠的状态，因为没有哪个国家的立法机关宣称对某一领域的立法将是永远搁置的。一般认为，立法程序包括法案的动议与准备、提出、审议、表决和公布等诸多环节，每个环节又可细分为多个步骤，如动议与准备包括立法意见征集、制定立法规划等，审议通常会有不同主体、不同层级进行多次审议。那么，当立法部门针对某一领域的立法已经进行了其中的一个环节，但是在这个环节上停留很长时间，由于客观条件的限制或者立法技术暂不成熟，导致相关法案迟迟不能通过施行，使在这方面无法可依，这能否算作立法不作为？的确难以认定。此外，在我国当前的立法体制下，“党的领导”与“人大主导”的关系处理仅有原则性意见，⑬有不少具体问题并没有明确规定。但是有一点可以明确的是，党针对某些领域的立改废有了指导意见后，立法机关一般会不折不扣地执行。这种情况下当立法机关提出有关立法规划或者动议后，如果党组织或明或暗地作出暂且不议的指示后，⑭相关立法长时间搁置在那儿，这种行为能否算作立法不作为？

(四)不作为行为与损害之间不存在直接的因果关联

判定一个行为是否存在的法律意义核心在于该行为是否给相关主体造成损害，如果某个行为不会给他人造成任何损害，则判定其存在似乎没什么必要，这

⑬ 这些原则性指导意见主要体现在中共中央印发的三个文件，分别是：1979年8月中共中央办公厅印发的《彭真同志关于制定和修订法律、法规审批程序的请示报告》；1991年2月中共中央印发的《关于加强对国家立法工作领导的若干意见》；2016年2月中共中央印发的《关于加强党领导立法工作的意见》。

⑭ 实践中，不少地方经常出现党委书记或者一名党委常委就可以决定是否制定一件法规的情况，而一个省、市是否制定一件政府规章，以及这个规章规定什么样的内容，则更是常常由作为省委、市委副书记的省长、市长个人决定。参见刘松山：《党领导立法工作需要研究解决的几个重要问题》，载《法学》2017年第5期。

里的“损害”可以是实际遭受的物质或精神损失，也可以是某种需求得不到满足。据此，判定立法不作为时也应该考虑是否给相关主体带来的各种损害，以上文中提及的农村生活垃圾污染环境防治为例，如果立法机关不制定“农村生活垃圾污染环境防治办法”，不会给任何主体带来损害，则认定立法不作为没有意义。实际情况是，如果立法机关不积极履行立法责任，必然会给部分主体造成损害，如村民任意倾倒垃圾，会遭受恶臭、细菌传播、村容脏乱差等损害。再以上文中提及的民间文学艺术作品保护为例，如果不完善相关立法，则可能造成权利受到侵害而难以维权的局面，即便没有损害的发生，也可能导致民间文学艺术作品难以传承。以上种种“损害”，均与立法不作为之间不存在直接的因果联系，从治理的角度来看，垃圾的任意倾倒完全可以通过道德教化和村民公约来解决，并非只有法律才可发挥作用。同样道理，民间文学艺术作品的保护和传承并不能完全归责于立法的缺失。正是由于立法不作为与损害结果之间不存在直接的因果关联，导致人们一方面对立法不作为的存在逻辑产生怀疑，另一方面，即便承认它的存在，也会认为立法不作为的识别十分困难。

三、立法不作为的认定依据

立法不作为的理论与实践大体上起源于20世纪初。百余年来，人们对其存在的逻辑尚有怀疑，更是因为其识别困难而没有确定的认定依据，以至于在责任承担、规制方式等问题上纷争不止。但总的发展趋势是立法不作为逐步受到学界重视并加以肯定，也得到了实务部门的积极回应。理论方面，20世纪初期法国学者莱昂·狄骥对传统公法理论总是将“责任”同“过错”联系在一起的做法提出批评，认为现代国家应该实行无过错的归责原则。他的学说对法国司法实务产生了很大的影响，最高行政法院在多个判决中都要求国家对立法侵权行为承担赔偿责任。⑮ 实践方面，从部分国家针对个案作出的判决可以看出，立法不作为愈来愈受到肯定。典型的如发生在日本的“恢复在宅投票制诉讼”“议员定

⑮ 参见[法]莱昂·狄骥著:《公法的变迁》,郑戈、冷静译,辽海出版社、春风文艺出版社1999年版,第183页。

数不均衡违宪诉讼”“限制海外公民投票权违宪诉讼”案⑯和发生在韩国的“平均工资案”⑰等。进入 21 世纪以来,我国也有几起针对立法不作为的诉讼,如全国首例公民起诉政府行政“立法”不作为案。⑱ 尽管原告未能赢得诉讼,但是引发了人们对立法不作为的思考。

可以预见,随着立法不作为理论探究的逐步深入和立法实践的不断发展,立法不作为这种特殊公权力行为的运行终将被纳入法治轨道,这就意味着我们不仅要正视立法不作为的客观存在,还要在其识别确有困难的情况下,最大限度地明确其认定依据。关于立法不作为的认定依据,学理上可以简单概括为立法机关负有立法义务或责任且有不作为的行为,但是从依法规制立法不作为的角度看,以下五个条件缺一不可。

(一)负有明确的立法责任

立法机关承担立法责任是顺理成章之事。从宏观层面来看,没有哪个国家的立法机关怠于行使立法权,立法权作为权力的重要分支,一般都会积极行使,但是,从微观层面来看,特定立法主体针对具体问题的立法确有不作为之存在。要判定立法不作为的构成,首要的是看立法机关是否承担明确的立法责任。立法责任一般都在各国的宪法、立法法中予以规定。实践中,造成立法不作为的一个重要原因是立法责任的界定不太明确,正如上文中提到我国的一些情况,地方人大和其常委会的立法责任不太明确、地方人大和地方政府的立法责任较为模糊,这必然会造成立法推诿。如 1988 年通过的《野生动物保护法》规定省、自治区、直辖市人民政府应为保护“重点保护野生动物”致使农作物等损失的,制定补偿办法。但是由于没有明确时间限制,导致大部分省级政府并没有依据上位法制定相应的地方政府规章,导致野生动物所致人身或财

⑯ 参见赵立新:《日本的“立法不作为”与违宪审查》,载《法律文化研究》(2007 年卷),中国人民大学出版社 2007 年版,第 170 页。

⑰ 转引自伏创宇:《行政立法不作为构成要件论》,载《江汉大学学报》(社会科学版)2013 年第 4 期。

⑱ 参见孙瑞灼:《“立法不作为”导致最大的不公》,载《中国信息报》2006 年 11 月 3 日,第 2 版。

产损害补偿“无法可依”。[19]

“解铃还需系铃人”,立法责任是否明确关系到立法不作为能否被认定。具体到我国,需要在《立法法》中进一步厘清不同立法主体的立法责任。尽量避免用抽象的语言来表述,而是采用列举的方式明确立法责任。立法责任的明确不仅要明确立法主体,更要明确立法事项、完成时间等内容。如美国法上有要求行政机关于特定时间制定行政法规的规定。[20] 如果我们在有些立法上能够效仿美国,则立法不作为的责任认定就比较容易了。

(二)具备立法条件和能力

判定立法不作为不能仅看既成事实,还需要看是否具备立法条件和立法能力。立法条件侧重于从较为宏观的层面来判断是否具备立改废的时机和物质条件、社会认知等各方面约束,如死刑的存废是不少国家争议较大的问题,从近年来的讨论来看,无论是经济社会发展需要,还是社会大众的认知,在我国暂不具备废除死刑的条件。那么,我们就不能认定立法机关在死刑的存废上存在立法不作为。反过来,在我国施行多年的劳动教养制度,在进入 21 世纪以来,社会各界纷纷表达对该制度的不满,并通过多种渠道反映给中央和全国人大,在这种情况下,立法机关依然无动于衷,则可以认定为立法不作为,值得肯定的是该制度已经于 2013 年被全国人大常委会所废止。那么,立法条件是否具备的判断应该以谁的意见为主呢?大体上应该遵从多数人的意见,较为理想的状态是一个国家有一些相对独立、社会影响较大的第三方机构的评估意见为准。立法能力侧重于从较为微观的层面来判断特定立法部门是否具备相应的物质条件,其立法工作人员是否一定的立法能力。如果不具备起码的条件,则认定其立法不作为有些过于苛责了。因此,要想真正建立立法不作为制度,明确立法不作为行为,就必须在立法能力建设方面下足工夫,从办公场所到人员配备,均需满足最起码

---

[19] 从 1998 起,陆续有云南、陕西、西藏、吉林、北京、甘肃、青海、安徽等少数几个省级人民政府通过了“(重点)保护陆生野生动物造成人身财产损害补偿办法”。大部分省市还没有制定相应的保护陆生野生动物造成人身财产损害补偿办法。

[20] 1972 年《噪音控制法》规定环境保护署制定规章的时间“不晚于 1972 年 10 月 27 日后的 24 个月”,转引自伏创宇:《行政立法不作为构成要件论》,载《江汉大学学报》(社会科学版)2013 年第 4 期。

的要求。总而言之，在具备立法条件和立法能力的情况下，不积极履行立法责任，导致无法可依进而造成“权利残缺”，则可以被认定为立法不作为。

（三）客观上有不作为的行为

立法不作为的认定中，最核心的就是客观上有不作为的行为，即针对某一领域的立法存在不积极创制法律、不及时修改或不适时废止的行为。在具体认定中，需要把握好以下几个问题：一是整体与部分的关系。立法程序中设置有准备、提出法案、审议、表决等多个环节，如果只是进行到某一环节，但由于各种原因，未能进入下一个程序，导致法案不能颁布实施，这可否认定为不作为？从满足社会需求的角度出发，只要法案未能正式颁布实施，部分作为与整体不作为效果相同，因此，如果立法机关的部分作为无限期的停留在某一环节上，则可以认定为不作为；二是事前与事后的关系。这里的“事”指的是由于立法不作为而导致民权受损的事件，综观国内外立法不作为的案件，不论是公众质疑声讨，还是诉诸法院，基本上均源于特定事件。如果事件发生之前，就有人提出相关立法动议，立法机关在一定期限内没有正式回应，导致民权受损，则可以认定为立法不作为。反之，在事件发生之前，既没有立法机关内部工作人员提出过建议，也没有公众表达诉求，说明整个社会尚未意识到相关法律需求，实际上也反映出立法条件尚未成熟，则不能认定为立法不作为。

（四）民权得不到保障

追究没有任何不利后果行为的责任没有任何意义。立法不作为的认定与归责，其逻辑起点是它会造成不利后果，主要是民权得不到保障，通常表现为民权受到损害或者得不到合理的救济。以我国为例，由于多个省市长时间没有出台“野生动物造成人身财产损害补偿办法”，导致野生动物所致人身或财产损害补偿“无法可依”。再如发生在2004年的“包头空难”事件，东方航空公司依据国务院发布的《国内航空运输旅客身体损害赔偿暂行规定》，制定了每位罹难乘客21万元的赔付方案，部分遇难者家属以国家民航总局未能及时制定和修改“国内航空运输承运人的赔偿责任限额”为由，提起行政诉讼。[21] 尽管法院最终不予受理此案，但是由于相关立法未能及时修订，的确使受害人的权益难以得到合理的救济。基于此，应该把民权得不到保障作为立法不作为的构成要件。

四、结语

法治理念随着法治实践的开展而不断升华，随着权力必受制约和权利理应保障理念的发扬光大，人们开始关注立法不作为、立法侵权及立法责任承担等问题。20 世纪以来，在日本、韩国、欧盟等国家和地区，不仅有了学理上的深入探讨，而且有了越来越丰富的司法实践。这一话题在我国也引起了学界和实务部门的重视，但是对其存在逻辑、识别困难与认定依据缺乏系统总结。本文略陈己见，核心要义在于论证立法不作为的存在逻辑，分析其识别困难的原因，提出了相对具体的认定依据。需要进一步论证的是，要真正规制立法不作为，还需要建立和完善与之相关的配套制度，如立法评估制度、立法动议制度、立法能力保障建设等。在我国，立法不作为的规制，暂时可以通过党委领导、民意推动、舆论监督等方式进行，但是，这些举措终究没有法律效力。因此，从长远来看，有必要建立宪法法院，专门审查和督促立法机关的行为，这不仅符合权力监督与制约的基本法理，也是部分国家成功经验的总结。

㉑ 参见《航空赔偿规定“暂行”十六年 有人起诉立法不作为》，载《21 世纪经济报道》2005 年 4 月 4 日。

图书在版编目(CIP)数据

中国法学会立法学研究会2017年年会论文集／朱景文，沈国明主编. -- 北京：法律出版社，2018
ISBN 978-7-5197-2414-6

Ⅰ. ①中… Ⅱ. ①朱… ②沈… Ⅲ. ①立法－中国－文集 Ⅳ. ①D920.0-53

中国版本图书馆CIP数据核字(2018)第144224号

中国法学会立法学研究会2017年年会论文集
ZHONGGUO FAXUEHUI LIFAXUE YANJIUHUI 2017 NIAN NIANHUI LUNWENJI

朱景文
沈国明 主编
冯玉军 执行主编

策划编辑 高 山
责任编辑 汤子君
装帧设计 李 瞻

出版 法律出版社
总发行 中国法律图书有限公司
经销 新华书店
印刷 北京虎彩文化传播有限公司
责任校对 杨锦华
责任印制 陶 松

编辑统筹 学术·对外出版分社
开本 720毫米×960毫米 1/16
印张 22.75
字数 345千
版本 2018年7月第1版
印次 2018年7月第1次印刷

法律出版社／北京市丰台区莲花池西里7号(100073)
网址／www.lawpress.com.cn
投稿邮箱／info@lawpress.com.cn
举报维权邮箱／jbwq@lawpress.com.cn
销售热线／010-63939792
咨询电话／010-63939796

中国法律图书有限公司／北京市丰台区莲花池西里7号(100073)
全国各地中法图分、子公司销售电话：
统一销售客服／400-660-6393
第一法律书店／010-63939781/9782
西安分公司／029-85330678
重庆分公司／023-67453036
上海分公司／021-62071639/1636
深圳分公司／0755-83072995

书号:ISBN 978-7-5197-2414-6
定价:85.00元